大展好書　好書大展
品嘗好書　冠群可期

大展好書　好書大展
品嘗好書　冠群可期

中國佛教與周易

易學智慧 9

王仲堯／著

大展出版社有限公司

序——走進瑰麗世界

武漢大學哲學系教授
唐明邦

從文化原型著眼，佛教是從印度傳入中國的外來宗教文化，易學乃中華傳統文化的活水源頭；前者講「色即是空，空即是色」，宣揚「四大皆空」的出世思想，而易學闡述「崇德廣業」、「順天休命」的經邦濟世的處世哲學。在常人看來，二者從理論到實踐似乎南轅北轍，很難融通。

王仲堯教授新著《中國佛教與周易》一書，以佛教發展的歷史事實，充分說明二者能夠相互融通，並將人們的思想引入一個令人嚮往的瑰麗世界。

王仲堯提出，所謂佛教與本土文化的結合，從根本上說是同「易道」的結合，只有實現了這一點上的結合，佛教才有了在中國發展的可能性。這個具有開創性的命題，構成了《中國佛教與周易》的主要內容。

學術界在討論佛教與中國文化結合的關係時，一般主要著眼於從佛教與玄學，或佛教與道家的關係方面。本書則主要採取從佛教思想發展史的宏觀角度來觀照易學和佛學的「會通」關係，較全面地論證了易、佛互動影響的不可分離性，並指出，這種互動關係鮮明地凸現在中國佛教發展的各個歷史階段上。在以往各個歷史時期中，對不少佛教大師而言，正因爲佛教的宏大壯麗，才堪與他們心目中的「易道」天人境界媲美，這成爲他們畢生矢志佛法的重要原動力，如本書副題所示，他們正是這樣走進佛教這個「瑰麗世界」的。

王仲堯在書中將中國佛教與周易的關係，分爲三個大的發展階段：

第一階段：東晉南北朝及隋代佛教階段。這是中國佛教發展的一個關鍵時期，一些傑出的佛教思想家的理論活動，爲佛教在中國的發展打下了思想和理論的基礎，對此後中國佛教的發展，無論在理論上或是在實踐上都產生了不可估量的影響。作者在較廣闊的時空背景下，討論了東晉南北朝時期佛教與文化界廣泛進行會通的理論和實踐活動。對僧肇般若學與王弼易學的關係、《牟子理惑論》以佛教比附易道、郗超及康僧會以易理解佛、梁武帝蕭衍以佛理解易，以及支愍度「心無義」與易學、慧遠與殷仲堪廬山論易等，在上層佛教界和民俗文化中廣泛存在的易佛互證和融通，都展開了具有新意的討論。作者還指出，在此基礎上發展起來的隋代中國佛教第一個宗派天台宗創始人智顗的易佛關係論思想，是對南北朝時期易佛會通理論的全面總結，也代表了對唐代宗派佛教時期新的易佛會通關係的新認識的開始。

第二階段：唐代宗派佛教階段。這是中國佛教與周易結合與互相影響的第二個大階段。就易學和佛教的關係而言，本書主要討論了密教僧人釋一行身上體現出來的密教、

《周易》和天文學的三位一體的文化現象，李通玄在深厚的中國文化背景下，以《周易》詮說華嚴學，在更廣闊的範圍裡實現佛學與中國傳統思想的「會通」，並指出其主要運用的手法是用文王八卦方位加「上、下」兩方，配合「十方」，這個思想，貫穿於李通玄對整部《華嚴經》的解說中，同時站在中國佛教與周易雙重立場，是李通玄易學解華嚴學的基本方法論。宗密則將易佛「會通」推到了更深層次，反映了當時士大夫階層和佛教界尋求儒釋合一途徑的一種具有普遍性的傾向，宗密的易佛「會通」邏輯提供了這個轉折的道路，同時這也表明隋唐以來儒釋道三教分流的文化態勢，在新的歷史條件下的重新整合。因此，論定宗密的易佛關係論思想是對唐代易佛關係的總結，同時也代表了對下一階段新的易佛關係的認識的開始。

第三階段：五代、宋、元、明、清時期。佛教思想與前代相比，出現了引人注目的新特徵，即不再同前代一樣以宗派思想為特徵，而開始了一種新的綜合與會通。即綜合已經發展成熟的各宗派教理，在此基礎上，重新界定與傳統文化以及現實社會生活的新的「會通」點。作者通過大量考證揭示出，宋代及之後，無論佛教界和理學界均較廣泛地存在著諸易家之參禪與諸禪家之參易的現象，作者在書中舉出大量資料說明這一現象並分析其文化原因，如對北宗禪和保唐宗、臨濟宗、潙仰宗，以及石頭希遷之《參同契》、藥山惟儼之「寶鏡三昧」、曹山本寂之「五位君臣」圖、永覺元賢之「五位圖說」進行了討論，提出了自己的觀點，其中特別是對曹洞宗以易解佛的思想方法進行了有特色的評價。

王仲堯還指出，明末「四大高僧」對易佛關係所作出的總結和概括具有時代意義，書中指出，智旭在他名義上討論易學和佛教關係，實質上闡述了新的佛教思想立場，其《周易禪解》一書，從新的佛性論立場，提出了與前此二個歷史階段不同的佛教價值觀。作者指出，智旭的易佛關係論，以及他所提出的這個新的佛教價值觀，代表了中國佛教思想史上的一個新發展階段，代表了這一個歷史階段的終結。

《中國佛教與周易》全書規模宏大，作者通過大量的第一手資料，對廣泛存在的易佛互證和融通，進行了令人信服的論證。

本書的理論創新之處不少。首次較系統、全面地從思想史的角度，討論了中國文化根本經典《周易》和佛教在中國發展的關係問題，從中提示易學和佛教的「會通」是佛教之所以能在中國文化土壤立足的根本原因。作者提出，在深層的文化意義上，一種外來文化若未能與易道結合，是談不上與老莊玄學或儒家經學、理學的融會貫通的。只有實現了同中國文化根基——易道的結合，佛教才有了在中國發展的可能性，也才談得上與老莊玄學或儒家經學、理學的融會貫通。佛教正是因爲實現了同易道的結合，才終於贏得了在中國發展的機會，並在此後獲得從中國走向世界的契機。作者並指出，這也正是中華優秀文化對人類文明史的重大貢獻之一。

《中國佛教與周易》的一個突出貢獻，是向我們展示了佛與《易》這兩種文化具有的共同特徵，那就是與時俱進的創新思想和包容精神。佛教宣揚「海納百川，有容乃大」，它能包容儒家和道家的某些思想原則，與時俱進，充實、發展自己淨化人心、勸世化俗的佛法；同樣，易學主張「同歸而殊途，一致而百慮」，貫徹「厚德載物」的原則，可以盡力融通佛教思想，與時俱進發展易學，誘導人們「內聖外主」、超凡入聖。故以《易》爲主幹的儒學，不止能容納道教也能容納佛教，儒與佛道能和平相處，避免西方那種宗教衝突乃至宗教戰爭。故在不同歷史時期，佛教總能同當時的中國社會相適應。

本書中也存在某些可以提供商榷之處。

王仲堯對唐代密教和易學的關係問題的討論，是本書的特色之一，但是從書中內容來看，這個方面卻有待深入。一行有多種易學著作，對其思想的透徹清理需要做進一步的工作，這個工作將會是很有意義。密教和易學的關係在理論上有相當難度，本書中提出的方法和角度都較新，讀了的確能給人不少啓發，但是討論的力度和深度卻嫌不夠，值得再花一些篇幅對這個問題深入探討。

近年來海內外學界廣泛討論過曹洞宗引易入禪問題。本書中提出，從曹山本寂至元賢的五位君臣圖說，就曹洞宗學風而言，都不能說是一種成功，對之過細研究，亦無大意義，無論從易學傳統看，還是從禪學史上說，曹洞宗「五位君臣圖」云云，價值都不太大，並認爲其小氣艱澀之相，少有「雲在青山水在瓶」的清高之美或「月下披雲笑一聲」的空靈禪意。此一評論不甚公允，尚可進一步推敲。

本書對近現代佛教階段未能展開討論不無遺憾。作者在書中說明，二十世紀以來，以「易爲大道之原」的中國文化價值體系，和以「涅槃佛性」爲終極目標的佛教價值體系，同時受到外來的工業文化的嚴重挑戰，這個問題不僅僅再是佛教如何與易道結合的問題，已超出本書所要討論的範圍，故不再展開。

但太虛大師等高僧，對引《易》入佛的思想是十分重視的，並卓有建樹，我們希望王仲堯教授在將來能繼續把這個具有重要理論和現實意義的課題研究下去，爲二十一世紀的中國佛教學術研究做出新的貢獻。

目錄

前言

（一）

佛理圓覺，不可執著；易道廣大，感而能通；依文滯義，都非真理。

佛教在中國的發展，一開始就表現出與易道相通的文化特徵。以往各個歷史時期中，對於不少佛教大師而言，正因為佛教的宏大壯麗，才堪與他們心目中的易道天人境界媲美，這成為他們畢生矢志佛法的重要原動力。

易佛互相影響，激揚發明。所謂佛教與本土文化的結合，從根本上說就是同易道的結合。只有實現了這一點上的結合，本是外來文化的佛教才有了在中國發展的可能性。

人們常說佛教與中國文化的結合，是與老、莊道家的結合過程，或看作是與儒學的結合過程。這種說法，從一般意義上言都不算錯。但是，僅僅這樣看畢竟還不夠。按我的看法，在深層的文化意義上，在延續了漫長歷史時期的中國傳統文化大框圖下，一種外來文化若未能與易道結合，又如何談得上與老莊玄學或儒家經學、理學的融會貫通？

（二）

我認為，易學與佛教的關係共經過四個大的發展階段。

第一階段：東晉南北朝及隋代佛教階段

在東晉南北朝（三一七—五八九年）約二三百年時間裡，南北分裂，戰亂頻起，社會動蕩不安。佛教的玄遠境界、精緻理論及其為中國傳統文化原來所沒有的神秘的宗教氛圍，使人們都想從中尋找寄托，排解現實苦難。隨著上層統治者的支持提倡、下層廣大群眾的需要嚮往，佛教獲得了蓬勃生機。其間，名僧如星，或以異跡化人，或以神力拯物，或傳譯經典，或辯證哲理，含章秀發，群英間出，匯成中國佛教發展史上第一個高潮。這也是易學與佛教結合與互相影響的第一大階段。

東晉南北朝時期，是中國佛教發展的關鍵時期。因為從歷史的角度看，這個時期的一些傑出的佛教思想家的理論活動，為佛教在中國的發展打下了思想和理論的基礎，對此後佛教的弘揚產生了不可估量的影響。

這個階段佛教的基本特徵是，佛典被大量翻譯，佛教在各個領域中與中國固有傳統文化相互影響、相互抗衡、日益融匯，並開始走上獨立的發展道路。當時名僧，立身行世，與清談者酷肖，並同時精通內外典籍。於儒家之《易》及道家之「道」，常能信手拈來，同佛家之「般若」、「涅槃」，互相發明，相得益彰。各種新的學說思想的出現，為中國佛教以後的發展打下堅實的理論根基。其中尤其以僧肇般若學和竺道生佛性論為代表。

僧肇闡發般若學的「不真」即空、色不異空、空不異色、色即是空、空即是色思想，認為畢竟是觸「有」而達「真」，他是這樣說的：「不動真際，為諸法立處。非離真而立處，立處即真也。然則道遠乎哉，觸事即真。聖遠乎哉，體之即神。」「夫至虛無生者，蓋是般若玄鑒之妙趣，有物之宗極者也。」（《不真空論》）根據這樣的說法，讓我們試比較王弼易學思想。僧肇「雖有而非有，有者非真有」，「至虛無生，物之宗極」，與王弼的「以有為生」，「運化萬變」，「寂然至無，是其本也」，無論在價值指向，還是在思想方法上，都有極大相似性。

由於佛教是外來文化，也由於在與本土文化結合的過程中，遭到過被全面禁絕的大規模「法難」事件；當然，更重要的也許是由於標榜出世的價值觀念，與中國傳統文化的入世、用世的「世俗」的價值觀念的區別，佛教中人，從學理角度講，對於易佛交融，相對道、儒而言，態度要謹慎得多。名士身份的孫綽，最早提出「周孔即佛」觀點，在儒門之中幾乎沒有引起異議。而僧人身份的慧琳，最早提出「白黑均善」觀點，在佛門裡面就受到強烈抵制。

但是，佛教必須在易佛交融中進入中國，實現發展，這是佛教在中國生存和發展必由之路。因此，最現實的態度就是最清醒的態度。

隋代中國佛教第一個宗派天臺宗創始人智顗的態度就是最現實和清醒的。一方面，智顗對於易佛「會通」，不但肯定其作用，而且身體力行地推陳出新；另一方面，卻又保持一種姿態，始終堅持佛教價值高於易學價值。

智顗的易佛關係論觀點在當時具有代表性。他的觀點是對南北朝時期易佛關係的總結，同時，也代表了對唐代宗派佛教時期新的易佛關係的認識的開始。

由於這種繼往開來的作用，我認為，智顗是中國佛教發展過程中，易佛互相結合影響的一個關節點，代表了易學與佛教結合與互相影響的第一個階段的終結和第二個階段的開始。

第二階段：唐代「宗派佛教」階段

唐朝前、中期，政治穩定，經濟發達，文化繁榮，各種文化形態兼收並蓄。佛教發展出現歷史上第二個高潮。這也是易學與佛教結合與互相影響的第二大階段。

這個時期的佛教有兩大特徵。一是繼隋代天臺宗之後，又相繼出現了佛教的各大宗派，而且每一宗派都有相對完整而又嚴密的教理體系，其教理體系的核心又主要是以哲學形態建構的，這是其他任何歷史時期所沒有的。二是與政治最高層關係密切，有的時期還幾乎達到相互依賴的程度（如法藏華嚴宗與武則天的關係），這也是其他任何歷史時期所沒有的。

這個時期的佛教可以稱之為「宗派佛教」。繼天臺宗之後，唯識、華嚴、禪、律、淨、密各宗派相繼湧現，最後又以禪宗為總結和歸趨。這是這一歷史時期佛教基本情況。

就易學和佛教的關係而言，密教僧人釋一行是這一時期最為令人感興趣的話題之一。但是，在一行身上體現出來的密教、《周易》和「天文」學的三位一體，乃是必須以一種歷史的眼光去看待的「科學」文化現象。這是一種不同於現代的特定意義上的「科學思維」的「科學」。

李通玄在深厚的中國文化背景下，以《周易》詮說華嚴學，在更廣闊的範圍裡實現佛學與中國傳統思想的「會通」。

《華嚴經》中生動有趣的形象描述，李通玄歸結為「取像表法」。《華嚴經》中玄妙奧秘的說理敘事，李通玄歸結為「托事顯像」。這樣，他實際上也就是把《華嚴經》與《周易》等同。

用文王八卦方位加「上、下」兩方，配成「十方」，貫穿於李通玄對整部《華嚴經》的解說中。《華嚴經・入法界品》講善財童子南行，尋訪善知識。李通玄解釋「南行」之意，是為「明托方隅而表法，以南為正、為離、為明。以離中虛，以中虛故，離為明，為日，為九天。在身為頭、為目、為心。心達虛無智。」（《華嚴經論》卷三十四）李通玄以易之《離》卦解「南」行，說明善財南行要獲得「心達虛無智」，使《周易》也具有了佛教的含義。

同時站在易學與佛教雙重立場，是李通玄易解華嚴的基本方法論。

李通玄揭示了中國佛教華嚴學一個重要方面的內容，即表明華嚴學始終在中國固有思想文化的制約、誘導下發展演變。他的華嚴學從「趣入」、「剎那際三昧」角度，「以有明玄」，運用易學來溝通現實與理想，此岸與彼岸。

宗密將易佛的「會通」推到了更深層次，反映了當時士大夫階層和佛教界尋求儒釋合一途徑的一種具有普遍性的傾向。如當時柳宗元、劉禹錫、白居易等重要儒家代表人物，都有一種會儒歸佛的思想動向，甚至激烈反佛的韓愈、李翱也同樣深受佛教哲學的影響。佛教窮理盡性的終極境界，禪宗開曠清涼的自由之風，給人精神慰藉，使人心理平衡。佛教在更深層次上與易道「會通」結合的轉折，是從這時開始的。宗密的「會通」邏輯提供了這個轉折的通道。同時，這也表明隋唐以來儒釋道三教分流的文化態勢，在新的基礎上重新整合。

中晚唐以後，佛教發展的基本態勢是禪宗的興起和發展興盛。這是在中國佛教發展的特定階段，對自身的存在方式中，與封建政治、經濟的不協調部分，以及在文化形態上，與本土傳統相衝突的部分，進行自我調整的結果。宗密的佛教理論思想結構是佛教發展的這一轉折關頭的一種批判和總結。其重大歷史意義，不但在於對隋唐以來的各佛教宗派向禪宗匯合進行了哲學論證（相對而言，宗密的思想，與他的前後人比較，也是較多哲學品味的），對當時紛起的各家禪說進行了厘定整合，而且，也由此揭示出隋唐以來，儒、道、佛三教由一度分流而在互相砥礪激發的新的基礎上合流的中國文化運行大勢。

宗密依易道立說，運易學為思，援圓相為學說思想的組織結構。他的教理結構成為確定此後中國佛教發展基本趨勢的理論綱領。無論從佛教方面說，會昌之後禪宗的興旺發展，以及五代、宋之後延壽、契嵩在宗密開闢的方向上對禪教合一、儒佛合一的進一步推動，還是從整個中國文化發展大勢而言，禪宗心學向理學的轉化，和理學對禪宗心學的吸收，都可以看出宗密學說的影響和作用。

宗密的易佛關係論觀點在當時具有代表性。他的觀點是對唐代易佛關係的總結，同時，也代表了對下一階段新的易佛關係的認識的開始。

由於這種繼往開來的作用，我認為，宗密是中國佛教發展過程中易佛互相結合影響的又一個關節點，代表了易學與佛教結合與互相影響的第二個階段的終結和第三個階段的開始。

第三階段：五代宋元明（清）佛教階段

這個時期實際上是從晚唐、五代至宋、元、明，以迄於清代前期（約雍正年間）止。

對這個時期佛教的評價，以往學術界一般看法，是認為在這個歷史時期中，佛教在教理思想上未再有新的開拓，而且各宗思想日益不純，義理的發展基本停頓。近代以來，學術界主要的看法是，五代、宋之後，中國佛教就走上了下坡路（這個下坡路一直走到現在），主要也就是基於這一點。

但是，我對此不能表示同意。

我是這樣看的。在這個歷史時期中，佛教的發展方向與前代隋唐時期相比的確出現了很大的不同，但還是具有這一個階段的鮮明特色。它不再是以教理為標誌的「宗派佛教」形式的生存和發展，而是轉化成為一種以相對平和醇厚的民俗文化為標誌的「大眾佛教」（popular Buddhism）的形式出現。佛教不再是外來文化，它成為中國文化的血肉組成。佛教不僅僅再是一種正統的、官方的宗教形式，它更廣泛地以一種普遍化的信仰形式，與道教等其他大量的民間信仰形式一樣，與人們的日常生活貫通為一體。在教理上，佛教不再同前代一樣，是以宗派思想為特徵，而開始了一種新的整合與會通。也就是說，整合已經發展成熟的各宗派教理，在此基礎上，重新界定與傳統文化以及現實社會生活的新的「會通」點。

從這個意義上說，迄今為止，學術界仍在不斷重複的對這一時期佛教的所謂「宗派立場不清」，以及「佛教學者往往混淆各宗派教理思想界限」之類的批評，就都不能成立。

這一時期佛教的發展與前兩個歷史階段不同的生存形態相比，實際上已形成中國佛教發展的第三個階段。這段時期中，易佛關係表現在具體的文化形態上與以往不同。這種不同是在這樣一個大的歷史文化背景之下發生的，這就是，官方與佛教的關係發生了微妙變化，而各種民間宗教形式層出不窮，反映著中國社會宗教歷史的一種新特徵。

明末「四大高僧」的出現，是對上述這種局面的總結和概括。智旭在他名義上討論易學和佛教關係，實質上是闡述新的佛教思想立場的《周易禪解》一書中，提出了與此前兩個歷史階段不同的佛教價值觀。

智旭提出的新的佛教價值觀，也代表了中國佛教思想史上這一個歷史階段的終結。

智旭的易佛關係論觀點在當時具有代表性。他的觀點是對這一歷史時期易佛關係的總結，同時也代表了對下一階段新的易佛關係的認識的開始。

由於這種繼往開來的作用，我認為智旭是中國佛教發展過程中易佛互相結合影響的又一個關節點，代表了易學與佛教結合與互相影響的第三個階段的終結和第四個階段的開始。

第四階段：近現代佛教階段

這一階段，約從公元十七世紀中期（大致是清代雍正年間，一七二三—一七三六年）開始，跨越清代中葉之後以及現、當代，直到二十世紀末。這個階段或可以視為中國佛教發展的第四個大階段。

這一歷史時期的特殊的文化標誌，表現在由中國封建社會的窮途末路而決定的傳統思想文化形態的大調整，以及日益緊密地與世界文化的關聯，由互相影響而互相制約的一體化趨勢的形成。

這一個歷史階段，佛教總體的文化態勢是「人間佛教」（humanistic Buddhism）的趨向。

這一歷史時期中，世界思想潮流在近代大工業文明的影響下的方向性變化，以及西方思想文化對中國社會的巨大衝擊與影響是史無前例的。尤其是二十世紀以來，這種衝擊與影響的結果更是雙重的：以「易為之原」的中國文化價值體系，和以「涅槃佛性」為終極目標的佛教價值體系，同時受到嚴酷挑戰。

這個「人間佛教」（humanistic Buddhism）趨向，意味著佛教要根據時代的、潮流化的要求，大力度地而且是前所未有地對自己的信仰內涵以及價值的表達形式作出調整。

黑格爾曾經說過：「沒有否定，就沒有生命；生命是在否定以及否定的痛苦中前進的。」

這種調整正是一個否定的過程。這個過程會充滿痛苦和艱辛。正是由於這種艱辛性自太虛法師之後並未被佛教界真正面對，因此我想，也毋須諱言，中國佛教的這個調整迄今為止仍不能說是成功的。

對佛教（主要指中國佛教現狀）而言，在人類歷史的新世紀中，如何適應，如何重新調整自己的價值立場，可能會是命運之所繫的大問題。這個問題，因為不僅僅是與易道結合的問題，已經超出本書範圍，不再細論。

同時，我認為，以上所述易學和佛教關係的四個階段，基本上也可以被看作是中國佛教思想史的四個基本的發展階段[1]。

本書主題僅限於從傳統文化方面討論易學和佛教的關係，因此，只涉及前三個階段。至於第四個發展階段的命題的討論，謹待來日。

(三)

關於「中國佛教與周易」的主題，由於本書是第一本正式的、較完整而系統的專著，故寫作中的困難可想而知。

本書從中國佛教思想發展史的角度，觀照易學和佛教的「會通」關係，主線是中國佛教思想發展的歷史過程。本書的主要思想觀點，乃是作者多年的思考探索所得，主要也體現在這條主線上。

【註　釋】

❶ 本書第九章第二節中，論述到關於中國佛教發展的分期問題，並與國際學術界的一些有代表性的觀點進行了比較。在這個問題上，我的觀點與通行的觀點有較大不同。謹此請教諸方家。

第一章　易學價值體系與佛教價值體系

一、通神類物，易為之原

(一)以易道爲價值取向的中國文化思想結構

1. 諸子蜂起、百家爭鳴中的價值取向

價值取向問題，是文化得以立足，並能夠延續流傳的根本性問題，也可以說是文化生命力的體現。這也是隋代佛教大師智顗創立天臺宗判教思想結構時反覆強調的「觀心」問題❶。

易學和佛教的關係，在蒼茫的歷史背景下，展現為或瑰麗輝煌，或幽深佶屈的文化形態。在互相結合，互相影響，互動制約之中，折射出一種動人心魄的精神之光。下面讓我們首先結合中國文化精神來討論這個問題。

中國文化精神是一大範疇。但中國文化精神到底是什麼，又常取決於考察者所取視

角。王弼《周易略例・明彖章》說：

故眾之所以得咸存者，主必致一也。動之所以得咸運者，原必無二也。物無妄然，必由其理，統之有宗，會之有元，故繁而不亂，從而不惑。故自統而尋之，物雖眾，則知可以執一御。由本以觀之，義雖博，則知可以一名舉也。

這種精神是中國文化的一個基本特徵。

先秦諸子百家中，明確顯示出這種思想特徵的是道家。如老子所謂：「昔之得一者，天得一以清，地得一以寧，谷得一以盈，萬物得一以生，侯王得一以為天下貞。」即是此意。

《莊子・天下篇》在中國文化史上首次對思想史上各家學派進行全面批判總結，並以「道通為一」（《莊子・逍遙遊》）的思想方式對各家思想予以整合會通。

《天下篇》中，對周秦之際百家爭鳴局面，概括為八家：

其一，講「陰陽數度」之學的陰陽家；

其二，講「詩書禮樂」之學的儒家；

其三，墨翟、禽滑厘所代表的墨家；

其四，以宋鈃、尹文為代表的道家；

其五，以彭蒙、田駢、慎到為代表的道家；

其六，以關尹、老聃為代表的道家；

其七，以莊周為代表的道家；

其八，以惠施及諸辯者為代表的名家。

在此基礎上，莊子對各家學說思想分別進行批判總結。莊子對儒家的批判，主要有如下兩點：

①莊子認為：「至仁無親」（《天運》、《庚桑楚》），也就是說，「至仁」應該是超越親疏的，「有親，非仁也」。（《大宗師》）

②莊子認為：「天時，非賢也」（《大宗師》），（子思：「上律天時」，語出《中庸・三十章》；孟子：「得天時」，語出《孟子・公孫丑下》）意思是說，依「天時」流轉，即是有計較，「至賢」應該是無計較的。

莊子對墨家的批判，主要有如下三點：

①莊子認為：「為義偃兵，造兵之本」（《徐無鬼》），就是說，若是為了所謂的「義」、「利」而興兵，實際上是為了能「有所作為」，結果反而會造成戰爭。

②莊子認為：應該「不尚賢，不使能」（《天地》），因為「舉賢，則民相軋」（《庚桑楚》），「尚賢」、「使能」的結果，會使人相爭，造成混亂。

③莊子針對墨家觀點，直截了當地指出：「夫兼愛，不亦迂乎！無私焉，乃私焉。」（《天道》）就是說，墨家的所謂「兼愛」，表面上標榜「無私」，實際上正是有私的表現。

莊子對惠施一派，批判最為嚴厲：「惠施多方，其書五車，其道舛駁」，「能勝人之口，不能勝人之心」，「由天地之道，觀惠施之能，其猶一蚊一虻之勞者也。其於物也何庸（用）」。並且列出惠施學派的「卵有毛」、「雞三足」二個著名命題，進行抨擊。

在莊子看來，「道」乃是在於「自然」，超越社會矛盾，「遊心於德之和」（《德充符》），才是「道」的境界。

除此之外，《莊子・天下篇》中，將道家分為四派，也分別於以批判、分析：

①宋銒、尹文的道家：「不累於俗，不飾於物，不苟（敬）於人，不忮（無害）於眾，願天下安寧，以活民命。人我之養，畢足而止，以此白心。」

②彭蒙、田駢、慎到的道家：「公而不當（黨），易而無私。決然無主，趣物而不兩。不顧於慮，不謀於知，於物無擇，於之俱往。」

③關尹、老聃的道家：「以本為精，以物為粗。以有積為不定，澹然獨與神明居。」

④莊周的道家：「萬物畢羅，莫足以歸」，「獨與天地精神往來」，「兼天地之正，御六氣之變，以遊無窮」，「上與造物者友，而下與外死生無始終者為友。其於本也，宏大而辟，深宏而肆；其於宗（宗旨）也，可謂稠適（調適）而上遂矣。雖然其應於化而解於物也，其理不竭，其本不蛻。芒乎昧乎，未之盡者。」

莊子認為，道家之四家，都謂「古之道術，有在於是者」，不過，對於其中關、老一派評價較高，謂是「古之博大真人哉」。

在上述的《莊子》的包含了價值評價的批判和總結中，尤其值得注意的是，批判道家四家，排列的方式是由淺而深，由具體而抽象，境界是由低而高，最後以己之一家為圓滿，是所謂「至人無己，神人無功，聖人無名」，也由此而才能達到所謂的「內聖外王」理想。這是對已有的學術的發展和總結，是一種在批判基礎之上的總結。

然後，《莊子》在此基礎上，以帶有悲壯色彩的「以天下為己任」的價值理想闡發論學旨趣：

> 天下大亂，聖賢不明，道德不一，天下多得一察焉以自好；譬如耳目鼻口，皆有所明，不能相通。猶百家眾技也，皆有所長，時有所用。雖然，不該不通，一曲之士也，判天地之美，析萬物之理，察古人之全，寡能備於天地之美，稱神明之容。是故內聖外王之道，暗而不明，鬱而不發，天下之人各為其所欲焉以自為方。悲夫，百家往而不返，必不合矣！

這是在中國思想文化史上，首次提出「內聖外王」之說，以之作為價值標準衡度百家。

與《莊子》形成對照，《荀子》批判各家異說，則鋒芒橫掃，氣勢咄咄：

> 假今之世，飾邪說，文奸言，以梟亂天下，袤宇嵬瑣，使天下混然不知是非治

亂之所存者，有人矣。（《非十二子》）

認為各家異說皆是「邪說」、「奸言」，其作用只是「梟亂天下」，「使天下混然不知是非治亂」。荀子認為，各家異說的共同特徵是：「然其持之有故，其言之成理，足以欺惑愚眾」（《非十二子》）。出於儒家用世治亂立場，認為應「立息」（立即撲滅）十二子異說，方可「以正道而辨奸，猶引繩以持曲直，是故邪說不能亂，百家無所鼠」（《正名篇》）。具體方法：①可以皇權專制壓服。對「凡邪說辟言而離正道者」，「申之以命，章之以論，禁之以刑」（《正名篇》）。②乾脆殺掉。凡「奸言」「不合先王，不合禮義者」，比盜賊更危險，因為「盜賊得變，此不得變也」，「夫是之謂奸人之雄。聖王起，所以先誅也，然後盜賊次之」（《非相篇》）。

對此，我想指出兩點：

第一，儘管與《莊子》比較，似乎一是承認各家異說存在的合理性（莊子），一是否認各家異說存在的合理性（荀子），但是，《荀子》之「務息十二子之說」，目的是使「天下之妄除，仁人之事畢，聖人之跡著」。他的目的，主要是從政治，從意識形態角度的批判，非純學術角度出發的。這一點是與莊子的主要區別。

第二，荀子的批判方法，是直接從普遍原則引發，重在政治批判，體現的是儒家入世為用的思想特徵。然而，正是此普遍原則的基本立場，卻又和莊子的「內聖外王」，沒有不同。

莊子是從學術視角的批判，視一本而化為萬殊；荀子則是從政治角度的批判，視萬殊應歸於一本，如此而已。

《呂氏春秋・不二篇》後來進一步提煉《荀子》這種思維方式說：「一則治，異則亂。一則安，異則危。」「聖者執一，而為萬物正。軍必有將，所以一之也。國必有君，所以一之也。天下必有天子，所以一之也。天子必執一，所以摶（專）之也。」初看起來，一本萬殊與萬殊一本，乃同一事物不同方面。但二者的邏輯路徑畢竟不同。

這種不同的根源只在於思辨路徑不同。一者是為「道」之原則，即較為抽象的「天」，換句話說，是「道」之本身；一者是為「道」之體現，比較而言，即是較為實在的「天下」或「現實」，是「道」之具體體現者——皇權。二者之價值標準都是「天道」。「天道」是體，「皇權」是用，體用一如，沒有不同。

對後來的秦始皇焚書，班固曾指出，焚書事件的思想淵源，即植根於《荀子》等被焚之書自身之中：

> 昔仲尼沒而微言絕，七十子喪而大義乖。故《春秋》分為五，《詩》分為四，易有數家之傳。戰國從（縱）衡（橫），真偽紛爭，諸子之言，紛然淆亂。至秦患之，乃燔滅文章，以愚黔首。（《漢書・藝文志》）

荀子的學生韓非的法家思想，是被秦始皇奉為重要治國原則的，韓非認為：「世之顯學，儒墨也」。孔（子）、墨（翟）之後，「儒分為八（家），墨離為三（家）」，依法家標準，這儒之八家，墨之三家，皆「愚誣之學，雜反之行」，「明主弗受也」（《韓非子・顯學篇》），荀子之學，即是韓非子「料簡」出的「儒之八家」之一，當然須焚。但是對照一下，韓非子這種說法，與荀子「務息」之說有何不同？

這種「務息」異說，乃至「焚書坑儒」做法，在秦之後，因為人們深悟「坑灰未冷山東亂」之理，再不奉行，此後亦無人再鼓吹。

漢初司馬遷撰《史記》，載司馬談《論六家要旨》一文，對春秋戰國以來百家異說，概括為陰陽、儒、墨、名、法、道六家，明確地強調了「會通」的思想。

這表明中國思想史上批判精神的成熟。漢初起，會通同異——根據特定的價值標準，百慮一致，殊途同歸，開始成為中國文化基本精神。班固此後更構造了一個「易為之原」，即以易道體現的價值準則為最高標準的知識體系。這也是後來易學成為魏晉玄風扇起鼓吹之源的重要原因之一。這種文化精神，一開始就深深烙印到中國佛教中。

2. 價值評價體系：中國傳統文化之思想結構

中國傳統文化在世界思想文化史上具有獨特的存在形態以及價值意義。它以一種「經典體系」的方式，建構成為一個形態宏大壯麗、內涵精致細密的思想結構。這個思想結構實際上也成為中國文化的價值評價體系。

這個體系的形成過程，是通過對現實中的各家思想學說進行分析、批判、總結，並且在提煉出主體價值標準的基礎上，以之衡量、測度各家異說，最後，以達到求同存異、和合會通的這樣一個歷史過程。

(1)司馬遷提出以易道為價值標準：「百慮一致，殊途同歸」

司馬遷在《史記》中記載司馬談《論六家要旨》一文中，概括先秦以來各派學說思想為六家：陰陽、儒、墨、名、法、道德。並指出了各家不足之處和長處，具體內容如下：

①陰陽家。不足：「大祥❷而眾忌諱，使人拘而多畏」，優點：「然其序四時之大順，不可失也。」

②儒家。不足：「博而寡要，勞而少功，是以其事難盡從」，優點：「然其序君臣父子之體，引夫婦長幼之別，不可易也。」

③墨家。不足：「儉而難遵，是以其事不可偏循」，優點：「然其強本節用，不可廢也。」

④法家。不足：「嚴而少恩」，優點：「然其正君臣上下之分，不可改矣。」

⑤名家。不足：「使人儉而失真」，優點：「然其正名實，不可不察也。」

⑥道家。評價最高——優點：「使人精神專一，動合無形，贍足萬物。其為術也，因陰陽之大順，採儒墨之善，撮名法之要，與時遷移，應物變化，立俗施事，無所不宜，指約而易操，事少而功多。」是謂道家集陰陽、儒、墨、名、法各家長處於一身。

司馬遷的這種思想，反映了漢初黃老之學佔據統治地位的時代背景和現實。司馬遷又指出，以上六家，各有依憑：

①陰陽家：以「四時、八位、十二度、二十四節」，為「天道之大經」，「順之者昌，逆之者不死則之」。

②儒家：「以六藝為法」。

③墨家：「亦尚堯舜禹」。

④法家：「一斷於法」。

⑤名家：「苛察繳繞（纏繞不清）」，是不通大體，未列依憑。

⑥道家：「其術以虛無為本」，即以道為本。「以因循為用」，「其實易行，其辭難知」，是道可道，非常道，而「有以治天下」。

在以上概括、分析、批判基礎上，司馬遷進一步指出，《易大傳》說：「『天下一致而百慮，同歸而殊途』，夫陰陽、儒、墨、名、法、道德，此務為治者也，直所從言之異路，有省不名耳。是六家同歸於正，但所從之道殊途，所學所行，或能使人明察而行，或不能耳。」這樣，他的認識就與前人的總結顯然不同，對於各家思想學說都統一於一個價值標準之下予以肯定。其思想批判特徵是：肯定各家思想學說，在統一的易道價值標準之下，「百慮一致」，「殊途同歸」。

這已是一種較成熟的思想批判。其評判的價值標準乃是易道。所謂「天下一致」，

「殊途同歸」，即是以易道為價值標準，重在治理教化，君臣綱紀。這是以儒家易道貫通到現實社會的具體體現。

(2) 班固建構的價值評價體系：「易為之原」

班固依劉歆《七略》，撰《漢書・藝文志》，將諸子概括為九流，並構建了一個龐大的經典體系。從中國傳統文化體系的角度而言，其重要性應受到足夠重視。它實際上也成為中國文化思想結構，是中國傳統文化的價值評價體系。

班固的經典體系結構龐大，將之前及當前所有學說幾乎全部包容。主要有以下幾個方面：

① 基本經典體系——「六經」及經學部分：

《易》十三家，二百九十四篇，其中施、孟、梁、丘等四家，列於學官；費、高等二家為民間之學；但基本思想原則一致，即「以通神明之德，以類萬物之情」。

《尚書》九家，四百一十二篇；

《詩》六家，四百一十六篇；

《禮》十三家，五百五十五篇；

《樂》六家，一百六十五篇；

《春秋》二十三家，九百四十八篇。

以上「六經」，及各家經學，構成完備的基本經典體系部分。所有各家，都有「列於學官者」，如《易》有四家，《春秋》有二十三家，但是，有的當時已經「有錄無書」，是書已不傳。《春秋傳》中，傳世的有《公羊》、《穀梁》、《鄒》、《夾》四家，其中《公羊》、《穀梁》二家，列於學官，即為官方所肯定者❸。

②「六經」之外，又有：

《論語》十二家，二百二十九篇；

《孝經》十一家，五十九篇；

《小學》十家，四十五篇。

以上是以孔子（聖人）言論、「天經地義」之《孝經》（孝是封建宗法制度維繫的紐帶和封建倫理思想之主幹）及文字學等為輔，與「六經」共同構成經典體系組成部分。

所有以上「凡六藝一百零三家，三千一百二十三篇」，其基本功用是：「六藝之文，《樂》以和神，仁之表也；《詩》以正言，義之用也；《禮》以明禮，明者著見，故無訓也；《書》以廣德，知之術也；《春秋》以斷事，信之符也。五者，蓋五常之道（仁、義、禮、智、信），相須而備，而《易》為之原。」即《易》是一切經典以及思想和知識的源頭。

這實際上就從乾坤運轉、天地終始的本體高度，確立了易道價值的無上權威。

③在上述原則之下，評價並組織諸子百家學說思想，納入於統一的思想結構，安

排其地位和作用：

其一，儒有五十三家（學派），其共同長處是：「於道為最高」，「唐、虞之隆，殷、周之盛，仲尼之業，已試之效者也。」其共同的不足之處是：「然惑者既失精微，而辟（僻）者又隨時抑揚，違離道本」，致使「儒學漸衰，此辟儒之患」。

其二，道有三十七家（學派），其共同長處是：「知秉要守本，清虛以自守，卑弱以自恃，此君人南面之術也。合於堯之克讓，易之謙謙，一謙而四益，此其所長也。」其共同不足是：「及放者為之，則欲絕去禮學，兼棄仁義，曰獨任清虛可以為治。」

其三，陰陽有二十一家（學派），其共同長處是：「近順昊天……敬授民時，此其所長也。」其共同不足是：「及拘者為之，則牽於禁忌，泥於小數，捨人事而任鬼神。」

其四，法、名、墨等三家（學派），縱橫、雜、農、小說等四家（學派），亦各有優長短缺，略。

④對各家的作用，繼承司馬遷思想，一以貫之，在統一的價值標準之下予以評判，體現了開闊的文化胸懷。

在上述基礎上，《漢書・藝文志》中還更列詩賦（賦、雜賦、詩歌）百六家，兵（權謀、形勢、陰陽、技巧四大派）五十三家，數術（天文、曆譜、五行、蓍龜、雜占、形法五派）百九十家，方技（醫經、經方、房中、神仙四種內容）三十六家。

對於各家出現的原因，班固指出：「皆起於王道既微，諸侯力政，時君世主，好惡殊方」。但是，「合其要歸，亦『六經』之支於流裔」。也就是說，全部都是屬於以「六經」為主體的基本經典體系的從屬部分。班固進一步說：「若能修『六藝』之術，而觀此九家之言，捨短取長，則可以通萬方之略矣。」顯然，高度肯定了在統一的價值標準下的各家多維並存的關係。

班固並總結說：「九家之說（班固認為十家中可觀者九家，是小說家不在內），蜂出並作，各引一端，崇其所善。以此馳說，取合諸侯。其言雖殊，辟猶水火，相滅亦相生也。仁之於義，敬之於合，相反而相成也。」這樣，就肯定了以上所有各家，都是以易為根本，據「六經」以為體，「天下同歸而殊途，一致而百慮」。以後千百年來，這也就是中國文化的基本面貌，萬變而不離其宗。

(二)易道：中國文化之價值觀

易道，也就是「天人之道」，成為中華文化根本代表。這也即是中國傳統文化中，關於宇宙生命的基本規律的認識把握。《易傳》說「形而上者謂之道」，就是說「道」是超越具體實存的，是無形、抽象的。有形的、具象的東西，就是「器」，即所謂「形而下者謂之器」。

《老子》說：「道可道，非常道。」就是說，「道」是難以用語言文詞表達的。這樣的「道」，先天地而生，「寂兮寥兮，獨立而不改，周行而不殆，可以為天下母」。其存在形態，混然一體，清靜無為，「惟恍惟惚」，卻又能在規律的意義上，或曰在本體的意義上，代表一切。

《易傳》的思想，也是將「道」看成是本體和規律的意義，並且還指出，「道」的基本內涵就是「陰陽」：「一陰一陽之謂道。」

《易傳》的思想，實際上是在總體上將《周易》的思想歸結為「道」。如《繫辭傳》說：

> 易與天地準，故能彌綸天地之道……
>
> 易之為書也，廣大悉備，有天道焉，有人道焉，有地道焉。兼三才而兩之，故六。六者非它也，三才之道也……
>
> 夫易，開物成務，冒天下之道，如斯而已。

《說卦傳》中說：

> 昔者聖人之作易也，將以順性命之理。是以立天之道，曰陰與陽；立地之道，曰柔與剛；立人之道，曰仁與義。

這樣，根據《易傳》思想，實際上認為易即是言「道」之經。這樣，就將《易經》從本來是主講占卜和巫術的書，提升為講「道」的哲理經典。借用佛教語言，也可以說，就是從俗諦而提升到真諦。

按《易傳》思想，「道」是一種廣大無垠的存在。《繫辭傳》說：

其道甚大，百物不廢，懼以終始，其要無咎，此之謂易之道也。

易「道」廣大，無所不包，無終無始，顯為中正。而「道」又是不斷變化的。《繫辭傳》說：

易之為書也不可遠，為道也屢遷。變動不居，周流六虛。上下無常，剛柔相易。不可為典要，唯變所適。

「道」之變化，在易之六爻中得到充分體現。六爻位或上或下，或剛或柔，上下轉換，剛柔移動，永無常法。變化，乃是存在的絕對狀態。

《易傳》將「易道」中的「聖人之道」分為四類，《繫辭傳》中說，「易有聖人之道四焉」：

以言者尚其辭，以動者尚其變，以製器者尚其象，以卜筮者尚其占。

聖人（或君子）的言行，應該始終遵循四條準則，即以言語論理時，則要取法卦爻辭；以行為處事時，則要取法卦爻變化；以製作器物時，則要取法卦爻象；以從事卜筮決策時，則要取法占卦。這四條「聖人之道」，是天地間萬物運行的四條基本原則，也是做人的四個基本方法和四個方面的基本的人生態度。

天道體現為「陰陽」，地道體現為「剛柔」，人道體現為「仁義」。陰陽、剛柔、仁義，都是對立，又是同一；是相對，又是互變；是相反，又是相成。天道、地道、人道，雖有陰陽、剛柔、仁義之別，但總的來說，又等質、同構、合一。

中國文化傳統，可以表述為「究天人之際，通古今之變」❹。探討「天人之道」，也正是中國傳統文化基本特徵。這一點，與西方古希臘羅馬文化影響下的以探討存在的本原為特徵的文化傳統，大有異趣。

中國文化的所有子學、經學、玄學、理學、樸學——可以說都是直接或間接地通過對易學的解說而建構起來的。其核心，就是「易道」❺。

易道對中國佛教的思維方式，在深層次上，一直產生著深刻影響。

二、般若析空，涅槃佛性

中國傳統文化實際上形成一個結構上宏偉壯麗、內涵上精緻細密的價值評價體系。它是中國文化生存的根本、延續道統的命脈所在。它實際上決定了任何一種外來文化能否進入中國文化圈子，被本土文化接納，就在於其是否能與此一思想結構進行調適融通。這種「調適融通」，當然不是指「度身定做」，也不能是「削足適履」。所謂「調適融通」之意，指的是與新環境的互動「適應」，就是既要為新環境所接受，又要能夠調整自身，是一種雙向的適應過程。

佛教與中國本土文化是一種「互融」關係，更是一種「互攝」（互相主動地攝取對方）關係。但是，首先，佛教必須能夠為中國文化思想結構所容納。容納之後，當然，這個思想結構本身，也是要為此作出自身的調整的。

在這個過程中，對於佛教而言，至關重要的一步，也是建立自身的思想結構。這個思想結構也就是佛教的價值評價體系。具體而言，中國佛教的這個思想結構，是通過判教建立的❻。

佛教的價值評價體系，在結構形態上，卻又正是與中國傳統文化（本土文化）以易學的價值準則為核心的思想結構的一次成功的「度身定做」，並且在價值取向上，也與本來的印度佛教雖非「削足適履」，卻是一個遵循「殊途同歸，百慮一致」的歷史方向的極大調整。

(一)部派源流，異部宗輪：印度佛教之學脈

佛教發源地在印度，於東漢末年傳入中國，由於特定的歷史契機和一些複雜的社會政治、經濟、文化等原因，在中國發展繁榮起來。並在兩千年的漫長歷史中，由中國走向全世界更廣大地區。

特別是由於十三世紀後，佛教在其發源地的印度基本滅絕，直至十九世紀末，才開始又重新復興。因此，「印度佛教」與「中國佛教」，是兩個在內涵上有相當大差別，而在外延上又是相互並列的概念。在國際上，「中國佛教」（Chinese Buddhism）與

「印度佛教」（India Buddhism）是兩個相當不同的學科領域。二者對於語言、哲學、研究方法等背景知識的要求，以及研究能力上的要求，都大不相同。（圖一－一）

但是，考察中國佛教的價值取向問題，很自然地會使人聯想到佛教發源地的印度佛教的價值取向，以及對其如何認識，其與中國佛教的價值取向是何種關係等諸如此類的問題。對這些問題，學術界一向有不同看法。本書因考察重點不在此，故只從緣起角度作一些討論。

圖 1–1　印度犍陀羅石雕佛像，公元前 1 世紀

（和以後中國的佛像比較，明顯可見，佛像的形制風格頗爲不同）

1. 印度佛教之學脈

佛教在印度的發展，從學說思想史角度看，在歷史時空部分交叉的過程中，大致上經歷了原始佛教、部派佛教、大乘佛教和密教（後期佛教）四個大階段。

第一階段，原始佛教。時間約在公元前六世紀至公元前四世紀，指佛教創始人釋迦牟尼及一些直接授受弟子的佛教時代。由於僧眾人數較少，流佈地區有限，教義也相對簡單，思想上沒有重大分歧，佛教史上也稱為「和合一味」時期。

第二階段，部派佛教。時間約在公元前四〇〇年至公元一五〇年之間，隨著佛教流傳地區擴大，為適應當時印度不同國家、地區、民族的生活、宗教和思想傳統，佛教教理必然要相應地發生重大變化。部派佛教是從原始佛教分化出來的各個教團派別的總稱。最初在佛去世後約一百年，佛教分化為上座部和大眾部兩大派，史稱佛教的「根本分裂」。

分裂的原因，後來南北傳佛教的說法不同。據南傳的說法，主要是因為對戒律和如何持戒的觀點分歧；據北傳的說法，主要是因為對教理的思想爭議。當然，除此之外，這後面還有深刻的社會根源，此不具說。「根本分裂」之後約過二百年，又發生所謂的「枝末分裂」，即分化成十八部派。

「部」原意為「說」，部派或可釋為「學派」。十八部派又可大致上概括為兩大部，即上座部和大眾部：

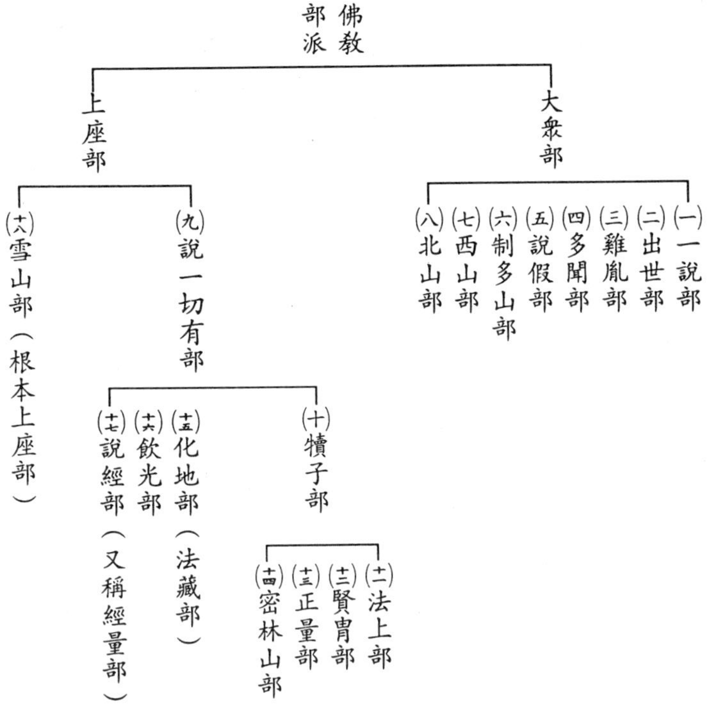

圖 1-2　印度部派佛教示意圖

上座部方面，分化出說一切有部、雪山部（根本上座部），從說一切有部又分化出犢子部、化地部（法藏部）、飲光部、說經部，從犢子部又分化出法上部、賢冑部、正量部、密林山部，共十部。

大眾部方面，分化出一說部、出世部、西山部、北山部、雞胤部（灰山住部）、多聞部、說假部、制多山部共八部。為清楚起見，製表如上[7]。（圖一—二）

第三階段，大乘佛教。大乘佛教（mahayana）興起，與小乘佛教（theravada）的分化時間，約在公元一—七世紀。

在大乘佛教形成和演化過程中，主要形成了中觀學派和瑜伽行派兩大派。大乘佛教思潮的產生，意味著佛教內部自部派佛教之後的第二次大分化，它也意味著對於原始佛教和部派佛教的強烈衝擊。在整個印度佛教史上，這是最大的一次分裂。大乘佛教為樹立正統地位，將部派佛教貶為小乘。「乘」字梵文字根（yana）有道路、事業之意，一般也解為車、船的運載等意。開始部派佛教當然不會接受這種貶稱，但後來時間長了，習以為常，也這樣自稱了。大小乘在教理上、宗教精神上有重大差異。如小乘以個人的解脫為目標，偏重斷除大煩惱，滅絕生死；大乘則宣揚大慈大悲，普渡眾生，其所謂成佛度世，追求解脫，在於以覺悟和智慧（即菩提）為目標。其他如在對佛（成就正覺）、菩薩的觀念上，在戒律和修持方面，在所依典籍和教理上，也都有明顯不同。當然都是佛教，大小乘所遵循的佛法原則也有許多相通之處。印度大乘佛教生存發展時，小乘同時也是生存和發展的。

大乘兩大派中，中觀學派先出，時間約在一世紀。瑜伽行派出現的時間約在四世紀。大乘佛教興起後，在印度經歷六七百年的興旺發達時期，至七世紀開始衰沉。大乘兩大派的教理和哲學各有特色。中觀派理論，主要圍繞緣起性空、二淨、中道等核心範疇展開；瑜伽派理論，主要圍繞「法相唯識」、「如來藏」、「阿賴耶識」、「三性」等核心範疇展開。

第四階段，密教。密教（tantrism, or esoteric Buddhism）的產生和衰落，時間約在

公元七—十三世紀。密教信徒自己也將其視為佛教發展的最高階段。大乘兩派在發展中最終相融，結果是形成瑜伽中觀派，終於佔據主導地位，並發展為密教。印度佛教史上，密教的產生，受到中國道教的有關影響，是肯定的；而由此在深層的意義上，受易道的影響，也是肯定的。

密教思想淵源在印度極古老，但真正產生影響，廣泛傳播，則是七世紀密教形成後才開始。密教奉「大日如來」為教主，大日如來悟性智慧，以菩提心為因，大悲為根本，方便為究竟，為教化眾生而隨時顯現多種佛身。它的修法儀軌十分複雜，主張身、語、意相應，即身手契印（身密），口頌真言咒語（聲密），心智慧開發觀想佛尊（意密），三者相應，即身成佛。由此而將其他各種以語言文字明顯地表達佛教教義的教派，統稱為「顯教」。由於密教在宗教實踐方面奉行咒術，重修法儀軌，教理看似簡單通俗，實則不易說明。它主張立地成佛，但所謂成佛的境界，殊難以通常語言界說。密教不排斥大乘佛教，但將大乘佛教視為成佛的初級階段。總體上看，密教的宗教神秘主義傾向鮮明。由於其存在形態及社會背景等關係，密教發展中曾日益受到印度教中「左道」影響，在宗教實踐方面也有羼入污穢的現象存在。

社會環境方面，約十世紀末起，建於阿富汗一帶的伊斯蘭國家開始對印度進行滲透。此後印度佛教情勢丕變。十二世紀末，阿富汗廓爾一帶的穆哈馬德君主，在統一阿富汗後，大舉對印度入侵，一直深入到恆河流域，消滅了印度的斯那王朝。公元一二〇三年，伊斯蘭教軍將當時印度僅存的佛教大寺超行寺（在恆河南岸，是密教中心，包括有一〇七座寺院，六所研究院，又藏有無數珍寶、文物，規模比玄奘在《大唐西域記》中描繪過的宏偉的那爛陀寺還大得多）掠盡焚毀。

超行寺被毀是一個歷史事件，它標誌著佛教在印度本土的消亡。近代印度的佛教復興運動，是十九世紀從斯里蘭卡返歸故土的❽。

2. 印度佛教之價值取向

部派佛教派別眾多，諸說紛紜，而且後來越來越多。如按南傳說法，有二十四部，加上有些名稱重複的，若一一列舉，有四十多部。從考古資料看，被發現的銘文碑刻上所記載的部派名稱，也有二十多個，根本的十八部派中，除大眾部的雞胤部、說假部尚未發現之外，其他部派都被發現了。而且發現的地點，與以往文獻中所記各部派活動情況也符合，證明以往資料記載可以信任❾。上文提到，「部派」也包含有「學派」之意。從上文列出的關於各部派分派的資料中，我們也可以發現，它也記載了各派學說之間的分歧，並且對之進行的評判。

在大乘佛教的發展中，中觀、瑜伽兩派，在一些重要的看法上分歧很大，有時還互相對立，爭論極烈，甚至發展到不肯共飲一河之水地步，有點類似中國所謂「不共戴天」的味道（關於兩派在各自發展過程中產生分歧和爭論的有關問題，可以參看呂澂著《印度佛學源流略講》第五講「中期大乘佛學」的第三節「無著世親的學說」、第四節

「瑜伽行學派和中觀學派」、第六講「晚期大乘佛學」的第二節「法稱、月宮與瑜伽行派」、第三節「月稱、寂天與中觀學派」等內容，此處恕不贅述）。他們理論的爭論，往往同時也帶有批判和總結的成分，既是批判對方，總結對方的思想，以指出對方的所謂短處，又是自我批判，自我總結，以歸納出自己的所謂長處。正是在這種激烈的思辨的交鋒中，理論向前推進而認識不斷得到深化。

雖然印度佛教似無中國佛教那樣明確的判教意識，但他們的這種以佛之說法經典為標準的批判總結，以及在此過程中進行的理論建設，也可以說是進行價值取向的定位工作。

應該指出，原始佛教由於最初即確定的道德實踐要求，一開始對哲學思辨是排斥的。比方說，認為如一個人中了箭，最緊迫的問題，自然應該是治療箭傷，至於射箭人的身世，箭是什麼材料做的之類的問題，大可以暫且不論（《中阿含．箭喻經》）。以此表明，最重要的是解決人生實踐問題，而哲學方面的本體之類的問題，並非當務之急。而且，各種學派思想的哲學教理方面的爭論，往往各申其理，莫衷一是，在實踐上並沒有什麼現實利益。所以空話少說為妙。但是隨著佛教的發展，傳播範圍日大，反映在思想理論上所涉及的方面也日益深廣，世界觀和人生觀方面的問題不可能置而不論，因此哲學思維日益成熟。

但是，以後的印度佛教主要關注的也不是價值論方面的問題，而是「本體」本身方面的問題。或者說，其所關注的，僅止於本原意義上的本體，不關注價值本體方面的問題。其價值取向乃是純然超世意義上的「空」，是「涅槃」（Nirvana）。其既非一種形而上的範疇，又是脫離知性的，換句話說，它僅指一種「終極」（the final aim）意義上的「解脫」（the soteriological absolute）[10]。這也是其傳入中國之後，不適應本土文化方面的最大問題。

然而，卻也正因為此，倒使其在異文化環境中的發展，留下了調整的大空間。這實際上卻又成為其重獲生命力的一個重要契機。

在印度佛教發展中，大乘佛教中後期，尤其是後期，無論是那爛陀寺還是超行寺中的關於佛學的文章和討論，現在看來，都開展得似乎非常熱烈，生機勃勃，但實際上主要限於少數學者範圍，類似經院哲學，呂澄先生稱之為「寺學」。他說：當時那些「學者的著作，實際上有濃厚的思辨、煩瑣氣味，可以說是為著作而著作」[11]。從宗教本身發展來說，是脫離宗教實踐的，從思想史角度來說，雖然其理論思維水準達到了驚人的深度，但是，一定程度上脫離了現實社會生活。

(二)本土文化對印度佛教的價值詮釋與改造

這樣的東西，如果照搬到中國來，不可能成活。從佛教一開始在中國的傳播，就經歷著被本土文化改造以及重新進行價值詮釋的命運。（圖一－三）

圖 1–3　中國文化觀念中的佛教圖景(一)：乘象入胎
（描寫釋迦牟尼之母受孕）

中國佛教界對印度佛教各種學派思想的自覺的分理爬梳、批判總結，從智顗天臺宗判教成為固定模式後開始（智顗對這一領域尚未給予重要關注）。換句話說，是在判教成為隋唐各宗派建立各自理論體系過程中的一個必不可缺的思想方法之後，在這種思想氛圍、理論定勢中開始的。同時也與玄奘從印度留學歸來後，對佛教發祥地的佛教思想史發展脈絡，有了更全面深入的了解和關注有關。最早全面論述這個問題的是窺基（見《法華玄贊》卷一）。相隔不久的法藏等人在判教的同時，也注意討論這個問題（見《華嚴經探玄記》卷一，《華嚴一乘教義分辨》卷一，《十住心論》卷四等）⑫。

中國中古時代佛教界，對印度部派佛教大致上分為六大類：

①我法俱有宗，包括由上座分化出來的犢子部、法上部、賢胄部、密林山部、正量部等，主張我、法俱為實有；

②法有我無宗，包括一切有部（薩婆多部）、多聞部、飲光部、雪山部（根本上座部）等，主張「三世實有，法體恆有」，「一切法皆悉實有」，但主張我（補特伽羅）無；

③法無去來宗，包括大眾部、雞胤部、制多山部、西山部、北山部、法藏部等，主張現在法為有，過去未來法非實有；

④現通假實宗，包括從大眾部分化出來的說假部和從一切有部分化出來的經量部，主張「無去來現在世中諸法，在蘊可實，在界處假，隨應諸法，假實不定」（法

藏：《華嚴一乘教義分齊章》卷一）。就是說，無論過去、未來和現在諸事物現象，就現象而言是實存（蘊），就認識（界）而言只是假名（Prajnapti-sat），是無自性的唯名之實在；

⑤俗妄真實宗，指從大眾部分化出來的出世部，主張「世俗皆假，以虛妄故，出世法皆實，非虛妄故」（法藏：《華嚴一乘教義分齊章》卷一）。就是說，現實世界中（世俗）一切事物現象皆為虛假，只有出世界法（出世法，即佛教的理想世界），彼岸世界中，才是一切真實；

⑥諸法但名宗，指從大眾部分化出的一說部（或稱說一部），主張「一切我法，唯有假名，都無（實）體故」（法藏：《華嚴一乘教義分齊章》卷一，注意可以與第(4)現通假實宗主張比較一下）。

我想指出的是，這種總結、概括的方式，與印度佛教文獻中保留的方式，實際上卻有兩個重大差別：第一，從印度佛教文獻看，其思維方式是橫向的，或曰靜態的，中國佛教學者則從主體認識角度，將文化史觀中的「史」的概念，賦與了印度部派佛教各說，從而將各部派思想也看成是一個由淺入深，由低級向高級發展的動態的過程；第二，中國佛教學者對這個動態過程中，認識逐次深化，思辨層次不斷提高的觀念，極其明確。這些都表明中國佛教的價值意識，相對而言，更為強烈自覺。這一點，我想也是中國哲學傳統與印度哲學傳統基本區別之一。

對於印度大乘佛教不同派別爭論的看法，因為直接關係到中國佛教宗派對其他宗派理論的判釋，即直接關係到自己的判教思想的展開，同時，在理論背景上，又以判教作為教理建構的方式，因此中國佛教學者在認識印度佛教的宗派分歧時，也往往用中國佛教判教的思維方式去看待了。庫恩提出認識中的「範式」概念，並認為他對哲學的貢獻主要有兩點，一是提出範式概念，二是把科學發展（我想我這裡將「科學」概念換成「認識」概念，也可以說得通）中的常規和範式相互交替的思想，首次應用於科學（認識）史。他認為，「範式」就是一定時期內認識共同體「看問題的方式」，包括其共有的世界觀、方法論、信仰和價值標準等，並且每一認識領域都有自己的「範式」⓭。（圖一－四）

唐代華嚴宗的法藏，以轉述天竺日照（地婆訶羅）法師之說的方式，述印度瑜伽、中觀二派判教，以作為自己與法相唯識宗相抗衡的華嚴宗判教的理論依據。他說：

> 三藏（指日照）說云：近代天竺那爛寺同時有二大德論師，一名戒賢，二稱智光，並神解超倫，聲高五印，群邪稽顙，異郭歸誠，大乘學人仰之如日月，獨步天竺各一人而已。以所承宗別，立教不同。（《華嚴經探玄記》卷一）

然後分說二家判教：

> （第一瑜伽行派）謂戒賢即遠承彌勒，無著，近踵護法、難陀，依《深密》等經，《瑜伽》等論，立三種教（引文見同上，以下文繁不具，請見下圖）。

圖 1-4　中國文化觀念中的佛教圖景(二)：九龍灌浴

（描寫釋迦牟尼之出生）

戒賢（大乘瑜伽行派）判教結構圖：三時判教

	時位	說法對象	佛說經典	教　義	法　乘
不了義	第一時	唯攝聲聞	諸《阿含》經	唯說生空	小乘法
	第二時	唯攝菩薩	諸《般若》經	說諸法空，顯二空	大乘法
了義	第三時	普攝諸機	《解深密》等經	具顯空有	通諸乘

圖 1-5　印度佛教戒賢判教圖

智光（大乘中觀學派）判教結構圖：三時判教

	時位	說法對象	佛說經典	教　義	法　乘
不了義	第一時	諸小根	諸《阿含》經	心境俱有	小乘法
	第二時	諸中根	諸《唯識》經	境空心有	法相大乘
了義	第三時	諸上根	諸《般若》經	心境俱空，平等一味	無相大乘

圖 1-6　印度佛教智光判教圖[14]

> 第二（中觀學派）智光論師遠承文殊、龍樹，近稟提婆、清辨，依《般若》等經，《中觀》等論，亦立三教（引文見同上，以下文繁不具，請見下圖）。（圖一—五、圖一—六）

比較而言，實際上這個思想結構基本上是中國式的。法藏的這個說法實際上是以一種特定的認識範式，即依特定的中國佛教判教的方法論和價值標準觀照的結果。

從佛教傳入中國開始，這樣一種以思想結構的方式——圍繞特定價值標準建立價值評價體系，這樣一種與本土文化的價值評價體系契合的方法論原則，一直生動有力地發揮著作用。

1. 中土佛經翻譯過程中主體意識的滲透

中國佛教的發生、發展是從佛經的譯傳開始，這是學界共識。而且，一方面，就中國傳統而言，往往要從經書中找行為的根據，所謂的以《禹貢》治河，以《洪範》察變，以《春秋》決獄，以三百篇（指《詩經》）當諫書，就是將經書視為判定行為合理性的價值標準；另一方面，就一種宗教文化而言，也必定需要有一個絕對的標準，作為信仰的對象和行為的準則。所以，在一般意義上，佛經就被視為佛教的信仰對象、行為準則，即價值標準。

但是，若深入思考一下，會發現這個所謂「一般的意義」是有問題的。實際上也內含著一個無法解決的二律背反：既然是絕對的標準，就不能對之進行人為的整理；既然是可以對之進行整理排列的，就不是絕對的標準——最多只是相對的標準。如西方基督教的上帝是一種絕對的存在，就不允許什麼評判，經典亦只有絕對的一種，即《聖經》。又如中國儒家文化認為天是一種絕對的存在，孔子就曾拒絕說天道的問題。

事實上，由於佛經譯傳過程中存在的諸多現實問題，佛經本身也是引起人們的質疑的。所以，中國佛教判教的基本目的之一，是通過對眾多中土譯傳佛經的整理和排列（還應加上對不少中國人士撰寫，並且亦取得經典地位的佛教著作的認識和評價），去找出那個絕對準則——價值標準。

不過，這個價值標準雖然與佛經密切相關，但又並非僅隱藏在佛經的字裡行間的。價值本身是一種主體評價，是主體意識對於主客關係以及聯結這種關係的行為結果的一種利益評價。除了佛經中論述的價值詮釋之外，這個價值標準的真正確定，必定還要涉及到特定的社會、歷史、民族、文化所構成有時代背景的文化氛圍。

所以，佛教的傳入、發展，與經典有關，而且首先涉及的總是佛經的問題，否則佛教就成了無源之水，無本之木了；但又更與被認定的價值標準有關，那才是水之源，木之本。比如，佛經的譯傳、取捨亦相當程度上受此制約。經典與價值密切相關：沒有佛教經典就沒有佛教價值。但二者又非等同之物。考慮到這一點，為敘述層次的清晰度計，這一部分將著重討論經典以及從經典角度涉及到的價值問題。以下將專列一節專門討論價值標準問題。

中土佛經譯傳的問題，以往學者的研究成果已多，尤其近現代以來，歐、美、日本學者在語言學、版本學、文獻學等方面的研究，達到十分深刻廣闊的水準⑮。本文因主題關係，僅簡單討論有關的幾個代表性問題。

中土佛經譯傳，除了數量龐大，稱得上浩如煙海之外，引人注目的特徵還在於從一開始就不忠於原文。當時譯經者不但在版本、術語（Terminology）、歸屬（Attribution）等方面往往隨意處置，而且在翻譯過程中，還往往增刪原文，大量羼入己意。這一點，與二十世紀初「五四」運動前後，中國再次大規模引進西方外來文化時始終極其注重是

圖 1-7　鳩摩羅什（343—413 年）像

否符合原意的情況，截然不同。這是發人深省的一個問題。當代西方佛教學者格榮對此作過評價，具有一定代表性⑯。

他認為中譯佛經既不與印度原文，也不與用其他文字（如藏文）翻譯的佛經進行批判性的比較研究。對於印度佛經原有的術語概念亦無系統研究，而往往用中國文化中現成的哲學和宗教語言直接替代，早期，尤其多用道家語言取代原本術語。鳩摩羅什的譯本因文字優美而可讀性強，但往往不是據原本直譯。玄奘倒是最忠實原本的（其實也未必，下文詳），而中國的佛教徒們通常卻推崇鳩摩羅什的譯本。我國有些學者也提到過這類問題。這類問題的存在，都會使深究者產生疑惑。（圖一—七）

實際上，這只是表明，佛教在中國的傳播過程中，本土文化的選擇和接受一開始就對佛教傳播有巨大影響。

2. 中國佛教傳播過程中，本土文化價值對其選擇和接受的影響

(1) 佛經翻譯問題

在中國佛教的傳播過程中，本土文化價值一開始就有巨大的潛在影響，對於選擇什麼、接受什麼、傳播什麼，從來就不是隨意或被動的，而是著意而主動的。下舉數例。

其一，鳩摩羅什譯經，特別注重般若類經論。這既與當時玄學正盛的思想學術背景有關，亦是因羅什本人學歷興趣決定（當然與印度大乘佛教發展興旺的時間也吻合）。但不管怎麼說，大量譯出般若系統經論，並成為中國佛教發展的哲學思維方法論基礎，總是與主體選擇及時代背景有關。

羅什譯經的一大特點，是自定取捨。如譯般若學奠基經論之一的《百論》時，「論凡二十品，品名有五百，後十品其人以為無益此土，故闕而不傳」（僧肇：《百論序》，《出三藏記集》卷十一）⑰。就是說羅什在翻譯《百論》時，自己認為不合適就不譯出。又如譯《中論》時，羅什同時譯出青目注釋，但是，又認為青目的注釋「雖信解深而辭不雅中，其中乖闕煩重者」，「皆裁而裨之」（僧睿：《中論序》，《出三藏記集》卷十一）。由此可見，羅什在翻譯中，自定取捨標準，對原文進行了較大的增刪、修改。

其二，曇無讖之譯《涅槃經》。北涼曇無讖譯出《涅槃經》，以及《大集經》、《金光明經》等，形成中國佛教中般若學系統之後又一重要的佛經系統——涅槃學系統，這一系統經論對中國佛教發展的影響也是根本性的。

曇無讖所譯佛經中，最重要的《大般涅槃經》（簡稱《涅槃經》），是據「胡本」譯出。「胡本」的文字是指西域文字，而此經梵本的情況，當時就已經不太清楚。此經「前五分」，是東方道人智猛從天竺帶到高昌的「胡本」，六品之後，又是另一名「胡道人」從敦煌帶來，送到姑臧曇無讖處的。這些「胡本」，當時就已經「分離殘缺」，而且也明顯看得出，抄經者對內容「隨意增損，雜以世語，遂使違世本正」（見《大般涅槃經記》、《大般涅槃經序》及《高僧傳・曇無讖傳》）。由此可見，《涅槃經》的所謂「翻譯」，實際上不如是說一種「編譯」，而且可想而知，編譯過程中作者對內容進行加工「增損」，是不可避免的。

再如《大集經》中的鬼神系統，二十八宿方位及生屬星相說，十二獸傳法說，《金光明經》中的四天王、二十八部鬼神之類思想，顯然也受到本土文化的影響（曇無讖譯經涉及易學與佛教的問題，下文還將討論到，見本書第三章、第四章）。

其三，《攝大乘論》之數種譯本。《攝大乘論》是印度瑜伽行派創始人無著所作，內容是闡發「三界唯心」的基本理論，系統論證「阿黎耶識」，以及世俗是如何由其派生，出世間是如何據其實現的，提出了一個較完整的唯識論體系，是中國唯識學派的奠基經典之一。此論有三種譯本，第一種是元魏佛陀扇多的譯本（二卷），第二種是南朝梁真諦的譯本（三卷），第三種是唐玄奘的譯本（三卷）。三種譯本中，除南朝梁真諦譯本中有「黎耶中解性」（阿賴耶識之能動性）的說法之外，其他諸譯中，都沒有這種說法。這是一個重要的問題，因為這種思想，對以後中國佛教的發展，是產生了很大影響的。如華嚴宗法藏曾說：「梁《攝論》云：聞熏習與阿賴耶識中解性和合，一切聖人，以此為因。」（《華嚴一乘教義分齊章》卷二）可見其視此說是何等重要。過去有些學者認為，這種說法，可能是真諦自己加進去的思想，我也同意此說，也就是說，真諦的譯文，不僅是譯，還加上了他自己的創作。當然，法藏後來的這種斷以己意的發揮，也十分有味。（圖一一八）

其四，玄奘譯經對印度佛經的大肆篡改。一般認為玄奘最忠實於印度佛教思想，他的譯本，也最精確地直譯自原文。

但是，實際情況大不相同。

窺基嘗批評前人譯經中的問題：「古師解釋諸法名義，但隨己者，名為一解」，而使「義與體乖，逐成疏謬」，之所以如此，「皆因翻譯之主，不善方言，語設將融，玄旨猶隔」。他還據玄奘譯本，指責同一思想系統的「古師」真諦的譯文有誤。（見《法苑義林章》卷一）

但實際上從真諦譯本看，其態度之嚴肅和漢文水準之高是得到公認的。二家譯文不

圖 1-8　中國文化觀念中的佛教圖景(三)：諸天贊賀

（描寫釋迦牟尼佛之成道）

同，實是各自因思想主張不同而在譯經過程中各自發揮的結果。據窺基《成唯識論述記》說，印度佛教大學者，唯識宗的陳那，作《觀所緣論》，謂五識所色等境，能緣所緣出一源。另一大學者護法，則進一步指出，有親疏二種所緣緣，以之論證認識對象的相對客觀性問題。玄奘是信奉護法思想的，因為護法是他的師祖（玄奘在印度那爛陀寺求學時，他的老師是戒賢，戒賢之師是護法），他在譯《觀所緣論》時，根據護法思想所緣緣義，在他的譯文中，對原文大作修改，甚至書名也改成了《觀所緣緣論》。

還有一個突出事例，是玄奘對《成唯識論》的糅譯。印度瑜伽行派創始人世親撰《成唯識論三十頌》，成為該學派闡述理論和實踐的集成之作，此後，印度許多著名學者對該書進行疏解，如親勝、火辨、難陀、德慧、安慧、淨月、護法、勝友、勝子、智月等，玄奘在印度時，搜集到這十家全部注本，回國後原擬都予譯出。後因窺基建議，用自己的師祖護法的注本為基礎，糅以另外九家，纂成《成唯識論》。《成唯識論》一書，成為中國佛教法相唯識宗教理思想體系的理論基礎。（圖一－九）

其五，密教《大日經》之譯本。唐代密宗胎藏部根本經典《大日經》（《大毗盧遮那佛神變加持經》）乃是節譯（或選譯？），據記載：「沙門一行，請三藏和尚（指善無畏），譯《大毗盧遮那佛神變加持經》一部七卷。其經俱是梵文，有十百頌，今所出者，攝其要耳。」（唐・李華《玄宗朝翻譯三藏善無畏贈鴻臚卿行記》，據《大正藏》為明洪武三年寫觀智院藏本）這個說法，在唐代密宗的多種傳記史料中都有記載。

圖 1-9　玄奘慈恩寺譯經圖（玄奘，600—664 年）

其六，中譯佛經不重文法，只重「義理」。佛經的譯傳，對佛教的發展如此重要，但奇怪的是，千百年來從來不曾有過一部研究梵文的文法書（佛經也有譯自西域文字的，早期也有以「口傳」的方式譯傳的，但畢竟大部分譯自梵文）。所有的研究梵文的著作，只有悉曇（Siddhim）和字書兩類。悉曇與密教流行有關，所注重的是音聲（咒語）的問題，不重文法，字書則是對應佛經中一些用字，注上漢字。現存最早的是《梵語千字文》，傳為義淨作⑱。佛經譯傳的數量如此浩大，但梵文文體對中國語文文體卻幾乎未產生什麼影響，這與二十世紀初以來翻譯文學的文體對白話文的巨大而深刻的影響亦形成鮮明對照。倒是譯經文體（可看作中國文化在吸收外來文化過程中一種創造）自南北朝隋唐以來，在中國文化藝術各領域影響不小。

其七，歷代皇權對佛教經典地位的干預。從佛教一傳入中國開始，就存在著皇權對佛教經典的各方面的強烈的干預。這方面事例極多，略舉數條。

①如《占察經》，在唐代道宣的《內典錄》（卷十一）中尚被列入《疑偽經錄》。不久，在《大周刊定眾經目錄》（卷一）中，已被赫然列在《大乘單譯經目》中，還加上了說明，謂此經是「別國沙門菩提登峰，天冊萬歲元年（六九五年）十月二十四日奉敕編行」。可見是由朝廷決定，將此經的「偽經」身份搖身一變為「譯經」。

②唐高宗於顯慶年間（六五六—六六一年）下令在西明寺修造皇家官藏，並對體系、內容等提出具體要求，這是首次以皇權干涉大藏經的編纂。但當時西明寺官藏編纂

的組織者道宣，並不完全買賬，仍以正統佛教徒立場，嚴格地只收翻譯經典，將中國撰著一律排在藏外⓳。

③ 唐玄宗首次命令將中國撰著正式入藏。《釋氏稽古錄》（卷三）開元十八年（七三〇年）條記載，玄宗下旨，將僧人道氤與道士尹謙辯論的記載（道士辯輸）《開元釋道論衡》入藏，據慧琳《一切經音義》有關記載，可證明此論確曾入藏。《宋高僧傳》玄儼傳載，開元二十四年（七三六年），唐玄宗親自注的《金剛經》入藏，這部著作現已在房山石經中發現。

④ 宋以後，中國僧人撰著由皇權決定入藏數量極大。北宋時，慈雲遵式（九六四—一〇三二年）於乾興元年（一〇二二年）在天竺替皇室行懺，並請得天臺宗教典入藏。南宋初，慧因教院的義和向朝廷請準華嚴宗著述入藏。並且一些當時名僧的著作也能由皇權決定入藏，如北宋契嵩（一〇〇七—一〇七二年）作《輔教篇》成，呈宋仁宗（一〇二三—一〇六四年在位），要求「編入大藏」，次年仁宗即敕編入。

皇權對佛教經典的干預突出地表明，對於當時社會而言，所能接受的佛教的價值標準，必須與主流社會肯定的正統的「天人」觀念——易道直接掛鈎。

(2)「疑偽經」問題

所謂「疑偽經」問題，也就是中國人自己寫的佛教經論問題。

這裡僅討論傳統上被佛界和學界視為所謂「疑偽經」者，至於《壇經》之類，並不隱瞞作者身份，也從不偽裝成是印度傳來，這裡不涉及。

「疑偽經」是相對於從印度流傳過來的「真經」而言。這裡又僅討論中國佛教發展過程中影響最大的「疑偽經」，即《提謂波利經》（以下簡稱《提謂經》）和《大乘起信論》（以下簡稱《起信論》）二種。

先討論《提謂經》。

東晉名僧道安在《整理眾經目錄》中（通稱《安錄》），首先提出疑偽經問題，並判列出「偽經」共二十六部三十卷，「以示將來學士，共知鄙信焉」（《出三藏記集》卷五），提醒人們不要信奉這些東西。梁朝僧祐在《出三藏記集》中，又著錄新發現的疑偽經，其疑經錄載錄二十部二十六卷，指出這些「或義理乖背，或文倡淺鄙，故入疑錄，庶耘蕪雜，以顯法寶」（《出三藏記集》卷五）[20]。

其中首次提到《提謂波利經》二卷，是宋孝武帝時（四五四—四六五年）北魏比丘曇靖所撰。《續高僧傳》卷一《曇曜傳》附有曇靖傳，據載北魏太武帝滅佛，「舊譯諸經並從焚蕩，人間誘道，憑准無因」。太武帝死後佛法復興，曇靖「乃出《提謂波利經》二卷，意在通悟，而言多妄習」。可見，從梁朝僧祐到唐代《續高僧傳》作者道宣，都已說得很清楚，明確指出《提謂經》是中國人所撰，非印度傳來，屬於偽經。道宣所說此經「言多妄習」，實是自詡固守「正統」，而指責經中大量寫入了明顯是本土文化的東西，如陰陽五行學說等內容。

但我們又看到，中國佛教界對之視若罔聞。如與僧祐差不多同時的劉虬，判教中，將《提謂波利經》作為「人天教」的經典依據。又如與道宣同時或稍後的窺基、法藏等這樣一些大師，乃至更以後的五代、宋時期的延壽等人，引經據典時，常引用到《提謂經》，根本不管什麼偽經不偽經。天臺宗大師智顗在《摩訶止觀》、《法華玄義》等重要著作中引用《提謂經》次數極多，也顯然不管《提謂經》是什麼偽經不偽經。

據此也可以肯定，南北朝隋唐直至五代之後，一段很長的歷史時期內，《提謂經》在佛教界以及社會上一直十分流行。此中原因，據我推測，一則固然因為此經明顯表現了調和儒佛二家的一種努力，如公然將佛教五戒與儒家仁義禮智信五常，乃至五行、五方、五星、五藏等相配比，編造大膽，特色鮮明，由此引起人們重視；二則亦因為一種日益強化的主體意識作用下，對經典取捨的標準，日益明顯地傾向為我所用（《提謂經》問題，下文討論中還將涉及，見本書第四章）。

再談一下《起信論》。

《起信論》的真偽問題曾引起過不少爭議。尤其是二十世紀初，日本佛教學者開始掀起《起信論》真偽問題的討論，繼而在中國學界引起強烈反應。此後一般認為此《論》是南北朝時佚名中國學者撰著，成為共識。從梁啟超開始，中國學術界對此論的研究取得不少新的有價值成果，如呂澄論證《起信論》源自魏譯《楞伽經》[21]，任繼愈等則認為，此經基本思想雖與《楞伽經》有相通之處，但從整體上看與《占察經》更為接近㉒。隋開皇十四年（五九四年），法經等編著的《眾經目錄》（通稱《法經目錄》）最早著錄梁本《起信論》，該書卷五指出：「《大乘起信論》一卷，人云真諦譯。勘真諦錄無此論，故入疑。」（《占察經》也是被《法經目錄》作為偽經看待的）但是這篇幅不大的論著（共百餘字），卻成為對隋唐佛教影響最大的經典之一，唐代佛教各宗派的教理思想，幾乎都與在它的基礎上融會溝通有一些關係。

以上這些都說明，佛教在中國化發展的過程中，始終處在與本土文化價值的磨合攝入過程之中。

(三)困惑與挑戰：建立中國佛教的價值觀——涅槃佛性

1. 鳩摩羅什與慧遠的分歧

龍樹建立大乘中觀學派理論體系，是針對當時佛教在印度已流行發展了約有五百年時間，部派分裂，學說各異，不少還有走極端的傾向，而外部各教派又相繼發展，威脅佛教生存這樣一個局面。他基本上從三個方面著手，第一，建立佛教根本理論——以般若智慧而達到「無相」；第二，據此對佛教內外各派學說，進行批判總結；第三，概括和吸收各派學說已有成果，較全面地組織大乘思想體系㉓。

龍樹學說，有立有破，但可能是因為印度古代理論習慣，或由於當時客觀環境的需要，在方法論上，龍樹以破為主，以破為立。這在其所著《中論》等中觀學派的主要著作中，表現很明顯。《中論》共二十七品，二十五品是在進行「破」。《回諍論》也明顯以破為主。龍樹的弟子提婆破得更厲害（其著作流傳下來不多），他往往以「百論」作總題，「百」梵文 Sataka，字義雙關，是指把一百個東西（也即多種東西之意）集攏來的意思，字根 Sat 又有破壞之意。以此為題，就是破滅一切之意。提婆著作內容，幾乎全是破斥，無論在破的原則上和方法上，都比龍樹徹底[21]。

鳩摩羅什譯經是中國歷史上第一次大規模有系統的佛經中譯，他的一些主要譯本，幾乎成為以後中國佛教各學派、宗派依據的理論基礎。他翻譯的主要就是印度龍樹系的大乘般若空宗理論。

這樣一個思想體系，譯傳到中國後，一方面使人耳目一新，獲得重大啟發，立刻極大地推動了中國佛教哲學的發展；另一方面，因為思想方法以及尤其在價值觀方面的差異，也立刻在中國引起了深刻懷疑和非議。其中，當時南方影響最大的佛教界領袖廬山慧遠，與北方佛教界領袖鳩摩羅什的分歧和討論，最有代表性。

慧遠定居廬山後，研究和修持重點轉向毗曇學和禪學。但他仍然以精通般若學著稱於世。鳩摩羅什入長安後不久，二人開始通信。

慧遠向鳩摩羅什提出幾十個佛學問題，主要集中在何謂「法性生身」，或「真法身」、「法性」、「諸法實相」的問題。換句話說，即佛教的根本問題，或佛學要達到終極目標的問題。按照慧遠的思想，法身有「真法身」和「變化形」的區別。這種「真法身」與「變化形」的區別是絕對的。「真法身」是法身實體，「變化形」是權變和幻化。但是，慧遠要解決的問題，主要為「法身」何以能生，其生成之「身」，應是什麼性質，什麼相狀，「三十二相」如何修得；「法身」有無身、口、意業，如有，與世人諸業差別為何，等等㉕。

顯然，這樣的思想方式，與鳩摩羅什所持般若中觀思想方式，差別甚大。慧遠之前，一代名僧道安，也為類似問題而困惑過，如對「非身」、「無我」與「識神」、「法身」的矛盾，他覺得很難解釋。這實際上是已接觸本體問題。然而，如上文已述，印度佛教哲學中對本體的理解，與中國傳統文化精神有很大不同。道安一直為不知如何解決感到苦惱。鳩摩羅什弟子僧叡，以前曾是道安弟子，他對這個問題的發展過程有較透徹的了解，他概括道：

此土先出諸經，於識神性空，明言處少，存神之文，其處甚多。《中》、《百》二論，文未及此。又無通鑒，誰與正之？先匠所以輟章於遐概，思決言於彌勒者，良在此也。（《毗摩羅諸提經義疏序》，《出三藏記集》卷八）

在中國佛教思想史上，僧叡首次明確概括鳩摩羅什譯籍和此前舊譯的區別，在於舊譯「存神之文」甚多，鳩摩羅什的譯籍體現出「識神性空」。般若學要義，即在於析空。如僧肇說：「以無法為本，故能立一切法也。」（《注維摩詰經・觀眾生品》）僧叡的概括，十分精彩。

鳩摩羅什對於慧遠的問題，似乎也感到解釋上有困難，因為彼此立場差別太大。但是，鳩摩羅什最後還是斷然否定慧遠的看法，在《大乘義章》中，他一方面解釋說：「法身可以假名說，不可以取相求」，「法身雖一（異）相故，無決定真身；離異相故，無決定相身（即生身）」，「（佛）畢竟性空，同如法性；」一方面又無可奈何回答說：「不須戲論有、無之實也」，「法無定相，不可戲論。然求其定相，未難之旨，似同戲論也」。

鳩摩羅什的意思是說，「法身」可從世俗角度（世諦）假說，而從「第一義諦」（真諦）角度「實說」，則「法身」並非實存，硬要區分真、假、有、無，只能說是虛妄戲說了。這是背離大乘中觀性空之理的。但這個道理，慧遠似乎始終未理解，當然也可能是理解了，但是不能接受。

因此，當鳩摩羅什在長安譯經時期，大力地破除關於「神我」、「三神」這樣一些主張「實有」的「外道」的流行觀點之際，也正是慧遠在廬山大張旗鼓地宣傳「薪盡火傳」、「形盡神不滅」之類的主張「實有」的思想之時㉖。

慧遠的「有神論」觀點，以及靈魂不滅之類的思想，根源即在於本土文化視天為神格化的存在，將天意看成是人格化了的絕對獨立的實體這樣的一種觀念。而以大乘佛學觀點看來，這卻是對佛教的一種極大限制，是一種「外道」邪說，小乘都算不上。慧遠以彌陀淨土為最後歸宿，是與他要求一個「定相」，一個明確、實際的歸宿是有關的。

鳩摩羅什介紹的般若中觀思想的主要特徵，是在認識論中把析空方法徹底貫徹，從而導出「性空」學說，來解釋諸法實相。由此一舉奠定中國佛教發展的哲學基礎。這個思想方法，也成為就此發展起來的南北諸學派、隋唐諸宗派的重要思想武器——認識論和方法論，以後也是禪宗的思想武器。

2. 確定佛教的目標，即建立價值本體：涅槃佛性

但是，般若中觀學說「破」的徹底性，不但使人因為其與中國傳統文化的衝突而產生疑惑（如上述慧遠提出的問題），也甚至使人懷疑這個理論中內含著某種危險性。當時無論佛門內外一些重要思想家都看到了這一點。

僧睿說，般若學諸經論，「深無不極」，「然其大略，皆以適化為體，應務之門，不得不以善權為用；權之為化，悟物雖弘，於實體不是」（《法華經後序》，《出三藏記集》卷八）；又說，「或時有言，佛著虛妄，誰為真者？若是虛妄，積功累德，誰為其主？」（《喻疑》，《出三藏記集》卷五）就是認為般若理論，其用在「虛」，因此只能算一種「善權」之用，它有根本缺陷，就是「於實體不是」，會令人覺得，沒有能夠確立起一個終極意義上的目標。

僧肇說：「夫道恍惚惟冥，其中有精。若無聖人，孰與道遊？頃諸學徒，莫不躊躇道門，怏怏此旨，懷疑終日，莫之能正。」（《表上秦主姚興》，《肇論》）就是說深刻的般若學所釋的「道」中，應該還有一個更深刻的東西，作為終極真實，否則還是會

令人懷疑此「道」。

鳩摩羅什譯經事業龐大僧團的支持者，秦主姚興也對此不滿意，他曾說：「然諸家能第一義，廓然空寂，無有聖人。吾常以為殊太逕廷（徑庭），不近人情。若無聖人，知無者誰也。」（《答安成候姚嵩書》，《廣弘明集》卷十八）他尖銳地指出，若無「聖人」（終極價值），這樣的理論，就顯得「不近人情」。

從當時整個社會背景和時代思潮看，玄學本無思想對社會權威和傳統道德觀念衝擊之後，儒家思想正以「崇有」派的形式恢復。蔑視權威、動搖傳統禮法的言行，與般若學中體現的空幻無實的冷漠，一樣使人在心理上產生拒斥感。在南北分裂、繼續動蕩不寧的總體社會背景下，如何恢復權威，尋找生活信念，成為普遍社會需求。

鳩摩羅什使般若學發展到極致，同時這種「空」到徹底的思想也走向了自我否定[27]。宣傳「實體」的涅槃學思想，應運而生。當時南方法顯等人在建康道場寺譯出《大般泥洹經》，鳩摩羅什自己則譯出了《法華經》。這些經中，蘊含的涅槃學這方面的思想內容，立刻被一些敏銳的思想家發現。如當時傑出的思想家僧睿的說法，具有代表性：「三藏祛其染滯，般若除其虛妄，《法華》開一究竟，《泥洹》闡其實化。此三津開照，照無遺矣。」（《喻疑》，《出三藏記集》卷五）就是說，有了《法華》開闢了認識究竟（終極目標）的道路，《泥洹》闡發實化（可以達到的實際目標）之說，加之原有的般若除虛掃妄之說，佛教理論就完整了。僧睿又說：「尋出《法華》，開方便門，令一實究竟，廣其津途。欣樂之家，景仰沐浴，真復不知老之將至矣。」（同上）真可謂欣喜之情，溢於言表。

以後，僧睿和僧肇的同學竺道生，在南方對《涅槃》學思想大力闡揚，終於使涅槃佛性論思想，這一種更易激發人們宗教熱情的理論，取代了容易給人以虛幻和冷漠之感的般若學的純思辨形式，成為南北朝佛教的主要思潮，各家學說，無不深刻涉及涅槃學。

實際上，《般若經》中也有「常樂我淨」的說法，如《善知識品第五十二》中說：「一切法趣有常，是趣不過。何以故？常畢竟不可得……一切法趣樂、淨、我，是趣不過。何以故？樂淨我畢竟不可得」。可以看出，強調的是般若空觀，表示「畢竟不可得」，所以與《涅槃經》強調的「常、樂、我、淨」（參見《涅槃經・壽命品第一之二》）顯然有所不同。

終南北朝時期，涅槃學發展可謂百花齊放，爭論極烈。爭論集中圍繞兩個問題，一是何為正因佛性問題，二是佛性本有始有問題。本書因主題關係，僅略討論正因佛性問題。

隋吉藏《大乘玄論》總結概括南北朝涅槃學為十一家，然後將十一家進一步歸納為三種觀點：

然十一家，大明不出三意。何者？第一家以眾生為正因，第二以六法為正因，

> 此之二釋，不出假實二義，明眾生即是假人，六法即是五陰及假人也。次以心為正因，及冥傳不朽、避苦求樂，及以真神、阿黎耶識，此之五解，雖復體用真偽不同，並以心識為正因也。次有當果與得佛理，及以真諦、第一義空，此之四家，並以理為正因也。

第一種觀點，以「眾生」、「六法」為正因佛性。以眾生、六法為正因佛性，即一切眾生悉有佛性，「眾生為正因體」（吉藏：《大乘玄論》卷三，唐均正《四論章義》卷七）。就是說眾生即佛性的體現，佛性即眾生。

第二種觀點，以「心識」為正因佛性。以心識為正因佛性，即心識即真如，即是佛性，如寶亮認為眾生雖有佛性，但要通過佛教修持，在心識中使佛性顯現而達到解脫（《大般若經集解》卷五十三引）。梁武帝奉行的佛性思想也基本持寶亮觀點。或者說，是把「心」對涅槃境界的追求意向，視為正因佛性（見均正：《四論玄義》卷七，介紹光慶寺法云及寶亮的觀點）。

第三種觀點，以「理」為正因佛性。以理為正因佛性，即認為「理」即常住不滅法性本體，但是當說「眾生成佛之理」時，轉指心性，當說真如實相時，即是指如來、法輪（這又變成以佛性證明佛性了）。

吉藏認為，涅槃絕百非，超四句，佛性超世相，絕言表。他自己的結論，乃是運用般若百非雙遣的否定方法，破斥各家，提出：「云非真非俗中道，為正因佛性」（見

《大乘玄論》卷三；吉藏論佛性思想，還可參見所著《涅槃經遊意》等），這實際上也就是提出以「中道正因」為佛性。這是以其特有的三論宗「四重二諦義」作為批判武器，是在中觀學派以無所得為旨歸的本體論哲學基礎上的佛性論觀點。這也是反映了般若學與涅槃學魏晉南北朝長期發展後，結合起來的一種含有辯證意味的理論指向，達到的哲學思維水準是很高的。

不過，綜觀南北朝佛性諸說，甚至吉藏的批判和總結，都可以發現各種說法常有自相矛盾之處。如正因佛性到底是在「眾生」或「心性」中，還是在眾生、心性所追求的對象中？又如「理」如兼有體、性二義（見《大乘玄義》卷七，介紹靈根寺慧令觀點），則因果關係又如何解？等等。又如吉藏的論證中，常以自家佛性說為前提，但這個前提不正是他需要證明的東西嗎？這些互相矛盾和理論上的混亂，是因為在各種佛教學派中所論證的思想，必定要受到「抽象規定」在向「具體」的「思維行程」中的階段性限制（相對於更高階段上的具體，或更全面的對對象的把握，此一階段之「具體」，仍屬一種抽象規定）。

但是，南北朝涅槃佛性學說發展出一個根本成果，即無論各家對「佛性」如何解釋，涅槃佛性作為佛教追求的根本目標，一種實在信仰的對象，被建立起來了。相對於主體而言，這已經是一種客體的確認。

梁武帝蕭衍學通儒、釋、道三教。佛教諸重要經典中，他特別重視的，就是《般若》、《涅槃》二經。他評價二經說：「《涅槃》是顯其果德，《般若》是明其因行。顯果，則常住佛性為本；明因，則以無生中道為宗。」（《注解大品行》，《出三藏記集》卷十七）就是把般若看作「因」，而把常住佛性看作「結果」，看作為「本」。梁天監八年（五〇九年），梁武帝又親自為名僧寶亮所撰寫的《涅槃義疏》作序，說：「佛性開其本有之源，涅槃明其歸極之宗」。意思也就是說，涅槃佛性學說，為佛教建立了根本歸宿（歸極之宗）。這也可看作是很好的概括。如果說，般若中觀學說是中國佛教哲學認識論體系之確立，則涅槃佛性論是價值論體系之建構。

中國佛教的思想結構，我想可以稱之為「教理思想結構」。它就是佛教的一種價值評價體系。其思想的歷程，就是在中國文化精神的互動制約之下發展的過程。

具體地說，這也就是以佛教的價值準則——涅槃佛性論，與本土文化的價值準則——易道的互融互攝的一個動態的過程。

【註　釋】

❶ 參見王仲堯：《隋唐佛教判教思想研究》，成都，巴蜀書社，二〇〇〇年九月版；並參見本書第四章。

❷ 大祥：《漢書》作「大詳」，即「我觀陰陽之術大詳」；又唐張守節《正義》引顧野王注：「詳，善也，吉凶之先見也。」

❸ 《春秋》之《鄒氏傳》、《夾氏傳》，後世不傳。所傳者為《左氏傳》、《公羊傳》、《穀梁傳》。

❹ 司馬遷：《報任安書》，載《漢書·司馬遷傳》。

❺ 張其成：《易道：中華文化主幹》第五章，北京，中國書店出版社，一九九九年版。

❻ 王仲堯：《隋唐佛教判教思想研究》，成都，巴蜀書社，二〇〇〇年九月版。

❼ Ⅰ 此處十八部派情況主要採用世友撰、玄奘譯《異部宗輪論》之說。

Ⅱ 關於部派佛教分派史料，南傳方面計有：(1)《島史》第五章；(2)《大史》第五章；(3)《論事注》；(4)《教史》。北傳方面計有：(1)《十八部論》，後秦失譯（或說羅什譯）；(2)《部執異說》，陳真諦譯；(3)《異部宗輪論》，唐玄奘譯；(4)《文殊師利問經》，南朝梁僧伽婆羅譯；(5)《舍利弗問經》，東晉失譯；(6)《出三藏記集》卷三，梁僧祐撰；(7)《三論玄義》，隋吉藏傳；(8)《異部宗精釋》（Nikayadabheda-vibhangavyana），有藏譯；(9)《異部說集》（Nikayabhedarsana-samgraha），有藏譯；(10)《印度佛教史》第四十二章，多羅那它撰，張建木譯；(11)《佛國記》，東晉法顯撰；(12)《大唐西域記》，唐玄奘撰；(13)《大慈恩寺三藏法師傳》，唐慧立撰；(14)《南海寄歸內法傳》，唐義淨撰。（參看黃心川：《印度佛教史》，載任繼愈主編《中國佛教史》第一卷，中國社會科學出版社，一九八一年九月，第五二〇~五三七頁）

Ⅲ 《周叔迦佛學論著集》上冊，第十章《印度佛教史》，刊列部派佛教分派情況的十一種表（分別據《文殊師利問經》、《舍利弗問經》、《異部宗輪論》、清辨《菩薩中觀心論頌經》（藏文）、錫蘭所傳《島史》，以及達爾那他（即多羅那他——堯注）《印度佛教史》中上座部、大眾部、正量部、有部（三種）十一種說法製成），亦可參看。中華書局，一九九一年一月版，第四八三~四九二頁。

Ⅳ 多羅那他的《印度佛教史》（四川民族出版社，一九八八年三月）中關於部派佛教分裂的記述和一般漢、藏文文獻記載都不盡同，也可參看。

❽ 本節「印度佛教之學脈」，主要是據王仲堯著《中國奇僧——中國佛教和僧人文化品格研究》（北京・國際文化出版公司一九九二年版，臺灣大行出版社一九九五年版）一書的《前言》第三部分改寫。

❾ 呂澄：《印度佛教源流略講》，上海，上海人民出版社，一九七九年十月版，第三十七頁。

❿ 王仲堯：《佛教的絕對觀及一種東方思維特徵》，載《宗教哲學季刊》（臺灣），一九九八年第四卷第一期。

⓫ 呂澄：《印度佛教源流略講》，上海，上海人民出版社一九七九年十月版，第二一八頁。

⓬ 王仲堯：《隋唐佛教判教思想研究》，第三章第二節「窺基的法相唯識宗判教」，成都，巴蜀書社，二〇〇〇年九月版。

⓭ 庫恩：《科學革命的結構》，上海，上海科學技術出版社一九八〇年中文版。

⓮ 以上二圖主要依據法藏：《華嚴經・探玄記》卷一，《大乘起信論義記》卷一。

⓯ 歐、美、日本學術界（包括日本學術界在禪宗研究方面近代早期引人矚目的成就在內）在上述領域中的研究，達到極高水準，然而在中國佛教哲學、思想史演變等方面，則明顯欠缺。

⓰ J. W de Jong:Buddha's Word In China, p.14–15, Buddhist Studies, Edited by Gregory Schopen, p.90–91, Asian Humanities Press, 1979.

⓱ 呂澄認為僧肇這一點上「恐怕弄錯了」（《印度佛教源流略講》，上海，上海人民出版社，一九七九年十月版，第一一七頁），我覺得呂先生此說可疑。

⓲ 周一良：《中國的梵文研究》，載《唐代密宗》，上海遠東出版社，第一九九六年七月版，第一四一～一五六

頁。

⑲ 方廣錩：《八—九世紀佛教大藏經史》，北京，中國社會科學出版社一九九一年三月版，第八五～八六頁。

⑳ 實際上，道安、僧祐經錄中所謂「異經」和「失譯經」中，還有相當多是疑偽經。南北朝其他經錄中也載有疑偽經目錄。唐圓照《貞元新定釋教目錄》卷二十八的「偽妄」經，數目達到三百九十三部一千四百九十一卷。詳參任繼愈主編《中國佛教史》卷三，北京，中國社會科學出版社一九八一年九月版，第五四九～五五〇頁。

㉑ 呂澂：《中國佛學源流略講》，北京，中華書局一九七九年版。

㉒ 任繼愈主編：《中國佛教史》卷三，北京，中國社會科學出版社一九八一年九月版，第三一三～三二九頁。

㉓ 呂澂：《印度佛教源流略講》，上海，上海人民出版社一九七九年十月版，第一〇二～一一二頁、一一五～一二一頁。

㉔ 同1。

㉕ 見《大乘義章》：《問真法身壽量》、《問修三十二相》、《問受決法》。所引《大乘義章》主要為日本京都禪林寺藏本（見《慧遠研究・遺文篇》，（日）木村英一編）。

㉖ 本節關於鳩摩羅什與慧遠分歧的論述，參考了任繼愈主編《中國佛教史》（中國社會科學出版社一九八一年九月版）第二冊第三章第五節有關內容。

㉗ 參見任繼愈主編：《中國佛教史》卷二，北京，中國社會科學出版社一九八一年九月版，第四六四、四六七、四六八頁。

第二章　僧肇般若學與王弼易學

一、經之大者，莫過於易

(一)東晉南北朝佛教風格

東晉南北朝（三一七—五八九年）的二百多年時間裡，南北分裂，戰亂頻起，社會動蕩不安。佛教的玄遠境界、精緻理論及其為中國傳統文化原來所沒有的宗教神秘氛圍，使人們都想從中尋找寄托，排解現實苦難。上層統治者支持提倡，下層廣大群眾也一樣需要嚮往。這樣，就為佛教的發展提供了肥沃土壤，佛教獲得蓬勃生機。其間，名僧如星，或以異跡化人，或以神力拯物，或傳譯經典，或辯證哲理。含章秀發，群英間出，匯成中國佛教發展史上第一個高潮。

魏晉南北朝時期，玄學最關心的是「本末有無」問題，而佛教般若學最注目的，是「空、有」問題，二者十分接近。東晉之初，中土般若學大盛，有所謂「六家七宗」，而討論的問題，本質上仍與「本末有無」關聯。般若學的「本無義」，與王弼、何晏的「貴無」學說承續；般若學的「心無義」，與稽康、阮籍的「無心」思想連袂；般若學的「即色義」，同郭象之輩的「崇有」提法相因。名僧道安在《毗奈耶序》中說，「於十二部，毗目羅部最多，以斯邦人老莊行教，與方等經兼忘相似，故因風易行」。可見他當時就已認識到，佛教能流行，與當時學風很有關係。而名僧立身行世風格，也與清談者酷肖。名士釋子，共匯一流，使佛教玄風，大振華夏。

當時名僧與名士一樣，具有神悟超絕、懸鑒過人的才華，而且往往也是一樣的風流倜儻。如支孝龍，「少以風姿見重，加復形神卓犖」，高論機辯，無不適時，為名士推崇（慧皎：《高僧傳‧支孝龍傳》）。又據《晉書》等載，支孝龍與阮瞻、庾凱、胡毋輔之、王澄、光逸等名士為友，時人謂之「八達」。胡毋輔之等人，散發裸裎，閉室酣飲累日；光逸來，守門者不讓進，光逸便於門外，脫衣露頭於狗竇之中，窺之大叫，遂入共飲，不捨晝夜。

「達」者，心神悠然旨遠，快然自足，不屑毀譽者也。有人對支孝龍身為沙門不解，支孝龍答曰：「抱一以逍遙，唯寂以致誠。彼謂我辱，我棄彼榮。故無心於貴而愈貴，無心於足而愈足矣。」時人謂之「真達」。名士孫綽贊支孝龍道：「小方易擬，大器難像。盤桓孝龍，克邁高廣。物竟宗歸，人思效仰。雲泉彌漫，蘭風附響。」可謂推崇至極。

名僧既為人推崇，佛教當然也就為人見重。

永嘉之後，玄風更熾。名俊輻湊，集於江南，爭談虛玄，競論無為。清言放達，互相崇尚。釋門之子，具清談者風氣，也更為顯著。

如名僧康僧淵，睿止詳正，志業弘深，既通曉佛經深遠之理，又明辨俗書性情之義，與人清談，從晝至暮，人不能屈。名僧康法暢，雅有才思，善為往復，悟銳有神，才辭通辯，每值名賓，往往清談盡日（二人事蹟，俱見《高僧傳》及《世說新語》所載）。

僧人既具這等風趣品格，因此東晉時朝中豪傑，清流巨子，如石季倫（石崇）、謝安、王羲之等，皆多與往來。

《晉書》稱，謝安未仕前，「寓居會稽。與王羲之及高陽許詢、桑門支遁遊處。出則漁弋山水，入則言咏屬文」。又道，「會稽有佳山水，名士多居之。謝安未仕時亦居焉。孫綽、李充、許詢、支遁等，皆以文義冠世，並築室東土，與羲之同好」。

支遁，即名僧支道林，他長得形貌醜異，而玄談妙美，平生養馬餵鶴，優遊山水，又擅草隸，文翰冠世。當時風尚，最重《莊》、《老》，而支道林談《莊》，無論《漁父》，無論《逍遙》，皆能標揭新理，發人所未發，才藻俊拔，令人驚絕。

名僧之學思行止，與易學之互相激發，不但和同風氣，依傍時代，廣泛地在各個領域進行，而且往往特立獨行，深刻地在文化的極深層次中進行，遂使佛法燦爛，高標當時。其玄妙志業，非止一端。

(二)僧肇時代學術背景：王弼易學與玄學主流

王弼（二二六—二四九年）易學是對兩漢經學正統的繼承揚棄。

西漢繼秦初立，統治者亟需治國方術。初期雖行黃老無為而治，但於大國政治體制而言，「無為」之治，只能算一時權宜，不能作長久之計。漢武帝雄才大略，為適應封建中央集權制日益鞏固、社會經濟獲得很大發展的政治、經濟形勢，在文化上，罷黜百家，獨尊儒學，在政策上「立五經博士，開弟子員，設科射策，勸以官祿」（《漢書‧儒林傳》）。由是，習經者大盛，形成經學正統。有漢一代，《易經》被視為五經之首。

漢初易學，尚承戰國風氣，兼採象數義理，重在具體應用，主切人事治理，但帶有濃厚神學性質。

至孟喜而一改師法，首倡卦氣說，增強理性成份。

焦延壽《易林》重占筮，改革筮法，增加斷辭，使易學所含信息量增大。從易學發展史來看，焦氏易學為之後京房象數易思想體系的誕生準備了條件。

京房易學師從焦氏，創立了一整套包括納甲、納支、八宮、世應、飛伏、卦氣、五行學說在內的今文易體系，形成一種複雜的占筮之學。據說，「房言災異，未嘗不中」

（《漢書・京房傳》），當時影響很大。漢代經學盛言災異，但也不能簡單化地看作是算命卜卦，它是一種以陰陽術數為框架的試圖由「天人感應」而達到天人相通的價值體系。如從京房易內容看，易學之旨，主要在神道設教，「漢儒借以匡正其主」，「借天象以示儆，遮使其君有失德者猶知恐懼修省，此《春秋》以元統天，以天統君之義，亦易神道設教之旨。」（清・皮錫瑞：《經學通論・經學極盛時代》）又如京房也說：「故易所以斷天下之理，定之以人倫，而明王道……六爻上下天地陰陽，運轉有無之象，配乎人事」（《京氏易學》，卷下）。

東漢以降，先秦諸子百家之學，已近淘汰出局。經學則由於官方大力倡導而籠罩學界，其中易學尤甚。如大經學家虞翻說：「經之大者，莫過於易。」（《三國志・虞翻傳》注）鄭玄乃「括囊大典，網羅眾家，刪裁繁誣，刊改漏失」（《後漢書・鄭玄傳》），融通諸家，宏而博大，創立鄭氏易學，結束兩漢易學各自為派局面，集象數易學大成。

荀爽傳西漢費直易，又兼收並蓄，建乾坤陰陽升降為框架的易學體系，獨具特色。三國時虞翻則將兩漢易學作了全面總結和貫通。清儒張惠言評論：「（虞）翻之言易，以陰陽消息，六爻發揮，旁通，升降，上下，歸於《乾》元用九而天下治。依物取類，貫穿比附，始若瑣碎，及其深刻解剖，離根散葉，暢茂條理，遂於大道。」（《周易虞氏易・自序》）虞翻在象與數兩方面都卓有建樹，更勝鄭玄。

但是，鄭、荀、虞也將易象數之學推到了絕頂。如鄭玄爻辰、禮象、蓍數、氣數、九宮數及有關訓詁，荀爽升降、卦變、卦氣，虞翻複雜的卦變、之正，在京房納甲和魏伯陽《周易參同契》基礎上進一步發展的納甲說，以及旁通、反卦、兩象、互體、逸象等思想，龐雜之極而顯繁瑣，其象外生象，數外生數，穿鑿附會，常不能自圓其說。從而顯示出盛極而衰之象。

如宋儒朱震說：「虞氏論象太密，則失之牽合。牽合之弊，或至於無說。」（《漢上易傳・叢說》）王夫之說：「漢儒泥象，多取附會，流及於虞翻，而得象互體、半象、變爻，曲以象物者，繁雜瑣曲，不可勝記。」（《周易外傳・繫辭下・第三章》）易之為學，本源上古卜筮，其卦象和卦辭，涵義晦澀，向稱難治，鄭、荀、虞氏易學龐雜繁瑣至此，不免會令人望而生畏。

魏晉時社會大變亂。如果說兩漢經學代表了中國封建大一統形成之後，人們對如何順應天命，達到天人合一，從而致力於天、地、人的世界生成的探索，那麼，魏晉玄學則代表大一統局面受到變亂和分裂的挑戰之時，人們企圖對超越現實的一種努力，從而發展到尋萬物存在的本體的一種探求。因為這種現實原因，故玄學尊「無」勝「有」，以形而上的「無」，作為「有」（現實存在）的依歸。這是時代精神使然。其突出表現，就在王弼運《老》、《莊》以入易，一掃象數，專闡易之義理，清雅簡易，蔚成學界時尚。

但王弼運《老》、《莊》以用，其要決非在其虛誕。如老子哲學應用於人生，是在「無為」，而「無為」精義在「秉要為本，清虛以自守」，於是能「執無為之道，以御令之有」。其「無為」是要「有用」，如其名言：「三十輻共一轂，當其無，有車之用；埏埴以為器，當其無，有器之用；鑿戶牖以為器，當其無，有室之用。故有之以為利，無之以為用。」對君王政治之用，在於「我無為而民自化」。又如莊子所說的至人，逍遙遊於無何有之鄉，也是指一種從現實的束縛中解脫出來，最後還要重回現實的「有」的境界。

老莊之旨，亦本現實政治治理。王弼學風慎重，其易學雖運老莊以用，但基本立場完全是正統儒家。這一點應注意。

王弼易學出，即為人所重。《隋書・經籍志》分析東漢至隋諸家易學廢興，評曰：「梁、陳，鄭玄、王弼二注列於國學。齊代唯傳鄭義。至隋，王注盛行，鄭學浸微，今殆絕矣。」

唐太宗時，孔穎達作《周易正義》，是官定科舉之經，孔序曰：「傳易者，西都則有丁、孟、京、田，東者則有荀、劉、馬、鄭，大體更相祖述，非有絕倫。唯魏世王輔嗣（弼）之注，獨冠古今。所以江左諸儒，並傳其學。」

孔氏奉旨作《五經正義》，其中《周易正義》即取王弼注。事實上，晉以後，王弼易學幾乎獨冠於世。唐陸德明《經典釋文・序錄》說，永嘉亂後，諸家易學，「唯鄭康成（玄）、王輔嗣（弼）所注行於世，而王氏為世所重」，「江左中興，易學唯置王氏博士」。樹大招風，當時反對王弼易學的呼聲可能也不低。如《隋書・經籍志》載有：「《周易難王輔嗣義》一卷，晉揚州刺史顧夷等撰」。「《冊府元龜》又載有顧悅之難王弼易義四十餘條」（《四庫提要》）。但王弼易學畢竟因思想上的深刻和方法上的明快而立穩腳跟。以後中國一千多年易學發展的歷史，都未脫離王弼易學定下的基調，直至宋代圖書學起，易學及整個中國儒學的面貌才又為之一變。

德國哲學家E・卡西爾（Ernst Cassirer）認為，人並非生活在一個單純的物理世界之中，而是生活於一個符號世界之中。語言、神話、藝術、宗教，都是用來編織符號世界的不同絲線。

人類已有的思想和經驗及其所取得的一切進步，都使符號之網更加精巧牢固。就理解人類思想的豐富性和多樣性而言，所有文化形式也都可以看作是符號形式。因此，與其把人定義為理性動物，不如將之定義為符號動物（animal symbolism）。人的活動總是在追求某些原則和確定的範疇，以把所有語言現象、宗教現象等能納入到一個系統的秩序之中，否則，哲學就失去了出發點。但哲學也並不就此止步，它還力爭獲得更大的凝聚力和向心力，在無限多樣化和複雜化的現象之中，哲學思維揭示著一種對這些現象具有普遍功能的統一性❶。

哲學家總是在關注他那個時代繼承以往人類社會發展的思想和經驗所取得的一切進

步而建立起來的觀察和描述世界與時代環境的用語方式。僧肇時代老莊學說風行，比僧肇稍前的道安和同時的慧遠等名僧，宣傳佛教時，都取老莊思想「格義」，但中國文化核心總是儒學，這一點是不變的。

自漢武帝獨尊儒學，此後歷代雖常有風氣變動，而儒學總是學術根本，「聖人」才為理想人格。魏晉玄風煽起，《老》、《莊》教行，但玄學人物少有詆毀儒學，阮籍諸人非堯舜而薄湯武，似也不能看作要「打倒孔家店」，而是一種借題發揮。無論王弼易學，何晏《論語集解》，甚至以解《莊》名世的向秀、郭象注《論語》等著作，在當時才是學術主流。

如果說當時因興起了老莊之學而使儒學根基動搖了，是不能成立的。只是稱之為「魏晉玄學」的儒學，有其鮮明的時代個性，其不同於先前被稱之為「兩漢經學」的漢代儒學，或不同於後來被稱之為「宋明理學」的周、邵、程、張、朱、陸、王那種「窮理盡性」的心學，簡單地說，即是在於援《老》、《莊》以申易理。然而，「援《老》《莊》」是手段，「申易理」才是目的。

僧肇之生，後王弼約百年。其時代學術背景即是如此。王弼易學，是主要話語系統。僧肇學術思想活動，只能在這樣一個時代的學術背景中延伸。僧肇般若學的基本理論和思維方式，無論「觸事即真」、「即動即靜」，還是「有無雙遣」、「真空妙有」，無一不與王弼易學有直接關係。

二、易佛正說，非群所及

(一)僧肇般若學與王弼易學之關係

僧肇（三八四—四一四年）之師鳩摩羅什，是今新疆庫車（古龜茲國）人，年輕時在西域弘法傳教，即已聲譽顯赫。東晉佛教領袖道安曾一再勸前秦苻堅迎請羅什，苻堅果真遣大將呂光率軍攻下龜茲，去迎請羅什。不巧呂光回涼州時，苻堅已經因淝水之敗後亡國。這樣，羅什就留在了涼州。以後，後秦統治者姚興又出兵涼州，滅後涼國，迎羅什到長安。姚興對羅什恭敬備至，奉為國師，並由國家出資，組織譯場，由羅什主持譯經。

據《開元錄》載，從漢末至西晉的二五〇年間，共譯佛經一四二〇卷。而這一時期（包括東晉、後秦等朝）約一百年間，卻譯經一七一六卷，其中，特別是羅什之譯，一改以往樸拙古風，使譯文既準確達意，又優雅可讀。這意味著中國的外來文化譯傳事業，臻於成熟。

羅什本人對大乘佛學理解深刻，他的譯經內容也是精心選擇的，所譯的主要是大乘般若空宗系統經著。羅什第一次系統地對般若空宗學說的介紹，對於大乘佛教在中國的發展，具有劃時代意義。羅什本人才華橫溢，門下弟子，也多俊傑。

僧肇是羅什弟子中一位著名年輕才子。他出身貧寒，少時以代人抄書糊口，因書抄得多，在抄書的同時得以免費閱讀了大量經史典籍，打下深厚學問功底；後讀到《維摩詰經》，披尋玩味，不禁歡喜頂受，覺得比《老》、《莊》等書，更盡善盡美，足以為人生歸宿，於是出家。他精通佛學，名震一時，長安宿儒，關外英彥，俱為他學識折服。投到羅什門下後，羅什譯經時，眾人共與參詳討論，一般總是由僧肇最後執筆，定稿。所有譯文，玄奧之義，往往切中，辭喻婉約，清麗至極；使佛教經典，文美義足，令人把玩不已。其中，僧肇功不可沒。可惜他英年早逝。

僧肇寫出一系列在中國佛教史，乃至中國思想史上產生了巨大影響的論文，即《不真空論》、《物不遷論》、《般若無知論》等，這些文章談佛理玄義深刻切實，而文辭清麗優美，後人集為《肇論》。其對於般若空宗學說的理解闡發，入於化境，被譽為中土「解空第一」。佛門內外，當時人交口讚譽。僧肇融會中外思想，在中國佛教史上首創中國化的佛教哲學體系，成為佛教中國化的一個重要里程碑。（圖二－一）

《般若無知論》是僧肇在《大品般若經》譯出之後寫的，反映他對於「般若學」的理解。要點在於解釋般若作為「無相」與「無知」的性質。呂澄先生曾說：

印度大乘佛學對認識論很注意，但對宇宙論就不太注意。羅什本人也不理解，因此僧肇一碰到關於宇宙論問題，就不知不覺地走進了玄學的圈子。這可說是由於

圖 2–1　僧肇（384—414 年）像

羅什學說本身帶給僧肇的缺點，這一缺陷也影響到以後中國佛學的發展，使得不純粹的思想滲雜其間，從而更傾向於神秘化❷。

我認為呂先生此說，前半部分甚是，後半部分則未必。僧肇學說，的確是「不知不覺地走進了玄學的圈子」，但這是否就是「缺點」，則不一定。「不純粹的思想」中，直接包含著對玄風興起有至關重要影響的王弼易學的思想方法和理論內容在內。僧肇在《般若無知論》中說：「聖心無知，故無所不知；不知之知，乃曰一切知。」用「無知」即「不知之知」釋般若，與《周易》用「無思」、「無為」釋易理是一致的。

般若之「能照」，即在於「無知」，般若之「所照」，即在於「無相」。無知，無相，即「虛其心，實其照」。因為「心」若「有相」，即有執著，就會不全；因此，若能無「有相」，即無執著，才能是「寂然不動」，所構成之「知」，才是「無知」，才能達到「知」之「至神」，即無所不知。也就是達到真理的全面性。

進一步說，從實存形態看，諸法乃有種種「相」，但無論何種「形相」，按照佛學理解，都只是建立在自性空基本原則之上的。所以，畢竟還是「無相」。因此，必須「能照」（能認識到）「無相」，才是與實際契合，而成為、達到「無知」。僧肇《般若無知論》說：

> 內有獨鑒之明（即「能照」），外有萬法之實（即「所照」）。萬法雖實，然非照不得。內外相與，以成其照功，此則聖所不能同，用也。內雖照而無知，外雖實而無相，內外寂然，相與俱無；此則聖所不能異，寂也。

也就是說，「能照」本來是無思、無為，「寂然不動」的。萬法本無相，這樣才能有所「照」而無知、無執。「用即寂，寂即用，用寂體一，同出而異名，更無無用之寂而主於用也。」（《般若無知論》）我每讀《肇論》至此，把玩之餘，頗覺興味無窮。這裡是從「能照」與「所照」之關係，即「認識能力」與「認識對象」關係上講的，至於僧肇的認識論，即其般若學觀點，是持「本無」說。

當時更有人（支愍度）從此得出般若學之「心無」論，同是直接受這一思維方式影響（支愍度有關學說思想請詳下文）。

《肇論》諸篇中，多處直接或間接引用易及《老》、《莊》之語，以為比照，以之抒發自家哲思，語言優美，意境深邃，這是《肇論》千百年來為知識界喜愛不衰的原因之一。但是，同時，卻又正成為其千百年來為人詬病，謂其佛教思想「不純」的原因之一（上述呂澄先生文即是一例）。

僧肇佛學思想與易學比照相得之處，相對而言少有人注意過。我覺得，《肇論》各篇，無論內涵還是方法上，與易學，尤其是與當時流行的王弼易學，關係極深。

《易・繫辭上》說：「易無思也，無為也，寂然不動，感而遂通天下之故。非天下之至神，其孰能與於此。」若將此文中之「易」，轉換成《肇論》中之「般若」，改成「般若無思也，無為也，寂然不動……」並無不可。又韓康伯注云：

夫非忘象者，則無以制象。非遺數者，無以極數。至精者，無籌策而不可亂；至變者，體一而無不周；至神者，寂然而無不應。其蓋功用之母，象數所由立。故曰，非至精、至變、至神，則不能與於斯也。

印度佛教與魏晉玄學的成功會通，最初的完美體現，是僧肇般若學理論，主要由《肇論》各篇，構成一個深湛優美的，相對完整的理論體系。它成為以後中國佛教教理學脈的基本生長點。僧肇之旨，與上述易學思想，全無不合。因此，易學在當時對佛教的影響，可謂至深且巨。

(二)僧肇的「觸事即真」與王弼的「體用一如」

「觸事即真」是中國佛教基本理論觀點之一。「觸事即真」強調超世的終極追求與入世的現實圓融。隋唐之後中國佛教主要宗派如天臺宗的「一念三千」、「三諦圓融」說，華嚴宗的「理事無礙」、「事事無礙」說，禪宗的「反本歸極」、「頓悟見性」說，無不是從有無一觀的角度講圓融。「觸事即真」既是一種基本的理論觀點，也是一種思維方式。這個思想是由僧肇首創的。僧肇創立這個思想，則主要是根據印度佛教般若空宗思想與王弼易學中「體用一如」思想的結合。

魏晉時「以無為本」思想的出現，標誌著中國哲學思想史的一個新時代，即魏晉玄學的時代。漢代寓天道於物理，魏晉黜天道而究本體，歸於玄極（見王弼：《周易略例・明象章》）；忘象得言，而遊於物外（王弼：《周易略例・明象章》）。認為本體是「無」，而「有」（現實存在）不能脫離本體而存在，故「有」亦非實在，這也就是「體用一如」思想。王弼在《周易略例・明象章》中說：

> 故眾之所以得咸存者，主必致一也。動之所以得咸運者，原必無二也。物無妄然，必由其理。統之有宗，會之有元，故繁而不亂，從而不惑。故自統而尋之，物雖眾，則知可以執一御。由本以觀之，義雖博，則知可以一名舉也。

這是王弼的名言。王弼認為，六爻雜聚，並存變化，但其中必以一爻為統率。這也就是他著名的「一爻為主」說。從哲學意義而言，即是指天地萬物雖複雜多變，但必受一根本原則支配，雖變動生生不已，而非妄動雜亂。其具有內在統一性、規律性。

王弼從複雜多變的爻象中去探討簡易易理，進而追求事物存在的最高的普遍原則，表現出其易學的理性主義特色。作為思想先驅，前無古人。但王弼對於有無、體用這一類概念之間的關係，有時思路也並不是很清楚。如有時他用母子、本末一類的關係來作比喻，這樣說：

> 有皆始於無，故未形無名之時，則為萬物之始。及其有形有名之時，則長之，亭之，毒之，為其母。（《老子》一章注）
>
> 母，本也；子，末也。（《老子》五十二章注）

這些說法還是有點受老子「道生一，一生二，二生三，三生萬物」之類說法的影響，而且對於本和末、道和萬物、無和有之間的體用關係，在他的注《老》等著作中，講得也十分混亂（參見《老子》十一章、三十八章注；馮友蘭《中國哲學史》）。

但在王弼易學中，情況就不一樣。王弼易學中，將「體與用」、「一與多」、「理與物」這些範疇，表達得深刻清晰。這在中國哲學史上是第一次。這個問題因近人已有過討論，本文不作展開。總之，其「體用一如」思想的提出，表明了中國哲學本體觀念的確立。

晉之前，中國哲學和思想界尚無法理解般若實相和法身佛性等大乘佛教核心思想。

中國傳統文化經典中，《易》、《老》最重「道」；但二者之「道」，內涵有所不同。《易》之「道」，有萬物變化規律意思；《老》之「道」，有萬物生成之源意思。王弼援《老》入易，指「道」為本體，「道」與萬物，是體是用，體用一如，如此溝通二者。這樣，王弼易學實已與漢易學以及《老子》都不同：「道」與萬物是體用關係，「道」是本、體，萬物（「有」）是末、用，「道」與天地、萬物之間，或者說本末、體用之間，邏輯上並無時間上的相承和順序上的先後，雙方並非由此生彼的關係，而是彼此相即的關係，是同一性中的兩個不同方面的關係，天地並無開端，只是「道」存在的體現形式，並非先有本體（「道」），然後依次生出天地、陰陽、四象、八卦……，並非「道生一，一生二，二生三，三生萬物」的關係。天地即太極，道即萬物。一即是多，多即是一。一多相即，體用一如。

漢代經學言人事，重在天、人、陰陽、五行等具體事物，思維層次在形態論水平上，有點類似現代黑格爾主義對康德的批判，其概念僅僅只是從客觀事物現象層面上的一種主觀抽象（as merely "subjectively" objective conceptions which determine how things appear to us, but which do not determine what things are in thems—elves）❸。

王弼易學思想，發展到對包括體用不二關係在內的純原理探討。王弼認為：「天地雖大，富有萬物，雷動風行，運化萬變，寂然至無，是其本也。」（《周易·京卦》注）

有時王弼將「無」這一絕對性實體也稱為「道」或「理」：「道者，無之稱也，無不通也，無不由也，況之曰道。寂然無體，不可為象。」（《論語釋疑》）「物無妄然，必由其理。」（《周易略例・明彖》）

其強調的「無」和「有」即是本末或體用關係。漢經學中「天」「道」，具體運用中也常指吉凶禍福。王弼學說則明確提出，道超越具體事物，超象無體，使中國哲學達到了以純概念把握具體事物的水平。

僧肇從鳩摩羅什學般若空宗，主要為龍樹一系理論，重點為中道實相義。僧肇《注維摩詰經》說，「無相之體，同真際，等法性，言所不能及，意所不能思」，是般若空宗思想立足點。僧肇在《不真空論》中批判當時般若學「心無」、「即色」、「本無」三主要派別，強調「有」「無」相即：

> 萬物果有其所以不有，有其所以不無。有其所以不有，故雖有而非有；有其所以不無，故雖無而非無，無者不絕虛；雖有而非有，有者非真有。若有不即真，無不夷跡，然則有無稱異，其致一也。（《不真空論》）

僧肇闡發「不真」即空、色不異空、空不異色、色即是空、空即是色思想，認為畢竟是觸「有」而達「真」：

> 不動真際為諸法立處。非離真而立處，立處即真也。然則道遠乎哉，觸事即真。聖遠乎哉，體之即神。（《不真空論》）

> 夫至虛無生者蓋是般若玄鑒之妙趣，有物之宗極者也。（《不真空論》）

試從本體論角度比較王弼思想，王弼的「以有為生」，「運化萬變」，「寂然至無，是其本也」，與僧肇「雖有而非有，有者非真有」，「至虛無生，物之宗極」，是完全一致的，此思想為中國哲學史前所未有。而細玩僧肇思想，又可見其從般若空宗出發，更強調「因緣生法」，「非有非無」中道實相：

> 萬物紛紜，聚散誰為？緣合則起，緣散則離。（《注維摩詰經‧文殊師利問疾品》）

> 故童子嘆曰：說法不有亦不無，以因緣故諸法生。（《不真空論》）

這樣，僧肇進一步從佛教哲學角度提出了「有」「無」相即具體途徑，換句話說，也就是具體條件下對「有」「無」關係的把握。

據慧皎《高僧傳》卷七《僧肇傳》載，僧肇參與鳩摩羅什譯出《大品般若經》（約在四〇三—四〇五年）後，著《般若無知論》，此文曾由另一著名佛教思想家竺道生轉交劉遺民。劉遺民是一位未出家的佛教信仰者，也是當時著名學者，跟名僧慧遠同住江西廬山。劉遺民閱此文後，作《致僧肇書》說，他與慧遠等人，一致誇此文之佳，但又有不同觀點。劉說，「不意方袍（指僧人），復有平叔」，就是說想不到我們佛教界，也出了何晏（平叔）這樣的大思想家。

劉遺民《致僧肇書》說：「夫聖心冥寂，理極同無，不疾而疾，不徐而徐……」這就是指僧肇在《不真空論》中說到的「不真空義」。劉又說：「所以應會之道，為當唯照無相，為當咸睹其變耶?若睹其變，則異乎無相。若唯照無相，而又有撫念之功，意有未悟。」其思想中，顯然將「無相」與「變」（有相）對立看待。這與僧肇將「有相」（事）與「無相」（真）看作一體並不相同。

劉遺民《致僧肇書》中的觀念，明顯關聯傳統儒家立場。如孔子說，「仁者靜，智者動」（《論語・雍也》），《老子》說，「重為輕根，靜為躁（動）君（主宰）」（《老子》第二十六章）。就是說，動與靜、體與用之間，畢竟還是應該有區別。王弼立「體用一如」義，本來也是從儒家立場出發，在「用」方面，偏重於社會倫理。

劉遺民之說，同時也是慧遠等人觀點的一種反映。因此也可看作是魏晉時道安等創立的「舊般若學」（相對於僧肇之後的「新般若學」）立場。

分析劉遺民與僧肇的這場討論，注意其分歧點，對於理解僧肇般若學理論和中國佛教思想大有作用。

相比之下，僧肇的「觸事即真」，以及主要在《物不遷論》中提出的「動靜一如」思想，與中國傳統思想不同。

僧肇《物不遷論》認為，即「動」即「靜」，「然則動靜未始有異，而感者不同」。更針對現實思想界狀況，指出「若動而靜，似去實留，可以神會，難以尋求」。這樣涉及到了佛教哲學，也是中國哲學中一個很大的難題，其思想有點類似西方哲學所謂「永恆」（eternity）的理論。這種思想方法，又顯然是受大乘佛教中觀學派（Madhyamika）的影響了。

㈢僧肇的「有無雙遣」與王弼的「得意忘言」

「有無雙遣」，也是中國佛教基本理論立場之一。就是僧肇在《不真空論》中說的「非真非實有」，或他在《注維摩詰經序》中說的「語宗極以不二為門」。「有無雙遣」以顯示無所得的般若實相，這與劉遺民等認為「有、無」，「是、非」是對立的、不可混淆的、始終局限於形式邏輯框架之內的思維方式完全不同。這個思想是僧肇首次於以系統闡發的。同時，他闡發這個思想也是受到王弼易學得意忘言思想方法直接影響。

鳩摩羅什譯經宗旨，特重《般若》、《三論》。羅什於後秦弘始五年（四〇三年）四月始譯《大品般若》，迄翌年四月譯訖。《百論》是於後秦弘始三年（四〇一年）、六年（四〇四年）二次譯成。《中論》、《十二門論》同於弘始十一年（四〇九年）譯出。因羅什特重《三論》，後世稱其學派為三論學派。而僧肇則因出色闡發《三論》空觀的學術功績，更被後世推為中國佛教三論宗之祖。羅什主「畢竟空」，說「有無非中，於實為邊也。言有不有，言無而不無」（《注維摩詰經》卷二）。又說，「本言空以遣有，非有去而存空。若有去而存空，非空之謂也」（《注維摩詰經》卷三）。已經提出「雙遣」、「有」「無」之意。但是羅什著述多佚，其完整思想已不得而知。羅什弟子曇影著《中論序》說：羅什之思想，「然統其要歸，則會通二諦，以真諦故無有，俗諦故無無。真故無有，是雖無而有；俗故無無，則雖有而無。雖有而無，則不累於有；雖無而有，則不滯於無。不滯於無，則斷滅息息；不存於有，則常等冰消」（僧祐：《出三藏記集》，卷十一）。顯然是準確的。但這種說法畢竟只是概要。

中國漢代以來，佛教常以傳統比附、因果報應、精靈生滅視為根本要義。又當時流行一切有部，謂「一切法皆有」，也與此種觀念比附相合。

至《般若》、《三論》等中大乘中觀派經論譯出，當時一些優秀份子的理解，立見不同。龍樹在《中論》中解說「空」，用一首著名的偈說：「不生亦不滅，不常亦不斷，不一亦不異，不來亦不去。」（《中論》卷一，《觀因緣品》）

龍樹是用「不生、不滅、不常、不斷、不一、不異、不來、不去」，一連八個「不」（否定概念），來說明「空」的含義，是用「空」對「生、滅、常、斷、一、異、來、去」八種「有」（存在）的基本現象，予以一一否定。他又說，「是故一切法，無不是空者」。同時他對「空」又有一個基本的規定，就是「未曾有一法，不從因緣生」（《中論》卷四：《觀四諦品》）。事物因因緣所生，故無自性；無自性，故空。

僧肇則是用王弼易學「得意忘言」方法，系統地闡發了「有無雙遣」。

王弼「得意忘言」說，重心在於說明「象」後之本體，王弼說：

> 夫象者，出意者也。言者，明象者也。盡意莫若象，盡象莫若言。言生於象，故可尋言以觀象。象生於意，故可尋象以觀意。意以象盡，象以言著。故言者，所以明象，得象忘言。象者，所以存意，得意而忘象。猶蹄者所以在兔，得兔而忘蹄。筌者所以在魚，得魚而忘筌也。然則，言者，象之蹄也；象者，意之筌也。是故存言者，非得象者也；存象者，非得意者也。象生於意而存象焉，則所存者乃非其象也。言生於象而存言焉，則所存者乃非其言也。然則，忘象者，乃得意者也；忘言者，乃得象者也。得意在忘象，得象在忘言。故立象以盡意，而象可忘也。重畫以盡情，而畫可忘也。（《周易略例・明象》）

「象」指爻象，即指卦畫卦爻，及其能夠構成的各種排列組合，代表的是宇宙存在運行的現象圖式。「意」指「道」、「本體」，「言」指卦爻辭、概念。這是易學作為哲學最饒有興味處。卦爻辭是用以描繪卦爻圖式，卦爻圖式是用以描繪本體。在世界各種文化系統中，唯中國文化有此種哲學認知方式。但本體是一種絕對的存在，非圖式的描繪所可全包。言辭概念是描述圖式對本體的把握，亦有局限。王弼首次明確指出了這種認識上的局限性。

王弼「得意忘言」理路，也非首創。實際上在中國文化哲學中向已有之。《莊子》說：

筌者所以在魚，得魚而忘筌。蹄者所以在兔，得兔而忘蹄。言者所以在意，得意而忘言。吾安得夫忘言之人而與言之哉。（《莊子．外物》）

世之所貴道者，書也，書不過語，語有貴也。語之所以貴者，意也。意有所隨。意之所隨者，不可以言傳也……故視而可見者，形與色也。聽而可聞者，名與聲也。悲夫，世人以形色名聲，為足以得彼之情。夫形色名聲果不足以得彼之情，則知者不言，言者不知。而世豈識之哉！（《莊子．天道》）

不言則齊，齊與言不齊，言與齊不齊也，故曰無言。（《莊子．寓言》）

「得意忘言」之義又並非全由王弼首次引入易學。《周易》傳經成書，早涵此意。《繫辭上傳》引孔子言：「子曰：書不盡言，言不盡意。然則。聖人之意不可見乎？又曰：聖人立象以盡意，設卦以盡情偽，繫辭焉以盡其言，變而通之以盡利，鼓之舞之以盡神。」故王弼「掃象」言理，其學術理路，是《周易》中本來有之。而仁者見仁，漢儒運象數而用筮占，以究天人之道；智者見智，王弼發義理而通玄遠，以探本體（Ontology）存在而已。

在王弼看來，具體跡象是可道可言的，抽象本體乃無名絕言，只能意會。由言意之辨，而區分出具體事物與抽象本體，若進而推之，成為一切理論成立基本方法，則是「新方法」。王弼用這個方法解易，實際上無論天道人事任何方面，都可以之權衡量用，注重會通，不拘泥於文字，「寄言出意」，跳出章句窠臼，自抒其義。

這種方法，在當時實有思想解放和議論自由意義。僧肇般若學亦由此基礎確定。僧肇在《答劉遺民書》中論及「言」、「跡」、「理」關係：

> 夫言跡之興，異途之所由生也，而言有所不言，跡有所不跡。是以善言言者，求言所不能言；善跡跡者，尋跡所不能跡。至理虛玄，擬心以差，況乃有言？恐所示轉遠，庶通心君子有以相期於文外耳。

「至理虛玄」，「跡」以顯示「至理」。「言」以說明「跡」。盡理莫若跡，盡跡莫若言。但因有言跡，便生歧義。因言語概念有所不能概括者，形跡事相亦未必能反映存在之全貌。與前引王弼「得象忘言」論比較，顯然屬同一話語系統。僧肇這裡是用較委婉的說法指出劉遺民與般若實相理論（至理）相距較遠。

僧肇吸收王弼儒家學說天道體無思想，用以建構相無自性認識論。印度大乘佛學本來就含有較豐富認識論思想，並且包含有大量辯證思想因素。僧肇從羅什所授般若學中認識到，對名相、事法都不能片面執著。如小乘有部說，認為法體恆有，三世恆有。從認識論角度看，現在法有尚可理解。而過去法有，未來法有，令人難以接受。按有部論證，乃是「未來來現在，現在流過去」，故三世關鍵還是現在。肇論《物不遷論》一文意義，正是破斥此說，用龍樹「不來亦不去」理論，反對三世有。有部謂諸法之有三世區別，並非其體有異，僅是相用不同。僧肇則強調，「不從今以至昔」，認為所謂有，是有其事象；所謂無，是無其自性。自性非法相自身固有，而是假名所具有。故相雖無，但其執之自性為空，《不真空論》說：「欲言其有，有非真生。欲言其無，事相即形。象形不即無，非真非實有。然則不真空義，顯於此矣。」所謂「不真空」，即象為不真，故空。僧肇解釋說：「言有是為假有，以明非無，借無以辨非有，此事一稱二其文。」可見其所要說明者，就是在於「寂然至無，是其本也」。

僧肇在《般若無知論》中闡發般若之作為無相，以及其認識過程中的把握（反映）及能力（無知性質），所謂「虛其心，實其照」，就是認為心（認識能力）若有所執滯，就會妨礙對真理全面性的認識，所得即不全。若無所執，無所取，即「虛」，諸法事相，因為都是自性空，究竟無相，故只有「實際」地「照」（認識）到無相，才是與「實際」契合，因此就是達到「無知」（對具體事物無所執滯）。《般若無知論》說：

> 內有獨鑒之明，外有萬法之實。萬法雖實，然非照不得。內外相與，以成照功，此則聖所不能同，用也。內雖照而無知，外雖實而無相，內外寂然，相與俱無，此則聖所不能異，寂也。

「獨鑒之明」是能照，「萬法之實」是所照。所照之實（具體存在）無相，作為認識而言，也不能以是否得到具體知識作為認識與否的標準，所以要以「獨鑒之明」，用超越具體知識的認識，去達到對真理（般若）的把握。本體是空，無知，無相，自虛無妄。事物存在本性如此，故認識也應順應事物之性，不能逆其性，方法是以般若無知、無相觀照，如此才能真正認識事物。

西方理性主義哲學家黑格爾（Hegal）認為本質不變，現象變。西方現代哲學家胡塞爾（Husserl）現象學（Phenomenology）則認為現象不變，本質變。這種哲學思維方法，在西方古希臘哲學傳統以下都可找到相沿軌跡。僧肇動靜變化思想，全與之相異。這是中國哲學思維在方法論上與歐洲哲學傳統之差別。在這一點上，如果有可能作一些更深入的比較研究，將是很有意思的。僧肇在《不真空論》中三次提到「即萬物之自虛」：

> 唯聖人之於物也，以其即萬物之自虛，不假虛而虛物也。
>
> 聖人之於物也，即萬物之自虛，豈待宰割以求通哉。
>
> 至人極耳目於視聽，聲色所不能制，豈不以其即萬物之自虛，故物不能累其神明者也。

很明顯，他要強調的是在即有即無，即動即靜，體用一如基礎上，達到有無雙遣。就是即萬物之自虛。萬物即是實在，是有，又是無之體現，故自虛。這個提法與龍樹強調「自性為空」的差別，即是來自如何「得意」的那種中國文化的思維方式。

僧肇在《般若無知論》中說：

> 夫有所知有所不知。以聖心無知，故無所不知。不知之知，乃是一切知。故經云：聖心無所知，無所不知。（仲堯注：《思益梵天所部經》卷一：「以無所得故得，以無所知故知」）

「無所不知」，鳩摩羅什所譯佛經中又常譯為「一切智」，「一切種智」。此是指能照其所照，即是指「不真空」之「空」，即「聖人以無知之般若，照彼無相之真諦」。簡而言之，是謂對真理的認識不應割裂，真理是一種完整的認識。凡「有知」，即是片面，也就是前文所說受具體事物的執滯，故不能執著於片面。同論又說：

內有獨鑒之明，外有萬法之實。萬法雖實，然非照不得。內外相互，以成其照功，此則聖所不能同，用也。內雖照而無知，外雖實而無相，內外寂然，相與俱無，此則聖所不能異，寂也。是以經云：諸法不異者，豈曰續鳧截鶴，夷岳盈壑，然後無異哉？誠以不異於異，故雖異而不異也。（仲堯注：《般若波羅蜜經》卷二十二：「諸法無相，非一相，非異相」）

不異萬法，並非「續鳧截鶴，夷岳盈壑」，人為地使之達到同一，而是在異中看到不異。不異之「實」，乃「萬有之實」。但這樣通過「外有萬法」體知此無相之「實」，乃「非照不得」，此就是「真知」與「俗知」的不同之處。也就是哲學認識與世俗生活中的認識所不同之處。故「無知」，強譯之可謂之「無所不知」。但準確地說，即通過抽象思維，去把握存在的本質，或如黑格爾所說，就是以思維「把握具體」。

王弼易學創造了「體用一如」的體用之辨和「得意忘象，得象忘言」的言意之辨。這成為僧肇吸收改造和建構佛教般若學的基本理論方法。實際上，這也是魏晉間玄學和佛學最重要的兩個共同的理論構架。

王弼易學中提出的太極天地即體即用、以無為體、體用一如思想，是魏晉玄學與漢代經學的一個顯著區別。但因其儒家「內聖外王」聖人理想人格論，在本體論之理論層面重體輕用，在人生論之理論層面則以用為體，治世教化，是其理論歸宿。因儒家聖人理想，故人生論強調的是返本為極。僧肇般若學思想中的體用觀念，在本體論之理論層面則強調即體即用，在人生論層面則強調空有雙遣，以否定空有而達到超出體用的抽象的理想境界，即佛境界。

在王弼易學即體即用、以用為體的基礎上，僧肇一方面使般若中觀思想，以形態上相似的理論方式實現了其與儒學為核心的中國文化的完形結合；另一方面又使中土般若學形式上同龍樹中觀學說一樣，提倡空有雙遣的同時，在內容上又根本不同於印度佛教哲學由不執於相而達到絕對性寂的理路，而是內涵空有，空與有互融互具，又互相排斥。空非絕對的空，有也非絕對的有，亦有亦無，非有非無。有無雙遣，但有無又並存。合有無才能構成「空」義。這種有與無相反相承，對立統一，不執滯於一邊，不偏不倚，即是「中道」義，也就是「中觀」。這就是僧肇所說的「觸事即真」。

(四)僧肇的「眞空妙有」與王弼的「聖人有情」

大乘佛教以空而不空，遠離一切妄想執著，為「真空」。諸法本體空寂，但不離世間，真如常住不變，為現象成立的依據，強調對現實世界的功用，為「妙有」。中國佛教第一個宗派創始人智顗為強調佛法不離世間，但又不起執著，則少談「真空」，而常說「妙有」，是強調對偏執於真空的批判。如他說：「破著空故，故言不空。空著若破，但是見空，不見不空。利人謂不空是妙有，故言不空。」（《法華玄義》，卷二下）這個思想顯是在「觸事即真」與「有無雙遣」基礎上而來。因此，如果說魏晉時期般若學側重在「真空」，則繼之而起的整個南北朝時代，佛教義理探討的主題則是涅槃佛性（眾生成佛的主體）問題。

討論涉及規模空前，並表現出與印度佛教佛性論的鮮明差異。這一時代佛教心性論的豐富思想，不僅作為中國佛教心性論的主要流派，極大地影響和規定了中國佛教思想發展的基本方向，而且成為中國哲學中人性學說的重要內容。

所謂涅槃佛性學說，實際上就是佛教的價值論。儒家價值理想的人格是「聖人」，佛教價值理想就是「成佛」。在世間等級制度森嚴，加之門閥士族制度日漸僵化的南北朝時期，如佛性本有或始有這一類問題，實質上關係到特權社會中，特權之產生的依據，有直接的現實意義，能受到理論界廣泛注意，並不偶然。這跟人性善惡這一類問題，在中國古代長期受到重視，原因很相似。

涅槃佛性學說，是同為鳩摩羅什門下的僧肇的同學，當時另一位傑出思想家竺道生所創立的。竺道生佛性說，與僧肇般若學關於真空妙有思想直接有關。而僧肇此一思想，又源系王弼「聖人有情」之說。王弼所持是儒家聖人理想人格。王弼注《乾》卦下「彖傳」說：

> 天也者，形之名也。健也者，用形者也。夫形也者，物之累也。有天之形而能永保無虧，為物之首，統之者豈非至健哉。大明乎終始之道，故六位不失其時而成，升降無常，隨時而用，處則乘潛龍，出則乘飛龍，故曰時乘六龍也。乘變化而御大器，靜專動直，不失太和，豈非正性命之情者耶。（《周易注疏》卷一）

「太和」指《乾》卦六爻，從初九至上九，由「潛龍勿用」，「見龍在田」，「終日乾乾」，「或躍在淵」，「飛龍在天」，「亢龍有悔」，皆乘時而動，隨時而用。「用九」所說「群龍無首」，是喻天道循理而動。「天也者，形之名也。健也者，用形者也」，正是說「天行健，君子以自強不息」。《乾卦・彖傳》原文說：「大哉乾元，萬物資始，乃統天。雲行雨施，品物流形，大明終始，六位時成，時乘六龍以御天。乾道變化，各正性命。」強調的是「天道」之德。比較一下，可以看出，上引王弼注《彖》，強調的是「人道」之德。嚴格地說，王弼的解說與《彖》文本義並不合，只能理解為是一種發揮。王弼注《復》卦說：「然則天地雖大，富有萬物，雷動風行，運化萬變，寂然至無，是其本矣，故動息地中，乃天地之心見也。若其以有為心，則異類未獲具存矣。」「動息地中」是說《復》卦（䷗）之象（坤上震下，坤為地象，震為動象）。「見天地之心」，則是指萬象紛紜，運化無方，各以成形，莫不順乎健行秩序。

以後宋儒程頤《程氏易傳》、朱熹《朱子正義》皆從此說。王弼認為因本體至健而能孕包萬形，本體寂靜而能統馭萬變。本體乃至健之秩序，雷動風行，而能運動大千。易爻之變動，乃昭示天時有否泰，唯君子諳於盈虛消息之道理秩序，而能適應時變。王弼注《無妄》卦說：「物皆不敢妄，然後萬物乃得各全其性。」是認為天道真實無妄，故其所統馭的萬事萬物均不敢妄離其道。也就是說認識必須順通事物存在之理，不能逆其性。

南齊周顒曾評論說：「王何舊說，皆云老不及聖。」（《弘明集・重答張長史書》）已指出在王弼、何晏看來，皆認為在理想人格的表達上，《老》、《莊》在價值觀上的「內聖外王」之說，不如儒學在價值觀上的「內聖外王」之說。王弼易學常論治世，如注《乾卦・文言》：

此一章全以人事明之也。九陽也，陽剛直之物也。夫能全用剛直，放遠善柔，非天下至理，未之能也。故乾元用九，則天下治也。夫識物之動，則其所以然之，理皆可知也。見而在田，必以時之通舍也。以爻為人，以位為時，人不妄動，則時皆可知也。文王明夷，則主可知矣。仲尼旅人，則國可知矣。

孔穎達疏曰：「文王明夷，則主可知矣，主則時也。謂當時無道，故明傷也。仲尼羈旅於人，則知國君無道。」

王弼此處是比仲尼為聖人。認為對於聖人來說，根本的評價標準，一是乘時而動，一是知人善任。王者以所能治，教化天下。王弼易學最重時位，謂變化雖繁，若明時位，則可明見萬有之情。明時位則可上悉變化之所由，下推人事之吉凶。這符合易之幽微處是明人事吉凶，宏明處則闡大化流行、生生不息的天道變化原旨。故王弼所推崇的是儒家聖人人格。但言天道，都為治人事，內聖而外王。王弼注《觀》卦說：

> 統說觀之為道，不以形制使物，而以觀感化物者也。神則無形者也。不見天之使四時，而四時不忒。不見聖人使百姓，而百姓自明也。

王弼以政論直接注於《易》中者，尚見於《鼎》、《師》、《訟》等卦，另也見於其《老子注》、《論語釋疑》等。文繁不具。總的說來，雖運《老》、《莊》而奉自然，主要用心還是推崇儒教禮樂，以教化人事為鵠的。

尤需指出的是王弼「聖人有情」說。當時玄學家何晏、鍾會等主張的是聖人無情說。但王弼獨強調「聖人有情」：

> 聖人茂於人者神明也，同於人者五情也。神明茂，故能體沖和以通無；五情同，故不能無哀樂以應物。然則聖人之情，應物而無累於物者也。今以其無累，便謂不復應物，失之多矣。（《晉書·何邵·王弼傳》）
>
> （聖人）明足尋極幽微，而不能去自然之性。（同上書）
>
> 聖人則藏明於內。（《周易注疏·明夷》）
>
> 大智晦其明。（《周易注疏·明夷·彖辭》）

蒙之所利乃利正也。夫明莫若聖，昧莫若蒙。蒙以養正乃聖功也。然則養正以明，失其道也。（《周易注疏・蒙卦》）

都是說「聖人有情」。聖人所以有情，是因為教化人事，聖人不離世間。這個思想本是承漢易學傳統而來。

漢易氣象博大，內蘊深沉，探天人之際，究陰陽變遷，其作用，也在於援天道之理，構君主用事之制，視《周易》八卦為天地人事縮影，舉凡曆法、四時節氣、音律等皆通於卦象。擴而大之，人事社會變化亦可以八卦方式表示，故掌握八卦變化規律，則可以上判國家治亂，下決個人禍福吉凶。王弼注易也「終未捨棄天人災異通經致用之說」，如注《觀卦・彖傳》明言：「下賤而上貴也」，又說：「統說《觀》之為道，不以形制使物，而以觀感化物者也。神則無形者也。不見天之使四時，而四時不忒。不見聖人使百姓，而百姓自明也。」（《周易注疏》卷四）

這種思想，又是與孔子所說的「仁者愛人」，具體地把「仁」化為忠恕之道，又強調「博施於民」，反對「不教而誅」，希望對人民相對減輕傜役賦稅，要求統治者「克己復禮」，有所克制，重在教化，如此方能「為政以德，譬如北辰，居其所而眾星拱之」（《論語・為政》），是完全一致的。這本是一種政治理論，與中國傳統學術具有與政治、宗法綱常始終緊密結合的特點是分不開的。

聖人無情是漢魏間流行學派，當時名士都主此說。認為聖人者，與天地合德，與至道同體，其動止乃天道自然，故排除世間休戚哀樂。聖人與自然為一，純理、任性，無世俗性情。

王弼反對此說，認為理想聖人人格，能以無為心，德合天地，以自然為體，與道動止，無為而無不為，必同於人之五情。同於人之五情是應物，斯人皆能，聖人則在應物而不累於物，如此而達到天道人事的契合。這在當時是一種異說。但其思想精深，因此何晏也讚嘆王弼：「若斯人者，可與言天人之際乎。」

僧肇般若學始終貫徹了這樣一個原則，即將印度佛教中般若真空思想，融匯妙有，將明無我之般若，轉為示真我之涅槃。概而言之，約有三個方面。

其一是強調即實相即本體，理即法，觸事而真。如同王弼易學最重時位，僧肇亦力持大道之行，生生變化之說：「法輪常淨，猶虛空也。雖復古今不同，時移俗易，聖聖相傳，道不改矣。」（《注維摩詰經・佛國品》）僧肇重在般若所究之「空」與萬物所處之「真」的關係。《不真空論》引《摩訶般若波羅蜜經》文意說：「故經云：甚奇，世尊！不動真際為諸法立處，非離真而立處，立處即真也。然則道遠乎哉？觸事而真。聖遠乎哉？體之即神。」是說「空」之「道」，並不遙遠，佛（聖人）都非迢遙渺茫之物，隨時體驗，都可顯示神妙作用。《般若無知論》批判當時般若學心無派「虛而能知，無而能應」思想說：「用即寂，寂即用，用寂體一，同出而異名。更無無用之寂，而主於用也。」是說體用一如，明確認為將寂用分離，視聖人之心為虛無靜寂之體，體用截然，體雖靜寂，而能知應，只是一種「宰割求通」的說法。

其二是在論證般若學掃一切相而顯實相時，強調法身無象，法即理，返本即性。如僧肇在《注維摩詰經序》中說：「夫聖智無知，而萬品俱照。法身無象，而特殊並應。至韻無言，而玄籍彌布。冥權無謀，而動與事會。故能統濟群方，開物成務，利見天下，於我無為。」

其三是在論證般若學實相本體論時，用道地的中國語言，融通法、理、實相，與眾生心性。如僧肇說：「無相之體，同真際，等法性，言所不能及，意所不能思。」（《注維摩詰經・見阿閦佛品》）又如僧肇說：「是以則真者同真，法偽者同偽。如來靈照冥諧，一彼實相。實相之相，即如來相。故經云『見實理法，為見佛也』。」（《注維摩詰經・見阿閦佛品》）僧肇指出體法為佛，法即是佛：「秦言如來，亦云如去。如法而來，如法而去。古今不改，千聖同轍。故名如來，又名如去。」（《注維摩詰經・菩薩行品》）佛法即佛教所要表達和追求的真理。法即是佛。因此當理為佛，理即佛，佛即是對真理的覺悟：「佛者，何也？蓋窮理盡性大覺也。其道玄虛。因以妙絕常境。」（《注維摩詰經・見阿閦佛品》）

再進一步分析，則以上思想都突顯在一個至關重要的背景之下，即注重對現實世界中眾生（個體生命）的終極關懷。這一點與印度佛教絕對性的終極指向有很大不同。這種現實人生關懷實是儒家理想人格在中國佛教中的折射。在僧肇思想中，他這樣表達出一種拯救眾生的願望：「乘八萬行，兼載天下，不遺一人，大乘心也。」（《注維摩詰經・佛國品》）「自覺覺彼，謂之佛也。慈即自悟，又能覺彼，可名為佛也。」（《注維摩詰經・觀眾生品》）僧肇有時說得直截了當：「廢舍有為，則與群生隔絕，何能隨而授藥？」（《注維摩詰經・菩薩行品》）僧肇是佛門中人，理想人格為佛覺。在佛教與中國文化精神互融的奠基階段，僧肇當能見印度佛教終極目標為出世虛寂之說，難為中土全盤接受，會成佛教發展障礙。在王弼完成的形而上思維水平上，僧肇將印度佛教中般若學真空思想，融匯妙有，將掃相而說無我之般若，轉為示有而論真我之涅槃，而為佛學中國化之思想奠基。

僧肇般若學發展至此，實已使真空與妙有無間。僧肇的同學，後被譽為中土「涅槃聖」的竺道生說：「為說無我，即是表有真我也。」「無我本無生死中我，非不有佛性我也。」（《注維摩詰經・弟子品》）

試比較僧肇學說，以僧肇佛即是法、即是理、即是「空」的思想貫徹到眾生與佛的相互關係上，一方面，合乎邏輯地即可得出眾生即佛，佛性即實相、即我，眾生即佛性之體現的結論，所以這成為以竺道生為代表的涅槃學直接理論先河。另一方面，也同樣合乎邏輯地可能得出性覺——自覺覺彼之說。

這一時期另一重要佛教理論家是提出涅槃佛性論思想的竺道生，他的思維方法論也與王弼易學關係密切。竺道生佛性論學說的最大特點，或曰其基本的方法論，即是他自己說的「依義不依語」，這種思想方法顯然也是與王弼易學有關的。

竺道生是在僧肇之後中國佛教史上率先闡揚佛性論者。他在僧肇般若學已有的基礎上，更熟練地運用玄學體用一如、得意忘言的理論和方法，強調眾生通歸實相體證本體，就是成佛，而實相本體本來存在於眾生心性之中，此也就是佛性本身，是眾生（包括一闡提）皆可成就佛身的內在根據。道生所闡佛性主要涵義在三方面：

一是「理」即佛性。竺道生說：「從理故成佛果，理為佛因也。」（《大般涅槃經集解》卷五十四）是說所謂符合事物實相的真理就是不住不滅的法性（實相）本體，此即眾生成佛的內因。

二是返本為性。竺道生說：「善性者，理妙為善，返本為性也。」（《大般涅槃經集解》卷五十一）是說所謂「善性」在於「理妙」，即能以佛慧（般若智）照知一切事物實相的智慧，這種善性（智慧）即是返本，即返歸（達到）實相本體，也就是成佛。

三是法即佛性。竺道生說：「夫體法者，冥合自然。一切諸法莫不皆然，所以法為佛性也。」（《大般涅槃經集解》卷五十四）「以體法為佛，不可離法有佛也。」（《注維摩詰經・入不二法門品》）「法」指具體事物，能體悟（把握和認識）一切具體存在的實相，也就是冥合了自然狀態，即達到實相本體，也就是成佛。竺道生說：「大乘之悟，本不捨生死遠更求之也。」（《注維摩詰經》）是強調涅槃生死不二，佛無淨土，眾生是佛。從而，以佛教之終極涅槃成佛境界中，一種主觀理想的精神境界，代替了對不可捉摸的彼岸世界的追求。這樣，建立真空與妙有的結合，也否定了將佛性常住與靈魂不滅混同的觀點。從此之後，中國佛教又出現另一新的階段。

可以說，僧肇佛學思想，一方面結束了我國前期受魏晉玄學影響的各種般若學紛爭，另一方面則為後起的南北朝佛性論學說提供了必不可少的理論準備。從此將中國式佛教價值論植根於傳統文化深厚廣大的土壤。

此後隋唐各家，包括禪宗，無不由此生出。並且，特別是也由此奠定了中國佛教極為濃厚的社會倫理色彩，在其發展中，又產生了三個方面的主要影響：

一是長期封建社會中，能配合儒家倫理進行教化，有助於統治者維護封建倫常，這也是佛教這種在發展道路上與中國傳統文化相合又不相合的宗教形態，在大部分歷史時期中獲得統治者的青睞和維護的原因。

二是在中國民間民俗中，廣為流傳，影響巨大，不但統治階層和知識階層，而且廣大平民階層，將其作為精神寄托，迄今仍「天下名山僧（佛寺）佔多」，這種現象絕非偶然。

三是在哲學層面上，出世的玄遠慧思與入世的現實指向完美結合的圓融狀態，使其往往在社會變動時期，能使人從中找到精神支持的思想資源，這不但使其常成為淨化人心、培養美德的良方，而且也因此而能由中國向世界文化滲透，迄今其文化影響及潛在的文化作用仍不可低估。

(五)僧肇般若學之價值意義

一直到最近，國內外仍有些學者將僧肇般若學比附為老莊思想。其中較有代表性的，是因為只見到《肇論》的引文，卻未能研究其思想，就判之那是「規模莊周之言」❹。但實際上早在唐代元康作《肇論疏》（共三卷，見《大正藏》卷四十五）中，就已再三強調，僧肇立論，雖常用《老》、《莊》等書，而只是為宣傳方便，讓人易於接受，但絕不是在發揮道家（當然也包括深受道家影響的魏晉玄學）的理論。《晉書》卷四九《阮籍傳附蟾》說：

（蟾）見司徒王戎，戎問曰：「聖人貴名教，老莊明自然，其旨同異？」蟾曰：「將無同。」❺

「聖人」指儒學。這段話的意思是說，儒學與老莊雖有「貴名教」和「明自然」的區別，但根本宗旨相同，即在本體論層面上同於「無」。儒學貴名教而重仁義，故儒書所言多為人事。老莊近自然而尚道德，故老莊之說多涉玄虛。表面看來，儒學所重在經世致用，但儒學並不棄體而言用。《論語》載：「子貢曰：『夫子之文章可得而聞也，夫子之言性與天道不可得而聞也。』」孔子又說：「天何言哉。」是認為聖人體無，故儒經不言性命天道。又說：「天生德於予。」也就是在肯定「天」是主宰的同時，說「天」無任何常規言語行為，但誰又能否認「天」的存在和作用？老莊所謂至道超象，也就是從常規認識而言似乎無言無動的本體，故儒學所體之本，即道家所說之道。

清代錢大昕說：「自古以經訓顓門者，列入儒林，若輔嗣之易，平叔之《論語》，當時重之，更數千年不廢。方之漢儒即或有間，魏晉說經之家，未能或之先也。」（《潛研堂集》卷二《何晏論》）

王弼學風與嵇康、阮籍之流曠達奔放風格不同。其易學雖運老莊以用，但基本立場是儒家。金景芳先生認為，王弼用《老》注易，混而同之，屬不倫不類，此說並不合理❻。

漢魏兩晉南北朝時名僧多出儒門，其為學往往先通儒經，後入內典。如道安、慧遠、僧睿、道生皆通儒，僧肇亦如是。慧皎《高僧傳》本傳說：「（僧肇）家貧以傭書為業。遂因繕寫，用觀經史，備盡墳籍。」《高僧傳》又說，僧肇「志好玄微，每以《莊》、《老》為心要。」但是「嘗讀老子《道德經》，乃嘆曰，『美則美矣，然期棲神冥累之方，猶未盡善。』」可見僧肇對《老》並不十分推崇。

僧肇在其所有著作中，都謹慎地回避玄學的「本」、「末」等一些基本概念。在當時佛門內外的知識分子看來，玄學與佛學未必就是截然不同的兩種思想體系。但實際上般若學是當時前所未有的最精緻的理論形式。然而，比較哲學的效用，往往在於當主體處理兩個以上的思想問題時，總是注重其同質方面的統一性，忽視異質方面的對立性，結果是導出與對立的異質都不同的第三個方向。

僧肇雖然也因當時風氣，常隨手拈來，引用老莊以作比附旁通❼，但他用《老》、《莊》，常常引用原文，而要表達的意思卻與原文相反。如《莊子・齊物論》云：「六合之外，聖人存而不論；六合之內，聖人存而不議；春秋經世先王之志，聖人議而不辯。」（六合，即天地，因天地有東南西北上下六方）與僧肇同時期的慧遠在《沙門不敬王者論》中道：「六合之外，存而不論者，非不論，論之或乖；六合之內，論而不辯者，非不可辯，辯之或疑；春秋經世先王之志，辯而不議者，非不可議，議之者或亂。」

同文中接著這段話慧遠又說：「因此而求聖人之意，則內外之道，可合而明矣。常以為道法之與名教，如來之與堯、孔，發致雖殊，潛相影響；出處誠異，終期則同。」慧遠這裡所說，便可視為「格義」，援莊解佛，二而為一，思想是完全一致的。

僧肇在《般若無知論》中也是據此意，但是他卻說：「然其為物也，實而不有，虛而不無，存而不可論者，其唯聖智乎。」同文又說：「是以聖智之用，未始暫廢，求之形相，未始可得。」這個說法同《老》、《莊》用意就完全不同，是謂「聖智」（佛智慧）對無論六合之外、六合之內皆不論，而這個「不論」又不同於《莊子》的「不論」和慧遠的「不論」（就是「不說」）。僧肇的「不論」較接近於王弼的「忘言」，非單純的「不說」。

所以如果將僧肇的「無」用「空」表達，也許更確切，它是事物形相的存在，雖實在又不有，雖虛玄而又非無。故可掃象忘言而得意，但「聖智之用」又「未始暫廢」。比之於慧遠，僧肇反而又更接近於《易傳》中的「子曰」思想。

僧肇思想當時是獲得佛教界高度評價的。他的老師鳩摩羅什讀了他所作的《般若無知論》後稱讚道：「吾解不謝子，辭當相挹」（我的理解和你不相上下，但文辭上還不如你），是表揚他文理兼長。後來，又表揚他為中土「解空第一」。慧皎《高僧傳》說，當時名士劉遺民見到僧肇文，乃嘆曰：「不意方袍，復有平叔。」同傳又說劉將僧肇文「呈（廬山慧）遠公。遠乃撫幾嘆曰『未嘗有也』，因共披玩尋味，更存往復」。慧遠激賞僧肇，亦是肯定僧肇般若學理路符合中土學術正統。

南齊周顒作《三宗論》會集一代學術，集品三宗：一「不空假名」，二「空假名」，三「假名空」。一「不空假名」同「即色義」，二「空假名」同「本無義」（心無義僅存於晉代，南齊已不流行），三「假名空」同「不真空義」。周顒謂：「第三宗假名空則為佛之正說，非群情所及。」即也是肯定僧肇學說，是「佛之正說」，即符合佛教學術正統。

羅什寂後關中大亂，其學說主要在南方傳播。僧肇生前活動主要是在關中，但其學術影響也主要在南方，這與慧遠、劉遺民等在南方傳存其學術是有關係的。後來天臺宗、三論宗直承其說，如天臺判教之法，三論創宗之旨，在南方首創中國佛教學派，也都與僧肇打下堅實哲學基礎有直接關係。

【註　釋】

❶ 參見〔德〕E・卡西爾：《人論》，甘陽譯，上海譯文出版社，一九八五年版，第三十三、三十四、九十、九十一頁。

❷ 呂澄：《中國佛學源流略講》，北京，中華書局一九七九年版，第一〇二頁。

❸ Hegal, Kant, and The Final Distinctions of Reflective Understanding. By Slephen Houlgato, Hegal on The Modern World, Edited By Ardis B. Collins, P. 127, State University of New York Press, 1995.

❹ 馬端臨：《文獻通考・經籍考》引晁氏曰。參見石峻：《〈肇論〉思想研究》一文，文中指出了這一點。有關論述，請見《溫故知新》，北京大學出版社，一九九三年版，第二三九頁。

❺ 《世說新語・文學》亦載此事，但為王衍與阮修對話。《藝文類聚》卷十九，《北堂書鈔》卷六八，亦可參看。

❻ 金景芳：《〈周易〉與〈老子〉》，原載《志林》第五期，一九四四年一月；後收入《周易研究論文集》第四輯，北京師範大學出版社一九九〇年版。

❼ 筆者統計：《物不遷論》中直接引用《老》、《莊》及《論語》六處；《不真空論》中二處，《般若無知論》中八處。

第三章　佛教與易學之互相激揚

以往學者常謂南北朝時佛學興盛，是得益於與玄學互相發明。這話雖不能說錯，但是至少失之片面。因為佛教與玄學的互相發明是表現形式，與經學的相得益彰才是內在根源。而其中與易學的相互激揚乃是根本。唐代重要佛教學者道宣說：

原夫至道無言，非言何以範世。言惟引行，既行而成立言。是以布五位而擢聖賢，表四依以承人法。龍圖成太易之漸，龜章含彝倫之用。逮乎素王繼轍，前修舉其四科；班生著詞，後進弘其九等；皆所謂化道之恆規，言行之極致也。唯夫大覺之照臨也，化敷西壤，跡紹東川，逾中古而彌新，歷諸華而轉盛。（《續高僧傳‧序》）

道宣是唐代佛教宗派之一南山律宗創始人，是佛教史上重要思想家和學者，他的觀點值得注意。他認為佛教之所以能夠「逾中古而彌新，歷諸華而轉盛」，是因為能夠同中國本土文化中的易理契合。不僅於此，佛教同以易道價值為本原的中國文化思想結構也在根本上吻合。他這樣說：

故使體道欽風之士，激揚影響之賓，會正解而樹言，扣玄機而即號。並德充宇

宙，神冠幽明。象設煥乎丹青，智則光乎油素……莫不振發蒙心，網羅正理。（《續高僧傳．序》）

東晉南北朝時期，佛教與易學的互相激揚在社會與文化各層面上廣泛進行。但是，佛教界當時的態度又比較微妙。

一、周孔即佛，白黑均善

漢末之前，易為筮書。佛教徒好易，本與此有關。東漢時期，佛教以神仙方術為媒介。楚王劉英，因為有人告發其在彭城教唆方士預言謀反，險遭大難。幸而漢明帝出於手足之情而開脫其罪。但其第二年仍自殺。劉英可能是最早信仰佛教的高層貴族，由此可以看出，其所信仰佛教，參加佛教活動，與讖緯方術之類有關。佛教本來反對神通方術之類，但當時風氣如此，奉行讖緯，多行方術，當然也是受易文化影響。

漢末開始，帝王和上層貴族大臣信仰佛教風氣漸起。迄東晉南北朝，帝王和上層貴族大臣已極多喜愛佛教者。又南北朝時，經學和玄學共存，尤其在上層社會和廣大知識階層好於玄理探究的風氣下，對於儒佛關係，特別是易學與佛教關係，是人們關注的話題。

(一)周孔即佛，佛即周孔

在中國思想史上，東晉名士孫綽首次明確地說出會通儒佛觀念。他是這樣說的：

周孔即佛，佛即周孔。概內外名之耳。故在皇為皇，在王為王。佛者，梵語，晉訓覺也。覺之為義，悟物之謂，猶孟軻以聖人為先覺，其旨一也。應世軌物，蓋亦隨時。周孔救極弊，佛教明其本耳。共為首尾，其致不殊。（《弘明集・喻道論》卷三）

也就是認為儒學與佛學本來宗旨是一。儒學用來治理天下，管理現實社會事務，佛教用來內心教化，治理人心人性。「佛」的意思，按晉代中土語言來說，就是「覺」，也就是「覺悟」，這也與孟子把聖人稱為「先覺」，道理一樣。但是二者還是有些區別。區別在於，儒學以入世為價值，其作用在於「用」（「救極弊」）；佛教以出世為價值，其作用在於「本」（「明本」）。二者首尾相應，可互相補充。而在終極意義上，價值一致。

孫綽這個說法有典型意義。雖然把佛教稍置於儒家之前（以佛教為「本」），但儒家中也沒有人表示反感。以後千百年來，無論儒學中人還是佛門僧徒，論說儒佛二家關係，基本定義皆不出此。一直到明末「四大高僧」，情況才發生了變化（詳見本書第九章）。

（二）白黑均善，殊途同歸❶

南朝建康冶城寺名僧慧琳善諸經以及老莊，並且也有很強政治活動能力，劉宋初年曾和謝靈運、顏延之及廬陵王劉義真密切交往。劉義真很看重慧琳的才幹，曾說過：「得志之時，以靈運、延之為宰相，慧琳為西豫州都督。」（《宋書・劉義真傳》）

慧琳有名著《白黑論》，以「白」代表儒，以「黑」代表佛，論說儒佛二家高下、優劣和異同，最後結論是：「六度與五教並行，信順與慈悲齊立」，明確提出儒與佛「殊途而同歸」。這個說法在基本立場上與孫綽異曲同工，觀點一樣。

有意思的是，名士孫綽提出這種說法，受到儒佛二界歡迎，佛教僧人慧琳提出這種說法，卻立刻引起佛教界強烈抵制，認為慧琳此說，乃是「貶黜釋氏」，要將慧琳逐出僧團。（《宋書・蠻夷傳》）逐出僧團，在佛教看來，已經是一種最嚴厲的處分，嚴厲的程度相當於世俗死刑差不多。竺道生首倡「一闡提人皆有佛性」，當時引起建康佛教界軒然大波，受到嚴厲處分，也就是逐出僧團，被開除教籍。慧琳的說法在當時引起的佛教界的這種反響，可以說是表明佛教界的一種微妙心態，即是希望能保存自己的獨立形象，以高邁不羈而示清雅出世。這實際上是中國佛教歷史發展的特定階段上，佛教徒的一種自信心不足的表現。

但是，慧琳這種說法在佛教界以外卻受到重視。宋文帝見到慧琳《白黑論》，欣賞之餘，還邀請慧琳來到朝廷參與國家軍機政要，乃至於使慧琳一時門庭尊榮，「賓客輻湊，門車常有數十輛，四方贈賂相繫，勢傾一時」。（《高僧傳・道淵傳》、《宋書・顏延之傳》）

我們現在來看，慧琳所言，不但是力圖融佛教與易學為一體，運用《周易・繫辭》中「百慮一致，殊途同歸」的說法，來論證儒佛相通，為佛教的發展和進入本土社會張目，而且，這種思想方法也是與董仲舒、司馬遷、班固一脈相承，是體現了中國文化精神的。

二、易佛義理，融通可嘉

在當時這樣一種文化背景下，無論政界帝王，學界名士，還是佛界高僧，都在如何融通易佛義理方面做了大量工作。日本佛教學者柳田聖山說：

玄學與清談，表示中國新哲學的開端。這班人（指王弼、何宴、郭象）表面上走傳統儒學的路向，但卻以儒家一向少加留意的易學為起點，以道家古典（指《老子》、《莊子》）為根基，熱烈地討論形而上的「虛無」問題。虛無是最具魅力的一種自由哲學。

首先，人們把大乘佛教的般若波羅蜜思想，作為玄學的「虛無」一類東西來理解，那是極為自然的一種趨向。依據老莊的「虛無」，來理解般若的「空」，這種立場，一般稱為「格義」。故格義是一種比較哲學❷。

這段話中，有些觀點顯然不對，如說「儒家一向少加留意的易學」云云。但是，指出玄學與清談是以易學為起點，卻是卓見。當然，再進一步說，當時人們是「依據老莊的『虛無』來理解般若的『空』」，也不很準確。準確地說，當時人們是依據王、何的「空」，來理解般若的「空」。這裡面其實有不小的差別。王、何的「空」，是以易學為起點，並結合老莊的「虛無」「為根基」，才形成玄學的「空」。中國佛教般若學的建立，所依據的正是這一個「空」。這一點是應該區別清楚的。中國佛教界對般若學的「空」的理解，是離不開易學的。在當時，佛教界、學術界和思想界以易佛互解，是一種普遍的行為。現存各種典籍中，比比可見❸。

(一)彌綸廣大，剖析窈妙：《牟子理惑論》以佛教宗旨比附易道

佛教同易道的比附結合，最早見之於文獻記載的是《牟子理惑論》。此文可以認為是以佛教宗旨比附易道，即易佛結合的最早嘗試。

《牟子理惑論》一文，最早見於南北朝時南朝宋明帝（四六五—四七一年）敕陸澄所撰《法論》一書中（見僧祐《出三藏記集》卷十二）。牟子生活的年代是東漢末三國初期，作《理惑論》一文是在交趾地區（今廣東、廣西一帶），這一地區由於處在佛教

傳入中國海陸兩條主要線路之一的海上路線，所以是當時佛教發達的地區。下文將提到的名僧康僧會，也是從交趾去東吳建業（今江蘇省南京）的。（見梁僧祐《高僧傳・康僧會傳》）因此，無論從《理惑論》的寫作年代，還是文獻對其的記載來看，都可以認為是最早和最直接的以易學思想結合佛教的材料❶。

前人曾長期認為《理惑論》一文為偽作。理由之一，是謂此文「猥淺」，不合當時典雅文風。我認為這個理由站不住腳。

此文實際上文采飛揚，辭句優美。全文共三十九章（篇），通篇反覆強調，以《五經》（《易》、《詩》、《書》、《禮》、《春秋》）或《七經》（加上《孝經》、《孟子》）比附對照佛教，認為二者宗旨及教義完全一致。

《理惑論》中大量引用《老子》、《論語》及緯書《春秋元命苞》中的語言來解說佛教思想。這表明牟子是在兩漢以來經學正統的背景之下來理解、接受和解釋佛教的。這些方面因前人已有過研究，不贅述。

由於在整個中國文化思想結構之中，「易為之原」，因此，牟子以「五經」或「七經」貫穿《理惑論》全文始終，以比附佛教，實際上也就是意味著在深層的文化意義上，是以本土文化的價值觀「易道」來比附對照佛教宗旨。《理惑論》中說：「牟子曰：渴者不必須江海而飲，饑者不必須敖倉而飽。道為智者設，辯為達者通，書為曉者傳，事為見者明。」（第二十六章）就是說，若無本土文化易為人所理解的價值觀來對照比較，恐怕一般人不能理解佛學要義，這樣，會使佛教深義「譬對盲者設五色，為聾者奏五音也」。他舉例說：

> 公明儀為牛彈《清角》❺之操，（牛）伏食如故。非牛不聞，不合其耳矣。轉為蚊虻之聲，孤犢之鳴，即掉尾奮耳，蹀躞而聽。（第二十六章）

為牛彈奏《清角》一類的高雅音樂，牛是不會感興趣的。但是，牛一聽見蚊蠅之聲或小牛的叫聲，就立刻發生反應。因此，牟子說，雖然「佛經如江海，其文如錦繡」，也必須考慮如何使人接受的問題。牟子說：「佛經前說億載之事，卻道萬世之要。太素未起，太始未生，《乾》、《坤》肇興，其微不可握，其纖不可入；佛悉彌綸其廣大之外，剖析其窮妙之內，靡不紀之。」（第五章）這是直接引用《易緯》來比附解說佛教。漢代《易緯．乾鑿度》中說：

> 昔者聖人因陰陽，定消息，立《乾》、《坤》，以統天地也。夫有形生於無形，《乾》、《坤》安從生？故曰有太易，有太初，有太始，有太素也。太易者，未見氣也。太初者，氣之始也。太始者，形之始也。太素者，質之始也。氣形質具而未離，故曰渾淪。渾淪者，言萬物相渾成而未相離。視之不見，聽之不聞，循之不得，故曰「易」也。「易」無形畔。「易」變而為一，一變而為七，七變而為九，九者，氣變之究也，乃復變而為一。一者形變之始，清輕者上為天，濁重者下為地。物有始有壯有究，故三畫而成《乾》。《乾》、《坤》相併俱生。物有陰

陽，因而重之，故六畫而成卦。

上引《理惑論》中的說法，即是對《易緯》中《乾》、《坤》兩卦形成的思想的概括，並以之比照佛教價值觀。西漢末年由於種種社會歷史原因曾流行讖緯。讖緯本身與今文經學派下神秘文化思潮有關係。這種神秘文化思潮在中華民族各民族文化史上都產生過重大影響，有特定的歷史文化意義。當時，經皆有緯，《易緯》是對《周易》經、傳所作的一種解釋，是漢易學中重要流派，對後世的影響也一直不小。《易緯》也可以視為是漢代易學在觀念上的主要代表，對漢唐易學的發展總體上關係很大。它實際上就是中國人對宇宙世界、社會人生基本價值觀的表達。《理惑論》以上述這樣的表達方式，將佛教與易比較，在佛教而言，也是開了南北朝佛教普遍採用「格義」的先河，並且還為「格義」定下了基調。

(二)言出乎室，千里應之：郗超及康僧會以易理解佛

郗超是東晉大名士，崇信佛教，常與僧人往來。道安居襄陽時，郗超曾派人送米千斛。郗超結交名士極多。支遁曾說：郗超乃「為一時之俊，甚相知賞」。郗超對佛教義理研究很深，曾寫過不少有關著作。但是現存除《奉法要》外，其餘皆佚。

《奉法要》主題是論說佛法要點。他把佛教的修行，與儒家的「慎獨」相比，認為兩者是完全一樣的。但是，他又特別強調宗教倫理觀念，《奉法要》中說：

心作天，心作人，心作地獄，心作畜生。乃至得道者，亦心也。凡慮發乎心，皆念念受報，雖事未及形，而幽對冥構。夫情念圓速，倏乎無間，機動毫端，遂充宇宙，罪福形道，靡不由之，吉凶悔吝，定於俄頃。以行道之人，每慎獨於心，防微慮始，以至理為城池。常領本以御末，不以事形未著，而輕起心念。豈唯言出乎室，千里應之。莫見乎隱，所慎在形哉。

《周易・繫辭上》中說：「子曰：君子居其室，出其言善，則千里之外應之，況其邇者乎。居其室，出其言不善，則千里之外違之，況其邇者乎。」《繫辭上》又說：「言行，君子之樞機。樞機之發，榮辱之主也。言行，君子之所以動天地也，可不慎乎。」這是用來形容君子「慎獨」，防微杜漸，陶冶道德情操的境界。郗超用以說明佛教修行，和道德修養的境界。

大乘佛教教義強調「心意」作用，無論般若類經典或涅槃類經典中，極多這方面論述。郗超更引《周易》語言闡發說：「罪福形道，靡不由之，吉凶悔吝，定於俄頃」，要求道德修養，「防微慮始」，又是把儒家修養的要求與佛教修養的要求等同。這是使佛教與本土文化在現實意識形態層次上結合的一種做法。這種做法，在特定意義上，比用玄學較玄遠的語言來闡說般若佛理，對普通人而言，作用可能更實際。

而且有意思的是，郗超有時還用佛學義理來反對某一些特定的易理。如《奉法要》中說：

古人云，兵家之興，不過三世。陳平亦云，我多陰謀，子孫不昌。引以為教，誠足以有弘。然齊、楚享遺嗣於累葉，顏、冉靡顯報於後昆，既已著之於事驗，不俟推理而後明也。且鯀殛禹興，鮌鮒異形，四罪不及，百代通典。哲王御世，猶無淫濫，況乎自然玄應，不以情者，而令罪福錯受，善惡無章？其誣理也，固亦深矣。……是以《泥洹經》云：父作不善，子不代受，子作不善，父亦不受，善自獲福，惡自受殃。至矣哉，斯言允心應理。

他的這種說法是根據佛教因果報應思想立論。佛教認為，人的一切善惡、禍福都由自身業報決定。這種思想表面上和《周易》中的一些說法是衝突的。《周易‧坤卦‧文言》說：

積善之家，必有餘慶；積不善之家，必有餘殃。

是說前輩的行為會直接影響後代禍福。但是郗超卻認為這種說法沒有歷史根據，所以他提出：「父作不善，子不代受，子作不善，父亦不受，善自獲福，惡自受殃。」就是說，任何人的「業」都是自作自受。

應該肯定郗超的這種說法有積極意義。他實際上是提出，人應該對自己的行為負責，只有自己的行為才能決定自己的禍福。他針對《周易》中影響甚大的觀念，進行比較分析，既表明他對這個問題的思考深入，也表明他是欲以此引起世人的注意。

這種做法，佛教界人常用。如據《高僧傳‧康僧會傳》的記載，比郗超更早些時，三國時期僧人康僧會，對東吳末帝孫皓論說「善惡」問題：

（孫）皓問曰：「佛教所明，善惡報應，何者是耶？」（康僧）會對曰：「夫明主以孝慈訓世，則赤烏翔而老人（南極星）見。仁德育物，則醴泉湧而嘉苗出。善既有端，惡亦如之。故為惡於隱，鬼得而誅之；為惡於顯，人得而誅之。《易》稱『積善有慶』，《詩》詠『求福不回』，雖儒典之格言，即佛教之明訓。」皓曰：「若然，則周孔已明，何用佛教？」會曰：「周孔所言，略示近跡；至於釋教，則備極幽微。故行惡則有地獄長苦，修善則有天宮永樂。舉此以明勸沮，不亦大哉！」

圖 3-1　康僧會（？—280 年）像

孫皓是一個殘暴荒淫帝王，「性凶粗，不及妙義」（即不懂佛教一類比較玄妙的事理），而且當時東吳境內正發生毀壞佛寺、屠殺僧人事件，康僧會此說有特定用意，「唯述報應近事，以開其心」（見《三國志・吳書・孫琳傳》及《高僧傳・康僧會傳》）。這也是一則較早見之於文獻的佛教人物直接援用易理解說佛教的材料。康僧會的做法，按佛教的說法，是一種「權說」，與郗超的做法一致，但不同於上文所述之《牟子理惑論》直接引用易理來比附解說佛教。（圖三－一）

㈢玄象旣運，測其盈虛：梁武帝蕭衍以佛理解易

梁武帝蕭衍（四六四－五四九年），南朝梁南蘭陵（今江蘇省武進）人，字叔達，小字練兒。初仕南齊，為雍州刺史，鎮襄陽。後起兵入建康，廢齊主，自為大司馬，專朝政。次年廢齊建梁。晚年因處理東魏叛將侯景事件嚴重不當，被幽死。在位四十七年。蕭衍平生篤於學，也長於著述，學通儒、釋、道三家，在南北朝時也可以算是一位較有成就的帝王，也是歷史上一位傑出學者。

蕭衍有多種易學著述（具體見《南史．本紀》、《南齊書．本紀》、《隋書．經籍志》、《舊唐書．經籍志》、《新唐書．藝文志》等），但可惜基本皆亡佚。清代馬國翰輯有其《周易大義》遺文一卷（《玉函山房輯佚書》）。本書只討論其以佛理釋易有關方面的問題。

蕭衍氏篤信佛教，曾三次（一說四次）以皇帝身份「捨身」同泰寺，每次都由臣下出巨資「贖回」（實際上也可以說是用一種特別方式資助佛教）。蕭衍作為一名有獨到見解的佛教思想家及有成就的易學家，其所作佛教文著以及易學文著中，包含不少易佛融通互解的內容。以下主要分析蕭衍在這方面的一個重要文獻：《立神明成佛義記》。

這個文獻基本上代表了蕭衍易佛融通思想的其中一個重要方面，即易學的「體用一如」與佛教的「體用生滅」的關係問題。

蕭衍認為，佛教玄遠出世之義，高妙莫測，尤其是「佛性大義，頓迷心路」（見《廣弘明集》卷九，本段下面引文，皆出該書），如何把握，對於佛教是一個重要的現實問題。這在學理上也是一個有很大難度的問題。他說：「夫神道冥然，宣尼固已絕言；心數理妙，柱史又所未說。非聖智不周，近情難用語遠故也。」他認為佛教的終極之源乃是「神明」，「以不斷為精神」。「神明」是蕭衍用以指稱涅槃佛性的一個概念。在這裡，他提出自己的佛教價值論，即他的佛性論觀點：「經云：心為正因，終成正果。」蕭衍這樣說，即是肯定自己是持「正因佛性」說。而以「正因」為佛性，則必然涉及「心」之「用」的問題，他說：「又言，若『無明』轉，則變成『明』」，這是因為，「心為用本，本一而用殊」。他論證道：「殊用自有興廢，一本之性不移。一本者，即『無明』神明也。」他又解釋何為「明」及「無明」。「明」即是：「若與一切善法俱者，名之為『明』。」「無明」即是：「若與煩惱諸結俱得，名為『無明』。」

此「無明」之說，乃包含重大意義：「豈非心識性一，隨緣異乎？故知生滅遷變，酬於往因；善惡交謝，生乎現境。而心為其本，未曾異矣。以其用本不斷，故成佛之理皎然；隨境遷謝，故生死可盡明矣。」可見他用「體用生滅」，來說明關係佛教重大理論問題的涅槃佛性論的「無明」問題。從學理上說，「體用生滅」是出自王弼易學中的

「體用一如」（詳見本書第二章），同時也是深刻地受了僧肇的「觸事即真」之說的影響（詳見本書第二章）。上文提到，僧肇學說思想後來主要是在江南一帶傳播，蕭衍對之肯定是熟悉的。蕭衍的「正因佛性」之說，是後來吉藏總結南北朝時十一家涅槃佛性學中之一家（詳見本書第二章）。蕭衍以「神明」為真如佛性，可能是承用寶亮「心即真如」、「心即神明」之說（見《大涅槃經集解》卷二十）而來，但兩家也是有明顯區別的，蕭衍的傾向是以「心識」為「神明」。

不過更應該指出的是，蕭衍的「無明」之說，不但在認識論上與僧肇的《般若無知論》和《不真空論》相承，而且以後天臺宗智顗的「一念無明法性心」之說（詳見本書第四章）肯定也是受了此說影響的。

蕭衍是一名皇帝，難免以易理結合佛教而論說王者「治道」。

梁大同四年（五三八年）八月，因改造長干寺阿育王塔，發見佛舍利等，又同年七月，據說有上虞縣民，掘地得一「牙（佛）像」，「方減二寸，兩邊雙合，俱成獸形，其內一邊（有）佛像一十二軀，一邊（有）佛像一十五軀。刻劃明淨，巧跡妙絕」，被認為是「將神靈所成，非人功力也」。再因年前遭災，「斗粟貴騰」，蕭氏特詔大赦天下，「凡天下罪無輕重，皆赦除之」，詔曰：「天地盈虛，與時消息。萬物不得齊其蠢生，二儀不得恆其復載。故勞逸異年，歡慘殊日，去歲失（失）稔，斗粟貴騰。民有困窮，遂致斯濫。」（《出古育王塔下佛舍利詔》，《廣弘明集》卷十五）蕭衍因此自責，並指出，對此所導致的問題，若「皆以法繩，則自新無路。《書》不云乎：『與殺不辜，寧失不經』」。他說，若如此做法（大赦），根本理由乃是依據易道，因為易曰「隨時之義大矣哉」。（見同上文）

上文中「天地盈虛，與時消息」，出《易・豐卦・彖傳》：

> 豐䷶：亨。王假之。勿憂，宜日中。
>
> 彖曰：豐，大也。明以動，故豐。王假之，尚大也。勿憂，宜日中，宜照天下也。日中則昃，月盈則食，天地盈虧，與時消息，而況於人乎，況於鬼神乎。

蕭衍乃援取此義，比照於佛教慈悲。下文又說「隨時之義」，也是同樣意思。但這裡的用意，實質上則又是站在王者治道立場。這與蕭衍本身的帝王身份有關。也正因為此，當時有人反佛，也從此點入手，如大臣荀濟上書請廢佛法曰：「夫易者，君臣、夫婦、父子，三綱六紀也。今釋氏君不君乃至子不子，綱紀紊亂矣。」荀濟因此說而觸怒蕭氏，逃亡北朝，後被高澄燒殺。（引文及荀氏事跡均見《廣弘明集》卷七及《北史・文苑・荀濟傳》）

近代學者尚秉和先生《易說評議》中說馬國翰等所輯蕭氏易義除個別外，「皆無特殊意義」。但我認為似乎也未必可輕言否定。如蕭氏注《注解大品般若經》，凡五十卷，自《序》中說：

> 機事未形，六畫得其悔吝；玄象既運，九章測其盈虛。斯則鬼神不能隱其情

狀，陰陽不能遁其變通。至如摩訶般若波羅蜜者，洞達無底，虛豁無邊，心行處滅，言語道斷。不可以數術求，不可以意識知。

這是以易理解說佛教般若。前人曾有評價，蕭衍氏注易佛義理，融通可嘉，確實如此。

(四) 啓度黃中，弘乎太虛：支遁與易學

支遁（三一四—三六六年），號道林，俗姓關，陳留（今河南省開封市）人。一說河東林慮（今河南省林州）人。約晉愍帝建興二年（三一四年），出生於佛教徒家庭。幼時即流寓江南。在京城建康時，他開始同一些名士來往，備受賞識。在餘杭山（今江蘇省蘇州附近）隱居時，他研究《道行般若》等經典。二十五歲出家後，他在吳地建立支山寺。後來他去剡地（今浙江省嵊縣）及會稽郡，與王羲之、謝安等名士晤面，建立友誼。東晉哀帝即位（三六一年）以後，曾屢次派人徵請。他於是又到建康，住東安寺。在京將近三年，上書請求回山，哀帝應允並給他優厚饋贈。太和元年（三六六年）去世。

他生平習好，與當時名士，共同風趣。他也有詩名，《廣弘明集》中收錄他的詩作二十多首，其中有些帶著濃厚的易理，同時也多老莊趣味。

晉永嘉之後，玄風更熾。名俊輻湊，集於江南，爭談虛玄，競論無為。清言放達，

互相高尚。釋門之子，具清談者風氣，也更為顯著。僧人以自身文才修養和品格風度，高標當世，佛教大為上流社會所重，神風清肅，日見興隆。如名僧康僧淵，睿止詳正，志業弘深，既通曉佛經深遠之理，又明辨俗書性情之義，與人清談，從晝至暮，人不能屈。名僧康法暢，雅有才思，善為往復，悟銳有神，才辭通辯，每值名賓，往往清談盡日（二人事跡，俱見《高僧傳》及《世說新語》）。這些僧人中最著名、最具代表性的就是支遁。

支遁長得形貌醜異，而玄談妙美，平生養馬喂鶴，優遊山水，又擅草隸，文翰冠世。《世說新語》等多種文獻中描述他在清談聚會中的活動，可知他在當時上層社會很有影響。（圖三—二）

當時風尚，最重《莊》、《老》，而支道林談《莊》，無論《漁父》，無論《逍遙》，皆能標揭新理，發人所未發，才藻俊拔，令人驚絕。支遁也極重易學易理，常在他的文著中引用，如《釋迦文佛像贊並序》：

> 夫立人之道，曰仁與義。然則仁義有本，道德之謂也。昔姬周之末，有大聖號佛，天竺釋王白淨之太子也。俗世母族，厥姓裘曇焉❻。
>
> 仰靈胄以丕承，藉舊哲之遺芳。吸中和之誕，稟白淨之浩然。

圖 3-2　支遁（字道林，314—366 年）像

生自右脅，弱而能言。

諒天爵以不加為貴，誠逸祿以靡須為足，故常夕惕上位，逆旅紫庭，

…………

搜冥魚於六絕，齒既立而廢筌。

豁萬劫之積習，同生知於當年。

掩五濁以擅曜，嗣六佛而徽傳。

偉準丈六，體佩圓光，啟度黃中，色艷紫金。

運動凌虛，悠往倏忽，八音流芳，逸豫揚彩。

沙覽未兆，則卓絕六位，曲成已著，則化隆三王。

沖量弘乎太虛，神蓋宏於兩儀。

易簡待以成體，太和擬而稱卲。

圓著者象其神寂，方卦者法其智周。

照積祐之留詳，元宿命以制作。

或稠之以德義，或疏之以沖風。

亮形搖於日新，期妙主於不盡。

美既青而青藍，逞百練以就粹。

導庶物以歸宗，拔堯孔之外犍。

屬八億以語極，罩墳素以興典。
掇道行之三無，絡聃周以曾玄。
神化著於西域，若朝暉升於暘谷。
民望景而興行，猶曲調諧於宮商。
當是時也，希夷緬逸於義風，神奇卓絕於皇軒。
蔚彩沖漠於周唐，頌味有餘於鄒魯。
信可謂神化之都領，皇王之宗謨也。

……夫道高者應卑，因巡者親譽。故不祈哭而哭。豈非兼忘天下易，使天下兼忘難。（《廣弘明集》卷十五）

下面對支遁此文中的部分《周易》用語（引文中旁劃線者），進行一些注釋：

①「立人之道，曰仁與義」：見《易・說卦傳》：「昔者聖人之作易也，將以順性命之理；是以立天之道，曰陰曰陽；立地之道，曰柔曰剛；立人之道，曰仁與義。」

②「夕惕」：參見《易・乾卦・九三》：「君子終日乾乾，夕惕若，厲，無咎。」

③「冥魚」、「廢筌」：引《莊子》中比喻「筌者所以在魚，得魚而忘筌」，「言者所以在意，得意而忘言」；中國佛教常用此以解釋佛法方便權變，並參見《易・繫辭上》：「子曰：書不盡言，言不盡意，然則聖人之意其不可見乎？子曰：聖人立象以盡

意，設卦以盡情偽，繫辭焉以盡其言；變而通之以盡其利，鼓之舞之以盡其神。」

④「黃中」：這裡指佛身。見《易・坤卦・六五・象傳》：「黃裳元吉，文在中也。」《坤卦・文言》：「君子黃中通理，正位居體，美在其中。」

⑤「六位」：參見《易・乾卦》：「大明終始，六位時成，時乘六龍以御天。」「曲成」：參見《易・繫辭上》：「曲成萬物而不遺。」又見韓康伯注：「曲成者，乘變以應物，不繫於一方者也。」

⑥「太虛」：見《莊子・知北遊》：「是以不過乎崑崙，不遊乎太虛」；孫綽《遊天臺山賦》：「太虛遼廓而無同。」李善注：「太虛，天也。」「兩儀」：即陰陽，參見《易・繫辭上》：「是故易有太極，是生兩儀，兩儀生四象，四象生八卦。」《易・繫辭下》：「陰陽合德而剛柔有體，以體天地之撰，以通神明之德。」

⑦「易簡」：參見《易・繫辭上》：「乾以易知，坤以簡能。易則易知，簡則易從。」

⑧「太和」：參見《易・乾卦・彖辭》：「保合太和乃利貞。」

⑨「圓蓍者象其神寂，方卦者法其智周」：參見《易・繫辭上》：「是故蓍之德圓而神，卦之德方以智。」

⑩「日新」：參見《易・大畜卦・彖辭》：「剛健篤實，輝光，日新其德」。《大

學》：「苟日新，日日新。」

從中可以看出，支道林是以易道雜糅佛道，隨手拈來，而皆成妙文。

從支道林所有佛教思想及思維方式來看（上引文只是其中一例），始終緊密與易道結合。支道林是當時佛教界和上層文化界影響甚大的人物，佛教《像贊》是一種通俗流行性文字，支道林此文也是透露了一種佛教與本土文化結合的深厚歷史信息。

(五)心無無心，神靜物虛：支愍度「心無義」與易學

如果說支道林上文的用易說佛，主要是表現在佛教的存在形態上，那麼，支愍度的用易說佛，主要是表現在佛教的深刻義理中。

支愍度亦當時著名高僧。劉孝標《世說新語・假譎篇》中，注引名德沙門題目云：「支愍度才鑒清出。」同上條，又記有名士孫綽作《愍度贊》說：「支度彬彬，好是拔新。俱稟昭見，而能越人。世重秀異，感競爾珍，孤桐嶧陽，浮磬泗濱。」以上所贊，除了支愍度的風度為人之外，還能「俱稟昭見，而能越人」，就是說其能獨發新見，見識越度常人。《世說新語・假譎篇》中記載支愍度創立「心無義」這一新學說的過程，是這樣的：

> 愍度道人[7]始欲過江。與一傖道人為侶，謀曰：「用舊義往江東，恐不辨得食。」便共立心無義。既而此道人不成度。愍度果講義積年。後有傖人來，先道人

寄語云：「為我致意愍度，『無義』那可立？治此計，權救饑爾，無為遂負如來也。」

這個故事很有趣，不無調侃成份，又帶有名士清談、曠任、放達風格。我們來看一下什麼是「心無義」。

僧肇《不真空論》中解釋「心無義」道：「心無者，無心於萬物，萬物未嘗無。此得在於神靜，失在於物虛。」

歷來釋「心無義」，都以僧肇此說為準（見元康《肇論疏》卷上）。據現有文獻記載，東晉南北朝時，般若學各家學說並出，共有「六家七宗」。

「六家七宗」之名，始見於劉宋曇濟的《六家七宗論》文。此論今佚，但梁寶唱的《續法論》中曾經引用。此後，安澄《中論疏》中又引上述二文，使得有關資料得以保存。當代學者湯用彤、陳寅恪曾對六家七宗及其代表人物等進行過考證❽。僧肇《不真空論》將六家七宗進一步又概括為本無、心無、即色三家（見《不真空論》）。按上文所引，僧肇批判支愍度「心無義」，是認為這一家學說的命題可概括為「心無色有」，其得在於「心無」，其失在於「色有」。

具體說，「心無」就是認識上達到了本體意義上的「空」。但是卻仍然執著「色有」，即執著於「相」，在認識上，尚未達到「諸法」之「空」，即認識具體事物存在的「空」。也就是說未能否定現象。

上引《世說新語》述支愍度渡江創新義故事中所說的「舊義」，是指「本無義」。「本無義」是名僧道安的思想。按僧肇的批判分析，「本無義」學說命題可概括為「心有色無」，其得在於否定萬法事物現象，其失在於執著本體，即執著於「無」，視「無」為一種實體的存在。

可見「心無義」與「本無義」，其邏輯路徑是正好相反的，這就是支愍度所創立的一種解釋般若學的新義。這一學說，以後主要是因僧肇及另一名僧慧遠的批判，終於「於是而息」（元康：《肇論疏》卷上）。

「心無義」的產生，與佛教初傳中土時的重要宣傳手法——「格義」有關。慧皎《高僧傳・竺法雅傳》中解釋「格義」概念道：

> 竺法雅，河間人。凝正有器度，少善外學，長通佛義。衣冠仕子，感附咨稟。時依雅門徒，並世典有功，未善佛理。雅乃與康法朗等以經中事數擬配外書，為生解之例，謂之「格義」。

是說竺法雅「少善外學，長通佛義」，即先是擅長《易》、《詩》、《禮》及《老》、《莊》等學，後來又精通佛學。當時依附竺法雅的門徒，「並世典有功，未善佛理」，即都精通《易經》及《老》、《莊》等學，但不太懂佛學深義。於是竺法雅等人用易學等學理與佛學互相「擬配」來解釋佛理，這就是「格義」。

文中「以經中事數，擬配外書，為生解例」語，「事數」二字，又可見《世說新語・文學篇》中，劉孝標注「殷中軍」條的解釋：「事數謂若五陰，十二入，四諦，十二因緣、五根、五力、七覺之聲。」《高僧傳・慧遠傳》中說到，慧遠極為擅長「格義」方法，宣講佛經，社會效果極佳。慧遠之師，當時名僧、東晉佛教領袖道安，因為怕歪曲佛義，一般情況下不允許門下用「格義」手法宣講佛經。但是，卻「特聽慧遠不廢俗書」，以為格義、連類。慧遠出家前，精通易學及《老》、《莊》等「外家之書」，但是他「格義」時，似乎更多以《莊》學連類：「（慧遠）年二十四，便就講說，嘗有客聽講，難實相義，往復移時，彌增疑昧。遠乃引《莊子》為連類。於是惑者曉然。」

佛教初傳時期，中國人對「般若實相義」覺得很難理解，這不僅是因為其內容甚為深奧，更是因為其思辨方式、語言方式、概念體系與本土文化不合。比如，般若學用「遮詮」（否定）法進行思辨論證，這種方法，對於習慣於「表詮」（肯定）法的中國學界而言，就一直覺得是相當困難的，即使到了隋唐時期，還是被中國佛教界學僧認為是相當難以使用的一種論證方法。於是，在實際的佛教發展中，就因需要而產生了這種講究實效的「格義」方法。以往學者談「格義」問題，往往將「格義」僅限於與老莊道家「連類」。我不同意這種說法。魏晉時由於王弼力闡易之義理，與老莊等學相得益彰，各自因風偕行，而使玄風扇起，構成中國學術思想史上一大轉折。玄學時期，老莊之學，尤其莊學大興，但是，易學玄理不僅未曾稍沉，反而躍位高唱，與佛教互相發明，乃是無爭的事實。

成書略比《高僧傳》稍後的《顏氏家訓・歸心篇》中說道：「內外兩教，本為一體。」「內典初門，設五種禁；外典仁、義、禮、智、信，皆與之符。仁者，不殺之禁也；義者，不盜之禁也；禮者，不邪之禁也；智者，不淫之禁也；信者，不妄（語）之禁也。」

《魏書・釋老志》中說道：「故其始修心則依佛、法、僧，謂之三歸，若君子之三畏也。又有五戒，去殺、盜、淫、妄言、飲酒，大意與仁、義、禮、智、信同。名為異耳。」可見以佛義與儒家思想「格義」「連類」，也是當時通行的。

再回到支愍度之「心無義」問題。前引《世說新語・假譎篇》中又注引「心無義」說：（「心無義」即謂）「種智之體，豁如太虛，虛而能知，無而能應，居宗至極，其唯無乎？」這個意思，可以《老子》中的說法比較：「天地之間其猶橐籥乎，虛而不屈，動而愈出。」王弼注曰：「橐籥之中，空洞無情無為，故虛而不得窮屈，動而不可竭盡也。」再與《易・繫辭》中的說法比較：「易無思也，無為也，寂然不動，感而遂通天下之故。非天下之至神，其孰能與於此。」同時，還可以再與上節中所引韓康伯注比較一下（文長茲不再重引）。仔細品味，可見其思想方式、語言方式乃至所表達的東西完全一樣。

支愍度立「新義」，欲以「心無義」來解釋般若「實相義」，但是，他的這個般若學卻完全是受易學影響（當然也受《老子》影響，但是根本上說是易學影響）的「中國般若學」了。陳寅恪先生曾指出，支愍度的「心無義」，與《易・繫辭》是符合的，但是，已經「非般若空宗之義也」❾。我認為不能這樣看。其當然仍是「般若空宗」之義，只是已非印度傳來的「般若空宗」本義，而是中國佛教的「般若空宗」之義了。

(六)銅山西崩，靈鐘東應：慧遠與殷仲堪廬山論易

慧遠（三三四—四一六年）生於雁門樓煩（今山西省寧武附近），俗姓賈，少年發奮好學，其舅父令狐氏喜愛他，曾帶著他遊學於許昌、洛陽一帶，拜訪過不少儒學大師，使他打下了深厚寬廣的中國傳統文化功底，具備了開闊的學術視野。

慧遠二十一歲時，曾想過江東拜會一個有名的儒學隱士范宣子，想進一步深造研究儒學。時值石虎死，後趙境內大亂，北方戰禍連年。接著，又是東晉大將桓溫北伐，兵戈遍地，道路不通，結果未能如願。正在此時，他聽說有一位叫作道安的佛學大師，在太行恆山立寺傳教，便與兄弟慧持一同前往聽講。誰知就是這次聽講，改變了他一生的道路。

道安當時正開講《般若經》，此經宣稱大乘即是般若，般若即是大乘，大乘般若無二，本屬大乘佛教基礎理論，被稱為諸佛之智母、菩薩之慧父。印度著名學者龍樹、提婆所撰《中論》、《百論》、《十二門論》等重要佛典，也都是發揮此經義旨，弘揚大

乘般若性空教義之作。

此經傳入中國後，因其重要性，東漢、三國時，就曾有過各種不同譯本。東晉南北朝時，鳩摩羅什、菩提流支等又曾一再重譯。此後唐代玄奘、北宋施護等又再重譯。

此經的傳寫講述，也一向為中國學界、佛界重視。道安之前，支孝龍、康僧淵、支道林等名家，就大力弘講《般若經》。因此而使般若之學在中國學界、佛界逐漸流行。東晉時，道安等人撰文注解，發揚此經奧義，在玄學影響之下，終於形成般若學六家七宗，成為魏晉南北朝時期佛教基礎理論，由此可見此經在大乘佛教中影響之深遠。

慧遠聽道安講《般若經》後，為之入迷，覺得相比之下，儒道九流簡直等於秕糠，對道安更是傾服，覺得這樣的人才真正可以稱之為師。於是，與慧持一起投在道安門下出家為僧。

出家之後，慧遠以弘揚大法為己任，總攝綱維為標的，殫思竭力，夜以繼晝。道安對他極是嘉許。

慧遠學成之後，離開道安，南下到廬山，使廬山成為江南一處佛教中心。他講經之時，常用佛典之外的道理互作印證，如《易經》、《論語》、《道德經》、《莊子》之類，皆隨手拈來，旁徵博引，談天說地，神解佳妙。如慧遠著名的批判「心無義」事件。

在名僧竺法汰處，慧遠與道恆辯論，引易理而撲息流行一時的「心無義」。當時，由另一名僧曇一提出質難，「據經引理，析駁紛紜」：

慧遠就席。攻難數番，關責鋒起。恆自覺義途差舛，神色微動，麈尾扣案，未即有答。遠曰：「不疾而速，杼柚何為？」坐者皆笑。心無之義，於此而息。（《高僧傳·竺法汰傳》）

「不疾而速」是《易·繫辭上》所說的易有「聖人之道」四，即「辭、變、象、占」，「聖人」據此，「極深而研幾也」，「惟深也，故能通天下之志；惟幾也，故能成天下之務；惟神也，故不疾而速，不行而至」。（《易·繫辭上》）慧遠之義是批評「心無義」，認為「心無義」不能「不疾而速」。

圖3-3　慧遠（334—416年）像

道恆是名僧竺法汰弟子。竺法汰曾與慧遠之師道安一起，在名聲極大的佛圖澄門下為同學。竺法汰學風也值得注意，其著名弟子有曇一、曇二，「並博練經義」，又善《易》、《老》。此外，竺道生也曾為竺法汰弟子。

如上節所述，道恆之持有的「心無

義」之說，本有據於《易》學思想之處。慧遠特別以易理論駁，方才有力，由此而得到佛教界首肯。（圖三—三）

當時匡廬是南方佛教中心，與北方鳩摩羅什主持的長安譯經場，南北呼應，是中國兩個最主要的佛教中心。同時，匡廬實際上也成為南方學術思想中心，不但名士學者，而且朝中帝王和文武大臣，也常上山，拜訪慧遠，談學論道。殷仲堪即是其中之一。

殷仲堪主要是一位政治人物，是東晉時把握朝政的朝中重臣之一。曾受封都督，領東晉朝在政治和軍事上最為重要的荊、益、梁三州軍事，實際上是與恆玄共握朝政大權。據說他之政治發跡，由黃門侍郎而出任荊州刺史，與佛教人物出面介入高層宮廷活動也直接有關（見《比丘尼傳・妙音傳》）。

殷仲堪善屬文，能「清言」，也算一位名士。時人評價說，殷仲堪氏「談理，與韓康伯齊名，士民咸愛慕之」（《晉書・殷仲堪傳》）。韓康伯是注易名家，時人將其與殷仲堪並論，也可見殷氏之於易學上的造詣。

殷仲堪於公元三九八年出任荊州刺史，在此期間曾特意登廬山拜會慧遠，與慧遠共臨廬山北澗談論《易經》，是有名事件，見於多種文獻記載。如《世說新語・文學》中載慧遠與殷仲堪「廬山論易」說：

（殷仲堪）問：「易以何為體？」（慧遠）答曰：「易以感為體。」殷曰：「銅山西崩，靈鐘東應，便是易耶？」遠公笑而不答。

慧遠謂「易以感為體」，正是指《繫辭》中「易無思也，無為也，寂然不動，感而遂通天下之故，非天下之至神，其孰能與於此？」一段中所描述的意境，這正是與佛理般若空義相通的「大意境」。劉孝標注《世說新語》引《東方朔傳》道：

> （漢）孝武皇帝時，未央宮前殿鐘無故自鳴，三日三夜不止。詔問太史待詔王朔。朔曰：「恐有兵氣。」更問東方朔。朔曰：「臣聞，銅者，山之子；山者，銅之母，以陰陽氣類言之，子母相感。……易曰：『鳴鶴在陰，其子和之。』精之至也。」

所說「銅者山之子，山者銅之母」，是用五行說。「鳴鶴在陰，其子和之」，是《易・中孚・九二》爻辭。《象傳》說：「其子和之，中心虛也」。《繫辭》上引孔子說本爻之義謂：「出其言善，則千里之外應之」。《彖傳》說：「中孚，親在內而剛得中……中孚以利貞，乃應乎天也」。語境雅美中虛，前人謂如入《詩・雅》。中孚，卦象䷼，中二爻陰虛，後人釋此卦，也多以為內蘊中虛誠信，以「中虛」為本，「靈明無著，物來順應，是之謂虛，是之謂誠而已矣」（《重定費氏學》，引曾國藩語）。殷仲堪問，「銅山西崩，靈山東應」，是否即易的這種境界。慧遠「笑而不答」，或是認為殷仲堪所說的這種具體的「感應」尚不能算是。

或者說，在俗諦而言，也可以說是了，但是在真諦而言，無論就佛理來說還是就易理來說，那都還不能算是的。

《維摩詰經》中說：「爾時維摩詰謂眾菩薩言：『諸仁者，云何菩薩入不二法門？』」於是眾菩薩各自按自己的理解，解說何謂「不二法門」：

如「喜見菩薩」說「色、空為二」；但是，「色即是空，空即是色；如受、想、行、識與識空為二」，但是，「識即是空，非識滅空，識性自空」，於其中而通達者，是為入「不二法門」。

又如「珠頂王菩薩」說「正道、邪道為二」，但是，「修正道者，則不分別是邪，是正。離此二者，是為入不二法門」，等等。

這些見識，都已經達到即真諦即俗諦的高妙境界。但是，維摩詰更以另外一種方式表達何謂「不二法門」：

於是文殊師利問維摩詰：「我等各自說已。仁者當說，何等是不二法門。」時維摩詰默然無言。文殊師利嘆曰：「善哉善哉，乃至無有文字語言，是真入不二法門。」（以上俱見《維摩詰所說經・不二法門品》）

歷代人們常對此極加讚嘆，謂維摩詰此時一默「淵默如雷」，是真正表達出佛學般若高美意境。這種思想及行為方式，在佛教禪宗中，以後更得到進一步發揚光大，此是後話。不過，在我看來，慧遠與殷仲堪論易時，慧遠此時之「笑而不答」，卻與「維摩一默」用意不同。慧遠是認為殷仲堪用俗諦方法來論說真諦，是謂未入「不二法門」。易之「以感為體」，所論者，易之「道」。卻非「銅山西崩，靈鐘東應」這樣具體有物的感應所能映襯。銅山靈鐘，西崩東應，美則美矣，畢竟非易道——般若之境。

(七)佛界名匠，學理傾向：易佛互證在上層佛教界的廣泛存在

易佛互證的學理傾向，當時在上層佛教界廣泛存在，下示數例。

1. 釋僧範

北朝時，北方地論學北道系名師釋道寵，出家前名張賓，是北方學界著名人物。他原出北朝大儒熊安生門下（《北史・熊安生傳》）。與張賓同學熊門下的有李洪範，後來也出家入佛，出家後名釋僧範，與道寵同為佛教地論學大師。當時北方流傳著一句話，專說二人的佛學造詣：「相州李洪範，解徹深義；鄴下張賓生，領悟無疑。」可見評價甚高。《續高僧傳・僧範傳》中說：「僧範旋趾鄴都，可謂當時名匠。遂使崔覲注《易》，咨之取長；宋景造曆，求而捨短。」崔覲即崔瑾，曾從北方當時大儒徐遵明學易（《北史・儒林傳・序》），亦是當時易學名家。宋景即宋景業，曾在北齊主持造「天保曆」（《北史・藝術傳》），乃當時北方天學重鎮。由此可見，僧範出家之後，仍然從事易學、天學、經學方面的高層學術活動。

2. 釋曇遷

曇遷是北方大儒權會（《北史・權會傳》）的外甥。權會從徐遵明門下盧景裕學易（劉汝霖：《東晉南北朝學術編年》卷五，《附錄：徐遵明傳易表》）。曇遷少年時即

從其舅父權會學易。權會之學，「備練六經，偏究易道，剖卦析爻，妙窮象系」，可見是兼長於易學之義理、象數二道。權會因曇遷聰明「精彩」，「乃先授以《周易》；初受，八卦相生，隨言即曉」（《續高僧傳・曇遷傳》）。

據說當時有一老婦，因為失物，來求權會卜卦。權會讓曇遷試卜。得《兌》卦。曇遷據卦義測道，《兌》是金位，西方之卦，少女之象；五色分方，其色為白。曇遷依以斷卦，斷得結果極準。連權會也因此嘆道：「吾於卜筮頗工，至於取斷，依稀而已。」（同上）意思是說，在斷卦方面，還是曇遷更準一些，若是由他來取斷，可能還未必這麼準。

權會主要是學者，並且是以經學從政。以正統儒學觀念，是不長於言「怪力亂神」之事的。卜筮斷卦，則既涉「人謀」，亦關「鬼謀」，其中還有許多臨機通變、心理感應的方面。在這方面，權會覺得曇遷更加擅長，這似乎表明，以權會之易學所長，乃是適宜從政為官，而以曇遷之易學所長，乃是適宜出家為僧了。

但是，又如曇遷自己的評價：「李、莊論大道，《周易》辯陰陽，可以悟幽微，可以怡情性；究而味之，乃玄儒之本也。」他只「留心《莊》、《易》，歸意佛經」。這成為他佛學的根基。

北周武帝宇文邕廢佛之後，曇遷避亂到江南，在建康名寺道場寺，學受《攝大乘論》，並為國子博士講學，講的內容也是《莊子》、《周易》。隋朝建立，他回到北方，「始弘《攝論》，又講《楞伽》、《起信》、《如實》等論」，從此，《攝論》之學在北土創立。因此在中國佛教史上，曇遷是北方《攝論》學的開創者。

此後，曇遷名聲大起，受到隋文帝重視，把各地規劃和建造寺廟和綏靖和安撫逃僧的重大任務都交給他承擔。（以上俱見《續高僧傳·曇遷傳》）

上示僧範、曇遷二例，都是當時佛教中地位極高的人物。學術方面，都是在當時有代表性的。我們也可以這樣說，當時，凡學問僧，其出家之前從學經歷，以及入佛之後學理路數，基本不出此種套路：於世學則以《易》、《莊》為根基；於出世之學，則北方以《地論》（《十地經論》）、《楞伽》等學為主，南方以《攝論》、「三論」等學為主。並且加以糅制融通，從而創立出適應社會現實環境以及個人生存體驗的學說思想。這是當時佛學界基本狀況。

3. 釋慧可

慧可即後來被奉為「中土禪宗二祖」者。他從菩提達摩學禪，通《楞伽經》。慧可出家之前就「外覽墳素，內通藏典」，對易學本來就是精通的，之後也未放棄過先前所學。慧可後來創立新禪法，也應該與此有關。他活動地區主要是在南北朝時的北方，同時，也並非似一般所認為的那樣在當時影響不大。

智顗概括南北朝時「南三北七」十家判教思想時說，北方有七家判教之說比較有代表性，其中就有一家是「楞伽師」（智顗《法華玄義》卷一），可見在當時的影響不會太小。當然「楞伽師」不一定專指慧可為首的僧集團，但起碼可以肯定包括其在內。慧可的學理傾向值得注意。如他門下所出著名弟子中有一位「那禪師」，此人原居東海，專擅易學、禮學，後南至相州，遇慧可說法，乃與學士十一人相率出家，從慧可受道。「那禪師」後來是北方禪界一名重要人物，見載於多種文獻，有的文獻中稱他為「那老師」（《續高僧傳・法沖傳》），歸類為「楞伽師」，謂其學風是「口說玄理，不出文記者」，即只說法而不從事著述。這位「那禪師」門下亦盛，其弟子中，歷史上有名的人物有慧滿、實禪師、惠禪師、曠法師、弘智師等。

早期禪宗思想中就有與易理關係密切的因素，聯想到晚期禪宗中出現的大量的以易入禪的風氣（見本書第八章），對於更全面深入了解禪思想史，會有幫助。

(八)灌頂香水，慶蒙交泰：易佛融通在民俗文化中的廣泛存在

這樣一種易佛融通，互相激揚的現象，當然不會孤立存在，而是在社會文化各層面廣泛地被體現的。這種體現，在當時各種造型藝術門類、民俗文化、戲劇、詩歌中，隨處可見。以下僅從流傳於南北朝隋唐這一時期的敦煌願文中，略舉數例，可能更有代表性一些。其他恕不贅示。

學術界所稱的「敦煌願文」是「特指敦煌文獻、石窟題記、絹畫幡繒中所發現的願文。這些願文曾廣泛流行於南北朝至宋初的敦煌地區，對當時當地的文化，有重要影

響。」[10]以下幾件願文選自敦煌文獻斯坦因本（S）[11]。

1. 願文範本：《十二月時景兼陰陽雨雪諸節》（S.2833）

這件願文較長，看來似是雜糅「十二辟卦方位」和「七十二卦氣」結構而成。文字肯定出於文士之手，語言不俗。文中寫道：「冬至，晷移長慶，氣改周正；《復》卦別生於一陽，黃鍾更從於甲子」云。

2. 願文範本：《帝德》（S.2833）

這件願文似是被用於官方的佛教祈福活動儀式中的，文中寫道：「龍德在天，大明御極；題舜日於乾坤，噴堯雲於六合；道證寰宇，恩霑率土。使三邊伏威，四夷消喪。又德：德過堯、舜，道越羲、軒。化洽寰宇，恩霑率土。清四夷以殄魔軍，御六龍而圍萬國。」

3. 亡文範本：《願文號頭》（S.5639）

此件願文也頗長，似乎出於民間文人之手，文辭靈動，妙語如珠，雅文如讚美詞：「每聞釋加（迦），生淨飯王宮，慈氏降龍花之會，天龍樹下，地神捧七寶之蓮花；歡喜園中，九龍吐灌頂之香水，則知幽幽溪谷，必長貞松」；俗語如悼詞：「惟小娘子芳枝麗質……何期花凋隕樹，蓮謝瑤池。」雅文俗語，可稱共賞，尤其每當文段結尾的重複部分，引用《周易》語言，一詠三嘆，十分有趣：「生必仙子，克保神童，母子平安，慶蒙交泰。」完全是中國民俗色彩的佛教文化。

4. 亡文範本：《先修十王會》（S.5639）

此件願文，從內容看可能是佛教界所用，文辭雅正，可能出於學僧之手，文中引用《易傳》等語言寫道：「每聞牟尼大覺，坐千葉蓮花，金身含聚日之暉，玉毫吐月輪之照。佛之化也，有感必通者。於是，有移蓮庭而虔虔，夕惕若而無咎……」

以上所示數例敦煌願文，內容各有不同。從文字分析，可能有的出於民間文士之手，有的出於官用文人之手，也有的可能出於佛教徒之手。但以易佛共融，皆隨手拈來，毫無顧忌，也毫不重視二者有何區別，由此也可見當時民間觀念之一斑。

三、虛空淨目，寶幢三昧

易佛之互相激揚影響，也深刻地表現在南北朝時期的佛教譯經事業中。曇無讖譯經是其中典例。

(一) 曇無讖及其譯經，《涅槃經》系統經籍的重要影響

1. 曇無讖及其譯經

曇無讖是由於翻譯出大本《涅槃經》而在中國佛教史上知名的。僧祐《出三藏記集》（下簡稱《祐錄》）卷十四，南朝梁代慧皎《高僧傳》卷二（《譯經》）中，都有

《曇無讖傳》。曇無讖自幼孤貧，出家有出於實際功利的目的。由此聯繫到他後來譯經時所大膽採用的與易道結合，在翻譯的佛經中大量糅以易文化的做法，可知其注重實際的作風，是前後一貫的。

曇無讖十歲時，與同學數人讀咒，獨有他聰敏出群，誦經日得萬餘言。他初學小乘，兼覽《五明》諸論，據說當時已經「講說精辯，莫能酬抗」，後遇白頭禪師，授曇無讖以樹皮《涅槃經》本。他尋讀驚悟，方自慚恨，覺得以前所學，都只是「坎井之識」，「久迷大方」，於是「集眾悔過」，從此之後，專業大乘。「年二十，誦大小乘經二百餘萬言」。（俱見《祐錄・曇無讖傳》）

曇無讖之佛學由小乘轉向大乘，是由於讀了《涅槃經》。所以他後來成為弘宣《涅槃經》之名匠，並非偶然。

曇無讖來到涼土後，受到河西王沮渠蒙遜的優厚待遇，並且在蒙遜的要求和名僧慧嵩、道朗等人的贊助之下，譯出大本《涅槃經》的前半部分。

關於曇無讖的譯經，《祐錄》卷二中著錄有如下一些：《大般涅槃經》三十六卷，《方等大集經》二十九卷，《方等王虛空藏經》五卷，《方等大雲經》四卷，《悲華經》十卷，《金光明經》四卷，《海龍王經》四卷，《菩薩地持經》八卷，《菩薩戒本》一卷，《優婆塞戒》七卷，《菩薩戒經》八卷，《菩薩戒優婆戒壇文》一卷等。

根據這些業績，曇無讖完全可算是當時一位譯經大師。大本《涅槃經》是曇無讖於

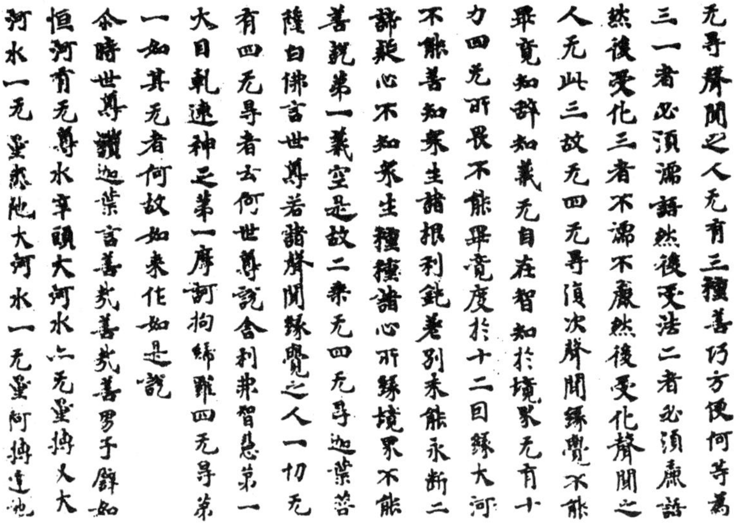
无㝵聲聞之人无有三種善巧方便何等為
三一者必須濡語然後受法二者必須麁語
然後受化三者不濡不麁然後受化聲聞之
人无此三故无四无㝵復次聲聞緣覺不能
畢竟知辭知義无自在智知於境界无有十
力四无所畏不能畢竟度於十二因緣大河
不能善知衆生諸根利鈍差別未能永斷二
諦疑心不知衆生種種諸心所緣境界不能
善說第一義空是故二乘无四无㝵迦葉菩
薩白佛言世尊若諸聲聞緣覺之人一切无
有四无㝵者云何世尊說舍利弗智慧第一
大目揵連神足第一摩訶拘絺羅四无㝵第
一如其无者何故如來作如是說
尒時世尊讚迦葉言善哉善哉善男子譬如
恒河有无量水辛頭大河水亦无量博叉大
河水亦无量悉陁大河水亦无量阿耨達池

圖 3-4　隋書《涅槃經》（卷十七）墨跡

河西王沮渠蒙遜玄始十年（四二一年）十月二十二日譯出。關於大本《涅槃經》的原文，梁慧皎《高僧傳・曇無讖傳》中這樣記載：

> 讖云：此經梵本，三萬五千偈，於此方減百萬言，今所出者，止一萬餘偈。

也就是說，曇無讖所譯出者，僅為梵本原文的三分之一左右。《高僧傳・曇無讖傳》中還說到，此經譯出之後，不久即流傳全國，在南朝京城建康引起佛教界極大重視。（圖三－四）

在此之前，建康佛教界曾因為竺道生首倡「一闡提人皆可成佛」等，掀起過軒然大波。當曇無讖所譯《涅槃經》傳到建康，經中所說與道生先前之言不謀而合，從而引起的震動是可想而知的。

北魏太武帝（拓跋燾）因為聽說曇無讖有「道術」，希望得到此人，並威脅沮渠蒙遜說：「若不遣讖，便即加兵」：

> （沮渠蒙遜）自揆國弱，難以拒命；兼慮讖多術，或為魏謀己。進退惶惑，乃密令除之。

沮渠蒙遜「性峻暴」，「忍於刑戮」。（《魏書・盧水胡沮渠蒙遜傳》）北涼義和三年（四三三年），曇無讖被沮渠蒙遜殺害，死時年僅四十九歲。曇無讖是一個與漢地普通觀念上的僧人形象有所不同的人物，他所譯出的經籍，在佛教理論上具有極大理論價值，而且特色鮮明。如果說，長安鳩摩羅什集團譯出的主要是《般若經》系統經籍，那麼，北涼曇無讖譯經集團⓬，譯出的主要是《涅槃經》系統經籍。在真諦的意義上，它是符合佛學般若的標準的。同時，其不但好以神異動人，而且以「男女交接之術」吸引上層王室人物。在當時，這也是一種非常實際而有效的手法。

曇無讖所譯經文中，也反映了講求實際的特點。尤其是自己創作並加進大量的中華本土文化，特別是易文化的內容，突出了這些特點。

2.《涅槃經》籍系統佛經的重要影響

道朗在其《大涅槃經序》裡，對「大般涅槃」作說明道：

> 「大般涅槃」者……至乃形充十方而心不易慮，教彌天下而情不在己，舊流塵蟻而弗下，彌蓋群聖而不高，功濟萬化而不侍，明逾萬日而不居。

「大涅槃」遠非「灰身滅智」的「寂滅境界」，而且也不只是宇宙實體、世界本原，它本是神妙莫測的「大境界」。《涅槃經》中說：

> 眾生亦爾，為諸煩惱無明所覆，生顛倒心：我，計無我，常，計無常，淨，計不淨，樂，計為苦。
>
> 我者，即是佛義；常者，是法身義；樂者，是涅槃義；淨者，是法義。（《壽命品》）

如果認為「無我」、「無常」、「不淨」、「不樂」是「苦」，那是由於「為諸煩惱無明所覆」而產生出來的一種「顛倒心」的表現；實則應該是我、常、淨、樂（通常說：常、樂、我、淨）。「我」，就是「佛」；「常」，就是「法身」；「淨」，就是「佛法」；「樂」，就是「涅槃」。

所以，所謂的「常、樂、我、淨」，也就是「佛」、「法身」、「涅槃」、「佛法」；所謂「涅槃」，就是「法性」，而「法性」，則是「常住」之法：

> 所言大者，其性廣博。……是故名曰：大般涅槃。大涅槃者，名解脫處。……以是真實甚深義故，名大涅槃。（《如來性品》）

經中認為，承認涅槃四德「常、樂、我、淨」的真實存在，即是無顛倒的實諦（真諦），或真理性認識：

有常、有樂、有我、有淨，是則名義，實諦之一（《聖行品》）。

簡而言之，「大涅槃」不是「無常」，而是「恆常」。「大涅槃」即常、樂、我、淨。

可能更為重要的是，《涅槃經》中提出的解脫論，是鼓勵人們自己去創造一種高遠境界，而且指出人人可以創造出這種涅槃境界：「一切眾生悉有佛性。」（《如來性品》）「一切眾生心本性，清淨無穢如虛空……以客塵煩惱障故，是故不得於解脫。」（《不可說菩薩品》）

解脫的根本，乃在於去此「客塵煩惱障」，而無論在理論上或實踐上，這對於一切人都是可能的。對此，《涅槃經》中又針對解脫的目標——涅槃佛性問題，特地提出「智慧」為佛性的說法：「如是觀智，是名佛性。」（《師子吼菩薩品》）這些說法，在當時都為上層社會和知識界所樂於接受，迅速流行。

(二)《大集》方廣，《光明》周遍

《涅槃經》系統經籍中，《大集經》和《金光明經》都屬中國大乘佛教最重要的經典一類。在歷史上也一向是最引人注目的一類經典。

1.《大集經》中的易文化內容

《大集經》有引人注目的三大特徵：

第一個特徵，是在佛教中建立了一個鬼神系統。《大集經》中列出的鬼神，範圍廣，種類多，名字亦有趣，如《寶幢分・授記品》中，列出「天」神有：「地天、水天、火天、風天、虛空天、種子天、華天、果天、山天、樹天、草天、場天、澗天、寶天、四天下天、乃至六萬七千天神」。又如《護品》中說，有一菩薩，「一時中能示八萬四千種色（形狀）」，從梵天帝釋，到牛馬蛇蟲，以至於山谷河澗，樹林百卉，無所不能。這也就是意味著，不僅一切蠕動有生命之物可成鬼神，一切「無情」也能做鬼神。

在真諦的層面上，佛教不談鬼神。但是，作為一種宗教，在世諦（俗諦）的層面上，佛教也不否認鬼神。只是，與其他宗教不同的是，在佛教中，所謂「天」、「阿修羅」、「餓鬼」、「地獄」等，都與人、畜牲之類一樣，都是被當作世間眾生的組成部分的。並且，還分別被歸之於三界、六道，按照嚴格的業報法則，都要參與因果輪迴。鬼神的品性和作為，和人一樣，要受制於過去世的業行，並不具有左右國運、禍福人間的特殊威力。這樣的鬼神論實際上是提高人的地位的一種觀念。

這種鬼神觀念的孱入，若從當時佛教生存和發展的現實社會條件來看，卻是大大地增強了從本土文化中吸取各種宗教風俗於自身的能力，使之更能具有在不同地區、不同民族的適應性，這也是佛教能站住腳，並向本土各民族文化蔓延的重要原因之一。

第二個特徵，是將「陀羅尼」密咒列為佛教徒必修課目。

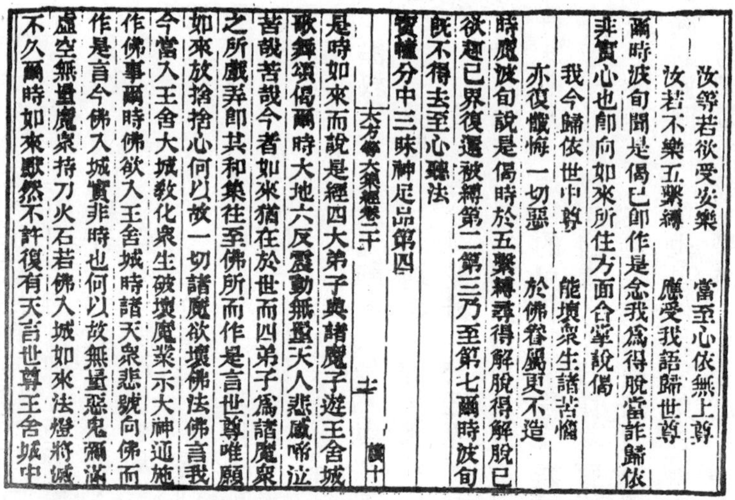

汝等若欲受妙樂　當至心依無上尊
汝若不樂五繫縛　應受我語歸世尊
爾時波旬聞是偈已即作是念我為得脫當詐歸依
非實心也即向如來所住方面合掌說偈
我今歸依世中尊　能壞眾生諸苦惱
亦復懺悔一切惡　於佛眷屬更不造
時魔波旬說是偈時於五繫縛尋得解脫得解脫已
欲趣已界復還被縛第二第三乃至第七爾時波旬
既不得去至心聽法
寶幢分中三昧神足品第四
大方等大集經卷二十　十　
是時如來而說是經四大弟子與諸魔子遊王舍城
歌舞頌偈爾時大地六反震動無量天人悲感啼泣
苦哉苦哉今者如來猶在於世而四弟子為諸魔眾
之所戲弄即共和集往至佛所而作是言世尊唯願
如來放捨捨心何以故一切諸魔欲壞佛法佛言我
今當入王舍大城教化眾生破壞魔業示大神通施
作佛事爾時佛欲入王舍城時諸天眾悲號向佛而
作是言今佛入城實非時也何以故無量惡鬼彌滿
虛空無量魔眾持刀火石若佛入城如來法燈將滅
不久爾時如來默然不許復有天言世尊王舍城中

圖 3–5　《大方等大集經》版樣（寶幢分中三昧神足品）

咒術在佛典中一向就有，但是從《大集經》開始，將陀羅尼密咒與佛教的「戒、定、慧」三學一起，列為修菩薩行的「四種瓔珞莊嚴」之一，並以大量篇幅宣揚以咒語驅鬼消災、役神護法的內容。

第三個特徵，是納入易文化思想內容，其中又包含兩個方面：

(1) 四象、五行、十二地支與十二生肖

《大集經》中，佛對「無勝意童子」說：「若為人天，調伏眾生，是不為難；若為眾生，調服眾生，是乃為難。」於是，舉蛇、馬、羊、猴、雞、犬、豬、鼠、牛、獅、兔、龍等十二獸修習「聲聞慈」，「晝夜常行閻浮提」，按日按月輪流教化各自同類，「令離惡業，勸修善業」，由此表明，「乃至畜生，亦能教化演說無上菩提之道」（《虛空目分・淨目品》）。（圖三—五）

其中，蛇、馬、羊是在「南方海中，琉璃山」上修行，猴、雞、犬是在「西方海中，頗梨山」上修行，豬、鼠、牛是在「北方海中，一銀山」中修行，獅、兔、龍是在「東方海中，一金山」中修行。並有種種描繪，不一列舉。從十二獸名可見，後世除以「虎」代「獅」之外，其餘完全與十二生肖獸一樣。《大集經》中有關生肖十二獸的內容，前人也曾注意到過。但是，我要提出的是，其與四象、五行及十二地支相配的內容[13]。

一九七五年，湖北雲夢縣睡虎地十一號墓中出土一批戰國至秦代的竹簡，其中有題為《日書》的天文歷史著作。這部竹書中載有十二地支配列十二生肖名稱，具體是：子鼠、丑牛、寅虎、卯兔、辰（？）、巳蟲、午鹿、未馬、申環、酉水、戌犬、亥豕。其中，「辰」字下漏一獸名，「蟲」今為「蛇」，「午鹿」、「未馬」今為「午馬」、「未羊」，「環」是「猨」的通假字，古人稱猿猴為「猨」，「申環」即「申猴」，與今同。「酉水」即「酉雞」，也與今同。

一九八六年，甘肅天水放馬灘一號秦墓中出土一批簡牘，其中也有題名為《日書》者，亦有十二地支配十二生肖名稱，具體是：子鼠、丑牛、寅虎、卯兔、辰蟲、巳雞、午馬、未羊、申猴、酉雞、戌犬、亥豕。簡牘中的這些名稱，如「辰蟲」、「巳雞」二條，與今不同，且「巳雞」與「酉雞」也重複了。

中國文化在先秦時，早已經形成以十二地支配十二獸的觀念，如：

吉日庚午，即差我馬。（《詩經・小雅・吉日》）

季冬之月（十二月，即丑月）……出土牛。（《禮記・月令》）

吳在辰，其位龍也。（《吳越春秋》）

以上三條材料都很有意思。從第一條可見，當時不但以地支，而且已經以天干配列十二獸。從第二條可見，不但以天干、地支，而且以時間配列十二獸。從第三條可見，更以方位配列十二獸。

上文所示二例近年之出土文物中的《日書》材料，實際上還內涵著另外一個問題。《日書》是記古時日者依據天象占卜之書，因此，可以肯定其所記十二地支配十二生肖獸內容及有關觀念，最早一定與古代天文星象學有關。從《大集經》中所列十二獸方位來看，又內含了五行觀念。為清楚起見，表列如下。（圖三—六）

十二獸名	蛇	馬	羊	猴	雞	狗	豬	鼠	牛	獅	兔	龍
十二地支	巳	午	未	申	酉	戌	亥	子	丑	寅	卯	辰
修行地名	琉璃山			頗梨山			銀　山			金　山		
修行方位	南方海中			西方海中			北方海中			東方海中		
五　行	火		土	金		土	水		土	木		土

圖 3-6　《大集經》中地支十二獸與修行地五行方位圖

從表上可見，《大集經》中的四方、五行、十二地支相配合的觀念，一目了然。

南北朝時，經兩漢經學，尤其是董仲舒「天人感應」學說之深入與普及後，《周易》八卦與四方、五行、天干、地支構成系統完整的思想結構，並且已經廣泛地普及於民俗文化中。十二獸為十二生肖思想也已經流行於世，如《南齊書・五行志》中說：「陳顯達屬豬，崔惠景屬馬……東昏候屬豬，馬子未詳；梁王屬龍，蕭穎胄屬虎。」從該《志》中可知，當時看人，兼論屬相，乃是流行觀念。並與五行配比，以其生勝關係擬配於京房易，以為占驗。

《大集經》中這個內容是曇無讖在譯經中加進去的。而且可以肯定，這種內容加進去對於推動其廣泛流行一定十分有利。

(2) 四象、五行、二十八宿與星占術

《大集經》的《寶幢分・三昧神足品》、《日藏分・星宿品》、《月藏分・星宿攝受品》等內容中，還有更加大量的與四象、五行、天干地支、二十八宿等易文化有關的占星術內容。這些內容，其他一些中譯佛經中也是有的，如《捨頭諫太子二十八宿經》等，但是以《大集經》中的內容最為豐富和系統。

星占學在中國古代是一門具有神秘性的，同時又被視為非常崇高、重要，並且具有風險性的特殊學問。

《大集經》中的星占，主要是涉及個人命運。下面概括其部分占驗義，並列唐代《開元占經》中之二十八宿象徵意義與星占學意義，作為對應比較，為清楚起見，列圖表如下。（圖三—七～圖三—十四）

①東方蒼龍、東方七宿

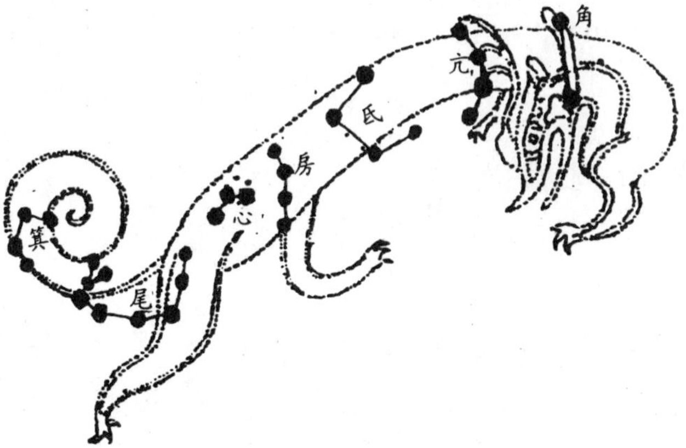

圖 3-7　東方蒼龍七宿圖

	《大集經》			《開元占經》		
東方七宿	壽命（歲）	性格	命相	對應	象徵	星占意義
角	84	聰明多智	長子不壽	龍角	天門	戰爭、刑獄、臣道等
亢	60	性柔軟	聰明富貴	龍頸	天廟	三分、丞相等
氐	25	聰穎	巨富豪，不利父母	龍胸	行宮	邦國、徭役等
房	35	弊惡愚蠢	巨富豪，死於兵	龍腹	明堂	民情等
心	35	愚癡風病	富貴多財，有大名聲	龍心	帝座	太子、天子賞罰等
尾	百歲	聰明大智	相好雄壯，大名聲，不利父母	龍尾	后宮	皇后、君臣等
箕	60	性粗惡	貧窮困苦，多諍訟	龍糞	別庫	外邦、農事等

圖 3-8　《大集經》《開元占經》東方七宿星占內容比較圖

② 南方朱雀、南方七宿

圖 3-9　南方朱雀七宿圖

	《大集經》			《開元占經》		
南方七宿	壽命（歲）	性格	命相	對應	象徵	星占意義
井	80	性慈孝	多財，受人尊敬，禍於水	鳥羽	天渠	宮廷政事
鬼	短壽	性慳吝	樂諍訟	鳥道	天廟	祭祀、察奸
柳	75	富貴持戒	富貴，爲人信服	鳥目	天府	臣道輔佐
星	短壽	奸僞諂曲	樂爲劫賊盜，物，粗狂，死於兵	鳥嘴	天河	兵事等
張	80	聰明無怯	善音樂，過 35 歲有子	鳥嗉	天廚	綱紀、賓客，御廚等
翼	33	慳吝惡性	無子息	鳥翼	天都	四夷等
軫	百歲	聰明勇健	巨富豪貴	鳥尾	天車	車騎等

圖 3-10　《大集經》《開元占經》南方七宿星占內容比較圖

③西方白虎、西方七宿

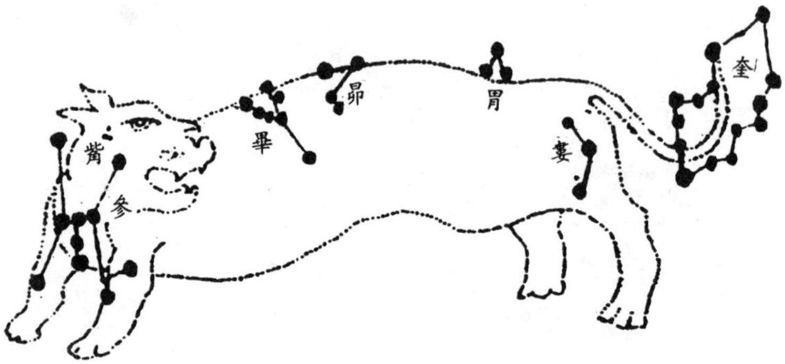

圖 3-11　西方白虎七宿圖

西方七宿	《大集經》			《開元占經》		
	壽命（歲）	性格	命相	對應	象徵	星占意義
奎	50	持戒樂法	富貴樂施	虎尾	天庫	軍事
婁	30	心慳吝	貧窮困苦	虎股	天廟	聚衆等事
胃	22	慳不樂施	大富貴，多失財寶，不利父母	虎腰	天倉	積聚、倉廩
昴	50	聰明富貴	富貴，多名聲	虎背	天牢	刑獄
畢	70	惡性喜鬥	富貴，多怨	虎頸	天街	邊兵
觜	80	慚愧無貪	富貴樂施	虎頭	天藏	軍儲
參	65	弊惡多惡業	聰明貧苦	虎肢	天市	軍事、斬罰

圖 3-12　《大集經》《開元占經》西方七宿星占內容比較圖

⑷北方玄武、北方七宿

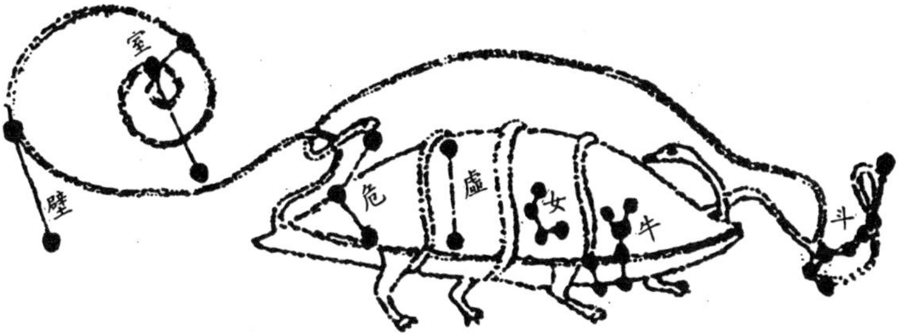

圖 3-13 北方玄武七宿圖

	《大集經》			《開元占經》		
北方七宿	壽命（歲）	性格	命相	對應	象徵	星占意義
斗	短壽	愚癡、貪不知足	貧窮惡性	蛇腰	大旗	爵祿、農事、兵事
牛	70	性癡、貧窮	貧窮，樂偷竊	龜首	天鼓	察政、牲畜
女	80	持戒樂施	有大名聲	龜身	天女	婚嫁、布帛
虛	60	慳吝不施	富德富貴	龜背	天鄉	喪事、祭祀
危	80	通達世事	聰明持戒，無病苦	蛇首	天柱	蓋房、土功
室	百歲	性弊惡	富貴，後墮惡道	蛇尾	天庫	土功、軍糧
壁	千歲	雄猛多力	尊榮富貴，有大名聲	蛇身	天梁	文章、學術、土天

圖 3-14 《大集經》《開元占經》北方七宿星占內容比較圖

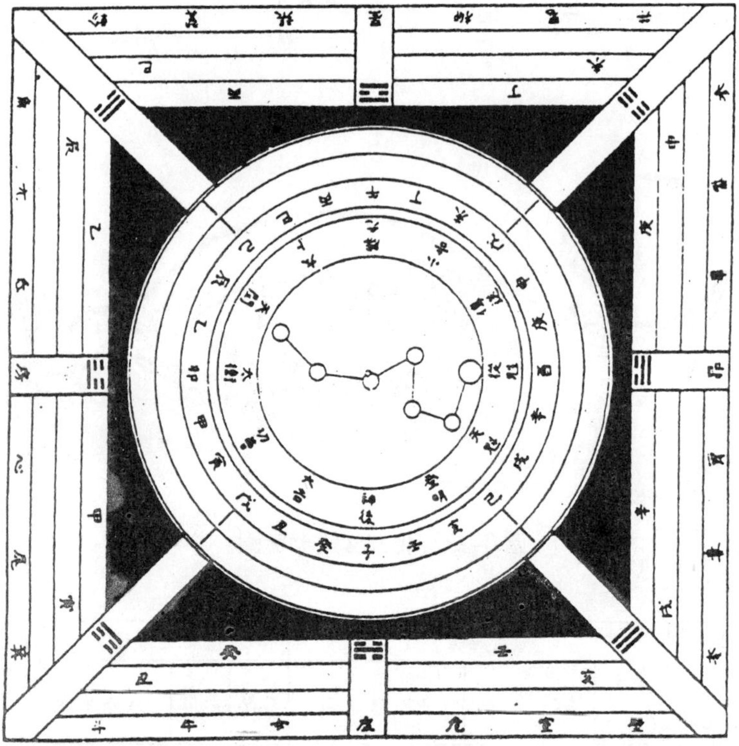

圖 3-15　東漢壬栻盤圖

《大集經》中二十八宿星占學之義，出於南北朝時，從表中可見，主要涉及的是個人命運。《開元占經》成書於唐代，作者瞿曇悉達，原籍天竺（印度），隨祖移居長安，並曾譯過天竺佛曆《九執曆》。《開元占經》主要關涉的是「天下」命題。

二十八宿星占學思想中，包含著完整的《周易》八卦、陰陽五行、天干地支思想結構，又與漢代易學常用的陰陽家二十四山有關，茲圖列如下，以資參考。（圖三—十五）

2.《金光明經》的衛世護法思想

下面再略談一下《金光明經》。

《金光明經》對隋唐以後的佛教影響也不小。此經前後共有過四種譯本，還有一個合本。除曇無讖的譯本之外，現尚存唐義淨的譯本《金光明最勝王經》。《大藏經》中的《合部金光明經》，是隋寶貴集本，是以曇無讖譯本為主，加上真諦譯本中的四品和闍那崛多譯本的兩品而成的。現在後兩個譯本已佚。《金光明經》中突出了以「四天王」為首，以及「天龍八部」和「二十八部眾」鬼神系統，專司救護世間、衛護佛法。《金光明經》中的四天王宣稱：「我等四王，能說正法，修行正法，為世法王，以法治世。」（《四天王品》）所以，四天王（多聞天王、持國天王、增長天王、廣目天王）又稱四大「護世王」。

引文中的「以法治世」的「正法」，當然就是佛法。凡是能持此種佛法的人，都能得到「四天王」的衛護：

> 若比國王有諸衰耗，怨賊侵境，饑饉疾疫，種種艱難，若有比丘受持是經，我等四天王當共勸請，令是比丘以我力故，疾往彼所，國邑郡縣，廣宣流布……令是等種種百千衰耗之事，皆飛滅盡……是持經者，若至其國，是國應當往是人所，聽受如是微妙經典，聞已歡喜，復當護念恭敬是人……我等四王，復當勤心擁護是王及國人民。

這種以佛法力及一切法力衛護國王的思想，是與中國傳統文化價值一致的。這種思想原在印度佛教中也有。但是，被《金光明經》如此強調出來，則又完全是易學價值準則對佛教的影響了。它以後又在歷代受到佛教界以及社會各界的高度重視。

中國佛教自南北朝時期發展到隋唐各宗派的出現，所有教派（包括各「學派」和「宗派」），實際上都是代表了佛教的較為高級的形式，其價值並不易被一般人所接受。曇無讖之《涅槃經》系統佛典的翻譯，在總體上，未脫此主流方向。這也是其當時能為上層佛教界普遍肯定的重要原因之一。

但同時，其譯經中對易文化的大量吸納，也使佛教價值較容易為一般普通的中國老百姓所理解，從而在使佛教走向全社會，尤其是向中下階層的發展滲透的過程中，大大增加了便利。這種傾向，也為中唐之後，以神秘力量為主的佛教密宗以及以文化精神為主的禪宗的出現，作了文化準備。

四、衛氏歸藏，通道之觀

(一) 衛元嵩與《元包經》

易佛互相激揚中，有過大江東去的壯闊，也有過曉風殘月的幽美，同時也有過驚濤裂岸、旋渦暗流的險情。

重要佛教人物兼易學家的衛元嵩，在易佛關係發展的歷史中，作用意味深長。

1. 衛元嵩其人

衛元嵩，益州成都（今四川省成都）人，幼年出家，是當時名僧亡名弟子。釋亡名，原為南郡望族，文辭名士，曾為梁元帝蕭繹所重。西魏陷江陵，滅梁之後，亡名出家為僧，先入蜀地，後到長安。在長安，他受到帝王公卿禮敬。他還有文集行世，「文多清雅，語恆勸善」。（亡名事蹟見道宣：《續高僧傳》，卷七）

衛元嵩即是亡名在蜀時所收的弟子。不過衛元嵩生平所學，是重在「陰陽曆算」及讖緯等方面。他也精音律，曾作「天女」、「怨心」等曲，亦有名聲。後以「蜀地狹小，不足展懷」，受其師亡名指點，謂世人多是只懂道聽塗說而不知人事實質之輩，因此，若欲獵取名聲，不如以「佯狂」欺世行世。於是衛元嵩「佯狂」漫走各地，後來也到當時的北周京城長安，「交遊貴勝名士」。天和二年（五六七年），衛元嵩向周武帝宇文邕上書，所謂言「廢佛法事」。（衛元嵩事蹟見《續高僧傳》、《周書・藝術志》、《元包經傳・元包舊序》等）

中國佛教史上發生過三次皇權與佛教的大規模衝突事件，也即所謂「三武廢佛」事件。第一次是北魏太武帝拓跋燾（四二四—四五二年在位）滅佛，當時作法是大開殺戒，對僧尼「無少長」（不論老少）皆於坑殺。第二次即這次北周武帝宇文邕（五六

—五七九年在位）的廢佛，第三次是此後唐武宗（八四一—八四六年在位）的廢佛。

「三武廢佛」是中國佛教史上大事件，以往學者也不乏研究的興趣，但所出結論，我基本上不能同意。這裡僅結合本書主題討論「周武廢佛」問題。

佛教史上，因為衛元嵩曾上書勸周武廢佛，而後來廢佛事件也確在北周、北齊全境內，由周武主持，全面地發生了，因此，千百年來，佛教界對衛元嵩這個佛門中的「叛徒」，自然是切齒抨擊。近代以來，仍有人這麼認為⓫。但是，綜合各種資料來看，衛元嵩上書的具體內容不是要「廢」佛教，實際上是要「改革」佛教。但是，衛氏的「改革」佛教思想過於大膽，可以說是驚世駭俗。如其上書中「請造平延大寺」是這樣說的：

> 請造平延大寺，容貯四海萬姓。不勸立曲見伽藍，偏安二乘五部。夫平延寺者，無選道俗，罔擇親疏，以城隍為寺塔，即周主是如來，用郭邑作僧坊，和夫妻為聖眾，推令德作三綱，遵耆老為上座，選仁智充執事，求勇略作法師。行十善以伏未寧，示無貪以斷偷劫。是則六合無怨紂之聲，八荒有歌周之咏。

上文中，「二乘五部」中的「二乘」，指佛教大乘及聲聞、緣覺乘（即小乘）二乘；「五部」，指小乘五個較大部派：法藏部、說一切有部、化地部、飲光部、犢子部，此泛指佛教小乘僧眾。所謂「二乘五部」，也就是指全部佛教僧眾。但是，這個「平延大寺」是要「容貯四海萬姓」，且「無選道俗，罔擇親疏」，所以並不是指一般的佛寺。

可見所謂「平延大寺」，只是一個形象化比喻而已。實際上，他是要徹底改革佛教，寓佛教於世俗政治和社會、文化之中，而「信徒」則不分僧俗，戒律也只遵循世俗法律（如不禁「夫妻」生活）。所有設想，也當得起「狂」之一字。實際上，再說得客觀一點，他也不是「改革」佛教，而是要「改變」佛教。讀此文，我常想起近代佛門大師，偉大的佛教改革家太虛法師。細究其理，也未打算將佛教改革到這一地步。衛元嵩在千百年前就提出這樣的改革設想，行不通是不言而喻的。但是，宇文邕這位同樣是銳意改革的政治人物，對此卻能夠欣賞，引為知音。這也可算是中國歷史上奇事一樁。

2. 衛元嵩與《元包經》

在易學史上，衛元嵩也是有一定地位的易學家。從易學角度看，衛元嵩所撰易學著作主要是《元包經》。現存《元包經》五卷，唐蘇源明傳，李江注，宋韋漢卿釋音，有《津逮秘書》本；又附有《元包數總義》二卷，宋張行成所補撰。《元包經》是仿漢代揚雄《太玄經》而作。《四庫全書》列入「子部術數類」，《四庫全書提要》中評價《元包經》是這樣說的：

是書體例近《太玄》，序次則用《歸藏》，首坤而繼之以乾、兌、艮、離、坎、巽、震卦，凡七變，合本卦共成八八六十四。自繫以辭，文多詰屈，又好用僻字，難以卒讀。及究其傳、注、音釋，乃別無奧義，意艱深而文淺易，不過效《太玄》之顰。宋紹興中，臨邛張行成，以蘇、李二氏徒言其理，未知其數，復編採易說以通其旨，著為《總義》。元嵩書，《唐志》作十卷，今本五卷，其或併、或佚，蓋不可考。

……今術數家從無用以占卜者，徒以流傳既久，姑錄存之。行成書，《玉海》作二卷，與今本合，與《元包》本別著錄。然考升子張洸《跋》，已稱以行成疏義與臨邛韋漢卿釋音合為一編。則二書之併，其來已久。

圖 3–16　《元包經》八卦方位圖

看起來，好像評價不高。實際上此書對後代易家之以術數言易，還是有一定影響的。

下面我們簡單談一下衛元嵩《元包經》卦序問題。

《元包經》卦序，又稱「衛氏歸藏卦序」。其六十四卦卦序與通行本《周易》卦序不同，依次為太陰第一坤、復、臨、泰、大壯、夬、需、比；太陽第二乾、姤、遁、否、觀、剝、晉、大有；少陰第三兌、困、萃、咸、蹇、謙、小過、歸妹，少陽第四艮、賁、大畜、損、睽、履、中孚、漸；仲陰第五離、旅、鼎、未濟、蒙、渙、訟、同人；仲陽第六坎、節、屯、既濟、革、豐、明夷、師；孟陰第七巽、小畜、家人、益、無妄、噬嗑、頤、蠱；孟陽第八震、豫、解、恆、升、井、大過、隨。

一般認為此卦序體現的是《歸藏》易思想。（圖三—十六）

從卦圖看，衛元嵩的《元包經》也不同於一般的思路。從中我們可見衛元嵩的學術理路具有不拘一格的特徵。本書因為主題是談易學與佛教問題，所以對此不再多述。

衛元嵩師出佛家名門亡名法師，於佛學當然是精通的，他又於易學多所發明。從上文所說其「改變」佛教的設想看，其思想結構是與中國傳統文化絲絲入扣的。即「道通為一」，欲使「百慮一致，殊途同歸」。

所不同者，只在於衛元嵩循從的價值標準，更多採取了儒家易學觀的入世方面，而非佛教易學觀的出世方面罷了。

(二) 衛元嵩與北周武帝之「廢佛」

北周武帝（五六一—五七八年）宇文邕，是南北朝時帝王中勵精圖治的傑出人物。宇文邕十八歲即帝位，此前，他的兩個哥哥宇文覺（孝閔帝）、宇文毓（明帝）都是被宇文護殺死。當時朝中宇文護專權跋扈，宇文邕為免殺身之禍，「常自晦跡，人莫測其深淺」。後代史家稱其「聰明有氣質」，「性深有遠識」，「沉毅有智謀」。對宇文護外示尊崇，實等待時機，準備誅除。其心思縝密，「非因顧問，終不輒言」（《周書·

武帝紀》）。

約從天和元年（五六六年）起，他頻繁召集官僚及儒、釋、道人士研討三教義理之類思想學術問題，可能也有以為韜晦之意。這種「學術研討會」有時規模很大，如《北史・儒林傳》載：「天和中，復於紫極殿講三教義，朝士、儒生、桑門（即僧人）、道士至者二千餘人」。

天和七年（五七二年）三月，宇文邕伺機殺宇文護，開始親政。

宇文邕親政後的建德二年、三年（五七三年、五七四年），這種研討會又召開過兩次，但主題已從討論三教義理，轉為討論三教關係⑮。建德三年（五七四年）五月，宇文邕在北周境內下詔滅佛。建德六年（五七七年）正月，宇文邕滅北齊，同月在原北齊境內滅佛。當年十一月，宇文邕還因滅佛問題同名僧慧遠和任道林兩次發生激烈辯論（《廣弘明集》卷十：《周祖平齊召僧敘廢立抗拒事》、《周祖巡鄴請開佛法事》）。

從整個過程看，宇文邕的滅佛之舉非出輕率。同時，既非完全因衛元嵩、張賓之影響所致，亦非完全因當時在北方流行的所謂「黑衣讖」事所致⑯，雖然這些因素不同程度上可能都起一定作用。

事實上，若全面考察當時歷史背景及滅佛過程，也不難看出，滅佛的根本原因並非經濟問題，而是政治問題。焦點集中在以戰爭手段統一北方，進而統一全中國的政治理想上。

宇文邕滅佛，行為對象與採用的方法都與魏武不同。行為對象是同時針對佛、道二教，非獨對佛教；方法主要是攫奪人力、財物，未行燒殺。除此之外，本質上更加不同的是在滅佛之後搞了一個「通道觀」，選儒、佛、道三教要人入觀。所謂「通道」，即會通三教，合之為一「道」，以教化利民。宇文邕詔曰：

至道弘深，混成無際；體包空有，理極幽玄。但歧路既分，派源逾遠；淳離樸散，形氣斯乖。遂使三墨八儒，朱紫交競；九流七略，異說相騰。道隱小成，其來舊矣；不有會歸，爭驅靡定。今可立通道觀，聖哲微言，先賢典訓，金科玉篆，秘跡玄文，所以濟養黎元，扶成教義者，並宜弘闡，一以貫之。（《廣弘明集》卷十：《周祖廢二教已更立通道觀詔》）

聯繫前述宇文邕親政後即集會深刻討論三教關係問題，可見其目的是圍繞著、或者準備著，為全國的統一及統一後的國家治理，提供意識形態和思想教化的基礎和依據。其志向不可謂不大，其用心不可謂不苦。（隋）盧思道論周武廢佛說：「帝（周武）獨運遠力罷之，富國強民之上策也。」（同上書，卷七：《敘歷代王臣滯惑解》第二十四）可謂知其然，不知其所以然。未見周武之用心根本不在經濟方面的「富國強民」，而是在政治方面的「天下一統」[17]。

然而，當時北周不具備統一全國的思想和物質準備，哪怕採用極端方式，畢竟於事無補。聯繫周武滅佛的具體行為，基本特徵只是好大喜功，脫離現實。

聯繫上文，周武「滅佛」的行為方式及過程可以說是背離了衛元嵩的原意的。從這個意義上說，將衛元嵩與周武滅佛聯繫得太緊密，是冤枉了他。

周武滅佛事件本質上與衛元嵩無關，其實質純粹是一個政治行為。沒有衛元嵩、張賓及黑衣讖事之類，這次事件也會發生。因為在專制體制下，一旦政治行為界入學術，往往結果是十分可怕的。

【註釋】

❶ 季羨林先生曾認為，在印度佛典中，白象徵善，黑象徵惡，「白黑」即意味著「善惡」；並且認為這種觀念對中國宋明理學也有影響（見《佛典中的「黑」與「白」》，載《國故新知：中國傳統文化再詮釋》，北京大學出版社一九九三年版）。我覺得此說尚可商榷。

❷ （日）柳田聖山：《初期的中國佛教・第二章・般若波羅蜜》，載吳汝鈞：《佛學研究方法論・思想史方法》，臺灣學生書局版。

❸ 除本書以下所述之外，據不完全統計，這方面的材料尚有很多，如：

(1)《陳書》、《南史》：張譏講《周易》、《老》、《莊》，一乘寺沙門法才，法雲寺沙門慧休，學傳其業；

(2)《南史》、《南齊書》：顧歡著《夷夏論》，鼓吹佛是破惡之力，並注易；

(3)《南齊書》：明僧紹從慧遠遊，學佛，並注易；

(4)《隋志》：釋法通著《乾坤義》一卷；

(5)孔穎達《周易正義・序》：「其江南義疏有十餘家……非為教於孔門。」是謂以佛理注易等等。

❹ 明末胡應麟提出《理惑論》一書的真偽問題，後學界對此問題一直有爭議。近代以來國際國內學術界也對此問題展開過討論。任繼愈、杜繼文、楊曾文著《中國佛教史》第一卷第三章第四節，對討論的情況以及有關文獻有介紹。有興趣的讀者可參閱。

❺ 《清角》，漢代曲名，見《晉書・律歷志》。

❻ 「裘曇」，Qautama,古譯通常用「瞿曇」，後世通常譯為「喬達摩」。

❼ 南北朝時，常稱佛教僧侶為「道人」，稱道教徒為「道士」。這種稱呼習慣，實際上一直保持了下去，至宋元明清時期，仍然對佛教界人士和道教界人士分別這樣稱呼。

❽ 湯用彤：《漢魏兩晉南北朝佛教史》，中華書局一九七九年版；陳寅恪：《支愍度學說考》，載《陳寅恪史學論文選集》，上海古籍出版社一九九二年版。

❾ 陳寅恪：《支愍度學說考》，載《陳寅恪史學論文選集》，上海古籍出版社，一九九二年版，第一〇二頁。

❿ 黃征等：《敦煌願文集・前言》，長沙，岳麓書社一九九五年版，第二頁。

⓫ 原件現藏英國大不列顛博物館。此據縮微膠卷，並參考了上揭書。每件願文標題亦參考了上揭書。本處所引有些文字是作者據文意補正，不一一注出。

⓬ 「曇無讖譯經集團」人數與聲勢不如鳩摩羅什集團，但是，其骨幹人物如慧嵩、道朗等也都是當時名僧（《高僧傳》中皆有傳），因此也是形成了集團力量的。

⑬ 在中國古代觀念中，凡陰陽、四象、五行、八卦、天干、地支的對應、制約與統一關係，乃是基本的知識背景，是一種認識世界的根本的理論框架，乃屬不言自明的問題。有關這方面的問題，請參閱王仲堯《易學與中國管理藝術》一書）中國書店出版社二〇〇一年版）。

⑭ 余嘉錫：《北周毀佛主謀衛元嵩》，原載《輔仁學志》二卷二期；又日本冢本善隆：《北朝佛教史研究》，見《冢本善隆著作集》卷二，大東出版社，一九七四年版。余氏此文是近代較早的一篇討論周武廢佛問題的文章，對後來學者就此一問題的關注，有一定影響。但是現在看來，基本觀點有問題。詳見拙文：《論中國佛教史上的「三武廢佛」》

⑮ 據本人統計，宇文邕滅佛前後共召集過這類「研討會」十次，計天和元年一次，天和二年一次，天和三年八月一次，天和四年二月一次，三月二次，四月一次，天和五年五月一次，建德二年十二月一次，三年五月一次；具體時間及各次研討內容，請見《周書・武帝紀》；《廣弘明集》卷七、卷八；《歷代三寶紀》卷十一；《佛祖歷代通載》卷十；《續高僧傳》卷二十三。湯用彤先生《漢魏兩晉南北朝佛教史》書中說是七次，統計不準確。見該書，中華書局一九八三年版，第三九〇頁。

⑯ 參見余嘉錫：《北周毀佛主謀衛元嵩》，載《輔仁學志》第二卷二期，認為衛元嵩、張賓是滅佛主謀。此外，湯用彤：《漢魏兩晉南北朝佛教史》第十章；任繼愈主編：《中國佛教史》第三卷第一章第四節，皆論及衛元嵩及黑衣讖事等對周武滅佛之影響，讀者諸公有興趣者可參閱。

⑰ 關於北周武帝滅佛事件，參閱王仲堯：《中國佛教史上歷次帝王廢佛問題》。

第四章　天臺宗智顗的易佛關係論

佛教由於是外來文化，也由於在與本土文化的結合過程中遭到過幾乎被全面禁絕的命運，如已經發生過的魏武與周武的二次大規模法難事件；當然，也許更重要的是因為佛教的交融，標榜出世的價值觀念，與用世的世俗的價值觀念的區別，所以佛教中人對於易佛的交融，從學理角度而言，態度相對要謹慎得多。上面已經提到，儒生身份的孫綽最早提出「周孔即佛」，在儒門之中幾乎沒有任何異議。而佛教身份的慧琳最早提出「白黑均善」，在佛門裡面就受到強烈抵制。這也是中國佛教發展的第一個階段中，力圖保持自身獨立形象的主觀努力的一種表現。

但是，佛教必須在易佛交融中進入中國並實現發展。這是佛教在中國的命定的必由之路。因此，最現實的態度就是最清醒的態度。

中國佛教第一個宗派天臺宗創始人智顗的態度就是最現實和清醒的。一方面，他對於易佛交融，積極地肯定其作用，不但身體力行，推陳出新，而且在極深刻的意義上，援用易道進行中國化的佛教的教理思想建設。同時，在另一方面，卻又保持一種微妙的姿態。智顗的態度在當時具有代表性，是一種時代精神的反映。

一、煩惱泥中，千葉青蓮❶

(一)智顗對南北朝佛教的全面批判和總結

1. 智顗及天臺宗教理體系

智顗（五三八—五九七年），荊州華容縣（今湖北省公安縣）人，俗姓陳，原籍潁川（今河南省許昌），梁大同四年（五三八年）生。他十八歲出家，二十三歲至光州（今河南省光山縣）大蘇山，拜慧思為師，從學六年。三十歲辭慧思至金陵（今江蘇省南京）名寺瓦官寺開始創業弘法。陳宣帝太建七年（五七五年）離金陵去天臺山。他與陳朝皇室一直保持良好關係。陳亡入隋後，與隋皇室，尤其和當時任揚州總督的晉王楊廣亦有良好關係，這是他的宗派得以建立的必要社會政治條件。他一生的活動基地主要有三處，即江蘇的金陵、揚州，湖北當陽的玉泉山和浙江的天臺山。後世一般尊稱他為「智者大師」。

隋初統治者為統一南北朝佛教各家師說，整合各種流行學派，在首都長安建立「五眾」❷，即五個佛教教學和佛事活動僧團。開皇十六、十七年間（五九六—五九七年），長安五眾是「涅槃眾」、「地論眾」、「大論眾」（「大論」即《大智度論》，此「眾」以《般若》理論為中心）、「律眾」、「禪眾」。從中可以看出當時佛教思想和學派的基本態勢。「涅槃學」、「地論學」、「般若學」、「律學」、「禪學」，這五種學派思想在當時最為重要（或最有影響）。這是官方對佛教發展的整合，也反映了當時官方對佛教的態度與觀念。

在南方，智顗在入隋後，雖一度被楊廣請入江都弘法，但主要是以民間宗教家的形式活動，並從這時開始了創教活動。

總的來說，智顗與後來在唐朝建立和領導佛教宗派的玄奘、窺基、道宣、法藏、一行、澄觀、宗密等人的情況有所不同，他主要還是一個民間宗教活動家。（智顗生平及事蹟見灌頂《智者大師別傳》、《國清百錄》，道宣《續高僧傳・智顗傳》，柳顧言《天臺國清寺智者禪師碑文》等）[3]。

智顗是中國佛教第一個宗派天臺宗的創始人，在佛教史上，他的重要貢獻有許多方面。最主要的是他通過判教對南北朝的佛教從教理思想角度進行概括，高屋建瓴地對他那個時代的佛教進行了全面的批判和總結，提出了自己的佛性論思想，成為中國佛教的價值論。在此基礎上建構了天臺宗教理思想體系，由此而使天臺宗這一中國佛教的第一個正式的宗派形成。（圖四—一）

天臺宗教理體系的形成確定了佛教的價值本體，以此為價值準則料簡（即分析與批判）、會通各家思想學說，建立了佛教的思想結構。這個思想結構，無論在內涵和形態

圖 4-1 智顗（538—594 年）像

上，與中國文化思想結構是相通的。這個思想結構實際上也成為中國佛教的價值評判體系。在特定的價值標準下，又形成了宗派教理體系。既是對南北朝佛教的總結，也是對唐代佛教的開創和啟動，具有繼往開來的意義。同時，它也成為以後唐代佛教各宗派建立教理體系的基本模式❹。

天臺宗的建立，是中國佛教史上的一個重大標誌性事件。它意味著中國佛教發展的第一個階段的終結，和一個新的歷史階段的開始。

因為這樣的一個歷史作用，所以我們可以認為智顗完成了對中國佛教發展的第一個階段的總結，成為下一個階段的開創者。

2. 智顗根據《易傳》「會通」思想，建立新的判教觀

智顗在《法華玄義》中以「釋名」、「辨體」、「明宗」、「論用」、「判教」五重意義，開說天臺宗宗經《法華經》之一經要旨，實際上既是全面闡發天臺宗教理體系，同時也是全面詮說判教思想結構。

他提出七個範疇，用以解釋五重玄義，稱為「七番共解」，這就是：

(1)標章，標示名、體、宗、用、教（五章）名稱及要略；

(2)引證，援引經文，以為論證根據；

(3)生起，論述五章前後、粗細順序；

(4)開合，從各角度解釋五章內容；

(5)料簡，排比問答有關的各種異議；

(6)觀心，論說從標章至料簡，都會於觀心一門；

(7)會通（或會異），會通同異。

從判教角度看，此「七番共解」之說深堪玩味。

「標章」、「引證」、「生起」、「開合」實際上都是「料簡」（即分析批判）的問題，而後的「觀心」實際上就是「料簡」的價值標準問題，「觀」即認識，「心」即價值標準，「會通」則是據此價值標準予以和合會通。

「料簡」即認識分析各種異議、各種不同學派、思想，用現代文化概念代入，即批判。

「會通」，即在此基礎上指出異中之同，使「統之有宗，會之有無」（王弼語：《周易略例・明象章》），用傳統文化概念代入，即會通同異——根據特定的價值標準，百慮一致，殊途同歸。

料簡和會通是智顗創立的，後來成為中國佛教判教習用的一對術語。

佛教在中國的發展，先是從般若學系統經典的翻譯、傳播、研究、闡發開始，東晉南北朝時形成般若學六家七宗，諸說紛紜。接著涅槃學系統經籍譯出，又形成涅槃學研究高潮。據吉藏和慧均等總結，涅槃學各家流派更多，形成十二家師說。然後（有的是同時）隨著闡發印度佛教大小乘系統思想學說的經籍的譯傳，楞伽師（依據《楞伽經》）、成實論師（依據《成實論》）、地論師（依據《十地經論》）、毗曇師（依據《阿毗曇》）、攝論師（依據《攝大乘論》），以及重興的三論師（依據《中論》、《百論》、《十二門論》），諸說並出，蔚為大觀。但是，在看似興旺發達的現象後面卻存在著一個嚴重問題。

唐代重要華嚴學者李通玄，在其易佛互論的代表作《華嚴經論》中，曾特別討論關於佛教經籍的內容互相衝突的問題：

如《般若經》，是用「空」這一基本範疇作為價值標準概括一切，而《解深密經》則是從阿賴耶識角度講中道，實際是偏向「有」，與般若學思想比較，空有對立，明顯有衝突；

再如《楞伽詰經》，提出十幾種基本範疇（五法、三自性、八識等），用以描述宇宙存有結構，在實存層面即世諦層面說「空」，在上層最高智慧層面即真諦層面仍講

「有」，這樣就變成了半空半有；再如《維摩詰經》，又說世界萬有並非以普通的語言概念所能表達，說即不說，或說不如不說，按照這種觀念，連前面幾種大乘經典本身的可靠性似乎也成問題；再如《華嚴經》，認為佛性構成一真法界，如因陀羅網（傳說中天帝殿上的珠網）有千萬層次，每一層次都是真實，仔細分析，與上面幾種經文的說法又有衝突。

李通玄時佛學達到大唐國家哲學的地位，與南北朝時已不可同日而語。設想在南北朝時佛經相對不全，南北地域分隔，思想溝通和交鋒相對缺乏的情況下，類似的問題，對認真的佛教學者而言，引起的困惑可想而知。如地論師就分為南北二道，爭論極烈，在佛教思想界引起很大波動，一直到玄奘西去印度取經時，這仍是他想要解決的重大問題。他說：

> 遺教東流，六百餘祀，騰、會振輝於吳、洛，讖、什鍾美於秦、涼，不墜玄風，咸匡勝業。但遠人來譯，音訓不同，去聖時遙，義類差舛。遂使雙林一味之旨，分成當現二常，大乘不二之宗，析為南北二道，紛紜爭論，凡數百年，率土懷疑，莫有匠決。（《啟謝高昌王表》，載《大慈恩寺三藏法師傳》卷一）

文中說到的「騰、會振輝於吳、洛，讖、什鍾美於秦、涼」，分別是指中國最早的譯經家竺摩騰、康僧會在東吳、洛陽等地的譯經和傳播佛教活動（「振輝於吳、洛」），以及曇無讖、鳩摩羅什在前秦、西涼等地的譯經和傳播佛教活動（「鍾美於秦、涼」）。

玄奘在這裡說的是李通玄後來提出的同樣問題：各種佛經因「遠人來譯，音訓不同」，並且由於「去聖時遙，義類差舛」，而致使「紛紜爭論，凡數百年，率土懷疑，莫有匠決」。

這樣，對各種學說思想進行認識、分析、評價、批判，即料簡的基礎上，又按「雙林一味之旨」、「大乘不二之宗」予以總結會通，亦成為中國佛教發展中面臨的嚴峻現實任務。這也意味著，從介紹、譯傳、研究印度佛教走向闡發和建設中國自己的佛學思想的階段的到來。

智顗之前的東晉南北朝諸家佛教學說之所以說是不成熟的，並非僅因為其形式上的不完整性，更重要的問題是由於各種異論的出現，對之進行料簡（批判）已是急不可緩的現實的、歷史性的任務，佛教想要發展，就必須走這一步料簡工作。並且在「料簡」的基礎上，對所有的思想和學說進行認識和總結，也就是「會通」。

「料簡」和「會通」，即批判和總結，本身意味著主體意識的成熟和主體立場的強化。不經這一過程，成熟的中國佛教教理體系不可能出現。中國佛教思想體系只能是在這種批判和總結的過程中被建立起來。

這個過程也就是判教的過程。隨著判教的蘊釀產生到判教的成熟，就意味著對佛經日益深刻、全面的把握。在這種把握的過程中，各種思想學派，異論紛起。由之引起更深刻的反思，在批判和總結的過程中，又出現新的思想，來整合會通，達到更高的邏輯層位，即建立價值本體。在此前提下建立中國佛教理論——我稱為教理體系。至於宗派，則是因其特定的教理體系及歸屬的僧人集團等因素，才被認定的。

隋唐佛教各宗派的創立，意味著對於印度傳來的佛教教義思想，形成了中國本土的、有中國特色的、系統的理解和詮釋，並有了一套相應的修持儀軌。由於此宗教理論和實踐兩方面的在特定的政治、經濟、文化環境下產生的特定的人事和經濟管理的傳承體系，才形成了宗派。

由此可見，智顗的判教實是中國佛教發展史上的里程碑事件。而在智顗的判教中，對各種不同的思想進行「料簡」，在此基礎上，又根據統一的價值標準進行「會通」，又是其基本的思想內核。

「會通」概念如此重要。這個概念原是從《易傳》得來。《易傳》中說：

> 聖人有以見天下之至賾，而擬諸其形容，象其物宜，是故謂之象。聖人有以見天下之動，而觀其會通，以行其典禮，繫辭焉以斷其吉凶，是故謂之爻。言天下之至賾，而不可惡也；言天下之至動，而不可亂也。（《周易．繫辭上》）

這段話是說，由於天下事物雜亂複雜（朱熹《周易本義》注：「賾，雜亂也。」），於是「聖人」設卦象以合天道，以為治世。卦象，就是對人的活動模擬天道秩序（規律）的一種組織形式的反映，以達到協調人的活動的目的，也就是合乎天道。

《周易・繫辭下》又說：

> 道有變動，故曰爻。爻有等，故曰物。物相雜，故曰文。文不當，故吉凶生焉。

孔穎達《周易正義》疏：「物，類也。言有陰陽貴賤等級，以象萬物之類，故謂之物也。」這裡的「文」，即「文章」，可理解為「秩序」。鄭玄《樂記》注：「文，猶美也，善也。」韋昭《國語・周語下》注：「文者，德之總名也。」《國語・周語下》載單襄公語：

> 天六地五，數之常也。經之以天，緯之以地。經緯不爽，文之象也。

韋昭注：「文」乃是「以天之六氣為經，以地之五行為緯而成之也。」

所以，「文」實際上又指禮樂制度。按《易》本筮書，其旨在神道設教，「漢儒借以匡正其主」，「借天象以示儆，庶使其君有失德者猶知恐懼修省，此《春秋》以元統天，以天統君之義，亦《易》神道設教之旨」。（清・皮錫瑞：《經學通論・經學極盛時代》）漢代經學核心是關注帝王治理天下，其要點在二，一是設官分職，二是知人善任，也就是「名教」問題。皇帝統攝全局，也就是所謂的以「無為」管理全局，但若設官分職（管理）合理，又能知人善任，就是合乎「道」，而臣下就能各盡其職（協調），也就是合乎「德」。這也就是「無為而無不為」。皇帝以君德配「天道」，臣下以人德配「人道」，也就是合乎自然。魏晉時天下動亂，所謂「名教」與「自然」之辨也是由此生發出來的。

《周易》從政治治理角度強調：

> 天尊地卑，乾坤定矣。卑高以陳，貴賤位矣。動靜有常，剛柔斷矣。方以類聚，物以群分，吉凶生矣。在天成象，在地成形，變化見矣。是故剛柔相摩，八卦相蕩，鼓之以雷霆，潤之以風雨；日月運行，一寒一暑。乾道成男，坤道成女。乾知大始，坤作成物。乾以易知，坤以簡能。易則易知，簡則易從。易知則有親，易從則有功。有親則可久，有功則可大。可久則賢人之德，有功則賢人之業。易簡，而天下之理得矣；天下之理得，以成位乎其中矣。（《周易・繫辭上》）

將天下萬物運行化繁為簡，人由此而能認識把握事物之「理」（規則、規律），然後「成位於中」。「成位」猶言「確定地位」，也就是不衝突，達到協調。

《易傳》中的「會通」概念正是此意。

《易傳》中又更進一步認為，天道進退變動，周流六虛，無時不在發展變化之中。所有卦之排列，爻之承乘比應關係等，都建立在這樣的基礎上。如漢京房作《八宮卦》，孟喜作《卦氣圖》（又見朱震《漢上易傳》載李溉作「卦氣七十二候圖」，清惠棟《易漢學》載「卦氣六日七分圖」），及宋朱熹《周易本義》載《六十四卦方圓圖》等，都是對《周易》組織秩序的闡發。又如唐孔穎達總結六十四卦排列方式，是「二二相耦，非復即變」（《周易正義・序卦疏》）。即以二卦為一組排列，如《屯》（䷂）

與《蒙》（䷃），《需》（䷄）與《訟》（䷅）是復；《乾》（䷀）與《坤》（䷁），《頤》（䷚）與《大過》（䷛）是變等等❺。從中我們可以想見，按《易傳》思想，是將如何建立一種合乎天道人倫（價值標準），又能保證協調和效率的大系統，視為行使符合天道的根本所在。

趙宋諦觀著《天臺四教儀》說：「天臺智者大師以五時八教判釋東流一代聖教，罄無不盡。」又說，判教是「義蘊佛經，名出智者」。就是說判教的具體方法是智顗自己創造的。

智顗在《四教義》中論自己的判教思想說：「今所立義，意異前規」，也是強調自己不因襲前人的創造性。

智顗不因襲前人，其「意異前規」的創造精神最充分地體現在他的「會通」之中。這種「會通」精神，也就是《易傳》所說的「天下一致而百慮，同歸而殊途」。智顗的「會通」使《易傳》的這種精神烙印深深地打進中國化佛教的血肉之中❻。

3. 智顗對南北朝佛教思想的深刻批判

智顗從判教角度，總結概括南北朝各家佛教學說思想，概括為「南三北七」十家。智顗將「南三北七」實際上又分為三大類：

第一類共四家，就是南方三家（「南三」）中的「虎丘山岌師」的「三時教」，「宗愛法師」的「四時教」，「齊定林寺僧柔、惠次及道場觀法師」的「五時教」三家，加上「北地某師」的「五時教」一家。其中又可以劉宋道場寺慧觀（即智顗所說的「道場觀法師」）的判教為代表。但「北地某師」的「五時教」有一個引人注目的區別，就是漸教中加入了一個最低階的「人天教」，依據經典是《提謂波利經》，佛說法內容是「五戒十善」人天教法。這種說法出自南齊劉虬。此外，智顗說的南北通用「頓、漸、不定」三種教相（見《法華玄義》卷二），也是指這四家。其餘六家從判教結構看，不可能有「不定教」的內容。

第二類是北方七家（「北七」）中的「慧光」的「四宗」，「自軌」的「五宗」，「凜師」的「六宗」三家，這三家都屬於地論師判教。北方自北魏至齊、周，是地論師一統天下，以上「四宗」、「五宗」、「六宗」中，又以慧光的「四宗」判教理論最具有代表性。

第三類是「北七」中的另三家，即「菩提流支」的「半滿二教」，「某禪師」的「有相無相教」，及「某禪師」的「一音教」。其中「有相無相教」判教形式較有趣，提出以《楞伽經》為判釋「無相大乘」的標準，意味深長。

智顗對南北朝各家佛教學派理論都進行了深刻嚴厲的批判。

第一方面，對佛教入華以來發展起來的南北朝時流行的各家學派，一一進行批判。

智顗在《四教義》等著作中指出，「南三」以成實師為重點，「北七」以地論師和禪師為重點。從智顗抓住的這三個重點，以及他在批判中始終運用自如的般若實相的理論武器，和始終堅持不渝的涅槃佛性的理論指向，表明他在中國佛教經南北朝各種學說爭鳴發展之後向隋唐佛教理論成熟形態的歷史轉折時期，所承擔的承先啟後的思想先驅的歷史自覺性。

《成實論》是南北朝時最流行的佛典之一。《成實論》對佛教基本概念的解說條理井然，內涵明確清晰，邏輯體系嚴整，與《般若經》類佛典的虛玄哲理相比，更易為一般人掌握，尤其在止觀問題上具有次第可據的操作性。所謂梁代三大師（僧旻、智顗、法雲）都是弘揚《成實論》的。湛然《法華玄義釋籤》說：「開善以《涅槃》騰譽，莊嚴以《十地》、《勝鬘》擅名，光宅《法華》，當代獨步。」（指開善寺智藏、莊嚴寺僧旻、光宅寺法雲）就是說，在當時，《成實論》是與涅槃佛性學說等交雜在一起傳播的。

但《成實論》破空析空並不徹底，基本仍屬小乘思想系統，主要因為便於初學，有利於群眾掌握，得以流行。故攝山僧朗之後，般若三論學重興，就對《成實論》展開嚴厲批評。如吉藏各種章疏中，破斥《成實論》之處不勝枚舉。智顗也對廣為流行的《成實論》痛加批判。在對成實論師判教理論的駁斥中，既認為其方法自相矛盾（「自誣己論」），又認為其說不能到達高遠，乖離佛意（「實不得道」）。（《法華玄義》卷十上）這是為整合中國佛教理論、純化大乘思想、建立系統的佛學邏輯體系張目。

《十地經論》一書，從內容看，既有發展思想之義，又含開發如來藏識之理，特徵鮮明，尤其是對《華嚴經》中「三界唯心」說法，作了很好發揮，受到當時佛學界普遍重視。地論師是指研習《十地經論》者。北朝佛教中勢力最大的是地論師，代表人物是北魏末年即在洛陽任僧都、北齊鄴城又任僧統的慧光。歷魏、齊、周、隋，慧光的地論學都是北方官方佛教代表。然而智顗抓住要點，對地論學痛加駁斥。較引人注目的，首先在引用《成實論》斥慧光的「四宗教」判教，認為其宗名都大成問題，如「因緣宗」名，實與「假名宗」、「常宗」、「真宗」在內涵上混同，故不能成立；又指出「假名宗」還不如用「空宗」之名（《法華玄義》卷十上）。因此，「四宗名義，甚不便也」（同上）。他批判南方「四時教」、「三時教」，是說其「無文可據」。批判禪師判教的二種大乘教（有相無相教）是「權實乖離」，按其一貫思想，這種批判尚不能算最厲害。而批判「四宗教」，則說：「四宗教失五味方便，又失實意。」認為其權實俱失。而且，為防止有人將地論師「四宗」因字面雷同而與自己創立的「四教」相混，智顗特別強調二者之義完全不同，地論「四宗」，「言方似滯」，「名義不便」，「義有所缺」，（《四教義》卷一）對其批判，最為嚴厲。此或是因為「四宗教」影響最大最廣，且已成為一種正統的官方思想，斥之不力則不能抵消其影響。

「有相無相」的禪師判教，以《楞伽經》作為「無相大乘」的依據，是十分值得重視的。據《續高僧傳・慧可傳》說，達摩以《楞伽經》授慧可說：「我觀漢地，唯有此經，仁者依行，自得度世。」早期禪宗都以《楞伽經》為師資授受之本，禪師被稱為

「楞伽師」，以此經為印證。直到慧能之後才強調《金剛經》，宗風為之大變。《楞伽經》之要點以析空無相，顯示實相，即真如法身，即涅槃。北方禪師依此說法，但得意者少，滯文者多，常失無相本義，而落於心上著相。智顗的批判似是集中在對當時禪師理論系統尚不完整，哲學立足點不高，未能與般若學相溝通方面。但由於歷史的局限性，智顗大師在這方面的批判深度尚嫌不足。

第二方面，智顗對南北朝所有思想學派的判教理論也都進行嚴厲批判。除了《華嚴經》是頓教這一點外，對「南三北七」各種判教說基本都予以否定。

智顗對南北朝判教一一進行「難破」（批判）。

其一是批判南北朝「五時教」（「三時」、「四時」都包含在「五時教」中，「五時教」如破，「三時」、「四時」教即不能成立）。「五時教」將佛說法內容分為第一時有相教，第二時無相教，第三時褒貶教，第四時同歸教，第五時常住教。智顗認為絕不能如此截然區分，指出各階段上佛說法內容實際上也包含其他階段的內容，舊判教說對佛法的簡單判劃只說明實際上並未真正理解佛法中深義。他又特別對北地「五時教」中所謂「人天教」一說進行責難，認為不能成立。

其二是批判「四宗教」（「五宗」、「六宗」教都包含在「四宗教」中，「四宗教」如破，「五宗」、「六宗」教即不能成立）。主要也認為各種佛經所說教義本是互詮互融，如果割裂開來，反會使教義混淆不清。湛然在《法華玄義釋籤》中釋智顗難破

「四宗」思想時解述道：「宗（根本宗旨）必有教（具體的教義說明），教必有宗。教是能詮，宗是所詮。必互相有，不可孤然。」（《法華玄義釋籤》卷十上）智顗認為「四宗教」將基本宗旨和具體教法割裂，立名不當，如「四宗」中判為階位最高的「常宗，據《涅槃經》，明佛性常住」，智顗說：「《涅槃》之經，何但明常，亦明非常，非無常，能常能無常。……何單取常用為宗，何不取無常用為宗？單輪只翼不能飛遠。」就是說，《涅槃經》即說佛性常住，又說佛性非常，非常非無常。顯然這是一種將般若實相理論與涅槃佛性理論溝通的思想方法，與舊說相比，哲學認識論層次更高（以上引文皆見《法華玄義》卷十上）。

其三是批判「有相無相教」，主要是指出「有相」、「無相」「不應單說」。他說：「若純用有相，相則無體，教何所詮……若純用無相，無相真寂，絕言離真，言語道斷，心行處滅，則非復是教。」（《法華玄義》卷十下）是認為有相、無相不二。這個思想方法，顯然是繼齊梁之際攝山諸師再興安、遠、什、肇之說而來。再對照上述對慧光「四宗教」的批判，可見其所持批判的武器與周顒《三宗論》所代表的新的高度上的般若學思想方法是一致的。

上文提到隋初統治者為統一整合南北朝佛教各種流行學派，在首都長安建立「五眾」（五個佛教僧團）。如果說官方的態度是在整合的基礎上肯定和鼓勵現有的各種學說的話，那麼智顗的態度完全不同。他是在批判的基礎上否定、揚棄和超越了現有各種學說。尤其是從般若學的核心，《中論》三是偈中，更推導出空、假、中三諦相即，任一諦即是三諦圓融，一念三千的實相說，也即「性具」。三諦圓融的實相說，根本上言也就是「性具」，這也就是所謂止觀對象的不思議境。由此則自然強調絕對的一切法平等。

由於其深刻的哲學內涵，使其具有了廣泛的普遍性，因此也開闢出了中國佛教文化發展的全新境界。

智顗的傑出之處在於，他既恪守傳統又不死抱教條。他的思想方式充滿繼承和創新的辯證精神。他明確宣稱：「但使義符，經論無文，不足致疑。」他說，如執定佛經「文證」，那只是「守株待兔」（《四教義》卷二）。就是說只要符合（佛教）真理，佛（佛經）有沒有說過，並不重要。

(二)智顗提出新的佛教價值論

中國佛教從般若學到涅槃學的發展過程中逐步明確、建立起來的價值觀，即涅槃佛性論。智顗通過對南北朝佛教思想學說的全面總結與批判，在此基礎上，提出新的佛教價值論，即一念無明法性心。智顗的價值論思想內涵豐富，可由以下四個環節把握，即三因佛性——無住本——妙有佛性——一念無明法性心。

1. 三因佛性

天臺宗教理體系鮮明特色之一是「性具」思想。對此問題的探討雖各說極多，但我認為，通過其三因佛性之說才較易把握。三因佛性即正因佛性、了因佛性、緣因佛性。三因佛性之說本出《涅槃經》，經中說正因佛性是中道第一義空，了因佛性是智德，緣因佛性是斷德；又說三因佛性相當於法身、般若、解脫（正因佛性滿顯為法身，了因佛性滿顯為般若，緣因佛性滿顯為解脫）。此三因佛性即成佛的三種因，換句話說，即構成佛性範疇的三個基本方面。智顗各種著作中對三因佛性有大量發揮，他說：

> 故知法性實相即是正因佛性，般若觀照即是了因佛性，五度功德資發般若即是緣因佛性。（《法華玄義》，卷十上）

> 若通觀十二緣真如實理，是正因佛性，觀十二因緣智慧，是了因佛性，觀十二因緣具足諸行，是緣因佛性。（《摩訶止觀》，卷九下）

以上可視為其經典表述，檢《摩訶止觀》、《法華玄義》、《觀音玄義》、《金光明玄義》等著作中說法，基本一致。有時角度略不同，如他說：

> 讀誦經典，即了因佛性，皆行菩薩道，即緣因佛性，不敢輕慢而深敬者，即正因佛性。（《法華玄義》，卷十上）

又如他說：

> 真性軌即是正因性，觀應軌即是了因性，資成軌即是緣因性。（《法華玄義》卷五上）

請注意，與《涅槃經》中的說法比較，智顗的表述實際上並不一樣，他是在肯定正因佛性為法性實相、真如實相同時，強調的重點又是在了因佛性乃智慧之「觀照」，緣因佛性乃諸行之「具足」。也就是說，《涅槃經》中三因佛性的靜態的概念，到他這裡一變而為動態的概念了。

智顗常引《涅槃經》說法身四德「常樂我淨」，但又強調：「若有無明煩惱性相，即是智慧觀照性相。」（《法華玄義》，卷五下）智顗把十法界諸種性相歸納比喻為「三軌」：「如是體，即真性軌；如是性，性以據內，即是觀照軌；如是相，相以據外，即是福德，是資成軌。」（《法華玄義》，卷五下）其中真性軌是體，即正因佛性；觀照軌是智，即了因佛性；資成軌是行，即緣因佛性。智顗進一步闡發「觀照軌」（智慧）和「資成軌」（行為）如何起作用：

「力」者是了因，是觀照軌，「作」者是萬行精勤，是資成軌；「因」者是習因，屬觀照，「緣」者是報因，屬資成；「果」者是習果，屬觀照，「報」者是習報，屬資成；「本末等」者，空等即觀照，假等即資成，中等即真性。（《法華玄義》，卷五下）

此三軌即法身、智慧、諸行；「常樂我淨」的法身，能與無明煩惱性相相即；其所以能即，在於了、緣二佛性能自性萌動，觀照資成；其所即，在於「即煩惱即菩提」。其能、所的具體，即了、緣二性的具體，了、緣二性的具體顯現，也就是止與觀。了、緣二性的萌動，即正因佛性的萌動，佛性三德中本來包含修智修德的自性運作的能動性，是能、所的統一，佛性本質上具足一切法。在智顗的佛性結構中，正因佛性仍是純淨的，但了、緣二性既屬觀照資成，當然有染惡。佛性三德由正、了、緣三性構成，則佛性兼具染淨。這就是其著名的「性具善惡」思想（或「性具」說）立論的哲學基礎。

由此，智顗的三因佛性說視了、緣二佛性是在與正因佛性的「三軌」互動中，顯示為即性即修，是能是所，佛性乃是包含著由妄轉淨的對立統一過程，是染與淨、善與惡的統一。與智顗基本同時的吉藏（五四九—六二三年）曾對南北朝佛教性論思想進行全面批判總結，如吉藏概括已有的涅槃佛性說為十二家（包括自己所主張的為一家），有以眾生、六法、神識、真神、避苦求樂、當果或當理、阿賴耶識自性清淨心、中道第一義空等為正因佛性（見吉藏：《大乘玄論》卷三）。其中又可進一步概括為四家，即：

①以「眾生」、「六法」為正因（佛性）；

②以「心識」為正因（佛性）；

③以「真如」或「理」為正因（佛性）；

④吉藏自己主張的以非有非無之中道為正因（佛性）。

比較上述智顗三因佛性說可以看出，吉藏此說是在南北朝佛性論思潮基礎上的一種理論整合，一種揚棄。

值得注意的是，我們也可以看出智顗已經有了較明確的主客體之分的意識，即在設定正因佛性為客體的同時，確立了、緣二性的主體地位，佛性在他這裡已經成為一種主客體的統一。這與吉藏所總結的南北朝佛性論諸說各強調佛性範疇的某一方面，已經明顯不同。

2. 無住本

性具染惡的三因佛性如何統一運作？智顗建立「無住本」範疇。他說：「從無住本立一切法。」（《法華玄義》，卷七下）天臺宗另一位大師湛然後來解釋發揮此意道：

「從無住本立一切法」者，無明為一切法作本。無明即法性，無明復以法性為本。當知諸法亦以法性為本。法性即無明，法性即以無明為本。法性即無明，法性無住處。無明即法性，無明無住處。無明法性雖皆無住，而與一切諸法為本，故云「從無住本立一切法。」（《法華玄義釋籤》，卷七下）

「無明」是指與光明對立的未達到理性的狀況。現實中的種種迷妄痛苦都是無明的表現，也即「煩惱」。所謂「覺悟」，即從無明轉為光明的過程。湛然之釋，說明佛性即在無住本，就是說，正因為有無明，才有光明的對應，所以光明就存在於無明之中。智顗說：

若解無明，即是於明。《大經》云：「無明轉，即變為明。」《淨名》云：「無明即是明。」當知不離無明而有於明，如冰是水，如水是冰。」（《法華玄義》，卷五下）

引文中的「《大經》」即《大般涅槃經》，「《淨名》」即《維摩詰經》。文中所說的這個意思，也相當於《維摩詰經》中所說的「譬如高原陸地不生蓮華，卑濕污泥乃生此華」，又如「殖種於空，終不得生；糞壤之地，乃能滋茂」，「煩惱泥中乃有眾生起佛法耳」（《維摩詰經・佛道品》）。也就是所謂的「煩惱即菩提，生死即涅槃」，此「無明為一切法作本」的「無住本」，也就是智顗常說的「玄妙深絕」、「非言所言」的「不思議境」。

3. 妙有佛性

按《法華經》佛以垂跡顯本、化度眾生的主旨，佛界是攝入眾生界，與眾生界是相通的。因此眾生界染惡之事，也即攝入佛界。智顗說：「如來藏理含一切法。」（《法華玄義》卷三下）又說：「一切眾生，無不具此三德（正因、了因、緣因）。」（《法華玄義》卷六下）故佛性具足一切法，眾生也皆有佛性。對這種具有辯證精神的在主客體對立統一中，以無明和光明相對應的「無住本」形式運作的佛性，智顗創造了一個概念，稱為「妙有」。他說：

> 其一法者，所謂實相。實相之相，無相之相。又此實相，諸佛得法，故稱「妙有」。（《法華玄義》，卷十下）
>
> 破著故空，故言不空，空著若破，但是見空，不見不空。利人謂不空是「妙有」。（《法華玄義》，卷二下）

這個「妙有」與以往般若學中常用的概念「假有」有重大差別。如比較吉藏的「四重二諦義」結構，可以明顯看出，吉藏的「假有」，其理論重心偏向「無所得」之「空」（即「真空」，可參見吉藏《大乘玄論》卷一，《三論玄義》、《二諦義》）。智顗的「妙有」是針對「偏空」而發，範疇本身即包含批判和揚棄的意味。如果說吉藏的中道觀強調的是對現象世界不起偏執的話，那麼智顗的中道觀則是在強調經驗的現象世界的同時，強調對之不起偏執。由此，他的佛性也可以稱為「妙有佛性」。（圖四－二）

病盡除愈餘失心者見其父來唯亦歡喜
問訊求索治病然与其藥而不肯服所以者
何毒藥深入失本心故於此好色香藥而謂不美
父作是念此子可愍為毒所中心皆顛倒唯見
我喜求索救療如是好藥而不肯服我今當
設方便令服此藥即作是言汝等當知我今
衰老死時已至是好良藥今留在

圖 4–2　晉書《妙法蓮華經》墨跡

妙有佛性說的根本意義在於強調對象的同時，也強調了主體的存在。費希特說：「任何對立面，其本身僅僅是由於自我的行動才存在的，並不需要任何其他依據。對立面一般來說，僅僅是由自我的力量設定的。」對象乃是主體自我意識設定的，此前人們並未認清這一點，南北朝對佛性論的討論中，無論「眾生佛性說」，還是「心識佛性說」、「理佛性說」等，主客體界限顯然是模糊的。智顗認清了這一點，區分出了主客體，設定了客體，即建立了主體。

從此之後，中國佛教界就少談「真空」，多說「妙有」了。

4. 一念無明法性心

對主客體統一關係中的主體方面，智顗進一步規定為「一念心」或「一念無明法性心」，他說：

> 理即者，一念心即如來藏理。如故即空，藏故即假，理故即中，三者一心中現，不可思議。如上說三諦一諦，非三非一，一色一香，一切法一切心，亦復如是，是名理即是菩提心，亦是理即止觀。（《摩訶止觀》，卷七下）

如此則「一念心」即「無住本」，處無明處，是「無明心」，從法理上說，也即是如來藏理，則又即如來藏，或者說，即了、緣二因即正因。此心乃「不思議境」，既一心具三千法，則三千法即一法性，此心即「法性心」，「一念無明法性心」。智顗說：

> 今觀明白法界皆是一識。識空，十法界空，識假，十法界假，識中，十法界亦中。專以內心破一切法，若外觀十法界，即見內心，當知若色若識，皆是唯識，若色若識，皆是唯色。今雖說色心兩名，其實只一念無明法性十法界，即是不可思議

> 一心具一切因緣所生法。一句名為：一念無明法性心。（《四念處》，卷四）

這種思想方式很獨特，唯中國佛教，唯智顗才有，它體現的是一種屬於「人類理性的內部結構」❼。

智顗的一念心及其止觀哲學企圖全面論證揭示的「一念三千」、「三諦圓融」說，是創立了一個處於不同轉變層次上的主體，並為主體設置了一個無限廣闊的客體；止觀，也就成為聯結主客體的通道，成為統一主客體的過程。學術界有一種說法，認為天臺宗在強調主體有無限的把握客體的能力，極度誇大思維能動性的同時，強調的是在非理性的意識活動中統一主客體，這個說法，我不同意。我認為恰好相反，從以上三因佛性至一念心的佛性論思想結構，以及智顗五時八教的判教結構中都可看出，正因為看到客體的無限性，智顗才試圖同樣擴展主體認識能力的無限性。他強調的正是試圖擴展主體理性能力，以此統一主客體，作為其哲學基點之一的「性具說」，其用意也是在試圖擴張理性能夠把握的領域。

智顗建立的「一念無明法性心」佛性理論有重大意義。這實際上即其判教的標準，也是其整個教理體系的基本綱領。他說：

> 是則四教（指藏、通、別、圓「化法四教」，在智顗的「五時八教」判教結構中，「化法四教」是其獨創，也是其判教結構中心內容）皆從「一念無明心」起，即是破微塵出三千大千世界經卷之義也。（《四教義》，卷六下）

智顗以此「心」為根本依據，判分藏、通、別、圓四教之不同：

第一約觀心明三藏教相者，即是觀一念因緣所生之心生滅相，析假入空；約此觀門，起一切三藏教也。

第二約觀心明通教者，觀心因緣所生一切法，心空則一切空，是為體假入空；一切通教所明，行位因果，皆從此起。

第三約觀心明別教者，觀心因緣所生即假名，具足一切恆沙佛法，依無明阿黎耶識，分別無量四諦；一切別教所明，行位因果，皆從此起。

第四約觀心明圓教者，觀心因緣所生具足一切十法界，無所積聚，不縱不橫，不思議中道二諦之理；一切圓教所明，行位因果，皆從此起。（《四教義》，卷六下）

由此，則藏、通、別三教所依之「一念心」，皆屬「無明心」；因圓教之「心因緣」「具足一切十法界」，則圓教所依之「一念心」，乃「一念無明法性心」。此外，這裡還要指出一點，即「無明心」與「一念無明法性心」的區別，從智顗上述思想來看，在於「無明阿賴耶識」只「具足一切恆沙佛法」，但不「具足一切十法界」，換句話說，「無明心」具足「理」而不具足「事」，而圓教則同時「具足一切十法界」，也就是說「無明法性心」才理事具足。

當然智顗尚未使用「理」「事」一類更清晰規整的範疇。這類範疇的出現和廣泛採用是唯識哲學高度發達以後的事。但是從以上智顗的三因佛性——無住本——妙有佛性——一念無明法性心的本體思想結構，以及以之作為判教的「心識依據」，即以「一念無明法性心」作為判教標準，則判教就成為圍繞此價值標準的一種作為「認識形式」和「判斷規範」的思想結構。由此，這個判教的思想結構也就成為整個天臺教理體系的理論架構。這樣，智顗的判教與南北朝時各家判教以佛經排列和教相料簡為主相比，性質也就不同。智顗的判教成為天臺宗宗派教理體系建構的理論基礎。由於教理體系乃是一個宗派得以形成的最根本的思想基礎，因此也可以說，智顗的判教乃是中國佛教宗派得以產生的理論前提。這也可以說明為何以後隋唐各宗判教莫不循此模式。

5. 智顗創立的中國佛教思想結構的價值意義

智顗指出：「佛教無窮，恆沙非譬。東流之者，萬不一達。智人君子，希更詳焉。」他認為固守某一教條無異守株待兔，他諄諄告誡：「寧可守株待兔？必貽斯責！」（《四教義》卷一）他的判教，概而言之，乃是整理爬梳各種經教，以眾生機緣不同名義，將各種經教作出由淺入深，由深達真，或由假入空，由空至中，一心三觀的系統化安排，使彷佛雜亂無章的各種經教，按認識過程的秩序組織成井然有序的和諧整體，由此肯定中國佛教的新發展，構築成充滿美感的佛教思想體系。智顗的判教思想結構表明了一種覺醒的主體意識，努力去實現同對象的絕對同一性的理性努力。

智顗判教的價值意義體現在多方面。簡而言之，有以下兩點：

第一，首次建立起一個中國佛教的完整的思想結構。對佛教傳入中國以來所有流行的經典以及發展起來的學說進行了整合、梳理和安排，使「佛教」成為一個能包容所有流行經典和各家學說的體系化的思想結構，均衡、和諧、完整、明確地表達出特定的價值取向，以致成為一種固定模式，以後隋唐各宗判教在批判和自我批判中往往指責批判對象因襲天臺宗判教，但又無一能擺脫它的巨大影響，原因在此。

第二，首次建立起宗派教理體系。不但符合中國文化精神「天下同歸而殊途，一致而百慮」（《周易・繫辭上》），肯定各種學說思想在統一的價值取向前提下的合理性，而且由此組成一種新的教理思想體系，即宗派教理體系，使中國佛教宗派得以形成。以後隋唐各宗派相繼建立，與有了這樣一種以判教為思想結構的宗派教理體系建構的思想方法有直接關係。

文德爾班（Windelband）在論述哲學發展問題時說：「決定性的問題是什麼東西對人類宇宙概念的發展和人生判斷的概念的發展作出了貢獻。在哲學史中，我們研究的對象是這樣一些思想結構——這些思想結構作為認識形式和判斷規範堅持不變，充滿活力，並在這些思想結構中人類理性的內部結構就清楚地被認識出來了。」❽

按中國哲學傳統，本體層面上的生成論和價值論的區別一直是不明確的。《周易》中說：「生生之謂易」（《繫辭》上），孔子說：「天何言哉，四時行焉，萬物生焉」，對此，北宋張載曾總結為「天地之大德曰生」（《易說・復卦》）。此「生」也就是後來的宋明理學家反覆說的「天地之心」。套用這種說法，則道家的「天地之心」或「天地之大德」，可以說就是「無」，如老子說：「道生一，一生二，二生三，三生萬物。」魏晉時王弼會通《易》、《老》，著重闡發「以無為本」，就是本於老子之「道」。在中國哲學中，這種「生生之道」被視為宇宙萬物本質屬性，其造化陰陽含藏天地之中，即「藏諸用」，功用顯發，化生萬物，即「顯諸仁」，由此，在價值規範層面說，就是「明體達用」；在價值取向層面說，尤其在體用關係上，乃是一種入世的文化價值理想，即指望名教社會的人倫秩序、現實制度，能夠和諧通達，成為與本體意義上的天道（宇宙自然）一樣的存在，其「內聖外王」之學的終極關懷，乃在現實人倫政治治理。這種本體論思想可以稱為「生成本體」說。

本是外來文化的佛教，在本體層面上的認識，雖也不能不與本土文化的「生生之理」相銜比照，但是，理論方法從鳩摩羅什、僧肇之後，卻採用了視點截然不同的般若中觀學的「八不」生理，得出的結論乃是即生非生。此「生非生」之相即不二，完全在於心法起滅。從南北朝般若學和佛性論的討論演化發展到智顗時止，佛教在本體論上的認識已經統一為真空絕相，即常樂我淨，又非常樂我淨的佛性（真性、真如）。這種本體觀也不同於西方哲學純思辨意義上的邏輯本體，不是一種真際的存有而實際被抽象的絕對本體。用僧肇的話說，佛教的本體，乃是「用即寂，寂即用，用寂體一」（《般若無知論》），「不動真際，為諸法立處」，「觸事即真」（《不真空論》）的本體。可以說，其與儒道（尤其是玄學）本體論相比較，在相同點上是價值規範方面的「體用一源」，在不同點上是價值取向方面，尤其在體用關係上，乃是一種出世的文化價值理想，其中觀圓融的終極關懷乃在於否定（超越）人倫現實，以達到本體意義上的解脫，這可以稱為「價值本體」說。

智顗的不定教，以及由此而得以完成的判教思想結構，論證和肯定了這一價值本體的造化含藏及功用顯發。它標誌著中國佛教思想史上價值本體的首次確立，意義不可低估。

二、三諦圓融，虛空閃電

根據智顗一以貫之地強調的「會通」思想可以推知，他對佛教與易學的關係，是十分重視和肯定的。不過在當時特定的時代氛圍中，他公開表明的態度又顯得微妙。

(一)智顗與《提謂波利經》

1.《提謂波利經》中的易文化內容

南北朝時，南北佛教風格不同。永嘉之後，南方佛教依附玄理，玄佛二者關係邃密；北方佛教多攀經學。當時北方學術風氣，經學仍承漢時通經致用學風，這點前代學者已經指出過。北朝學術，更盛陰陽、讖緯、術數一路，易學相對而言也更受重視。佛教中人也多精於易。佛教發展中受易文化影響，其中《提謂波利經》是一顯例。

劉宋孝武帝時（四五四—四六四年）北魏僧人曇靖撰的《提謂波利經》二卷，是中國佛教史上一部著名的「偽經」，即是由中國佛教徒自己撰寫，但是冒充從印度傳來的「佛經」。南北朝時曾出現過多種有名的「疑偽經」，同時，又大多是出於北方。從這些「疑偽經」的內容來看，也與北方重圖讖方術有直接關係。

早在僧祐的《出三藏記集》中，就已經指出《提謂波利經》是一部「偽經」。此經早佚，但是在後來的不少中國佛教著作中，仍然當它是「正宗」的佛經，繼續提到它，並且引用它的內容。本世紀在敦煌也發現了它的多種殘本❾。

《提謂波利經》（簡稱《提謂經》）既是中國佛教徒所撰之書，其中有大量中國文化的內容，並不奇怪。其中又有兩個方面的內容是我們更感興趣的：

(1) 佛教「五戒」與五行、五方等配列

在現存《提謂經》各種版本中，以敦煌文獻的伯希和本（P）❿中的內容保存得較為完整些。此書中說：

長者提謂白佛言：「神在五藏，用事之何？」

佛言：「五藏之神，所住各異。肝行仁，心行禮，肺行義，腎行智，脾行信。此五行者，天地之大用。天失之，妖災起；地失之，萬物不生；四時失之，陰陽不

佛教五戒	五　　行	五　　方	五　　藏	五　　星	儒家五常
不殺生	木	東	肝	木（歲）星	仁
不飲酒	火	南	心	火（熒惑）星	禮
不妄語	土	中	脾	土（鎮）星	信
不邪淫	金	西	肺	金（太白）星	義
不偷盜	水	北	腎	水（辰）星	智

圖 4-3　《提謂波利經》五戒五常與五行內容對應圖

和；王者失之，天下亂；人民失之，滅姓（性）命，身危亡；神氣失之，五藏不治，發狂死亡。」（P．3732）

智顗在他的各種文著中，對《提謂經》常隨手拈來加以運用，以闡明自己思想觀點，如《仁王護國般若經疏》中說：

提謂、波利等問佛：「何不為我說四、六戒？」佛答：「五者，天下之大數。在天為五星，在地為五岳，在人為五藏，在陰陽為五行，在王為五帝，在世為五德，在色為五色，在法為五戒。以不殺配東方，東方是木，木主是仁，仁以養生為義；不盜配北方，北方是水，水主於智，智者不盜為義；不邪淫配西方，西方是金，金主於義，有義者不邪淫；不飲酒配南方，南方是火，火主於禮，禮防於失也；賦不妄語配中央，中央是土，土主於信。（見該書卷二）

為清楚起見，現據上引有關內容，製圖如上。（圖四—三）

可見《提謂經》中將佛教「五戒」完全納入了易文化宇宙天地、五行八卦的思想結構之中。

(2) 佛教齋日與《周易參同契》及《易緯稽覽圖》、「卦氣說」等內容配列

對於在家佛徒而言，持戒中除了要守五戒之外，還有「八戒」一說，各種佛經中的說法也不一樣。比如說以定期的某一天作為「戒日」，如果是「一日戒」，就要在這一天一夜裡做到「三歸依」，並「受行八戒」，「八戒」就是在「五戒」中再加上三戒：不坐高廣大床，不用鮮花（包括香料等），不得歌舞。同時，「五戒」中之「不邪淫」也要改為「不淫」。除了「一日戒」，還有「六日戒」、「三長齋月」等。

《提謂經》中論證這種齋日和齋月的嚴重性與莊嚴性道：

提謂長者白佛言：世尊，歲三齋皆有所因，何以正用正月、五月、九月？六日齋用月八日、十四日、十五日、二十三日、二十九日、三十日？

佛言：正月者，少陽用事，萬神代位，陰陽交精，萬物萌生，道氣養之。故使太子正月一日持齋，寂然行道，以助和氣，長養萬物。故使竟十五日。五月者，太陽用事，萬物代位，草木萌類，生畢百物，懷妊未成，成者未壽，皆依道氣。故持五月一日齋，竟十五日，以助道氣，成長萬物。九月者，少陰用事，乾坤改位，萬物畢終，衰落無牢，眾生蟄藏，神氣歸本，因道自寧。故持九月一日齋，竟十五日。

> 春者萬物生，夏者萬物長，冬者萬物藏。依道生沒，天地有大禁，故使弟子樂善者避禁持齋，救神故爾。
>
> 長者提謂白佛言：三長齋何以正月一日至十五日？復言：如何名禁？
>
> 佛言：四時交代，陰陽易位，歲終三覆以校；一月六奏，三界皓皓，五處錄籍，眾生行異，五官典領，校定罪福，行之高下，品格萬途。諸天帝釋、太子、使者、日月鬼神、地獄閻羅，百萬神眾等，俱用正月一日、五月一日、九月一日，四布案行。帝王、臣民、八夷、飛鳥、走獸、鬼龍行之善惡，知與四天王。月八日、十五（日）比盡三十日所奏，同無不均，天下使無枉錯，覆校三界眾生罪福多少所屬，福多者即生天上，即敕四鎮五宮大王司命，增壽益算，下閻羅王攝五言，除罪名，定福祿。（《法苑珠林》卷八十八引）

其中提到的「六日齋用月八日、十四日、十五日、二十三日、二十九日、三十日」等說，來自《周易參同契》（簡稱《參同契》）中有關「月體納甲」的內容。「月體納甲」說本意是說明煉丹時火候隨著月亮的盈虛而轉移。按煉丹家說法，爐中以炭火燒鼎器，火候有兩種，一是文火，一是武火，減炭為「文火」，即火勢平和，加炭為武火，即火勢加劇。在一個月裡，十五以前用文火，十五以後用武火。在一年裡，冬至後減炭，用文火，夏至後加炭，用武火。月終或年終時，觀察藥物變化或增添藥物（即「節盡更親觀」）。

《參同契》之納甲說，本之於京房易學和《易緯・乾鑿度》。納甲說有三種說法，即「六十卦納甲說」、「八卦納甲說」和「十二消息卦納甲說」，都是用來說明一個月中煉丹運火的程序，故習稱為「月體納甲」。三種「納甲說」中，較重要的是第二種，即「八卦納甲說」。《參同契》的所謂月體納甲，實際上主要說這一種。

此說是以月亮的盈虧，說明一月之中用火的程序。其以《坎》、《離》兩卦代表日月，《參同契》說：

> 坎戊月精，離己日光。日月為易，剛柔相當。土王四季，羅絡始終。青赤白黑，各居一方。皆稟中宮，戊己之功。

是以《坎》月納戊，《離》日納己，配五行土居於中宮。中宮為土，聯絡四方之氣。《參同契》中說，其它六卦《震》、《兑》、《乾》、《巽》、《艮》、《坤》納甲順序如下：

> 故易統天心，復卦建始萌。長子繼父體，因母立兆基。消息應鍾律，升降據斗樞。三日出為爽，震受庚西方。八日兑受西，上弦平如繩，十五乾體就，盛滿甲東方。蟾蜍與兔魄，日月氣雙明。蟾蜍視卦節，兔者吐生光。七八道已訖，屈折低下降。十六轉受統，巽辛見平明。艮直於平南，下弦二十三。坤乙三十日，東北喪其明；節盡相禪與，繼體復生龍。壬癸配甲乙，乾坤括始終。七八數十五，九六亦相應。四者合三十，易氣索滅藏。

「天心」，本於《復》卦《象傳》「其見天地之心乎」，此處指天時變化的規律。按卦氣說，復為十一月卦，陽氣始萌之象。《復》卦（䷗）《坤》上《震》下，下《震》乃《乾》、《坤》父母卦所生長男（即「長子繼父體，因母立兆基」）。「斗樞」指北斗星，其運轉標誌一年中陰陽二氣之升降（即「升降據斗樞」）。六卦納以干支，配以四方，具體如下：

初三，月光萌生，由西方升起，《震》卦用事，納庚。

初八，月生已半，即月上弦時，《兌》卦用事，納丁。

十五日，月光盛滿，即望月，居東方，《乾》卦用事，納甲。

此時，月體全受日光，故為望月，所以說「日月氣雙明」。「七八」即指十五。十五後，月光開始虧缺，此即「七八道已訖，屈折低下降」。

十六日，月光虧缺，居西方，《巽》卦用事，納辛。

二十三日，月光虧半，即月下弦，居南方，《艮》卦用事，納丙。

三十日，月光消失，居東方，《坤》卦用事，納乙（「東北喪其明」）。

以後，從下月初三開始，月光又開始出現，《震》卦用事，《震》為龍（「節盡相禪與，繼體復生龍」）。

七、八，為少陽少陰之數，九、六，為老陽老陰之數，各為十五，陰陽之數相加，為一月三十日之數。至此陽氣已盡，月光全部消失（「易氣索滅藏」）。（圖四－四）

又如《提謂經》中說：

立春、春分、立夏、夏至、立秋、秋分、立冬、冬至，是謂「八王日」；天地諸神，陰陽交待，是謂「八王日」。月八日，十四日，十五日，二十三日，二十九日，三十日，皆是天地用事之日。上、下、弦、望、朔、晦，皆錄命上計之日。故於此日自守持戒。（見《法苑珠林》，卷八十八引）

文中「八王日」等說，聯繫上下文意，與文王八卦時、空方位有關，如《通卦驗》論京房「卦氣說」曰：

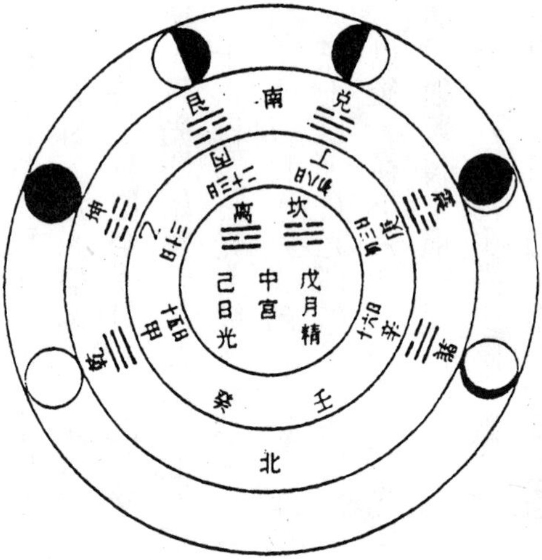

圖 4-4 月體納甲圖

冬至四十五日以次，周天三百六十五日復當。故《乾》西北也，主立冬。《坎》北方也，主冬至。《艮》東北也，主立春。《震》東方也，主春分。《巽》東南也，主立夏。《離》南方也，主夏至。《坤》西南也，主立秋。《兌》西方也，主秋分。

《提謂經》中「正月少陽用事」、「五月太陽用事」、「九月少陰用事」、「陰陽交錯」、「乾坤改位」等說法，也都是來自《易緯稽覽圖》、「卦氣說」等內容。

2. 智顗對《提謂經》的態度

《提謂經》曾經廣泛流行的情況，在不少佛教典籍中都有記載。同時，更可注意的是，雖然早在梁代僧祐的《出三藏記集》中，已經明確說這是一部「偽經」，而且以後的各文獻中也經常提到說這是一部「偽經」（如隋代的《歷代三寶記》），但是它卻傳承不絕，隋唐佛教界重要人物，經常大量地對此經加以引用。如智顗、窺基、法藏、宗密，以及五代之後的一些佛教界重要人物如延壽、契嵩等都是如此。

學術界常說，正統的佛教界是排斥《提謂經》這一「偽經」的，它只是在「民間」流行。但是，實際情況完全不是這樣。如智顗這樣的大師肯定知道《提謂經》是一部什麼樣的書，但是，他根本不管什麼「偽經」不「偽經」。相反，他卻對之十分重視，大加引用。如智顗在《法華玄義》中批判北方地論師，「次難北地『五時義』」：

> 若言：「《提謂經》說『五戒十善』者，彼經但明五戒，不明十善，唯是『人教』，則非『天教』」。縱以此為「人天教」者，諸經皆明戒、善，亦應是「人天教」耶？（見《法華玄義》，卷十上）

智顗的意思是很不滿意地論師判教將《提謂經》判為層次較低的「人天教」（即「初教」）或「顯露教」（即「淺顯」之教），他態度強硬地指出，如果《提謂經》是「人天教」，那麼，所有的佛經（「諸經」）就都是「人天教」了。他在上揭書中反覆

強調：「不應用《提謂》為初教也。」（《法華玄義》，卷十上）

智顗的這個態度，不僅表明他一貫的注重實際的作風，而且也表明了他的價值觀。請注意智顗的身份。他這樣評價《提謂經》，對於人們如何看待這一種類型的佛教文獻，影響是很大的。

(二)智顗與《大集經》

上文已經說過，《大集經》中有與本土易文化結合的顯著特徵。《法華經》是天臺宗根本經典。智顗對《大集經》非常重視，視《大集經》如《法華經》一樣重要。他說，唯此二經「具有四教之文」（《四教義》卷一），意思是說，只有《大集經》和《法華經》才包含了佛教全部義理「藏、通、別、圓」四教的所有內容。可以說是評價極高。

在智顗的各種文著中，可見他無數次徵引《大集經》中的內容，奉為圭臬。如在「天臺三大部」之一的《摩訶止觀》中，智顗多處高度評價《大集經》，但是，他的評價卻又有特別意味。如對經中引人注目的屬於中國文化的「十二獸」內容，他不但不回避，而且很感興趣，常常引用。如他引用這個內容用以說明「禪智雙運」中的「禪行」這一個方面，並且是與「魔行」相對而言。

智顗在《摩訶止觀》中論述到《大集經》時，曾著重說到有關「十二時獸」的內容。「十二獸」他稱之為「十二時獸」，加上了一個「時」字，實際上，他所說的具體內容又與《大集經》中內容也已經有所不同。

智顗在《摩訶止觀》中說到有關「十二時獸」的內容，是對禪修過程中的禪法的描述，涉及到高深功法。從所述內容看，這種功法，跟中國文化中與「天人感應」理論天干、地支、十二時辰，以及人體經脈運行互相配合的內容有關。

有關十天干、十二地支與十二時辰和人體經脈互相配合的理論，源於《黃帝內經》。此說主要是用以說明在地支所值每一時辰中，人體內不同的經脈內氣是如何依次流動轉注的。無論在中醫，還是養生中，都有極大意義。

後人又提出「子午流注」說，更受到世人重視。這一理論與十九、二十世紀以來的西方科學思維方法所提出的「生物鐘」理論也是吻合的。在地支五行和十二時辰基礎上發展起來的「子午流注」法，其所揭示的實際的人體經脈內氣的流動，歷代應用在針灸及中醫辨證施治方面，具有現實效果，這一點目前為世界醫學界公認。

「子午流注」，是指人體十二正經，手三陰經脈由胸走手，手三陽經脈由手走頭，足三陽經脈由頭走足，足三陰經脈由足走腹，循環流動。而在一天之中，每一經脈各有旺盛的時辰，在自己的經脈上運行，最後流注到相銜接的次一經脈。於十二時辰中行遍十二正經。

從具體時辰而言，「子午流注」從寅時開始，走肺經；卯時，走大腸經；辰時，走胃經；巳時，走脾經；午時，走心經；未時，走小腸經；申時，走膀胱經；酉時，走腎經；戌時，走心包經；亥時，走三焦經；子時，走膽經；丑時，走肝經。然後週而復始。

這樣，人體十二正經，在每一天中，都形成一個首尾相接的大循環的「流注」過程，或曰人體經脈運行系統。

智顗時代，「子午流注」之說尚未出現。但是在《摩訶止觀》的「十二時獸」說中，卻已經有了類似的觀念。智顗在以「十二時獸」作比，將每一時辰又細分為三個較小時段，分別以十二生肖獸及有關的「三十六獸」作為喻象，並以四方、四季、五行作為「行用配合」，講授了一種高級功法。（恕文繁不贅，有興趣的讀者請自行參看）智顗對《大集經》的新解釋，也表現了他對佛教與本土文化交融的不拘一格的創造性。

智顗與南北朝時的許多或以出入朝中為行履、或以學理通究為標榜、或因神通惑世而立身的僧集團領袖，都有所不同。他皆具以上特徵，但是，又絕不以某一方面的特徵為立身之本。

他也出入朝廷，但絕不以帝王將相為依傍，始終保持一個民間宗教家的身份。他足稱得上學理通究，但始終關注體用並行。作為一個大宗教家，他不免也常使用一些神通動人之術，但從來也不以此為重，始終是作為一種輔助手段。他對《大集經》中的「十二獸」內容以「十二時獸」作出新解釋，很能表明這個特徵。

三、易判八卦，以有明玄

智顗創立天臺宗，是佛教發展史上一個里程碑事件，從此開創了中國佛教史，也是世界佛教史的一個新紀元。這同時也表明，他對當時一些重大問題都需要作出回答，對一些重要理論也需作出必要結論。易佛關係就是這樣一個問題，是智顗不能回避的。當然，他也沒有回避。

智顗以確定的「中國佛教」的價值觀作為衡度標準，以磅礡的大氣勢，還進一步料簡和會通佛教內外一切文化、思想、學說。他在《摩訶止觀》中較全面也較明確地對南北朝以來佛教在發展中與易道的關係，以及與道家和儒家思想的關係，作出了結論性的說明。

對佛教與《易》以及與道家《老》、《莊》的關係及各自的作用，智顗說：

> 《易》判八卦，陰陽吉凶，此約有明玄。
> 《老子》虛融，此約無明玄。
> 《莊子》自然，約有無明玄。

就是說，《周易》是從「有」的角度說明「玄」道，即「大道」（佛教的真如）的問題的。《老子》是從「無」的角度說明「玄」道，即「大道」問題的。《莊子》是從

「有無」雙兼的方面說明「玄」道，即「大道」問題的。相對而言，佛教則是從般若析空、涅槃佛性角度說明「玄」道，即「大道」問題的。

應該指出，智顗此說乃是對《易》、《老》、《莊》三學與佛教的關係以及各自作用的一種說明，並無以此區分《易》、《老》、《莊》三學高下之意。佛門方便，情無取捨，本不同於世俗。這從智顗一貫的思想方法可見。這個問題，看湛然的《摩訶止觀．傳弘決》中的解釋也可知，恕不贅。

對易與儒的關係及各自的作用，智顗還說：「一切世間外道經書，皆是佛說。」（《摩訶止觀》，卷六上）這裡的「世間外道經書」，主要就是指儒家經典。智顗說：

> 深知世法即是佛法，何以故？束於十善，即是五戒。深知五常、五行義，亦似五戒。仁慈矜養，不害予他，即不殺戒；義讓推廉，抽己惠彼，即不盜戒；禮制規矩，結髮成親，即不邪淫戒；智鑒明利，所為秉直，中當道理，即不飲酒戒；信契實錄，誠節不欺，是不妄語戒。周孔立此五常，為世間法藥，救治人病。（《摩訶止觀》，卷六上）

智顗概括儒家的重要作用，簡明有力地指出：「禮制仁義，衛國安家，若不行用，滅族亡家。」這是從「體用」關係上，從體現「用」的角度，肯定儒家學說和仁義禮制的價值。近年曾有學者提出智顗重儒輕道，或者說他重視儒家，貶斥道家。我認為這種看法不合適。

總之，智顗認為，《周易》是通過陰陽八卦，從存有的角度或者用中國哲學概念說，是從形器角度來認識和達到真理。其達到真理的基本的方法是通過具體的、有形的、現實的事物，開闢通向終極價值的道路，用佛教語言說，就是去把握和達到「真如」，達到涅槃佛性。這樣，就從價值論意義上肯定它是真理的一個環節，用佛教的語言說，是「十地」中的一個階段。

從上述智顗所明確表達的觀點可見，他對易的價值評判是十分肯定的。但是，同時他也認為，與出世大法——佛法比較，畢竟以佛法價值更為崇高深遠。作為佛教界人物，這當然也很正常。

同時我們也可以看出，這種觀點是對兩晉南北朝以來易佛關係（以及以此為代表的儒佛關係、道佛關係）的概括和總結。

這種觀點在當時佛教界具有普遍性，因此也具有歷史性。但是，這種觀念在唐代宗派佛教時期就不存在了。

下面我們將看到，唐代宗派佛教對易佛關係的觀念，與此大為不同。

【註　釋】

❶ 王仲堯：《智者大師傳》，臺灣，佛光山出版社一九九四年版。作者《後記》中詩句：「千葉青蓮明月下，天臺深深知幾重」。此處借用表述《維摩詰經》中「煩惱泥中生蓮花」之意，以喻下文智顗「一念無明法性心」之

說。

❷當時稱為「某某眾」，是一種官方給予的名稱。當時還沒有佛教「宗派」的成立，也就還沒有宗派的名稱。

❸智顗及天臺宗的有關思想和事蹟，參閱王仲堯：《智者大師傳》，臺灣，佛光山出版社一九九四年版。

❹王仲堯：《隋唐佛教判教思想研究》，成都，巴蜀書社，二〇〇〇年九月版。

❺孔疏揭示了六十四卦排列方式之一，但學界對其說也向有異議，如認為《泰》（䷊）與《否》（䷋），《既濟》（䷾）與《未濟》（䷿）等卦組就既非復，亦非變。參閱劉大鈞：《周易概論・關於周易大傳》，齊魯書社一九八六年版。

❻對這個問題的詳細論述，參見王仲堯：《隋唐佛教判教思想研究》，巴蜀書社二〇〇〇年九月版。對這個問題的提出，學術界較快有了回應。

❼〔德〕文德爾班（Windelband）：《哲學史教程》上卷，羅達仁譯，商務印書館一九九三年十月版，第三十頁。

❽〔德〕文德爾班（Windelband）：《哲學史教程》，上卷，羅達仁譯，商務印書館一九九三年十月年版，第三十頁。

❾任繼愈主編：《中國佛教史》，第三卷，有對《提謂波利經》殘本情況的部分說明，見該書中國社會科學出版社一九八一年九月版，第五五五頁注❶。

❿伯希和本《提謂波利經》（P.3732），原件現藏巴黎國立圖書館。

第五章　華嚴宗與易學：李通玄的《新華嚴經論》

一、張大教網，漉人天魚

唐代政治穩定，經濟發達，文化繁榮，各種文化形態兼容並列。中國佛教發展出現歷史上第二個高潮。

這個時期的佛教有兩大特徵。

一是出現了佛教的各大宗派，而且每一宗派都有相對完整而又嚴密的教理體系，其教理體系的核心又主要是以哲學形態建構的，這是其他任何歷史時期所沒有的。

二是與政治最高層關係密切，有的時期還幾乎到相互依賴的程度（如法藏華嚴宗與武則天的關係），這也是其他任何歷史時期所沒有的。

這個時期的佛教可以稱之為「宗派佛教」。繼隋代天臺宗之後，唐代佛教唯識、華嚴、禪、律、淨、密各宗派相繼湧現，最後又以禪宗為總結和歸趨。這是這一歷史時期佛教基本情況。

(一) 唐代易學簡說

唐代易學出現過一個總結會通的新局面。唐代易學有兩部總結性著作：一是《五經正義》之一的《周易正義》，二是李鼎祚的《周易集解》。二書基本上可以代表唐代易學總的發展水準。

唐太宗命孔穎達作《五經正義》，對兩漢魏晉南北朝以來各家易說進行總結，實際上，即是在統一的價值標準之下會通各家易學。此後，《五經正義》作為官方教科書，成為科舉考試依據。

《周易正義》繼承隋代尊王（弼）傳統，推崇玄學派易學，但不鄙守門戶，對於其他易學流派並不排斥。此書對唐宋時期易學的發展有重要影響，是漢易轉向宋易的橋梁。孔氏在《周易正義・序》中這樣解說《周易正義》一書宗旨：

> 考察其事，必以仲尼為宗；義理可詮，先以輔嗣（即王弼）為本。去其華而取其實，欲使信而有徵。其文簡，其理約，寡而制眾，變而能通。

此書除採用王弼、韓康伯二注外，也對子夏傳，京房章句，鄭玄注，王肅注，到南北朝時的盧景裕《周易注》等，都予引述。因此，此書可以說是從義理派易學角度，對兩漢以來易學發展作了較全面總結。但書中同時也吸收象數派觀點，並不偏廢。一般認為，從易學史看，《五經正義》一書具有調和象數和義理兩大流派的傾向，是南北朝以來兩派易學相互吸收的學風的繼續。

李鼎祚的《周易集解》也是唐代總結性的易學著作。李氏在《周易集解・序》中說此書宗旨是：

> 採群賢之遺言，議三聖之幽賾，集虞翻、荀爽，（共）三十餘家，刊輔嗣之野文，補康成之逸象，各列名義，共契元宗。

《周易集解》主要是匯集漢易象數派學說，收集的各家，以荀爽、虞翻、干寶等人為主。荀爽、虞翻等人的易學主要也是通過此書而得以流傳下來。《周易集解》後來實際上被視為唐代象數易學代表。但書中所集各家注解，對玄學派如王弼、何晏、韓康伯等易說也予採納，並不絕對排斥。

除《五經正義》和《周易集解》外，唐代還有一些重要易學學說，如崔憬的《易探玄》（此書已失傳，佚文現僅見於李氏《周易集解》引）。崔憬易學，不滿意孔疏對王弼易學的闡發，但對卦爻辭的解釋，亦重視義理，有些新觀點，對以後的宋明易學也有一定影響。

唐王朝在文化思想政策上胸襟開闊，採取儒、釋、道三教並行政策，因此，儒、釋、道三大思想體系在相互爭論中又相互影響，從歷史角度看，總體上能形成一種會通傾向。在這種風氣影響下，佛教界和道教界也開展易學研究。借助易學宣揚自家教義的做法，在盛唐時代蔚為風尚。

(二)靈干的「蓮華藏世界海」觀與易學影響

靈干（五三五—六一二年）俗姓李，上黨（今山西省長治市）人，十四歲到鄴都大莊嚴寺，從學於曇衍，十八歲能「復講《華嚴》、《十地》」，且「酬抗群鋒，無所質礙」，成為一名重要華嚴學僧。北周武帝廢佛，他居家奉戒。隋初被徵為帶髮修行的菩薩僧，「官給衣盔，少林置館，雖蒙厚供，而形同俗侶」。開皇三年（五八三年），他到洛陽淨土寺再度出家。

當時洛陽一帶流行《華嚴經》，「有海玉法師，構華嚴眾，四方追結，用興此典」。這裡所謂「華嚴眾」，名稱借用了上文所說的隋文帝在長安所立之「五眾」，但性質不同，這裡的「華嚴眾」，是一種民間僧、俗在一起共同結社性質的佛教集團，活動內容是以學參《華嚴經》為主的佛教思想說，並用於修行實踐。《華嚴》學與《地論》學在佛教學理上是相近的思想體系，上文所說隋初官方的「五眾」，其中之一是「地論眾」，由此也大略可知洛陽「華嚴眾」的教理性質，代表了中國佛教華嚴學在進一步發展中。

靈干「即於此眾，講釋《華嚴》」，並由此而產生了社會影響，隋開皇七年，靈干奉敕住長安大興善寺，為譯經「證義沙門」。隋大業三年（六〇七年），長安大禪定寺建立，他被官方命為「道場上座」。

靈干《華嚴》學中，提出「蓮華藏世界海」觀，作為修行終極目標。據說，靈干有一次「遇疾悶絕」，醒來之後，自述到過「兜率陀天」，那裡「林地山池，無非珍寶，煌煌亂目，不得正視」，一片美景。其師慧遠和僧休也在那裡，「頂戴天冠，衣以朱紫，光偉絕世」。

值得注意的是，當時另有一位名僧童真，與靈干討論這個問題曾說到「若即往彼（指兜率陀天），大遂本願」時，靈干卻不以為然地說：「天樂非久，終墮輪迴」，並且還說，即使到了「兜率陀天」，也只不過就是「大水遍滿，華如車輪」，能「坐其上，所願足矣」。

可知靈干對到達「天宮」的態度，並不熱衷。這實際上是表達了對現實世界的冷漠。社會動蕩時期，佛教僧人中常有這種曲折表達的疑「天」情緒。天宮信仰在修《華嚴》的僧人中地位不高，他們認為在天宮之外別有修行的目的地，此即《華嚴經》所描述的「蓮華藏世界海」❶。

在靈干看來，「蓮華藏世界，是所圖也」，肯定蓮華藏世界海是修行目的。（上引均見《續高僧傳》卷十二，《靈干傳》）但是，其心目中的蓮華藏世界海的圖式並沒有神秘性，只剩下平淡空靈場面。這種解脫觀與易理有關。上文提到智顗從佛教的角度評價《周易》，認為易是「以有明玄」。這種視角在華嚴學僧中並未改變，但是，他們卻大大地發揮著易之「以有明玄」的作用。

(三) 法藏華嚴宗思想與易學

1. 法藏及華嚴宗簡說

法藏（六四三—七一二年）是華嚴宗實際創始人。華嚴宗是在盛唐政治、經濟、軍事、文化藝術、民族關係以及宗教發展的興盛時期出現的首屈一指的中國佛教大宗派。中國佛教史上，華嚴宗是唯一一個在皇權直接干預下建立的官方佛教教派。上文提到法相唯識宗是第一個受到皇權支持而產生的教派，但是，其與華嚴宗成為官方佛教教派、直接受到皇權干預是有區別的。

唐太宗李世民和唐高宗李治相繼支持玄奘譯經，是將佛教視為教化手段之一種，視其為一種教化工具，因此譯經得到皇權支持，由此而形成了一個宗派。華嚴宗成立情況有很大不同。武則天變唐為周，以佛教為其輿論宣傳的主要手段，在她直接扶助、干預下，通過法藏而建立的華嚴宗，是一種官方的意識形態工具。其政治地位和實際產生的社會影響，其他宗派不可望其項背❷。

天臺宗社會影響植根民間，是非主流社會向主流社會滲透的一種文化影響模式，或可以說是一種自下而上的托舉式的影響。華嚴宗不同，其社會影響和教理體系都與直接應和皇權需要有關，具有清醒地直接為大唐盛世和武氏革命前後的社會穩定造輿論的性質。其社會影響植根官方，乃是一種主流社會的輻射模式，或可以說是一種自上而下的籠罩式的影響。

法藏個人的學識智慧、性格魄力、活動能量，也是使華嚴宗能蔚為大教派集團的重要原因。如講經說法是佛教重要活動形式之一，法藏在這方面乃能力非凡，各種傳記中對此都有記載。如說法藏講經時，「有光明從口出，須臾成蓋，眾所俱瞻」，「香風四合，瑞霧五彩，崇朝不散，縈空射人」，或「天華四散，五雲凝空，崇朝不輟，香彩射人」。（續法：《法界宗五祖略記》）甚至因法藏講經時出神入化，竟使聽眾感覺「講室內外及寺院欻然震吼，聽眾稻麻，嘆未曾有」（崔致遠：《唐大薦福寺故寺主翻經大德法藏和尚傳》）。

聖曆二年（六九九年），法藏在洛陽佛授記寺給武則天講《華嚴經》時，以殿前金獅子為喻解說六相、十玄奧義，又設十面鏡子分置十方，中間一尊佛像，點起蠟燭，令燭光鏡光，輝映互射，於重重佛尊含容之中，璀燦輝煌，以此顯示法界剎海，緣起無盡、圓融無礙的「因陀羅」（傳說中天帝殿上珍珠織成之網）境界。這些都是很有名的事件。因緣際會，他的「善巧說法」的能力與效果，似與智顗不相上下，但他涉入政治最高層，當時產生的社會實際影響，比智顗更廣泛普遍一些。

法藏的華嚴宗教理體系是在這樣一種皇權與佛教互動的態勢中建構的，它表現出了中國佛教發展高峰時期雍容自信、寬闊廣大的胸懷和含容精進的文化精神。（圖五—一）

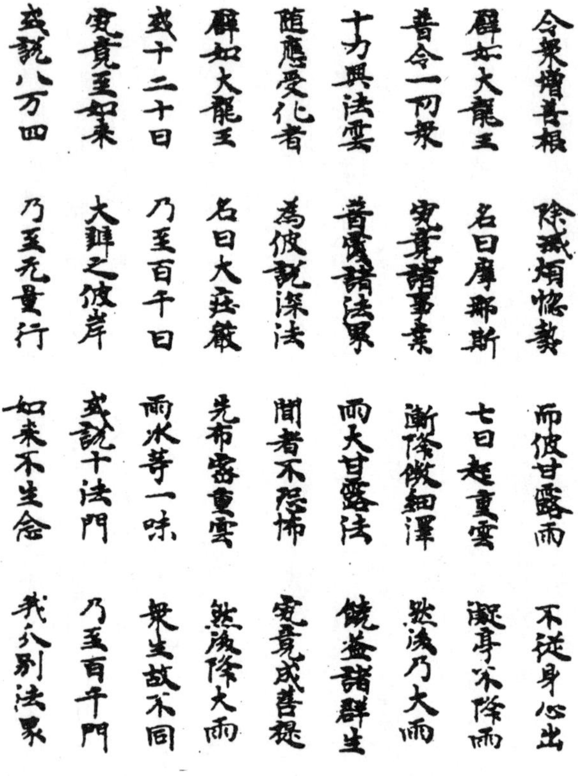
令衆增善根 除滅煩惱勢 而彼甘露雨 不從身心出
譬如大龍王 名曰摩那斯 七日起重雲 凝身不降雨
普令一切衆 究竟諸事業 斷除微細澤 然後乃大雨
十力興法雲 普覆諸法界 雨大甘露法 饒益諸群生
隨應受化者 爲彼說深法 聞者不恐怖 究竟成菩提
譬如大龍王 名曰大莊嚴 先布密重雲 然後降大雨
或十二十日 乃至百千日 雨水等一味 衆生故不同
究竟至如來 大辯之彼岸 或說十法門 乃至百千門
或說八万四 乃至无量行 如來不生念 我分別法界

圖 5–1　梁書《華嚴經》（卷二九）墨跡

法藏的華嚴學思想，含有對中國佛教發展的反思、批判和總結的意味。法藏曾解釋諸教關係說：

是諸教（五教）下，所明義理，交絡分齊。準此思之，是則諸教本末句數，結成教網。大聖善巧，長養機緣，無不周盡。故此經（《華嚴經》）云：張大教網，置生死海，漉人天魚，置涅槃岸。此之謂也。（《華嚴教義章》，卷一）

「交絡分齊」就是各種教理內容互相交叉會通，不能截然分開。天臺宗智顗也說過：「張大教網，亙法界海，漉人天魚，置涅槃岸」（《法華文句》，卷一）。同是恢宏氣象，也同是用「教網」之喻體現會通的思想理路。但是，法藏的會通乃在於先「明義理」，即邏輯上的清晰度，然後再「結成教網」，使各種說法「無不周盡」（《華嚴教義章》，卷一）。

2. 法藏對易學的吸收

法藏一生的宗教活動主要是以教理建構為主（締造思想，宣傳義理，翻譯經典等），但有時他也利用機會製造靈異事蹟。如有一次，法藏奉武則天之命，在授記寺講堂講演《華嚴經》。講至《華藏世界品》，忽然地震發生，講堂寺宇震吼，道俗數千，驚嘆不絕。此事經敷演宣傳，傳到武則天耳中，武則天十分高興，在御批之中，將地震說成是如來降跡顯靈，是自己當女皇的瑞兆，並命令史官將此事編入史籍。並特地下敕，褒獎法藏。

武則天即帝位後，常請法藏入內道場講經。法藏則經常表現出一些神奇功能，顯示佛法靈妙，使佛教信仰能為武則天中央政權更好地服務。

武周時期，東北地區契丹部族曾起兵反抗中央。武則天一面派兵鎮壓，一面特詔法藏借佛教神力襄助這次軍事行動。法藏應詔行事，建立道場，設八面觀音像，誦經行道。據說連續數日，契丹族人或看到無數天兵，或看到觀音顯現，因而軍心大亂，月餘，武周之兵獲捷。武則天特優詔慰問法藏。

當時可能因法藏威望崇高，親作法事，消息傳出，而使武周軍隊大獲鼓舞。契丹軍隊人心動搖，因而戰事很快平定。而武則天則以此作為自己得佛輔佑之證。法藏這些做法，在當時社會歷史條件下，也是一種宗教能與政治及民俗社會結合的有效手段。

法藏釋《華嚴經》中，也有以易學直接納入佛學的做法。如釋善財童子「南行」，他是這樣說的：

> 其南有四義：一是正義，如指南之說等，表所向非邪故；二是背暗向明義，表捨障向理故；三是離增減義，如日東出西沒，是增減相，南離二邊，表中道法界；四是生義，謂南主其陽，是其生義。（《華嚴經探玄記》，卷十八）

《周易・說卦傳》釋《離》卦：「離也者，明也，萬物皆相見，南方之卦也。聖人南面而聽天下，向明而治，蓋取諸此也。」法藏釋「南」為「正」、「明」、「理」、「中道」、「生」、「陽」諸義，明顯是吸收易學，發揮華嚴教義。

法藏自如地運用易學思想乃至援引易學語言來說明一些佛教的重要問題。如他在自己的重要著作《大乘起信論義記》中說：

> 夫真心寥廓，絕言象於筌蹄。沖漠希夷，亡境智於能所。非生非滅，四相之所不遷。無去無來，三際莫之能易。但以無住為性，隨派分歧，逐迷悟而升沉，任因緣而起滅。雖復繁興鼓躍，未始動於心源；靜謐虛凝，未嘗乖於業果。故使不變性而緣起，染淨恆殊；不捨緣而即真，凡聖致一。其猶波無異水之動，故即水以辨於

波；水無異動之津，故即波以明於水。是則動靜交徹，真俗雙融，生死涅槃，夷齊同貫。但以如來在世，根熟易調，一稟尊言，無不懸契。大師滅後，異執紛論，或趣邪途，或奔小徑。（見法藏：《大乘起信論義記》，卷一）

這是說明佛教的價值準則，終極目標，高遠境界，以及存在的問題，和從理論上解決這些問題的緊迫性。王弼《周易略例・明象》說：「故言者所以明象，得象而忘言；象者所以存意，得意而忘象。」「言」是為明象，「象」是為得「意」，佛教教理，目的也是從言象中探究其蘊含義理，這與「得意忘象」一致。實際上法藏對於無論《華嚴經》也好，《大乘起信論》也好，也都是這樣一種思想方法。

從現存華嚴宗文著中可見，唐代華嚴宗不少人說華嚴教理常援用易學之說。但是他們一般對此不事張揚。李通玄就不同了。

二、發明通玄，海印三昧

(一)李通玄特色鮮明的《華嚴經論》

1. 李通玄生平及思想簡說

李通玄以易入華嚴，作《華嚴經論》，是唐代華嚴宗會通易佛的代表作，也是唐代宗派佛教吸收易學的代表作。

李通玄（六三五—七三〇年）活動的時間約與法藏同時或稍後。他據說出身李唐皇族，具體身世不詳，世稱李長者。李通玄年輕時代「學非常師，事不可測，留情易道，妙盡精微」。他「放曠林泉，遠於城市」，好像一生過著遊學生活。「年過四十，絕覽外書」，從此才專注於佛典。其學「該博古今，洞精儒釋」，後潛心佛學，尤精《華嚴》。他精通易學，充分表現在他以後注解《華嚴》的著作中。從傳記資料看，李通玄似是居士一類身份。他可能不涉入任何一個官方或民間的佛教集團的活動，基本上是一個獨立行動的華嚴學者。（李通玄事蹟見照明作《華嚴經決疑論序》及《釋大方廣佛華嚴經論主唐李長者通玄行蹟》、《宋高僧傳・法圓傳》、《隆興佛教編年通論》等。一般認為，因照明與李通玄來往甚密，並「親承訓授，屢得旨蒙」，可主要依據他的記述了解李通玄生平事蹟）

李通玄卒於唐開元十八年（七三〇年）。從他在則天朝之前已經年過四十的有關記載來看，史書謂李通玄死時年九十六歲的說法，還是可信的。以此推斷，李通玄應生於貞觀九年（六三五年）。

李通玄顯然對以往的《華嚴經》注疏著作不滿意：「每掩卷嘆曰：經文浩博，義疏多家；惜哉後學，尋文不暇，豈更修行？」《華嚴經》本來不容易讀，雖然注釋者多，各自發揮，卻反而使後學者多產生理解上的困難，修行方面更是常覺無所適從。這是李通玄深入研究《華嚴經》的重要動因。

新《華嚴經》是於聖曆二年（六九九年）譯出。李通玄開始隱居著述，是在開元七年（七一九年），離新經譯出已有二十年。李通玄攜帶新譯《華嚴》，從定襄（今山西右玉一帶）到並州（今山西省太原市）盂縣（今山西陽曲一帶）西南同穎鄉大賢村高山奴家，開始撰寫著作，三年足不出戶。後又隱居神福山原下的土龕（在今山西省壽陽縣），繼續著述，直到逝世。隱居著述期間，他「每日食棗十顆，柏葉餅一枚，餘無所須」，所以後世又稱他「棗柏大士」。（《宋高僧傳》卷二十二《法圓傳》）（圖五—二）

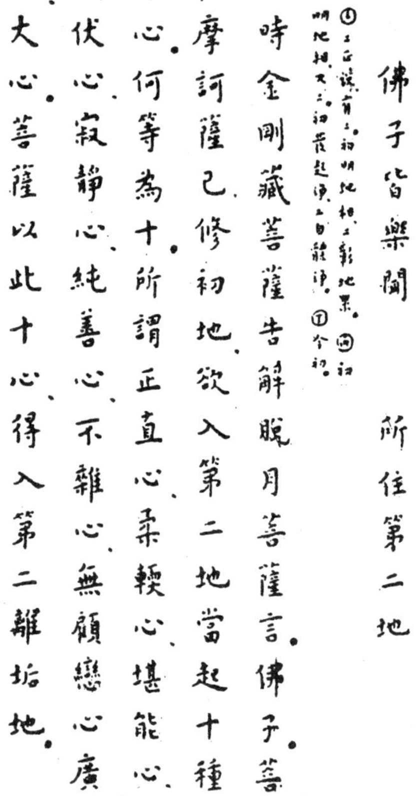
佛子皆樂聞
所住第二地
爾時金剛藏菩薩告解脫月菩薩言。佛子。菩
薩摩訶薩已修初地，欲入第二地，當起十種
深心。何等為十。所謂正直心、柔輭心、堪能心、
調伏心、寂靜心、純善心、不雜心、無顧戀心、廣
心、大心。菩薩以此十心得入第二離垢地。
圖 5-2　弘一法師書：《華嚴經》墨跡

李通玄首部著作就是《華嚴經論》（又稱《新華嚴經論》）四十卷。照明謂此書乃

是「考經八十卷，搜括微旨，開點義門，上下科節」。《華嚴經論》體例仿法藏《華嚴經探玄記》，可以分為兩部分。第一部分是前八卷，具有序說及概論性質，即所謂「懸談」性質。其中前六卷分十門釋經，實際上是提出十個方面的問題，從總體上論述華嚴學。卷七、八是講對全經的分段及說明他的注解形式。第二部分是卷九至卷四十，逐品解釋經文，屬於「隨文釋義」性質。儘管李通玄的後出著作在某些方面有發揮和補充，但《華嚴經論》基本可以反映他的全部學說內容。

2. 李通玄的《華嚴經論》

李通玄完成《華嚴經論》後，「猶慮時俗機淺」，恐世人不能讀懂此文，又著多種篇幅較短的文章，具有補充說明性質，如《略釋新華嚴經修行次第決疑論》四卷，等。

李通玄所有著作，以《華嚴經論》和《決疑論》流通較廣。唐代宗大曆九年（七七四年），僧人廣超見到上述兩書，請人抄寫，以廣流佈。唐宣宗大中年間（八四七－八五九年），福州開元寺沙門志寧將《華嚴經論》的注疏部分會於經文之下，合成一百二十卷。北宋乾德五年（九六七年），惠研又予以整理，題名《華嚴經合論》，「人所貴重焉」（《宋高僧傳・法圓傳》）❸。從北宋開始，與漢易復興有關，李通玄的著作終於廣泛流行。

李通玄是一位純粹的佛教學者，乃因文章出色而得以傳世。討論一種思想，不能忘記創造出這種思想的思想家本人的主體立場，及其動機、情感等文本之後的東西，否則易落以空對空、自說自話的時代病。

志寧在《華嚴經合論》序中說：「其論所明，與諸家疏義，稍有差別。」其實李通玄的學說思想和當時法藏為代表的主流系的華嚴學大有差別（這方面據說日本佛教學者鎌田茂雄先生有較深入的研究，惜未得睹）。

簡而言之，法藏是從真如本覺、法界圓融角度，簡單地說，是從緣起角度說華嚴學說，偏重於邏輯方面的理論體系的建構，以教理體系作為宗派活動的核心支柱，從價值論上說，體現的是「理佛性」的特色。李通玄則是從「入剎那際三昧」說華嚴學說，以實踐性宗教理念作為思想結構展開的核心問題，從價值論上說，體現的是「行佛性」的特色。李通玄的易解華嚴境界的獨特方式，往往說得精采而具優美意趣。但我認為，雖有差別，總體上他是與法藏代表的主流系華嚴學形成互補，這是其學說能為世人接受的重要原因。

李通玄在《華嚴經論》中說：「今如來以方隅而顯法，令啟蒙者易解故，若不如是彰表令生信者，啟蒙何托?有言之法，皆是托事以顯像，故得意者，法像俱真也，言默皆契。」（《華嚴經論》，卷十五）李通玄把《華嚴》中形象描述歸結為「取像表法」，把《華嚴經》中的說明敘事歸結為「托事顯像」。實際上把《華嚴經》視為與《易》相同。《周易・繫辭下》說：「古者包犧氏之王天下也，仰則觀象於天，俯則觀法於地，觀鳥獸之文與地之宜，近取諸身，遠取諸物，於是始作八卦。」李通玄認為

《華嚴經》即是如來「取像世間法」之作。也就是說，連《華嚴經》也可以理解為只是一種方便施設，同於《周易》中的言象。

3. 李通玄易解華嚴的雙重立場：易學與佛境界

李通玄在自身深厚的中國思想文化學養背景下，以《周易》融入和解說華嚴學，在更廣闊的範圍裡實現佛教與易學的會通。

《華嚴經》中，以「十方」指代所有時間和空間關係，李通玄則以八卦比附華嚴理論。他在釋《華嚴．入法界品》中指出：

> 主方神隨方回轉者，震、巽、離、坤、兌、乾、坎、艮，（及）上、下二方為十方，皆有神隨逐回轉而行。
>
> 十方之法難量，一方之法，具有十方，互體參差，卒申難明，但隨世法及出世法，隨事回轉。以明法無定位，隨事變通。（《華嚴經決疑論》卷三之上《十行位》）

結合上下文看，這裡的「十方」，是以文王八卦的八個方位，又加上、下兩方。「主方神」指《華嚴經》描述的某一方位上的神，因方位不同而神不同，隨方位變換移動，使十方均有神，用「一即十，十即一」，「重重無盡」的理論，注解這幅形象畫面，就是謂一方中具十方，方方無盡，神也無盡。這樣，就與上文所引法藏「張大教網」語中「諸教交絡分齊」的會通思想也吻合。但從「行佛性」立場，李通玄的《華嚴》學所描述的有可視形象的神及其在各方的遊動，更明顯蘊含著「法無定體，隨事變通」之理。

這裡的「法」，非指「事法」，而是指「果法」，即佛之不可言說、不可名狀境界。這個境界也就是最終要認識的真如（真理）。由此可見，李通玄更側重用《周易》來溝通《華嚴經》學說的現實與理想，此岸與彼岸。

用八卦加上「上、下」兩方，配成「十方」，貫穿於李氏對整部《華嚴經》的解說中。《入法界品》講善財童子南行，尋訪善知識。李通玄解釋「南行」之意，是為「明托方隅而表法，以南為正、為離、為明。以離中虛，以中虛故，離為明，為日，為九天。在身為頭、為目、為心。心達虛無智。」李通玄以《離》卦解「南」行，這種比附，目的在說明善財南行要獲得「心達虛無智」，這個思想與上述法藏所解又類同。

常有一些學者對李通玄提出批評，說李通玄《易》解《華嚴》，望文生義的曲解、比附過多。如他以《離》卦為釋「南方」等義同時，把「南無」一詞中的「南」也當成指稱方位的「南」來解釋（佛教「南無」之「南」本身只表示音節，無其他含義）：「是故禮佛皆云『南無』，明南方虛無也。但虛無之理，是南方之義。又南無者，為明正順，正順虛無之理，故號南無。」李通玄將《華嚴經》提到的幾乎所有佛、菩薩、諸神，以及多數名相、概念，皆與《周易》聯繫，牽強附會過多，結果適得其反。

我認為完全不然。

李通玄揭示了華嚴學一個重要方面的內容，表明華嚴學始終在中國固有思想文化的制約、誘導下發展演變。從「趣入」「剎那際三昧」角度，「以有明玄」。同時站在易學與佛教雙重立場，是他易解《華嚴》的基本方法論。否定了這點，實際上就否定了他的基本立場，也等於否定了他所有學說。

從李通玄自宋代被佛教界重視以來，由於當時及以後，中國佛教發展的文化理路主要已不再是專注於精英層的學理方面的討論，而是日益集中於實行與慈悲方面的話題，或者說已經不再如南北朝和隋唐那樣，主要是從真諦立場去達到真俗二諦義之非二非不二，轉而為從俗諦立場去達到二諦義之非不二非二。本書以下僅擷三端，即從李通玄的以「卦氣說」、「五行生旺說」和「《艮》卦」解《華嚴》問題，作一些探討。

(二)李通玄以「卦氣說」解《華嚴》

1.《易緯》卦氣說及其意義

《易緯》卦氣說是在孟、京易學基礎上取長補短，建立了一個更新的世界圖式。唐之後，人們對於漢代易學卦氣說的了解基本上是通過《易緯》卦氣說進行的。

從孟喜、京房開始，直到《易緯》卦氣說的基本思路，都是致力於用卦氣的象數模式來描述一年中的氣候節令的變化，表示四時循環寒暑的往來等正常的宇宙節律。由於氣候變化的正常節律屬於實證知識，而卦氣圖式則是一種象數符號，因此，在使用中，

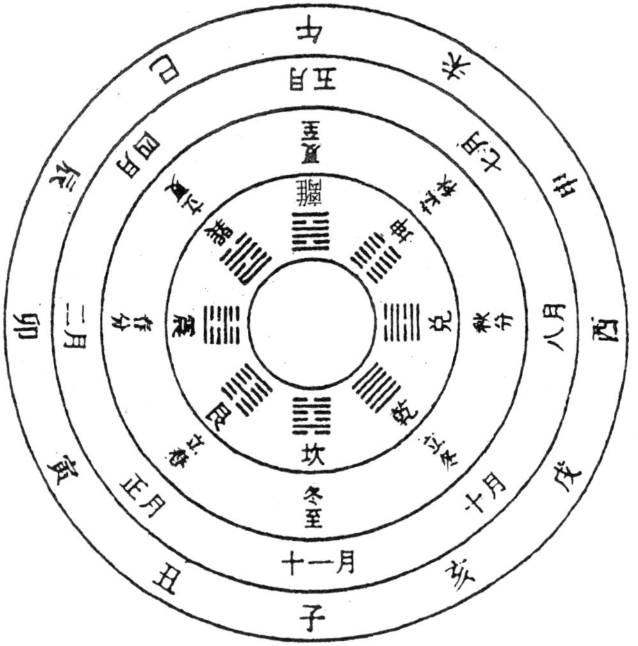

圖 5-3　京房八卦卦氣圖

只有把象數符號的變化編排得適合於氣候的變化，使符號系統與事實系統同步同形存在，才能顯示出內在的邏輯性。所以，《易緯》卦氣說實際上也成為中國古代關於世界存在的一種同時包含時間與空間觀的基本理念。（圖五—三）

《易緯》卦氣圖式，是以《中孚》卦為起點，以《頤》卦為終點，建構了一個完整的時空結構，在循環往復中，以晝夜長短、寒暑交替等為基本實證構架，表達出精緻完美的宇宙觀。在循序漸進、首尾相銜的圓圈結構之內，陰陽爻的分佈乃呈現為兩兩對稱。這種以象數形式體現的嚴格對稱，與自然界氣象物候的正常節律息息相通，體

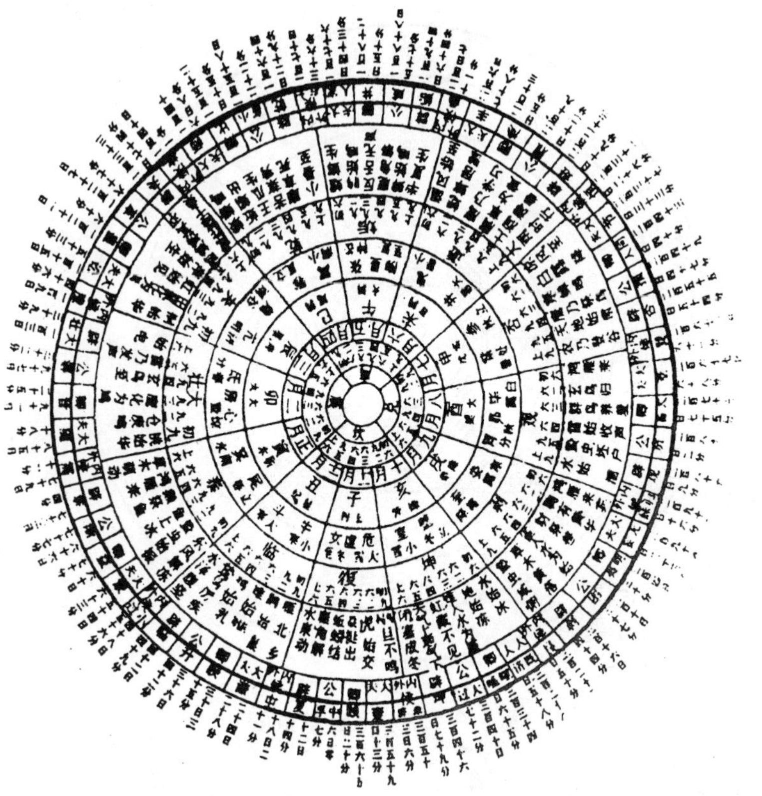

圖 5-4　《易緯》卦氣圖

現了一種自然的完美和諧。

《易緯》卦氣說，是以一種特別的「象數語言」表達了自然界的難以言喻的秩序與結構之美，可謂人類思想史上偉大的藝術傑作。

《易緯》卦氣圖的現實意義尚不盡於此。它也是為那個歷史時代的人們樹立了一個信仰理想。其中所包含的「天人感應」觀念以及「中和」之美的理想，乃是一種貫徹始終的人文精神。並且，其所表達的「中和」理念實際

上還是一種處理社會人倫關係的價值準則。（圖五—四）

按《易緯》中的思想，這種理想的社會人倫關係就是尊卑等級之間和諧、協作與一致，「陽唱而陰和，男行而女隨」。在人倫關係上，「初為元士，二為大夫，三為三公，四為諸侯，五為天子，上為宗廟」，這種尊卑等級的地位是不能顛倒的，但是，初必須與四相應，二必須與五相應，三必須與上相應。只有把這兩個方面有機地結合起來，才能使社會中的各種關係一體化，也就是達到「中和」境界。同類相感，陰陽相應，協調配合，和諧穩定，生生不已。

所以，「動於地之下，則應於天之下」，表現為爻數，就是初與四相應；「動於地之中，則應於天之中」，表現為爻數，就是二與五相應；「動於地之上，則應於天之上」，表現為爻數，就是三與上相應。因此，卦爻象數一方面反映了宇宙的演化的過程，同時也蘊含著不易和變易的易學原理，體現人的觀念對於天地萬物的有序結構和功能的認識。

《易緯》中認為，陰陽運行也並不侷限於一卦六爻之內，而是向外擴展為一個「太乙九宮」和「四正四維」的空間圖式。陰陽運行是按照「陽動而進，陰動而退」的逆行方向交錯進行的，所以陽變是由七到九，陰變是從八到六；「陽以七、陰以八為彖」，「彖」即為爻之不變動者，七為少陽，八為少陰，加起來是十五。老陽為九，老陰為六，加起來也是十五。因而，十五這個數字，就是「一陰一陽之謂道」的數據，可以根

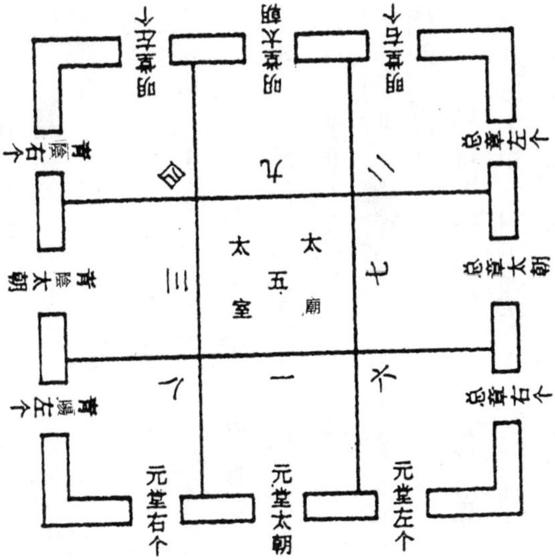

圖 5-5　明堂九宮圖

據這個數據，來架設一個九宮圖。

九宮的說法本於「明堂陰陽說」。《大戴禮記・明堂》中說，明堂有「九室」，其形「上圓下方」，象天圓地方，天覆地載，其數為「二、九、四、七、五、三、六、一、八」。這九個數目，即是五行生成之數，明堂九室即取法於此。（圖五—五）

《易緯》把九宮與四正四維的八卦方位結合在一起整齊排比，用卦爻象數架設出九宮圖，就是所謂「戴九履一，左三右六，二四為肩，六八為足，五居中央」，橫豎斜看，都是十五。我們看得出，此九宮圖反映的實際上又是洛書之數。而洛書之數又是內在地包含河圖之數在內的。按河洛圖數理論，河圖為常為體，洛書為變為用。在易學史上，河圖被認為是八卦之源，洛書被認為是九疇之本。（宋・劉牧：《易數鈎隱圖》，宋・朱震：《漢上易傳・卦圖說》）。

《易緯》的卦氣圖式就是以這個框架為基礎建立而成。《易緯》繼承了先秦易學的基本精神。它不滿足對客觀世界進行純粹理性認識，而且極力強調這種認識的感性實踐功能，以用於指導現實人事，在當時歷史條件下，這主要是指倫理化的政治運作關係。《乾鑿度》說：

> 故易者，所以經天地，理人倫，而明王道。是故八卦以建，五氣以立，五常以之行。象法乾坤，以順陰陽，以正君臣、父子、夫婦之義，度時制宜，作網罟，以佃以漁，以贍人用。於是，人民乃治，君親以尊，臣子以順，群生和洽，各安其性。（此）八卦之用。

這也就是卦氣圖式中內含的天人之學的本質。《易緯》視天人為一體，天與人相互感應，認為卦氣的運轉是否正常，與人們的行為特別是與君主的決策直接關連，因而可以通過觀察卦氣來預言政治的成敗得失。就其積極的方面而言，有促進整體和諧的功用，並且也是對君主決策一旦失誤和社會一旦發生危機的嚴厲警喻。其所強烈關注者，當然也就包含了人生價值理想問題。

那也是一個特定時代彌漫於朝野上下的危機意識。人們從未放棄自己的理想，總是懷有挽救危機的熱切的期望，希望重整乾坤，去達到理想中的自然與社會的和諧與美好的狀態。從這個意義上說，《易緯》卦氣說也是歷史上中華民族美好理想的一種表達形式。

2. 李通玄以「卦氣說」解《華嚴》

在大唐盛世時代，在佛教中，人們看到了另一種清淨高遠的和諧。比方說，在《華嚴經》中的華嚴海世界。

李通玄以他深厚的經學、易學和佛學功底，並以他對於現實社會、佛教華嚴學以及人生的深切同情和熱愛，嫻熟地運用卦氣說思想尤其是《易緯》卦氣圖式，詮說他心目中的理想，那獨特的佛教價值世界之美：

如日出東方，無物不照，春陽發萌，無物不生，以根本智差別智無別體用，生萬行故，是故子為佛位，丑為信位，寅為十住，卯為十行，辰為十回向，巳為十地，午為等覺，未為晦明入俗，同俗化迷。申酉戌亥，等所化故，如是安立法則。法合如是故。

易卦坎為君，離為臣，震為上相，酉為上將，東為青龍，西為白虎，前為朱雀，後為玄武。青龍為吉慶，白虎為凶害，朱雀為其明，玄武為玄黑。是故如來治坎而發明，普賢為智相，主萬行。觀音為大悲之首，治凶虎，為上將。文殊為覺蒙之首，常為接信之師，互體交滲，以持佛家之法，皆令眾生住於中道，處怡和之性，智慈益物。以是身皆金色，目發紺青，體白而相黃，為應真和氣

也。（《華嚴經合論》，卷四）

李通玄用以解說華嚴的貫穿始終的易學思想，主要是《易緯》卦氣說。此說是李氏易解華嚴思想結構得以奠基的基本立場。如將李氏之易解《華嚴》思想結構比作一座大廈，則《易緯》卦氣說好比是地基。

《易緯》的卦氣圖中，還內涵著另一種更深刻的東西。也就是說，這個如此精緻的自然圖式，不僅僅是為表現自然之美，而且還更在於描述對社會人生的理想之美。如李通玄這樣解說《觀》卦：「如《周易》《乾》四世卦，《巽》上《坤》下，曰《觀》。《易》云，風行地上，可以《觀》象，君子設政教，而眾人從之，而法之，可以《觀》。以是義故，《巽》為風教。」都是為了對於社會的合理存在進行論證，是為了通過天道來表達對於人道的一種期望。

明堂九宮圖也是一個空間和時間相配合的世界圖式，代表了自然和社會的有序狀態，蘊含著強烈整體和諧的理想，其所以表現為象數的形式，是因為宇宙的演化以及天地萬物的有序之理，本來就是通過象數關係和象數符號表現出來的。

這個世界圖式有時間性和空間性的規定，而在原始的無形的混沌狀態中，這種時空規定並不存在，但是，由無形的混沌演化為有形的天地，其時間的序列表現為十五這個數字，再由十五擴展為四正四維的空間序列，所以用象數關係和象數符號來表現天地萬物的有序之理是以這種高層次的宇宙論為理論根據的。

在李通玄以「卦氣說」解華嚴的獨特學說中，這些境界都得到了優美的表達。

(三) 李通玄以「五行休旺說」解《華嚴》

1.「五行休旺說」及其意義

漢代《淮南子・地形訓》中提出「五行休旺」說：「木勝土，土勝水，水勝火，火勝金，金勝木。」又說：「木壯，水老，火生，金囚，土死。火壯，木老，土生，水囚，金死。土壯，火老，金生，木囚，水死。金壯，土老，水生，火囚，木死。水壯，金老，木生，土囚，火死。」其中「壯」即「旺」，「老」即「休」，「生」即「相」。

「旺、相、休、囚、死」可以概括為以下意思：

「旺」：蓬勃旺盛狀態；

「相」：較旺盛狀態；

「休」：靜伏隱退狀態；

「囚」：幽禁困囚受制狀態；

「死」：全然無生氣狀態。

「五行休旺」說，又叫「五行生旺死墓」、「生長帝旺」、「寄生十二宮」等說，是指干支五行在十二個月中從生長、壯大到死亡的過程，以表示事物在時空關係中的新陳代謝規律。按《三命通會》，具體可描述如下：

「長生」：「萬物發生向榮，如人始生而向上也」；

「沐浴」：又叫「敗」，「以萬物始生，形體柔脆，易為所損，如人生後之三日，以沐浴之，幾至困施也」；

「冠帶」：「萬物漸榮秀，如人具衣冠也」；

「臨官」：「如人之臨官也」，即面對新前途之意；

「帝旺」：「萬物成熟，如人之興旺也」；

「衰」：「萬物形衰，如人之氣衰也」；

「病」：又稱「疾病」，「如人之病也」；

「死」：又叫「喪死」，「如人之死也」；

「墓」：又叫「庫」、「墓庫」，「以萬物成功而藏之庫，如人之終而歸墓也」；

「絕」：又稱「受氣」、「胞」，「以萬物在地中，未有其象，如母腹空，未有物也」；

「胎」：又稱「受胎」，「天地氣交，氤氳造物，其物在地中萌芽，始有其氣，如人受父母之氣也」；

「養」：又稱「養育」、「成形」，「萬物在地中成形，如人在母腹中成形也」。

（圖五—六）

	五陽干順行					五陰干逆行				
	甲木	丙火	戊土	庚金	壬水	乙木	丁火	己土	辛金	癸水
長生	亥	寅	寅	巳	申	午	酉	酉	子	卯
沐浴	子	卯	卯	午	酉	巳	申	申	亥	寅
冠帶	丑	辰	辰	未	戌	辰	未	未	戌	丑
臨官	寅	巳	巳	申	亥	卯	午	午	酉	子
帝旺	卯	午	午	西	子	寅	巳	巳	申	亥
衰	辰	未	未	戌	丑	丑	辰	辰	未	戌
病	巳	申	申	亥	寅	子	卯	卯	午	酉
死	午	酉	酉	子	卯	亥	寅	寅	巳	申
墓	未	戌	戌	丑	辰	戌	丑	丑	辰	未
絕	申	亥	亥	寅	巳	酉	子	子	卯	午
胎	酉	子	子	卯	午	申	亥	亥	寅	巳
養	戌	丑	丑	辰	未	未	戌	戌	丑	辰

圖 5-6　五行體旺分類

五行「旺、相、休、囚、死」，指五行在四時中「旺盛、次旺、靜休、困囚、死亡」的五種狀態。從五季看五行，其規律為，當令者旺，我生者相，生我者休，克我者囚，我克者死。如春天木當令，木為旺；火是木所生，火為相；水是生木之母，木已旺盛，母便退居，水為休；金是克木者，木勢強勁，金反為囚；土是木所克者，木勢強旺，所克之土為死。

2. 李通玄以「五行休旺說」解《華嚴》

李通玄充分地展開和運用這種「五行休旺說」法，描繪華嚴「交絡分齊」、「張大教網」、「信心進修增勝」的境界：

> 舉東方為首者，明東方是初明，為萬物發生震動之首故，取之表法，

況喻十位之初首也。在方無方，但舉其法，以況其旦，表其體用，故如牛王龍王等況佛德也。

問曰：以東方表法，況喻十信初首者，如金位在西方，何故東方為金色世界，以表法身為金色，顯根本智，為不動智？

答曰：此問甚彰道理。如經所說，以信心為胎，至十住之位，明初生。佛家今以東方為金色世界，明金正月胞，二月胎，三月成形，四月生於巳，五月養於午，六月冠帶於未，七月相，八月王，名十信如胎。故以東方金胎表之，以次南、西、北四維上下，表十信心進修增勝故，以托事況之，以令易解故。

如此品文殊師利云：世尊昔為菩薩時，以種種談論方便及地位等而得成就，亦令眾生如是知見而為說法，後諸學者，以智觀察，皆是說此方隅，以表法故。當知藉網求魚，魚非網也，若無網者，亦不可得魚，故以義思之，至理方成信也。

（《華嚴經合論．佛名號品第七之餘》，卷二十六）

對照前示「五行休旺表」可知，李通玄所說的是以「庚金」為喻東方金色佛世界。這裡牽強的意味不能說完全沒有，但是，以一般人心目中珍貴的「金」為喻，聯繫東方為《震》卦，為「動之首」，乃是「在方無方」，「以托事況之」，目的是「以令易解故」。這是一種藝術性手法，與前文所述支道林佛像贊中說：「偉準丈六，全佩圓光，啟度黃中，色艷金紫」（見本書第二章），這樣的藝術性描繪，如出一轍。

如果說把李通玄以易解《華嚴》的思想結構比作是一座大廈的話，那麼，「五行休旺說」好比是一種華麗的裝飾材料。

五行休旺死墓說明一切事物都有一定的周期輪迴，如行住壞空、生老病死、少壯老滅、生長收藏、新陳代謝之規律等各個方面，實際上在中國傳統文化觀念中，舉凡社會人事以及天地自然，幾乎一切方面都可以用五行休旺說描述。這是與基於古希臘文化傳統的西方哲學觀念相比，很不相同的一種東方思維方式和一套有自己特定語言的符號系統。如中國的命學以天干五行表示出生日，以十二地支表示出生月等等，認為干支五行休旺死墓可以反映一個人命運的好壞。此外，五行的功用還表現在以五行關係類推、分析事物內在關係上。李通玄在《華嚴經合論》中反覆攝用「五行休旺說」，以之用於解說華嚴，使《華嚴經》中原本是玄遠、奧秘、難懂的哲理境界，對普通中國大眾而言，一下子拉近了距離，變得親切、親近。

(四) 李通玄以《艮》卦解《華嚴》

1.《艮》卦意義

《周易・說卦傳》曰：「帝出乎震，齊乎巽，相見乎離，致役乎坤，說言乎兌；戰乎乾，勞乎坎，成言乎艮。」按方位說，也就是：震東、巽東南、離南、坤西南、兌西、乾西北、坎北、艮東北。以此空間方位與時序相配，表述說明萬物產生發展於其中

的時空規律。（圖五—七）

震居正東，於時為春，表萬物胚胎，萌發生機。巽居東南，於時為春末夏初，表萬物出現於地，鮮明茁壯。離居正南，於時為夏，表萬物茂盛生長。坤居西南，於時為夏末秋初，表萬物養分充足，生長健壯；兌居正西，於時為秋，表萬物成熟喜悅。乾居西北，於時為秋末冬初，表萬物熟極而枯，陰陽相薄。坎居正北，於時為冬，表萬物衰疲將竭。艮居東北，於時為冬末春初，表萬物之舊生命停止，新生命開始生長。

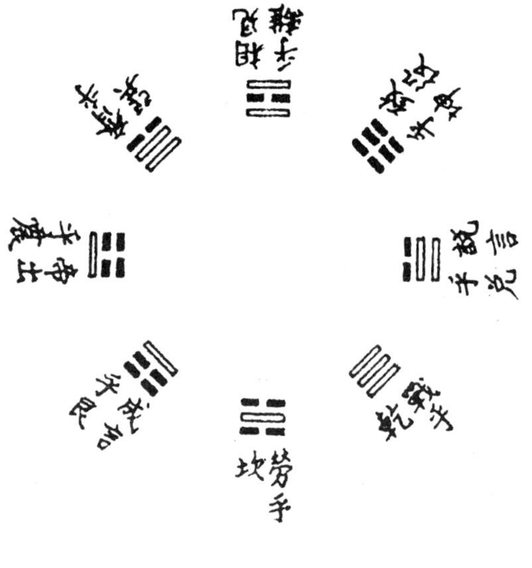

圖 5-7　「帝出乎震」文王八卦方位圖

由此《艮》卦在《周易》中有一些特殊意義。如古《連山》，即是以《艮》為首卦，以象徵如山出內氣，山與山之相連。近代國學家馬一浮先生曾說：「又承研幾易義，易之為書，信六藝之原，大哉至矣。竊嘗誦習，如仰蟬喙而飲溟渤。擬而後言，私以《華嚴》為稍近之。」❹歷來又有所謂：「佛家多說《艮》，儒家多說《復》」之說。即歷代佛教界在《易經》六十四卦中最多說到的是《艮》卦，而儒家說得最多的是《復》卦。佛家說《艮》，即是從李通玄開始。到後來，儒家凡說到佛，也常常以之與《艮》卦作比，如宋代周敦頤說：「一部《華嚴經》，只須一個『艮』字可了。」又如程頤說：「看《華嚴》不如看一《艮》卦。」（詳本書第八章）都可謂「名言」。

周、程之說，都是有特指而發，此且不論（詳本書第八章）。而李通玄的確也是以《艮》卦作為《周易》六十四卦中一個有特別意義的卦，大量地用來作為解說《華嚴》的喻示。

2. 李通玄以《艮》解《華嚴》

李通玄的《華嚴經論》中以大量篇幅，用《艮》卦釋述華嚴，用語雋永，意境優美。他說：

> 又文殊居東北清涼山者，像艮卦。艮為小男，主東北方故。艮為小男，為童蒙，為文殊常化凡夫，啟蒙見性及本智之初首故。又與普賢俱在東方卯位，卯為震卦，震為長男，又像日出東方，春陽萌發，無物不生，無物不照，表理智雙徹，體一無二。（《華嚴經合論》，卷四）

這裡他所用的也是文王八卦圖式。在李氏的大量的《周易》八卦的喻示意象結構中，《艮》卦是一個中心，是其易解《華嚴》的思想結構中的邏輯主幹。如果我們將李氏之易解《華嚴》的思想結構比作一座大廈的話，那麼，《艮》卦好比是大建築中之大樑柱。李通玄善用優美意趣，同時援依卦氣圖式和《艮》卦，作易佛互解：

> 禪門中十波羅蜜，以艮為止故。第六東南方……是巽卦，巽為風，為教，在事為方，在人為說像。君子說教利人，易有明著。君子設教啟蒙，順之如草上加風，是順義也，如觀卦是。易曰：風行地上，可以觀像，君子有德，設政教眾人信順，如草上加風，無不順故。巽為眾，為信順故。又四大之中，風力為最，天地賴之而持，人賴之而生，日月賴之運行。又明風能簡穢擇淨義故，故為教也，為教能簡非擇是，教愚蒙故。
>
> 是故巽卦位在東南，爻辰持丑，丑為艮位。艮為小男，為童蒙，為明，巽為風教，化童蒙令發明故。如來之法，辰巳之間，為齋戒故。辰巳之間，上值角宿，角為天門，主為僧尼道士是眾善之門，明智慧言論，是眾善門故。（《華嚴經合論·佛名號品》，卷二十六）

這裡是以《艮》卦為中心，旁涉卦氣圖式、地支時辰及星象二十八宿方位等內容。讀者可對照上示卦氣圖以及文王八卦方位圖二圖來看，可以發現李長者這些說法十分有趣而又大有深意。《艮》卦象山，象靜，象止。李氏又常以《艮》卦直接比為佛所住之妙峰山、須彌山，為「止中妙慧」，並更糅以十二辟卦思想以及《周易》其他有關卦爻象辭義：

> 如善財童子方乞妙峰山，得憶會諸佛智慧光明門，表初會佛智慧，住佛住所。

故此為十住。妙峰山者，是止中之妙慧也，為艮，為山，為止，為門闕，為童蒙，為初明，升須彌者亦同此。（《華嚴經合論・十地品第二十六之二》，卷五十四）

南方有國名勝樂者，為明理智虛無，能淨煩惱，名為勝樂。……其國有山，名曰妙峰……為山心空，智現名之曰妙，理淨智明，智能破惑，名之為峰。以艮為山，為止，為童蒙，為小男，為門闕，以止為初明，以三陽爻生之始為正月，一下止則正字也。以十一月一陽生，十二月三陽生，正月三陽生故，取之為正月故，三陽生故，以三為正；又三陽生處，火生於寅以火為日，日生於寅。以日生於寅，是明。寅生處故名為童蒙，小男位故，取之於像，表之以治。以文殊師利居東北方清涼山者，取摩竭提國菩提道場，是東北方，此山是南閻浮洲，菩提道場之東北，是此閻浮提眾山之王。

以艮為山王故，一菩薩於中止住。是文殊師利之主伴萬行圓滿之侶也，故以文殊主法身根本智之妙慧，為一切菩薩啟蒙之師。即有一切處，文殊師利亦乃一切眾生，皆自有之，皆從此法初入聖智也。（《華嚴經合論・入法界品第三九之四》，卷九十一）

是故如來取像世間法，則用表法令易解故，即以勝樂國妙峰山取像，明其三陽生處，以艮為止，以止則明初生故。以明初生，號曰童蒙，亦以文殊師利以發蒙入聖之初故，故號文殊為童子菩薩。因化立名故，以發起一切眾生入無相理，妙智慧

圖 5-8　十二辟卦方位圖

故。此明以方便三昧現根本智，初生一切諸佛智慧家故，故立名也，以取像表法，令學者先以心無念慮，寂靜不動如山王，無相妙理智慧變現，自心智慧得解脫，清涼不即，要身足登山也。（《華嚴經合論．入法界品第三九之四》，卷九十一）（圖五—八）

當然，從上面所有引文中也可見，對於其他各卦，只要需要，李通玄都加以嫻熟應用。如《泰》卦也是他經常說到的一個卦：

> 如《周易》泰卦，乾下坤上，初九拔茅，連茹為茅，潔白柔弱，其根甘甜，像君子有德，如茅柔弱，潔白甘和，可以引而

接之與仕也。然茅非君子，以物喻之。然此方隅非佛也，以法喻之，令知法也。佛智無依，依物名智，其方無方，以法成方也。非東西南北，如情所見方。（《華嚴經合論・光明覺品》，卷二十八）

又如《坎》卦，也是他常說的一個卦，其用意也常有特別之處，如上引文中可見數處。這裡再引一段，以供欣賞：

明此是北方，是師位，以威儀規則，以利眾生，故佛號威儀智佛……故如來為人天之師，衣緇衣，象北方坎，故內應白淨，無染之理，外既黃相，即明以利生白淨無染之福相……問曰：何故北方為師為君。答曰：像水利潤萬物，又水流慕下，像為君，為師者，就愚濟迷，使令發明。又明北方坎為下位，像為君為師者，常以謙下之行，令眾生所歸益之。以道潤之，君子常謙處下位而濟物。故以北方坎為實為師，夫大方無隅，但取其義表德故。故以此隨方表法故。（《華嚴經合論・光明覺品》，卷二十八）

李通玄是將佛教納入中國文化思想結構，他有時根據需要也略加說明，說自己的做法是「以有明玄」。李長者從不諱言這一點。佛教的發展和作用，也如同儒家教化，需由「君子」、善知識擔當起啟蒙教化的任務，且主要在於效果。他說：

但為眾生情有愚智，隨心照惑，遲速不同。劈竹登梯，稱機名別，因茲之類，延促不同，非謂日月與作時，分教不自施，因機故起數，隨根應有根教生。今以依

根，約立十門，因果延促，使得啟蒙之士，後學無疑也。（《華嚴經合論》，卷七）

此東南方，明吉凶定正邪之際，至午萬事畢。午為常明法門，善財童子南行，詢友為法，虛無無作，常明之道，是不為之妙用也。是故君臣師弟子之儀，臣南君北，正治正明，無為無作，常然之道，為南方離。離中虛，為虛無，為明，在身為眼目，為心也。是故《周易》云，離法心故，然法無住處，法無所得，法非眼耳鼻舌身心，亦不離也。今如來以方隅而顯法，今啟蒙者易解。

故若不如是彰表，令生信者，啟蒙何托。有言之法，皆是托事以顯像，故唯得意者，法象俱真也。……如前一舉佛方面者，在西南方，申未兩間，為坤位，坤為土，為信順，為安靜，為負載萬有，為生養，為圓滿也……故此坤位為其母也，明常以慈悲心，育生如母，故以法寶利人……又大悲圓滿如土像，故荷負眾生，資養萬物如大地，故名為最勝智。

……如前一舉佛方面者，在西北方是乾卦，乾為金，為堅剛，為父，明此信位，是第八願，波羅蜜大堅固力故，號金剛色故，寄托此乾位，為金為堅剛也，故四舉佛名號者為自在智。（《華嚴經合論‧佛名號品》，卷二十六）

可見，他的目的，本來就是在於「令啟蒙者易解」。否則，「故若不如是彰表，令生信者，啟蒙何托」？他特別肯定說：「有言之法，皆是托事以顯像，故唯得意者，法象俱真也。」

李通玄以易解華嚴的做法，尤其是宋代以後，得到佛教界的重視和學術思想界乃至社會上的一致肯定。我們今天也可以說，李氏的易解華嚴邁出了中國佛教在發展的第二個階段中與本土文化會合的關鍵一步。

【註　釋】

❶ 參閱魏道儒：《中國華嚴宗通史》，江蘇古籍出版社一九九八年版，第一〇〇頁。

❷ 法藏及華嚴宗有關情況，參閱王仲堯：《法藏傳》，臺灣佛光山出版社一九九六年七月版。

❸ 本書以下所引李通玄文，凡出此《論》者，皆本《中華大藏經》第七十冊《華嚴經合論》。

❹ 馬一浮：《馬一浮書札·馬一浮致葉左文書札》，見《馬一浮集》第三冊，杭州，浙江古籍出版社、浙江教育出版社，一九九六年版。

第六章　密教、《周易》與天文學：一行之「不思議」境

一、世出世入，悉地無垠

(一)一行生平：唐代密教簡說

1.一行生平簡說

釋一行（六八三—七二七年），出家前原名張遂，生於唐高宗弘道元年（六八三年），魏州昌樂縣（今河南省南樂縣）人，是唐初功臣、曾參與玄武門政變的郯國公張公瑾之孫。張公瑾曾被唐太宗李世民定為凌煙閣二十四功臣之一❶。但是到張遂時，家道已經沒落。

張遂好學，因家貧缺書，常去長安玄都觀中，向道士嚴崇借書。一次，他向嚴崇借閱西漢揚雄著《太玄經》一書。《太玄經》是仿《易經》的思想和體例而作，向稱難

治。一行幾天後就拿來歸還。嚴崇道：「此書意義玄奧，仔細研讀，當大有俾益。既想求學，就應深入鑽研，為何急於歸還？」張遂卻道已經讀完。隨即將兩卷冊子捧上，說道：「這是讀《太玄經》後所作筆記，請前輩指教。」嚴崇接過一看，兩冊筆記，一冊題名《大衍玄圖》，一冊題名《義決》，條分縷析，清晰齊整，看得出，張遂對《太玄經》的理解已是十分透徹，嚴崇驚訝之餘，大為讚嘆。

由於嚴崇在京城中名望很高，他的推崇，很快使張遂出名。朝中權貴武三思等人也欲同張遂結交。張遂不願攀結權貴，為避免糾纏，出京城，遠遁荊州，出家為僧，名釋一行。

一行出家後來到嵩山少林寺，拜當時任少林寺住持的普寂禪師為師。普寂就是禪宗北宗領袖神秀門下的大弟子。唐中宗時，因神秀年高（當時已九十九歲），特地下詔，令普寂代師統領全國法眾。神秀去世後，北方佛門子弟多師事普寂。當時北宗禪聲勢正高，人稱「北宗門下，勢力連天」，因此普寂是個炙手可熱的佛教領袖人物。

嵩山少室山麓，叢林滿野。少林寺梵宇僧樓，氣象萬千。北周武帝滅佛時，少林寺曾經被毀，北周靜帝年間（五七九—五八〇年），方又修復。隋文帝時，敕復原名少林寺。唐太宗時，寺院又經重修，當時已有殿宇樓閣一千多間，規模宏大。

一次，普寂在禪寺舉行佛法大會。山寺懸結蓋幡，鐘鼓齊鳴，盛況空前。數百里之內，名僧大德如期而至，赴會者千人之眾。當時嵩山之中隱居著一名高人，名叫盧鴻。

這次也作文為頌，紀念盛會。會間，盧鴻對一行極為賞識。據說法會之後，因盧鴻及普寂的鼓勵，一行離開嵩山，開始了遊歷天下、四方求法的生涯。

一行到過浙江天臺山國清寺。據記載：

（一行）至天臺國清寺，見一院，古松數十步，門有流水。一行立於門屏，聞院中僧於庭佈算，其聲簌簌。既而謂其徒曰：今日當有弟子求吾算法，已合到門，豈無人導達耶？（《明皇雜錄補遺》）

國清寺的建築規劃，是天臺宗智顗大師生前親手設計。天臺宗後人根據智顗生前設計，「依圖造寺，山寺秀麗，方之釋宮」。智顗一生，「東西垂範，化通萬里，所造大寺三十五所」，散佈在天臺、匡廬、當陽一線的嶺谷間。可知智顗也是一位通曉堪輿以及度量測算之術的建築家。

智顗之後一百多年，天臺國清寺僧眾，聚集庭院學習佈算，可以想像，其主要內容應該也包含了易學大衍數法吧。

一行在國清寺系統精湛地掌握了當時最尖端的易學和數學知識，為他以後在天文、曆法方面的傑出成就打下了深厚基礎。

民間一向流傳著一則傳說。據說一行到時，國清寺前，水向西流。後人為紀念此事，特在天臺山麓，清溪側畔，國清寺門前，勒碑刻石，碑書「一行到此水西流」七

字，以傳永久。此碑今仍在國清寺門前，今後人到此，高山仰止，深得勉勵。（圖六—一）

唐朝政局至玄宗李隆基即位以後，開始了富強繁榮的開元、天寶時期，四十餘年間（開元，七一三—七四一年；天寶，七四二—七五五年），在貞觀建立的經濟、文化財富基礎上，社會穩步發展。「開元全盛」成為唐代中期之後封建階級心目中永不再來的光榮與夢想。當時唐朝疆域安定，經濟發達，政治清明，文化興旺。唐玄宗注意蒐羅人才，即位之初就接連頒發求賢詔書，聘請天下高人學者進京為王朝服務。一行因精通天文、曆法，又德行高潔，聲名為玄宗所知，下詔聘請。開元五年（七一七年），一行入京。

圖 6-1　一行（683—727 年）像

2. 密教及唐代密宗

密教（梵文guhyayāna）是

秘密教簡稱，又叫瑜伽密教、金剛乘、真言乘、真言宗等。密教是與顯教相對而言的。學術界一般看法，稱公元三世紀前半期就開始傳入中國的各種經咒散說、儀規等為「雜密」。「密教」（或「純密」）的名稱，指八世紀上半葉，印度來華僧人善無畏（六三七—七三五年）、金剛智（六七一—七四〇年）、不空（七〇五—七七四年），即「開元三大士」，及中國僧人一行等譯傳的體系化的密教（《大日經》七二四年譯出，《金剛頂經》七二三年譯出）。再早一些，七世紀下半葉，由印度直接傳入西藏等地區的叫「藏密」。九世紀日本空海從中國回去後，在日本東寺（教王護國寺）建立的稱為「東密」；與空海基本同時，由最澄、圓仁在日本所傳的天臺宗系統密教稱為「臺密」。七世紀初由印度傳入緬甸，進而傳入我國雲南大理一帶的密教稱為「滇密」。

密教的組成部分包括不少完全屬於宗教實踐領域的內容，如鬘陀羅（神聖壇場）、誦咒、祈神、結壇、降魔等，後期左道密教更有以血肉供奉明妃之類神秘儀規。其理論的組織體系也是與此緊密配合的產物，用哲學方式難以準確界說。比方說，密教是一種什麼性質的宗教形態這樣的問題，實際上也是難以用哲學概念確切回答的。國際學術界既沒有公認的定義，牽涉的概念指稱範圍也很不一致。

如西方學術界廣義上的密教，一般指將印度教和後期佛教左道教派都包括在內的教派，即所謂「怛特羅教」（英文tantrism）。我國學術界通常所說的密教，一般僅限於狹義上的用法，指佛教中與大小乘教派相對應的一種後期教派，即「秘密佛教」（英文

esoteric Buddhism）。

密教的教理思想以高度組織化的咒術、儀式和各種神格信仰為特徵，事實上也不易用文字語言詮說。但是，雖然在形式上，密教有較明顯的神通崇拜，實際上卻與其他大小諸乘一樣，在根本上都不將神通視為主旨，並認為神通不能敵「業」，不能解決佛教要解決的中心問題——生死問題。密教同樣認為，只有以「無我」為中心的般若智慧才堪斷生死之根。佛教諸乘皆以求智慧、斷煩惱、離生死、證真如為首位，而把神通看作是次要的，從「了生死」角度言，是可有可無之事。這一點密教也一樣。

「密宗」概念與密教概念不同。密宗是特定的中國佛教概念，專指隋唐佛教各宗派中屬於密教教理體系的一個宗派。

各種佛經尤其大乘佛經中，早就經常出現「密教」概念，原意是指教法之深奧玄妙。但既有「密教」，同時經論中又有「顯教」、「顯露教」概念，二者自然就形成對應關係，成為專門術語。但是，直至中唐之後，當「純密」（與「雜密」概念對應）出現之後，即以《大日經》（胎藏界法）、《金剛頂經》（金剛界法）等密教典籍為教理體系中心的中國佛教教派密宗出現之後，密教這一概念才有了從教派意義上與其他所謂顯教教派對應的意義。所以，密教與顯教嚴格說也是一對中國佛教的範疇。

密顯說法最早出自《大智度論》（鳩摩羅什譯）：

> 佛法有二種，一秘密，二顯示。顯示中佛、辟支佛、阿羅漢，皆是福田，以其

煩惱盡無餘故。秘密中說諸菩薩得無生法忍，煩惱已斷，具六神通，利益眾生。（《大智度論》，卷四）

諸佛事有二種，一者密，二者現（顯）。（《大智度論》，卷六十五）

《大智度論》原意是：佛說教法，因對象根基不同，而有深奧玄妙或淺顯簡明之分。作為宗教，「秘密」教說法，是一種很有利和有效的傳教工具。但這一點卻成為中國佛教判教的一個重大命題。天臺宗創始人智顗曾區分顯密關係說：

密顯通大小，《釋論》第四云：顯示教明羅漢斷惑清淨，菩薩不斷惑不清淨，故菩薩在後列；若秘密法，菩薩得六神通，斷一切煩惱，超二乘上。當知顯示淺，秘密深。（《法華玄義》，卷七上）

這樣，智顗可以說就是在歷史上首次使用顯密概念作淺深對應判教。後來禪宗的漸頓之分，實際上是這二對範疇合而為一的用法，與之前的顯密教說法有深刻關係。

唐玄宗開元年間（七一三—七四〇年）密宗形成，顯密這一對概念的內涵就此徹底改變，如果用智顗的話說，那就是從判「教」的概念變為了判「宗」的概念了，在實際執行中則成為判分教派的基本範疇。這種新的顯密判釋觀念，從現存文獻看，始於一行所著《大日經疏》，他說：「略說法有四種，謂三乘及秘密乘」。（《大日經疏》，卷九）一行首次把「密乘」與原來的聲聞、緣覺、菩薩三乘區別出來，視三乘為顯教，密乘為密教。密教與顯教之判分，即密宗的根本判教。

從這個思想立足點出發，後來惠果弟子日本空海（即東密創立者）作《辨顯密二教論》，更具體地將天臺、三論、唯識、華嚴、禪、淨等教派，全部歸之為顯教，將真言宗歸為密教（空海判教思想見《辨顯密二教論》、《十住心論》等）。宋之後，以一行的顯密對應思想作為判教基本範疇成為定局。（參見宋趙孝嚴：《大日經義釋演密鈔引文》，覺苑：《大日經義釋演密鈔》，陳覺：《顯密圓通成佛心要集序》。）

唐宋時，密宗區分顯密教的不同，主要可概括為三個方面：

其一，本尊差異。本尊差異是密教特別強調的與顯教的區別。密教認為，顯教崇奉的佛是應身（化身）佛釋迦如來，其教說是應對象根基而說的方便法門。密宗崇奉的佛是法身佛，梵名「摩訶毗盧遮那佛」，「摩訶」意為「大」，「毗盧遮那」意為「日」，所以可譯為「大日佛」、「大日如來」，意思是光明普照，非如世間之光，照外則黑內，照白天則不能照黑夜，大日之光是大光明，遍照一切，無內外方向晝夜之別，乃世間日光根本不能比擬（《大日經疏》，卷一），為一切眾生能知，姑此名之。還有，顯教認法身為真如實性，無相無形，乃至無法身，密教則認為法身有形式而能夠說法。

其二，教法深淺。密教認為顯教各宗教理，於本宗而言可謂究竟，但相對密教而言，全部只是入道初門。密教大日如來所說具有不可思議功德之「真實陀羅尼門」，即真言密咒，方可謂佛法極深義。這在一定意義上仍是說密深顯淺。

其三，成就相別。密宗主張身、口、意三密相應，「即身成佛」，顯教大乘各宗教理絕無此說，即使禪宗的「頓悟成佛」，也是指悟入真如實性，是一種即思想、即精神、即境界而言的解脫，絕不涉「即身」問題。

按密教通常觀念，其獨特法門在於三密，一行《大日經疏》中說：「入真言門略有三事，一者身密門，二者語密門，三者心密門。」心密門又稱「意密門」。三密相應，「即身成佛」，則三密乃是解脫的根本途徑，修行的基本法門。

密教以如來不可思議深奧教法為指針，以秘密的宗教實踐操作方式，包括師徒間秘密傳授，以及各種皆在秘密處所的儀規、行法特色，絕不向人公開地進行。此外，密教的各種經典也重儀規，以及陀羅尼（梵文dhāranī）。「陀羅尼」原意為「總攝」，「憶持不忘」，即極卓越的記憶力，憶持法要，永不忘失，即智慧言，則可成就真言密語，即咒語。密教中，咒的每一個字都有無量義理，頌讀則能除大障礙，得大利益。這些是密教本身特點，表明其不能在通常的理性的意義上被認識和把握。

溫古《大日經義釋序》說：「禪師（指一行）臨終，嘆此經幽宗，未及宣衍，有所遺恨，良時難會，信矣。夫經中文有隱伏，前後相明，事理互陳，是佛方便。若不師授，未導義釋，而能遊入其門者，未之有矣。」就是說，密教的代表經典《大日經》教理組織很難把握。

但是，一行運用判教這一思想工具作為其教理體系的思想結構，從而成功地建構起了本來難以言詮的中國密宗的教理體系，以此為核心，才能使密教與中國佛教思想熔融，乃至實現了與中國文化的溝通，使之在中國文化氛圍中立足，於是才有了中國佛教密宗。從這個意義上，可以認為一行《大日經疏》是唐代密宗的奠基之作。

(二)密教與《周易》

1. 密教典籍與陰陽、五行、天干地支、二十八宿等易學觀念

唐代密教大師不空曾說：「伏惟有天有地，是生萬物，一陰一陽之謂道。所以神化庶品，母育群黎。」（《賀冊皇后張氏表》）這個說法表明了密教人士對本土文化積極的、基本的態度。

中國隋唐時代及其後，一般陰陽五行學說，以及以此為基本構架的天干、地支、二十八宿等文化觀念的發展，主要都是依托、涵寄於易學範疇之中生存和發展的❷。從密教在中土發展的整個過程來看，受中國傳統文化的影響是很大的。如陀羅尼密教即是一例。

東晉南北朝時期中國僧人偽造的大量咒經中，有不少即屬於這一類。人們從佛典中輯出陀羅尼咒（即密咒）進行加工，編輯成密教的「佛經」。這些經中表現出濃厚的中國傳統文化色彩。也由於密教本身的特徵，其與本土文化中神秘主義傾向的有關內容結合得就更自然和緊密一些。在不少密教經典中，直接放進了中國陰陽五行、天干地支以

及傳統神祇。如《安宅神咒經》中即有青龍、白虎、朱雀、玄武，其它一些經中也經常出現天官、地祇、太山府君、太白仙人、太上三尊等神祇。《灌頂經》中還有與五行學說有關的五方、五神、五色的神靈系統，等等。如說「五方神」：

一者譠遮阿迦，其身長大，一丈二尺，著青色之衣，吐於青氣，住在東方。二者名曰摩訶祇斗，其身長大，一丈二尺，著赤色之衣，吐於赤氣，住在南方。三者名曰移兜涅羅，其身長大，一丈二尺，著白色之衣，吐於白氣，住在西方。四者名曰摩訶伽尼，其身長大，一丈二尺，著黑色之衣，吐於黑氣，住在北方。五者名曰烏旦羅彌，其身長大，一丈二尺，著黃色之衣，吐於黃氣，住於中央。此五方之神，各有眷屬，一神王者有七萬鬼神相隨逐。（《灌頂經》卷七）

又如《灌頂經》卷九，還有把龍王也分為五方，並配之於五色的內容，是東方青龍神王，南方赤龍神王，西方白龍神王，北方黑龍神王，中央黃龍神王。五方神是中國傳統宗教中固有的神祇系統。密教的五方神、五方龍神王等說法都是根據本土傳統宗教的神系改編的。（圖六—二）

《灌頂經》中，「世尊」有時乾脆稱為「天尊」，「帝釋」有時稱為「天帝釋」或「天帝」，「眾生」稱作「萬姓」。經中各方神名，有時用意譯，乾脆稱為「字」。於是，不少神就既有名，也有字，純是中國人起名方法了。經中的鬼神更是複雜而有趣，如夷國魅鬼蠻國魅鬼、羌國魅鬼、越國魅鬼、中國魅鬼、百國魅鬼等等。鬼神分為五

圖 6-2　帶有密教風格的佛教法輪座

方，配之五色。有五方五帝，各穿五色衣，各吐五色氣。又說震旦國中，有三聖（道教三尊）化導。

又如《安宅神咒經》中所說之神，有青龍、白虎、朱雀、玄武、六甲禁忌、十二時神、日遊月殺、六府將軍、五星二十八宿等。所說舍宅亦與中土堪輿有關，有南廊、北堂、東廂、西廂及中庭等。

唐代也是道教興盛的時期，密教很多經咒也吸收道教的說法，甚至在有的秘經中還出現「急急如律令」這一類的詞句。

陀羅尼密教最初比較單純，無非持誦而已。但隨著印度咒術的傳入，並且經過西域文化的熏染，各種法術都進入到密教中。其中星象占驗、測命延壽、服氣辟谷、召神驅鬼、伏龍降雨等等內容，在所多有。在《灌頂經》卷末，原來就附有續命法，其他流傳一時的不少密教「偽經」中，也有專門講各種法術的。這樣，隨著內容愈益蕪雜，密教廣為流傳，深入民間。陀羅尼密教的內容也越來越龐雜，咒術萬能、鬼神迷信、神仙方術、萬物有靈等原始宗教和民間宗教的內容，幾乎都包羅無遺。

易道廣大無所不包。中世紀時代，所有陰陽、五行、天干地支、二十八宿等中國文化觀念，都是普遍存在的易文化之思想結構中不可分割的內容。唐代宗派佛教中，密宗是與這部分內容結合得最直接、最緊密的。

2. 密教儀軌與《周易》大衍數理

《周易》大衍之數的數理結構，即：

天一，地二，天三，地四，天五，地六，天七，地八，天九，地十。（《易·繫辭上》）

據《易·繫辭傳》思想，掌握這些象徵天地變化的數字，可以通過筮法開啟物智，成就事業，達到天下至理。

此外，大衍之數的數理結構所包含的「數」內容還有：

「大衍之數五十，其用四十有五」；

「天數二十有五，地數三十；凡天地之數，五十有五」；

「太極，四象，八卦，六十四卦，三百八十四爻」；

「十天干，十二地支，六十甲子」；等。

對「大衍之數五十」之說，歷代易學家有各種不同的說法：京房認為，是取十日、十二辰、二十八宿三數之和（10 + 12 + 28 = 50）；

馬融認為，是取太極生兩儀、生日月、生四時、生五行、生十二月、生二十四節氣之和（1 + 2 + 2 + 4 + 5 + 12 + 24 = 50）；

荀爽認為，是取八卦乘六爻，加上乾坤二用之和（8 × 6 + 2 = 50）；

鄭玄認為，是取天地之數五十有五，減去相通之五行之數之和（55 − 5 = 50）；

劉歆認為，「是故無始有象，一也；春秋，二也；三統，三也；四時，四也；合而為十，成五體；以五乘十，大衍之數也」。〔（1 + 2 + 3 + 4）× 5 = 50〕（《漢書・律曆志》）

古往今來，人們一直在對大衍之數進行探索，試圖從中識斷出激蕩人心的「天地之道」。

但是，對唐代密教來說，就不僅只是「識斷」的問題了。唐代密教還以之直接運用於秘奧的修法儀軌中。本節主要結合唐代密教的根本經典《金剛頂經》和《大日經》，以及二經系統有關儀軌，與《周易》大衍數理關係，作初步考察。

(1) 四方與八方

易文化數理結構，是一個繁雜而又意味無窮的開放式系統結構。在現實中，這些數理觀念，對於人有直接意義的，首先是對應於時間序列及空間方位。在密教儀軌中，這一點表現得尤為明顯，在密宗宗經《金剛頂經》和《大日經》中，都有大量內容。如下面這段描述金剛界曼荼羅壇場的文字，較有典型意義：

> 阿閦等四佛，皆應佈置：初從金剛方，畫阿閦鞞壇；具以執金剛等四三摩耶尊勝者，想四方佛面，向毗盧遮那坐。
>
> 先畫執金剛，在阿閦前；次畫右，次左，次後，諸部準此。次至寶方寶生壇，圓滿金剛藏等；次華方阿彌陀壇，清淨金剛眼等；次業方不空悉地壇，金剛毗首等；於鑁部中，各於本方，置四波羅蜜。
>
> 輪內四隅，置四內供養。初從火天方，順旋而作，終自在方。外壇四線道之中，置外供養，作法同前。又四角外，作半跋折羅，於四門間，畫四攝守門者。於外壇場中，應置摩呵薩垂，具足一切相，能為一切利益，具知法式。
>
> 金剛阿闍黎，以無迷亂心，應畫諸尊者。

……以大悲意，為一切世間煩惱泥，沉溺五欲樂，令彼退轉故。以瑜伽思惟，於如來五種智，我常令安立。

（見《金剛頂瑜伽中略出念誦經》，卷三）

下面作一些分析。

《周易・繫辭上》說：「易有太極，是生兩儀，兩儀生四象，四象生八卦，八卦定吉凶。」

「太極」至「八卦」之衍生，是遵循倍數遞進的原理，即一生二、二生四、四生八、八生六十四的過程。「兩儀」就是陽（⚊）與陰（⚋），「四象」就是「兩儀」重疊而成的四種組合形式：太陽（⚌）、太陰（⚏）、少陽（⚎）、少陰（⚍）。

如果以「天、地」或「陰、陽」表示「兩儀」，則所生「四象」則又同時是時、空的象徵。《周易・乾鑿度》說：「太極分而為二，故生天地。天地有春夏秋冬之節，故生四時。」《周易・繫辭傳》孔穎達疏：「四象謂金、木、水、火；震木，離火，兌金，坎水，各主一時。」（見《周易正義》）

以五行以及坎、離、震、兌四正卦比配「四象」，則「四象」的含義中已經自然地包含了空間四方之義。《呂氏春秋・序意》說：「爰有大圓在上，大矩在下；汝能法之，為民父母。蓋聞古之清世，是法天地。」這即是「天圓地方」說。地為「大矩」，即為四方。又《列子》張湛注說：

> 人雖七尺之形，而天地之理備矣。故首圓足方，取象二儀；鼻隆口方，比象山谷；肌肉連於土壤，血脈屬於川瀆，溫蒸同乎炎火，氣息不異風雲。內觀諸色，靡有一物不備。

此說是把「人身小宇宙，宇宙大人身」的觀念，進行類比。又如《文子・十守》中說：

> 頭圓象天，足方象地；天有四時、五行、九曜、三百六十日；人有四肢、五藏、三百六十節；天有風雨寒暑，人有取與喜怒，膽為雲，肺為氣，脾為風，腎為雨，肝為雷。

這是將四方、時空、五行觀念與人體五臟一起比配聯類。

此外，《春秋繁露・人副天數》等古籍中，也有大量類似的說法，有興趣者請自行參看，恕不贅引。

人仿效天地而所生，他當然就必須時刻保持與天地父母的和諧關係。神秘的數字，占卜問卦，秘法儀軌，在中古時代都通常被認為是最主要的與「天」溝通的手段。《周易・繫辭上》說：「參伍以變，錯綜其數，通其變，遂成天地之文；極其數，遂定天下之象。」那麼，怎樣才能「通其變」而「極其數」？《易・繫辭上》列出一個標明天地之數的公式：

> 天一，地二，天三，地四，天五，地六，天七，地八，天九，地十。

圖 6-3　中國佛教的徽記和吉祥圖案中包含「八方」等觀念

從上列公式中可以看到，十以內的數全被當作天地之象徵：奇數象徵天，偶數象徵地。奇數象天，故又為陽數；偶數象地，故又為陰數。這便是《周易》數理哲學的立論基礎，所謂陰陽八卦，從陰爻和陽爻的數目上看，便也都是些奇偶之數的符號。

《金剛頂經》的「數理結構」有一個很明顯的特徵，即是以四數結構為天地時空方位及對應的意義框架。從上引《金剛頂經》經文來看，其中的四方時空觀念，當然也是加上了中宮，以此而形成五方觀念。結果，其不但與五色、五音、（如來）五種智相配比排列，而且，這實際上就已經不是印度古代文化的四方觀念，而是本土易文化的四方觀念❸。

易文化的四數結構，天然掛聯八數。由此，則與四方四隅直接有關的是八方說。如《金剛頂經》中多次說到的「八方諸天神」等內容。（見《金剛頂經》卷四）。（圖六—三）

八方之說與「八卦」的由來有關。歷來有所謂「伏羲始作八卦」的說法。最早提出此說的是《周易・繫辭下》：

> 古者包犧氏（即伏羲）之王天下也，仰則觀象於天，俯則觀法於地；觀鳥獸之紋，與地之宜，近取諸身，遠取諸物，於是始作八卦，以通神明之德，以類萬物之情。

這一說法，由於被正史《史記》、《漢書》作為信史所採納，長期以來廣泛流傳。又如《尸子》中說：

> 伏羲始畫八卦，別八節，而化天下。（《北堂書鈔》，卷一五三引）

又如影響極大的伏羲則河圖以畫八卦的說法：

> 上古伏羲時，龍馬負圖出於河，其圖之數，一六居下，二七居上，三八居左，四九居右，五十居中。伏羲則之，以畫八卦。（《古今圖書集成・職方典》卷三八九引）

又如說伏羲於「方壇」之上，聽八風之氣，而畫八卦：

> 伏羲坐於方壇之上，聽八風之氣，乃畫八卦。（《太平御覽》卷九，引《王子年拾遺記》）

由於「八卦」觀念的廣泛影響，浸染滲透，在中國傳統文化中，派生出一大批以「八」為名的現象，它們或直接或間接地與「八卦」相聯繫，構成蔚為大觀的「八方」的世界，體現出這個神秘數字的強大魅力。

如古代中國的眾神祇譜中，有數量可觀的「八靈」、「八神」一類的組合：

漢代劉向作《九嘆》中說：「合五岳與八靈」。王逸注曰：「八靈，八方之神也」。

《史記・封禪書》中說：「（秦）始皇遂東遊海上，行禮祠名山大川及八神。求仙人羨門之屬。八神將自占而有之，或曰大公以來作之。」

《漢書・武帝紀》中說：元封元年，漢武帝到泰山封禪，時祭八神。並注云：「武帝登太一，並祭名山於泰壇西南，開除八通鬼道，故言用事八神也。」

西漢揚雄作《甘泉賦》，開列出八神名單，具體是：招搖，泰陰，鈎陳，當兵，堪輿，壁壘，夔魖，橘狂。

這些皆是附會「八」數，而編造「八神」。但同時八神具體何指並無定說。

上述密教根本經典之一的《金剛頂經》中，對金剛界曼荼羅壇場儀軌的描述，根據內容以及邏輯關係來看，無論是由四方四隅，還是其派生的八方（諸神）觀念，都明顯與上述內容有深刻淵源關係。

具有神秘性質的密教儀軌吸收這些內容，不但符合外來文化受本土文化影響制約的文化發展基本規律，而且，也是因為二者在內容和形式上都具有互相吸納的性質。

(2) 十數結構

我在研究易學與密教這個命題時，發現不少新的東西，有不少新的感受。其中，使我產生很大興趣的一個問題是，唐代密教金剛界法宗經《金剛頂經》和胎藏部法宗經的《大日經》二部經中，關於數的觀念以及構成其體系結構的數理基礎有很大不同。這個不同表現在：《金剛頂經》是以四數為數理結構基礎，及基本儀軌格式；《大日經》是以十數為數理結構基礎，及基本儀軌格式。

以下僅限於從唐代文化背景角度再對《大日經》中涉及的有關問題作一些考察。

正如四數必然聯繫八數一樣，十數也必然聯繫五數。如：

> 復以定慧手，五輪內向為拳，建立火輪；以二風輪置旁，屈二虛空相併。……
>
> 復次以定慧手，一合為拳，舒智慧手風輪，屈第三節，猶如環相。
>
> 頌曰：如是名鉤印，諸佛救世者，招集於一切，住於十地位，菩提大心者，及惡思眾生。（《大毗盧遮那成佛神變加持經・卷四・密印品第九》）

這是說胎藏部密印。《大日經》中，所有關於密印等內容，多是以「十」數、「五」數為基本的數理結構。這一點，與《金剛經》比較，可以說是各有鮮明特色。《大日經》這種特色，無論是在教理或密教儀軌方面，都表現得很清楚。

首先，《大日經》中引人注目的十數結構，表現在密教教理的表述上，這方面的內容在經中很多。如：

> 譬如十方虛空相，常遍一切無所依。
>
> 如是真言救世者，於一切法無所依。

又如空中諸色相，雖可現見無依處；
真言救世者亦然，非彼諸法所依處。
世間成立虛空量，遠離去來現在成。
若見真言求世者，亦復出過三成法。
（《大毗盧遮那成佛神變加持經・卷六・說菩提性品第二十四》）

其次，《大日經》中，引人注目的十數結構，突出地表現在密教儀軌的表述上。這方面的內容在經中也很多。如：

由此作禮真實言，即能遍禮十方佛；
右膝著地合爪掌，思惟說悔先罪業。
（《大毗盧遮那成佛神變加持經・卷七・增益守護清淨品第二》）

又如：

先以三補吒，風輪在於掌。
二空及地輪，內屈猶如鉤。
火輪合為峰，開散其水輪。
旋轉指十方，是名結大界。
用持十方國，能令悉堅住。
是故三世事，結諸方界等。

（《大毗盧遮那成佛神變加持經・卷七・供養儀式品第三》）

在《大日經》中，還有大量的「十地位」、「十方界」、「十善道」、「十方虛空」、「十方佛」、「十方無量世界」、「十方國」、「十力」，以及「五方」、「五色」、「五輪」、「五音」等十數為基礎的數理觀念。其中的五數觀念則是從十數中衍出。這種衍生性質與《金剛頂經》中的八數是從四數衍出的道理是一樣的。這個問題頗發人興味。

《大日經》中大肆渲染張揚的十數數理結構，或應該與唐代崇十的世風有關。在中國古代兩大盛世——漢與唐，「五」和「十」是具有時代特徵的兩個聖數。漢人喜愛「五」，唐人偏好「十」，在歷史上都很引人注目。

唐代之崇「十」，反映了那個超越前世的開放大國的兼容並包、開闊博大的文化風格。

十數從何而來？為何用十數就表明「兼容並包、開闊博大的風格」？這是有深刻原因的。《周易・繫辭上》說：「參伍以變，錯綜其數，通其變，遂成天地之文；極其數，遂定天下之象。」怎樣是「通其變」而「極其數」？《周易・繫辭上》標明天地之數曰：「天一，地二，天三，地四，天五，地六，天七，地八，天九，地十。」掌握這些象徵天地變化的數字，能開啟物智，成就事物，包容天下。漢代大易學家京房說：

故易卦六十四，分上下，象陰陽也。奇偶之數，取之於乾坤。乾坤，陰陽之根

本。（《京房易傳》卷下）

> 初為陽，二為陰，三為陽，四為陰，五為陽，六為陰。一、三、五、七、九，陽之數。二、四、六、八、十，陰之數。（《京房易傳》卷下）

這便是《周易》數理哲學的立論基礎。也就是說，十數被當作天地之象徵：十數之內，奇數象徵天，偶數象徵地。

> 奇數象天，故又為陽數；九，為天數之極。
> 偶數象地，故又為陰數；十，為地數之極。

不僅如此，十還是占筮中的「成數之極」，其所能夠表示的意義很多，如表示神秘的圓滿，等等。唐代世風，普遍崇十，即是出於《周易》數論的這種影響。再進一步追根溯源，十數與十天干有關。十天干是由甲、乙、丙、丁、戊、己、庚、辛、壬、癸十個漢字所組成的一組基於十進位觀念的循環記數系統。這些漢字或許原本並不包涵數的觀念，只是在被假借為天干，用來記日記時後，才成為時間的尺度，並具有了神聖的象徵功能。它往往以類比的方式，將自然現象與社會現象互相比照，從而隨著歷史時空的延續，使天干記數日益成為天人合一觀念的神秘投影。

《左傳・昭公七年》中說：「天有十日，人有十等。下所以事上，上所以共神也。」這是以天人合一、十數相應的簡單類比，來論證天地貫通的普遍意義，以及現實社會中的秩序合理性。

陰陽數術家依據十干與陰陽五行的組合搭配，設制出「十干合」原理。指十天干中一陰一陽相合，即：甲（陽木）與己（陰土）合，乙（陰木）與庚（陽金）合，丙（陽火）與辛（陰金）合，丁（陰火）與壬（陽水）合，戊（陽土）與癸（陰水）合。每一對組合都將引申出一種倫理道德上的意義，作為進一步判斷吉凶、預測命運的前提條件。這種意義具體如下：甲與己何名？為中正之合；乙與庚何名？為仁義之合；丙與辛何名？為威制之合；丁與壬何名？為淫暱之合；戊與癸何名？為無情之合。

十干合的結果，再與五行相匹配組合，即成所謂「十干化氣」，具體如下：

> 甲己合化土，乙庚合化金，丙辛合化水，丁壬合化木，戊癸合化火。（以上均見：《三命通會．論十干合》）

星命家又依據十干合所化成的五行之氣生剋情況，去推斷人的祿命，以十干配十二支，叫做「十干祿」，具體如下：甲乙配寅卯，居東；丙丁配巳午，居南；庚辛配申酉，居西；壬癸配亥子，居北。

十干就支神為祿，即甲祿寅，乙祿卯，丙祿巳，丁祿午，庚祿申，辛祿酉，壬祿亥，癸祿子。

陰陽數術家關於「祿」的解釋，是這樣說的：「祿，爵祿也，當得勢而享。」（《三命通會．論十干祿》）

星命家又把祿在年支者稱為歲祿，祿在月支者稱為建祿，祿在日支者稱為坐祿，祿在時支者稱為歸祿。所有這些玄奧命理，全由神秘的十干紀數衍生而來。

十天干不僅被作為時間的尺度，亦用於方位的代稱，具有空間方位的意義。如《尚書・皋陶謨》中說：「娶放涂山，辛壬癸甲」。意思就是以天干指代四方，意為大禹娶了涂山氏之女後，就忙於四方治水。

這種以天干表示方位的用法，在古代詩文中常見。如宋李彌遜《將到金陵投宿烏江寺》詩：「辛壬癸甲常為客，南北東西只問山。」（《筠磎集》卷一五）「辛壬癸甲」四天干的用法，與上詩相同。也是明顯將天干與方位對舉，表示一種空間意境。

那麼，應該如何認識十天干所具有的時間和空間交互的意義？換句話說，天干字構形本身是怎樣反映遠古人類的時空觀的？按照許慎《說文解字》的說法，天干字創制之初，時間與空間的概念就是相互依存，統一在一起的：

（甲）：東方之孟，陽氣萌動，從木，戴孚甲之象，一曰：人頭宜為甲，甲象人頭。成於木之象。

（乙）：象春草，冤曲而出，陰氣尚強，其出乙乙也。乙承甲，象人頸。

（丙）：位南方，萬物成，炳然，陰氣初起，陽氣將虧。從一入內，一者陽也。丙承乙，象人肩。

（丁）：夏時，萬物皆丁實。丁承丙，象人心。

（戊）：中宮也，象六甲五龍相拘絞也。戊承丁，象人脅。

（己）：中宮也，象萬物辟藏詘形也。己承戊，象人腹。

（庚）：位西方，象秋時萬物庚庚有實也。庚承己，象人齊（臍）。

（辛）：秋時萬物咸成熟，金剛味辛，辛痛即泣出。從一從辛，辛，罪也。辛承庚，象人股。

（壬）：位北方也，陰極陽生，故易曰「龍戰於野」；戰者接也。象人裹妊之形，承亥壬以子，生之敘也。與巫同意。壬承辛，象人脛，脛任體也。

（癸）：冬時水土平，可揆度也，象水，從四方流入地中之形。癸承壬，象人足。

許慎的解說，本依據小篆，也摻雜有陰陽五行說的成分。這一解釋，將十天干的時間序數與宇宙萬物的生成過程結合起來，不僅以春夏秋冬四季表示了萬物生長的完整序列，亦以東南西北四方表徵了天干代表的方位。

董仲舒《春秋繁露・陽尊陰卑》中曰：「天之大數畢於十……人亦十月而生，合於天數也。」

這樣，十，被化作至尊的象徵。並且，在「體用一如」的意義上，被視為「天人感應」、「天人同構」的尊嚴體現。

以十為尊，在盛世大唐文化中，比比可見。如：

唐初把全國行政區域劃為「十道」：關內道、河南道、河東道、河北道、山南道、隴右道、淮南道、江南道、劍南道、嶺南道。

開元中，又劃定境內州府為「十望」，即宋、亳、滑、許、汝、晉、泯、虢、衛、相十州。官制也常取數以「十」，如太子衛分置「十率」，即左右衛率、左右內率、左右司御率、左右清道率、左右監門率，其衙則稱「十率府」。

唐代文人雅集，不再同南北朝時那樣稱「七子」之類，而以「十」冠之，開始叫「十才子」之類，如「大曆十才子」（盧綸、吉中孚、韓翃、錢起、司空曙、苗發、崔峒、耿湋、夏侯審、李端）；「方外十友」（陸餘慶、趙貞固、盧藏用、陳子昂、杜審言、宋之問、畢構、郭襲微、司馬承慎、釋懷一）；「仙宗十友」（司馬承慎、陳子昂、盧藏用、宋之問、王適、畢構、李白、孟浩然、王維、賀知章）等。

藝術界亦風行崇十。如書法以「十體」名世，「玄度十體」是：古文、大篆、八分、小篆、飛白、倒薤、散隸、懸針、鳥書、垂露。又如「懷素十體」是：古文、大篆、籀文、小篆、八分、隸書、章草、行書、飛白、草書。又如稱詩歌有「十體」、「十勢」，「十體」是：高古、清奇、遠近、雙分、背非、虛無、是非、清潔、覆粧、闔門；「十勢」是：獅子返擲，猛虎踞林，丹鳳銜珠，毒龍顧尾，孤雁失群，黃河側岸，龍鳳交吟，猛虎投澗，龍潛巨浸，鯨吞巨海。

又如唐代音樂有「十部樂」：燕樂、清樂、西涼、天竺、高麗、龜茲、安國、疏勒、高昌、康國。從「十部樂」名還看得出，是體現了各民族文化的豐富多彩。

崇「十」之風，反映了唐代兼容並包、開闊博大的文化風格，在佛教中，尤為其燦然可觀。

如唐代佛教大宗華嚴宗，從智儼、法藏，到李通玄、澄觀，他們的教理思想反映在文章著作中，無不是以十為基本的數理結構。如：「十玄門」（智儼：《華嚴一乘十玄門》），「五十要」（智儼：《華嚴五十要問答》），「十玄義」（法藏：《華嚴經旨歸》），「十義門」（法藏：《華嚴經義海百門》），「十無盡」（澄觀：《華嚴法界玄鏡》），「方廣十義」（澄觀《華嚴法界玄鏡》），「理事逆順十門」（澄觀：《華嚴法界玄鏡》），「理事交參十門」（澄觀：《華嚴法界玄鏡》），等等。

當然，華嚴宗的宗經《華嚴經》，本身也是體現了崇十傾向。再從上文論述李通玄易佛思想的內容中也同樣可以看出，十數結構對其理論架構的重要意義。

而同樣是在盛世大唐發展產生出來的中國佛教密宗中，在一行大師參與翻譯，並且很可能是在翻譯過程中起主要作用的情況下，在其所譯密經以及教理儀軌之中同樣體現了崇十的時代風格，也就很正常。

(3) 密教秘奧儀軌中的易象易理

密教特徵之一，本是以修持為重，而不是同「顯教」那樣以教理為重。因此，要了解密教與易學關係，同樣也不能只著眼於教理邏輯方面，而必須深入到密儀修持方面。但是，問題在於，密儀修持本來具有「秘密」性質，這種「秘密」性質常使邏輯語言感到無能為力。這是探討這一問題的特殊為難之處。

對於這個問題，檢視密籍，初看似羚羊掛角，了無痕跡；再讀，如雪泥鴻爪，若有若無；而品味細思，就會覺得易理密意水乳交融，易道真如互映互射。正好比天光海波，得大自在。

下面以《大日經》系統儀軌為主，作些粗淺討論。《大日經》系統一般有四大儀軌，即：

「廣大軌」（《大毗盧遮那經廣大儀軌》）；

「攝大軌」（《攝大毗盧遮那念誦儀變加持經成就瑜伽》）；

「青龍軌」（《大毗盧遮那成佛神變加持經成就瑜伽》）；

「玄法軌」（《大毗盧遮那成佛神變加持經成就儀軌》）。

四大儀軌中有大量的五方、五輪（地輪、水輪、火輪、風輪、空輪）、五色、五音的描述和述說內容。如「廣大軌」中，以五音為真言，在五音持念之中，須同時而分別觀想「五形」及所包含的「五輪」、「五色」。如：

「虛空形」，空輪，玄色含融一切色；

「半月形」，風輪，青黑色；

「猛焰形」，火輪，烈火色；

「九重月形」，水輪，潔白色；

「黃金鐺形」，金剛地輪，金黃色；

並說真言偈曰：

由真言印力，加持器世界；
五輪皆成就，如諸佛國土；
種種寶莊嚴，寶樹多華果；
遍滿法界中，清淨極嚴潔。

又如說八方佛，各觀音聲光輪，如本尊三昧，得成就悉地，諦觀白蓮華，八葉廣大，八方佛俱成如來身，各居方隅。具體如下：

東方葉華座，是寶幢如來，色如日暈；
南方葉華座，是開敷華王，金色光明；
北方葉華座，是鼓音王，離惱清涼色（月光之色）；
西方葉華座，是無量壽佛，色如閻浮金（地金之色）；
東南葉華座，是普賢菩薩，滿月之形色；
西北葉華座，是觀世音菩薩，色如紅蘋梨；
西南葉華座，是文殊菩薩，鬱金色；
東北葉華座，是慈氏尊者（彌勒菩薩），黃金色。

八隅之「上」，乃是「中央法界性，圓明廣大輪」，「金色具暉耀」，是「大日正

圖 6-4　中土密教風格的佛像

覺尊」位，即「大日如來」位。大日如來「以八曼荼羅」，「甚深圓鏡中」，「應願濟眾生」。此大日如來，「輝焰過眾電，生種種金光」。（圖六—四）

此乃「正受相應身」，能達「寂然三摩地」。

「法界性」是「圓明廣大輪」，是「虛」，能「圓照四方」，是在「上」位。

「正受相應身」是悉地，是「實」，也可以說是在「下」位。

因此，八隅之中，本隱含有八卦方位在內。同時，又涵有「上」、「下」二方位。故仍是圓滿「十」位，十數結構。

又如「攝大軌」中的大量五方之

說，顯然都包含有與易理五行之說有關的五色、五聲及五時內涵（恕文繁不便一一轉錄，具體請參見：《攝大毗盧遮那念誦儀變加持經成就瑜伽・大菩提幢諸尊密印標幟曼荼羅儀軌第二》，以及《大毗盧遮那成佛神變加持經成就瑜伽・蓮華胎藏菩提幢標識普通真言藏廣大成就瑜伽下》）。

可能還值得特別一提的是，前一儀軌（即《攝大毗盧遮那念誦儀變加持經成就瑜伽》），是中天竺輪波迦羅譯，一行筆授，即也是一行參與翻譯的。

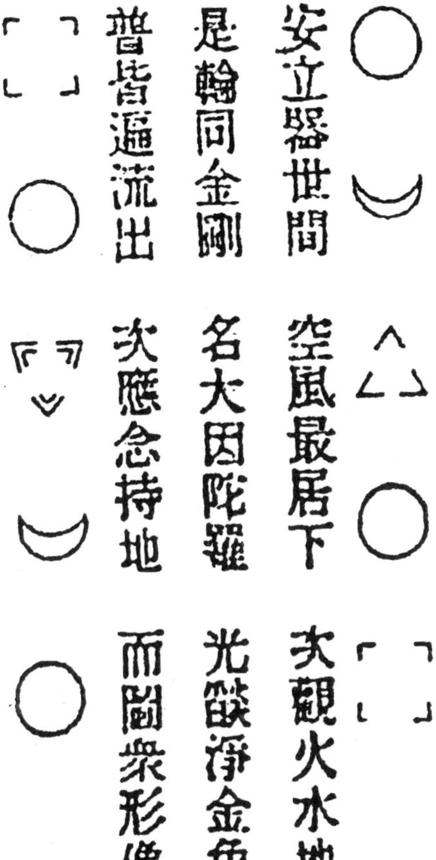

圖6-5　《大毗盧遮那成佛神變加持經成就瑜珈》（青龍軌）經文中的部分圖相

又如「青龍軌」（《大毗盧遮那成佛神變加持經成就瑜伽》）中，還出現了以圓相以及半月相、三角相、方相等圖相來說明胎藏界曼荼羅的描述，可能與易相也有一定聯繫，具體請見如圖（圖六—五）。

一般常有人說，密教修持與《周易》及道家多有相通之處。但是，如何相通，其相通之處是在哪裡，說者實際上往往也不太清楚，想當然而已。不過這個「想當然」還是有道理的，並非空穴來風。

實際上，密教修持與《周易》及道家，確是多有相通之處。尤其是與被譽為千古丹經王的《周易參同契》，在密法修持中有極深的契合內容。這個方面的內容在密教中多屬秘而不宣者，但是也有端倪可尋。如《大日經》中說：

爾時金剛手白佛言：世尊，云何火爐三摩地？云何而用散灑？云何順敷吉祥草？云何具緣眾物？如是說已。

（偈曰：）

爾時金剛手，白佛言世尊：
云何火爐定？云何用散灑？
順敷吉祥草？云何具眾物？
佛告秘密主，持金剛者言：
火爐如肘量，四方均相等。

四節為緣界，周遍金剛印。
藉之以生茅，繞爐而右旋。
不以末加本，應以本加末。
次持吉祥草，依法而右灑，以塗香華燈。
次獻於火天，行人以一華；
供養沒栗茶，安置於座位。
復常用灌灑，應當作滿施，持以本真言。
次息災護摩，或以增益法；
如是世護摩，說明為外事。
復次內護摩，滅除於業生。
了知自末那，遠離色聲等。
眼耳鼻舌身，及與諸語意；
皆悉從心起，依止於心王；
眼等分別生，及色等境界。
智慧未生障，風燥火能滅。
燒除妄分別，成淨菩提心。
此名內護摩，為諸菩薩說。

（《大毗盧遮那成佛神變加持經・卷六・世出世護摩法品》）

作為一種秘法，本不可從文字上一概而論。但是，其「火爐定」的修法很可能與《參同契》有淵源，這一點是可以看得出來的。

同時，「藉之以生茅」云云，也同樣很容易使人聯想到易《大過》卦的「藉用白茅」。《易・繫辭上》解說卦意云：

苟錯諸地而可矣，藉之用茅，何咎之有？慎之至也。夫茅之為物薄，而用可重也。慎斯術也，以往，其無所失矣。

此說意境，與上引密法意味是一致的。

密教肯定人的深層意識中潛藏著強大功能，並在長期的修煉實踐中以人體為實驗室進行著開發心靈潛能的實驗。實際上現代科學也不否認人的直覺和靈感，可以認識事物的本質，引發創造性思維。如瑞士現代分析心理學家榮格（Jung）斷定人的心理是由感覺、思維、情感、直覺組成的四分結構（Quaternity），他認為，人的心理上必然有一種功能，它使我們確知有什麼東西存在著（感覺）；有第二種功能，它能確認存在的東西是什麼（思維）；有第三種功能，它表明那東西是否適合我們的需要，我們是接受它還是拒斥它（情感）；以及第四種功能，它暗示我們，那些東西從哪裡來，到哪裡去（直覺）。其中，直覺是佔據特殊地位的心理功能，是一種深層的心理意識，榮格認為直覺具有前知的預測能力。

佛教唯識學中，直覺屬第七識（末那識）和第八識（阿賴耶識）的功能。唯識學認為阿賴耶識中藏有「無漏種子」，是真如心體，不僅能遍知宇宙間一切因果，還具有心能轉物的神通。佛教認為，心物一元，修定、修止、修觀、修禪都是為了開發阿賴耶識，可以獲得正等正覺的神通。這種思路與道教內丹學也有相通之處。而密教的密法修煉與之也都可以「會通」。

3. 密教與天文數術

佛教從古天竺（印度）傳來，許多古代印度文化也隨同佛教同時進入中國。隨同佛教傳入中國的古印度文化中，「天文學」是其中之一。它同中國傳統的「天學」等一樣，其中既有科學的內涵，也有附會人事的成分。

歷代佛教高僧為了弘傳佛教，往往將各個知識系統與佛教思想融合會通，這叫做「藉文弘教」、「藉醫弘教」、「藉藝弘教」，當然，同樣地，也有不少人「藉術弘教」、「藉數弘教」等等。

歷代高僧勘天觀象、卜算吉凶，以為弘法重要手段的人不少。如東晉名僧於法開「除病療疾」，以「自利利人」（《世說新語・文學》劉孝標注引），同時他又「才辯縱橫，以數術弘教」（《名德沙門題目》）。這在當時也可以說是常見事例。

歷代《高僧傳》中，多載有通曉天文曆算者。茲圖列如下（圖六—六）。

古代天文數術學中有「七曜術」之學。上表中的「七曜術」之「七曜」，指日、月

僧　　名	朝代	具體事蹟	出　　處
安世高	東漢	七曜五行之象風角云物	梁《高僧傳》卷一
康僧會	孫吳	博覽六經綜涉天文圖緯	同上，卷一
道安	西晉	陰陽算數皆通	同上，卷五
于法開	東晉	數術弘教	同上，卷四
鳩摩羅什	後秦	陰陽星算，莫不畢盡	同上，卷二
求那跋陀羅	宋	該博天文書算	同上，卷三
僧含	宋	篤志天文算術	同上，卷七
僧范	北齊	洞曉七曜九章	《續高僧傳》卷八
道辯	北齊	偏解數術	同上，卷二十五
法運	隋	洞幽算曆五行	同上，卷二十五
善慧	唐	精通九章律曆七曜	同上，卷二十八
慧斌	唐	尤明九章七曜	同上，卷二十
一行	唐	精通陰陽天文算術讖緯	《宋高僧傳》卷五及《舊唐書》《新唐書》等

圖 6-6　漢晉南北朝隋唐高僧精通「天學」者部分名錄

及金、木、水、火、土五星；「九章」，即古《算經十書》中的《九章算術》。

上表中所列截止至唐代時的高僧之所學天文、七曜、數術等，涉及天文學、數學、氣象學之類學科。

唐代重要佛教學者道宣，曾具列唐初律寺（主要弘揚戒律宗的佛教寺院）中的「數算眾具」如下：

第一類，「現有數具」：目翳、懸

測、商度、方衡、籌算，等；

第二類，「雜珠數法」：水晶、琉璃、雜色珠，等。（詳見道宣：《量處輕重儀本》）

第一類的「目翳」、「懸測」，可能是用於堪輿及建築設計及施工等方面的測量用具；「商度」、「方衡」，可能是指度量衡用具；「籌算」及各色「雜珠數法」，可能就是算具。曆算之學在佛教中的發展，由於史籍記載往往簡略，又往往同讖緯占卜相摻雜，玉石莫辨，除一行之外，諸高僧的學問究竟如何，現已較難確知其詳。

一行是被人們視為最具有神秘性的密教的一位大師。同時，「博覽經史，尤精曆象，陰陽、五行之學」。據唐人記載，唐玄宗曾召見一行，問他：「卿何能？」一行答：「唯善記。」玄宗以《宮人籍》試之，一行過目成誦。（鄭處誨：《明皇雜錄補遺》）可見一行的記憶力也出眾。

一行造曆，是唐代佛教密宗足以輝映後世的業績之一。

開元年間，一行造成著名的《大衍歷》。《舊唐書・曆志》中載其事曰：

> 開元中，僧一行精諸家曆法，言《鱗德曆》行用既久，晷緯漸差。宰相張說言之，玄宗召見，令造新曆。遂與星官梁令瓚先造《黃道遊儀圖》，考校七曜行度，準《周易》大衍之數，別成一法，行用垂五十年。（《舊唐書・曆志一》）

《大衍曆》主要特徵之一，是採用《周易》大衍數法。《舊唐書・曆志》載《大衍曆》共七篇：「大衍步中朔」、「大衍步發斂術」、「大衍步日躔術」、「大衍步月離術」、「大衍步軌漏」、「大衍步交會術」、「大衍步五星術」等（《舊唐書・曆志三》）。自開元十六年（七二八年）起，《大衍曆》施行十九年。它是當時最先進的曆法。《新唐書・曆志》中評論《大衍曆》：「自《太初（曆）》至《麟德曆》，有二十三家，與天雖近而未密也。至一行，密矣。其倚數立法，固無以易也。後世雖有改作者，皆依仿而已。」可知當時就對一行《大衍曆》評價很高。

注意上引這段評論中還具體指出，一行《大衍曆》之所以能達到很高水準，乃是因為其應用的手段是「倚數立法」，也就是說，是因為直接援用《周易》大衍之數的方法，所以才能超越前代曆法水準，並使後世曆法多只能據《大衍曆》「依仿而已」，即模仿《大衍曆》而造新曆。

只要看一下新、舊《唐書》中所刊《大衍曆》具體內容可知，一行《大衍曆》全部是用《周易》大衍數法而成。這一點，坦率地說，對於本世紀以來傳統文化以及易學研究中斷過之後的許多人而言，的確會是一個難解之題，甚至是難堪之題。

然而，誰又能否定一行《大衍曆》的「科學性」呢？

一行也重視儀器驗證。如他造曆時，先請梁令瓚等人與工人一起「創造黃道遊儀，以考七曜行度」，與前代諸家曆法「互相證明」。由此可見一行身上是時時體現著現代語言所謂的嚴謹「科學精神」的。

二、功格昊穹，暉華史冊

㈠「天文」學在中國傳統文化體系中的含義與性質

人們把一行稱之為「天文學家」。但是，如果以現代意義上的「天文學家」這個概念去衡量一行，有些人面對這樣一位既是佛教的密教大師、又是一個大「科學家」（天文學家）的人物，可能會覺得困惑（以及難堪）：「科學」和「迷信」這兩張標籤，該給一行貼的是哪一張？

「天文」一詞，與之對應的英文詞匯為astronomy，即現代意義上的天文學。但是在中國古代，「天文」這個概念在內涵和外延上，都是有所不同的。「天文」是被包含在「人文」概念之中，作為一個與人間的禍福災祥有關的「天象」概念來理解的。《周易・繫辭》中說：「仰以觀於天文，俯以察於地理。」《周易・彖傳》中說：「觀乎天文，以察時變；觀乎人文，以化成天下。」都是此意。《晉書》中說：

> 明帝問黃權曰：「天下鼎立，何地為正？」對曰：「當驗天文；往者熒惑守心而文帝崩，吳、蜀無事，此其徵也。」（《晉書》卷十三，《天文志》引《蜀記》）

這就是以「天文」指稱「人文」所衍生的「天象」，所舉出的具體事例，則是火星（熒惑）停留在了心宿（「守心」）這一種「天文」現象。

因此，對當時人而言，「天文」是用以指仰觀天象以占知人事吉凶的學問。《易・繫辭上》反覆陳說：「在天成象，在地成形，變化見矣」、「仰以觀於天文，俯以察於地理，是故知幽明之故」，皆是此意。還有更明確的論述：

是故天生神物，聖人則之；天地變化，聖人效之；天垂象，見吉凶，聖人象之；河出圖，洛出書，聖人則之。

河圖洛書是「天生神物」，「天垂象，見吉凶」即是說天地變化，「聖人」則之、效之，這才能夠明瞭治世之理。班固作《漢書・藝文志》，在「數術」中列「曆譜」、「五行」、「蓍占」、「雜占」、「形法」，共五派，計百九十家；其中，我們從這種分類中，也可見當時學者及社會思想一般觀念中，「天文」與「數術」以及「曆譜」、「五行」、「蓍占」、「雜占」、「形法」之類，都是差之不多的一回事。班固舉「天文二十一家」，論定說：「天文者，序二十八宿，步五星日月，以紀吉凶之象。聖王所以參政也。」班固所論各門學術之性質，以及各門學術在統一價值標準下的思想結構中之作用問題，已如本書第一章中所述。其論「天文」之學的性質，正代表了此後兩千年中國社會中的傳統看法。

「天文」含義及性質既是如此，可知是類似今天我們所說的「星占學」，那麼對譯的英文就應該是astrology。實際上，天文學與星占學有密不可分的關係，這也是古代全世界各民族的普遍現象。

中國歷代史書中的《天文志》，實際上也都是典型的星占學文獻。這類文獻中最早的《史記・天官書》，從書名上尤可見「天文」一詞，乃是由天象引伸為星占學：天官者，天上之星官，即天象，亦即天文。後人常以「天文星占」並稱，正是因為此。並非像一些現代學者那樣，將「天文」與「星占」析為二物。而從這個意義上說，中國古代文化中的「天文學」，又不是能簡單地同西方語言對應的，無論astronomy，還是astrology，都欠確切。翻譯時，應根據具體情況而定。

星占學被人們視為是天象對人事的警告或嘉許。再具體一點，天命與天意究竟通過怎樣的機制為世人所知？理解、解釋天命和天意又遵循怎樣的原則？這就是中國古代的「天文學」要解決的核心問題。

在古代中國星占學家心目中，天人合一、天人感應這樣一幅宇宙圖景之完備、具體和生動，為一般現代人難以想像。長沙子彈庫出土楚帛書甲篇，是迄今所發現的古代中國星占學文獻中年代最早的一種，文中說：

> 帝曰：繇敬之哉！毋弗或敬。惟天作福，神則格之；惟天作妖，神則惠之。欽敬惟備，天像是則，咸惟天圍，下民之戒，敬之毋忒！

又如司馬遷在《史記》中說：

> 日變修德，月變省刑，星變結和。凡天變，過度乃占。國君強大，有德者昌；弱小，飾詐者亡。太上修德，其次修政，其次修救，其次修禳，正下無之。夫常星之變希見，而三光之占亟用。日月暈適，雲風，此天之客氣，其發見亦有大運。然其與政事俯仰，最近大人之符。此五者，天之感動。為天數者，必通三五。終始古今，深觀時變，察其精粗，則天官備矣。（《史記》卷二十七：《天官書》）

文中的「三五」，司馬貞《索隱》中解曰：「三謂三辰，五謂五星」，「三五」即指日、月、恆星和五大行星。與這些天體有關的所有天象都與人事相符，與人間「政事俯仰」。無論「修德」、「修身」、「修政」、「修救」、「修禳」等等，都是社會政事管理中不可或缺的內容。

這些方面若未得修治，則上天即「感」而「動」，始而示警，呈現種種不吉天象，終而降罰，甚至發生天命轉移、改朝換代的最重大事件。

除歷代官修史書《天文志》外，這樣的天人景觀，在歷代星占學著作中也同樣如此強調。傳世最重要的星占學著作之一的唐代李淳風《乙巳占》自序中說：

> 昔在唐堯，則曆象日月，敬授人時；爰及虞舜，在睿機玉衡，以齊七政。暨乎三王五霸，克念在茲，先後從順，則鼎祚永隆，悖逆庸違，乃社稷顛覆。是非利害，豈不然矣。斯道實天地之宏綱，帝王之壯事也。

其中所謂「敬授人時」，絕非現代流行論著中所解釋的「安排農業生產」云云，而是指政事安排。「民之所欲，天必從之」、「天視自我民視，天聽自我民聽」等說法，都內在相通。天命歸有德者。與此相對應，在星占學家看來，上天對人間事務的感應，是道德至上、賞善罰惡的。

星占家言的理論基礎建立在儒家天命觀念之上，其中論述與儒家之旨相合，乃至動輒稱引《周易》乃至《尚書》等經典，絕非為點綴而妄攀引。

當大唐盛世之際，中國佛教的發展，出現了密教這一種教派，這使人們總有一點不很容易理解的地方：為什麼密教這種最為「迷信」的東西，出現在這個中國古代科技文化最為昌明的歷史時期呢？根據以上的分析，也許可以稍稍解答一部分問題。也就是說，當時的人們，正是覺得與「天意」最接近的時代，「天」對世間的人們，也正是最為親近的時候。

還可以再提一下一行之與禪宗的關係問題。上文已提到，一行之師是禪門大領袖普寂。普寂是當時全國禪門領袖。神秀寂後，普寂代師統領，「天下好釋者，咸師事之」（《舊唐書・神秀傳》）。普寂有多種神異傳說，他門下常以神異炫世，是一種宗風（在這點上與神秀宗風有所不同）。如普寂弟子靈著（六九一—七四六年），「領悟宗風」，入長安傳禪，「將終，寺中極變怪，蓋法門梁棟之頹撓也」（《宋高僧傳・靈著傳》）。可知其禪風有神通靈異一類內容。

歷史上的禪宗，有以「空智」思辯見長者，也有以禪異動人炫世者。中國密教的成熟，以至唐代密宗的興起，與後者乃有很大關係。

一行本出身於普寂禪門，在一行臨終之前，還曾特赴嵩山謁禮本師，可證師徒之間情份甚深。這也是一個可以注意的問題。

唐代禪宗與五代、宋之後五家禪專業重智輕悲的基本趨勢，實際上是有較大不同的。唐代禪宗作風中的更多與密教相通相似之處，原因也正在此。這一點，也是治禪史者目前普遍關注不夠的問題。

實際上，迄今為止，很多人覺得不可索解：何以最「迷信」的「封建迷信」（指佛教中最為神秘的密教），與中國歷史上最為尖端的科學技術「天文學」會如此緊密地結合在一起？

近幾十年來，對一行的評價，實際上是學術界一個比較令人難堪的話題。一方面，對一行在「天文學」及中國科學技術史上的巨大貢獻，不能不予以肯定；另一方面，又因其佛教僧人的身份，尤其是密教大法師的身份，又似乎不能不進行不斷的貶斥，以示某種虛假性的所謂「立場」。當然，我相信大多數人這樣做時，只是表明正面對學術史上一個需要解決的難題。

只有以客觀態度對待古代「天文學」，這樣去理解一行，才可能較為切近地了解他：為什麼他是一個密教的大師，同時恰恰又是他，成為中國歷史上最偉大的「天文」學家。

(二)一行之「大衍曆」：從現代科學角度的評價

一行精通易學，《大衍曆》顧名思義即是以《周易》大衍之數，作為其「天文學」上所有測算的理論基礎以及方法。如一行在《大衍曆》（七二八年）「大衍步五星術」中謂其算法曰：「求平合入爻象曆：置積年，各以其星變，以差乘之，滿乾實去之，不滿者，以大衍通法約之，為日」；以減平合日算，得入曆算數。（《舊唐書・曆志・大衍步五星術》）

文中所說的「平合日算」，是所求之年的冬至之夜半，至其後最近的一次五星平合之間的時距；「入曆算數」，是該次五星平合與「五星爻象曆」的起算點之間的時距。《大衍曆》全部算法，都是以大衍數配合《周易》卦爻象基礎上進行的。

1. 一行在「五星近日點黃經進動值測算」方面的成就

至宋代《紀元曆》（一一〇六年）以及《統元曆》（一一三五年）以前的各種曆法，五星近日點黃經的計算方法均與一行法相同。有學者指出，這些算法中，唯唐代的《宣明曆》（八二二年）的算法與一行稍異，但實質上仍然是用一行算法。《大衍曆》木、火、土、金、水五星近日點黃經每年的進動值分別為40、37、27、36和160，它們與理論值之差，分別為18、29、44、15和104。陳美東先生著《古曆新探》一書，其第十五章列有《大衍等曆五星近日點黃經及其進動值精度一覽表》[4]，由表中可見，《五紀曆》（七六二年）所取進動值有參照《大衍曆》者，但是也較《大衍曆》有所進步。

《宣明曆》和《應天曆》（九六〇年）二曆所取之進動值大約屬於一個系統，其誤差很大，較《大衍曆》和《五紀曆》而言，則是一種退步。《崇玄曆》（八九三年）和《乾元曆》（九八一年）以後各曆，木、火、土、金、水五星近日點每年進動值，均取35左右，其中又僅《儀天曆》（一〇〇一年）金星取42，稍大一些。它們與理論值之差分別為23、31、35、16和21，此中除水星有很大進步外，其它四星均與《大衍曆》大同小異，可見歷代曆法受《大衍曆》的影響之大。

科學史家陳美東先生指出：

> 五星近日點進動這一天文現象的發現，並開始給於定量的描述這件事本身，在我國古代天文曆法史上都是十分重大的事件，它與月亮近地點進動，黃白交點退行，冬至點退行等的發現，是可以等量齊觀的。……
>
> 在以上所述的各種算法中，我們認為一行算法是最為簡捷明瞭的，它不但顯示了五星近日點進動這一明確的天文現象，而且其進動是每年均勻的，這與我們現今所了解的事實是比較符合的。而姚舜輔、劉孝榮（使用該法的《開禧》、《成天》二曆除外）、趙知微和郭守敬等人的算法，則把五星近日點變動的描述大大複雜化了，或大進小進，或大退小退，或不進不退，變動不定，這與實際情況是不相符合

的[5]。

從這個評價中可以看出，用現代天文學的標準看，一行用《周易》大衍之數為基本算法，並在此基礎上創造的「天文學」成就，達到了極高的科技水準。

按現代天文史學界的觀點，我國古代對於五星近日點黃經及其進動值的測算的起始年代，比古希臘和古印度為晚。但是，我國的「天文」學家獨立地開展了這方面的工作，走了一條自己的獨立的發展道路。「自一行起，對於五星近日點黃經測算的總水準，已經超過了托勒密[6]，對於進動值的測算，則較托勒密互有優劣」[7]。這也就是說，一行的「天文」學代表了當時世界上最尖端的科技成就。（圖六－七）

2. 行「五星入氣加減法（五星運動的不均勻性及其改正方法）」方面的成就

五星運動的不均勻性現象及其改正方法，現代天文史學上統稱為「五星入氣加減法」。這一方法，是由我國北齊的張子信大約於公元五六〇年最早發現和提出的。其後，劉焯的《皇極曆》（六〇四年），張胄玄的《大業曆》（六〇七年），傅仁均的《戊寅曆》（六一九年），李淳風的《鱗德曆》（六六五年）和徐承嗣的《正元曆》（七八三年）等五種曆法中，均因循張子信之法，只是在具體數值上稍有修正。

自一行《大衍曆》開始，對「五星運動不均勻性引起的改正值」的表述與計算，從形式到內容都發生重大變革。這之後的曆法就多因循《大衍曆》了。《大衍曆》是以表格的形式給出該值的，該表格稱為「五星爻象曆」（這在《宣明曆》中稱為「五星平見

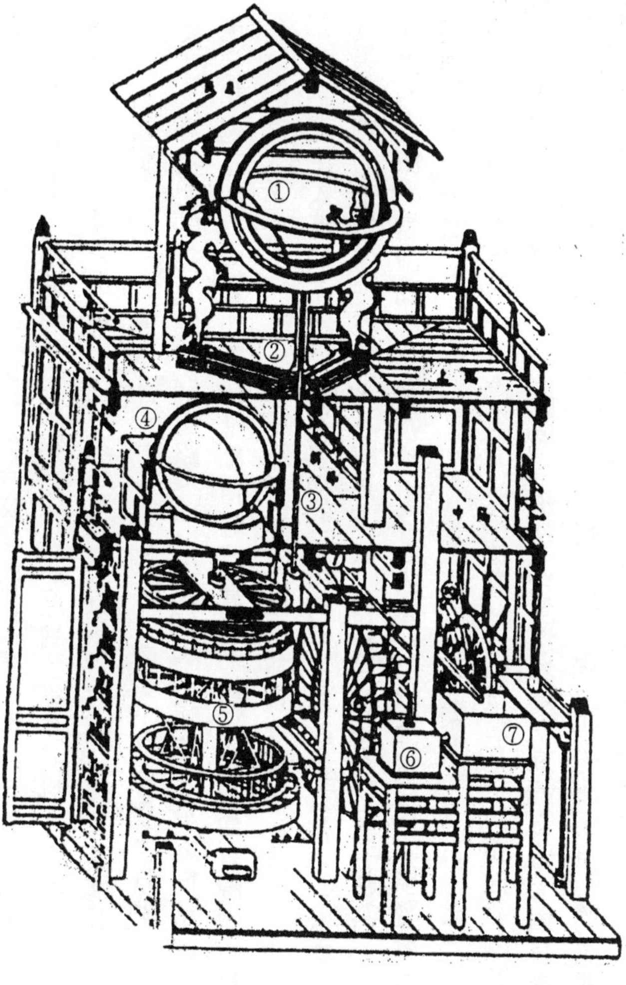

圖 6–7　一行梁令瓚水運渾象圖之一：儀象臺總圖

①渾儀，②圭表，③天柱，④渾象、地柜，⑤機輪，⑥樞輪，⑦天衡。

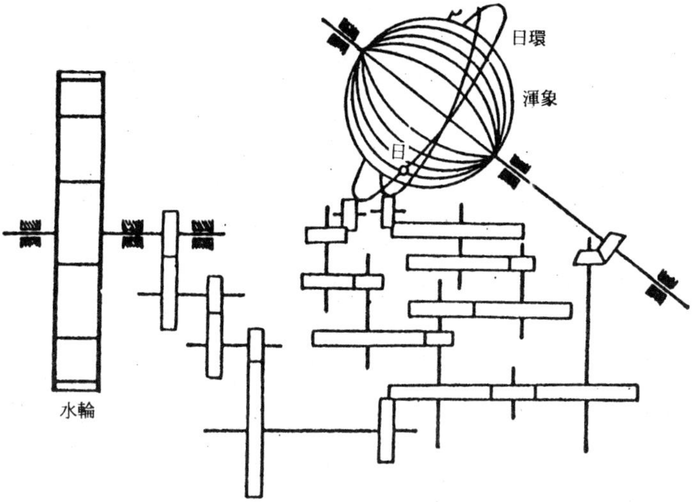

圖 6-8　一行梁令瓚水運渾象圖之二：齒輪系統圖

加減曆」，在《崇天曆》以後的各曆法，則均稱之為五星「盈縮曆」）。

陳美東先生指出：

> 五星入氣加減法作為我國古代五星運動不均勻性改正的早期方法，是北齊張子信獨立發明、並經隋唐之際的劉焯、張胄玄、傅仁均和李淳風等人的不斷探索，日益得到改進的獨特方法。……
>
> 自一行大衍曆以後，五星入氣加減法基本上被新的方法所取代，而且對於木星和土星運動不均勻性的描述，最終被新的方法所超勝，但對於火星運動不均勻性的描述，五星入氣加減法則始終保持著優勝的地位。❽

簡言之，即《大衍曆》有首創「五星盈縮曆」之功，且達到了我國古代五星運動不均勻改正的高峰。❾（圖六—八）

㈢密教、《周易》和「天文」學

上文提到「天文」學在中國古代的作用問題，是一個嚴肅而又十分微妙的問題。北宋歐陽修指出：

> 蓋君子之畏天也，見物有反常而為變者，失其本性，則思其有以致而為之戒懼，雖微不敢忽而已。至為災異之學者不然，莫不指事以為應。及其難合，則旁引曲取，而遷就其說。（《新唐書・五行志之一》）

應該說，這種弊端是經常在發生的。其最大的危險莫過於以每一件具體的事件去與玄遠的「天道」對應。前人早就意識到這一點，並一再告誡此種做法之不可取。所以我們說，在一行身上體現出來的密教、《周易》和「天文」學的三位一體，乃是必須以一種歷史的眼光去看待的在歷史上發生的「科學」文化現象。

一行的同時代人曾這樣評價一行的成就：

> 禪師一行者，定慧之餘，術窮天地。有所未達，咨而後行。（唐・李華：《大唐東都大聖善寺故中天竺國善無畏三藏和尚碑銘並序》）

引文中「有所未達，咨而後行」句，是指一行對其師的關係。其師即唐代密教大師善無畏。一行既「術窮天地」，就是說他在易學數術方面，學識極高。但是這方面的學識基礎，主要不會是從善無畏學得的。然而，一行雖「術窮天地」，仍覺「有所未達」，需向善無畏「咨而後行」，那麼，只能是在數術之應用於「天文」學方面的問題，或者換句話說，即是在「天人感應」的「感應」方面的問題。「有所未達」，向善無畏師學，或即是在密法感應方面。傳為唐玄宗李隆基御制的《大慧禪師一行碑銘》序中，總括一行集於一身的禪、密、「天文」三學時說：「深道極陰陽之奧，庸辭盡春秋之美。」[10]

由此，應該認清，一行的偉大的「科學」成就，是一種不同於現代的特定意義上的「科學語言」的「科學」。或者說，這種發生在中國八世紀的「科學」，是不必拿來直接與發生在西方十八、十九世紀的「科學思維」語言作簡單化的一一比附的。

由於種種歷史原因，唐代中土密教（密宗）後來在漢地基本不傳。因此，這裡的有關問題，或還可以與現代世界上藏密研究的情況作些比較。如藏密無上瑜伽密法，就既有嚴格的修持規範，又有深邃的哲理思維內涵，二者本不可偏廢。一些深奧的藏密現象，目前正被國際學術界、宗教界、思想界密切關注，研究成果層出不窮。但是，從我們的立場來看，其中的不足之處也顯而易見。除去政治性因素之外，也有不少研究成果至少在形式上會給人以較表面化之感。

我個人覺得，其中最典型和集中的問題是在於過多偏重修持行為方面，而對於相關的理論研究略嫌不夠。重修輕理、重修輕思、重修輕史的傾向，在總體上對研究質量的提高有一定影響。同時，這種傾向也不利於對中古時代流傳下來的這種帶有一定神秘主義內容的文化現象中不可避免地帶有的糟粕的剔除。

根據這個思路，再回過頭來看一行與密教、《周易》及緊密相關的「天文學」的關係，可以認為，其本身乃是一個包含了價值理想的系統的思想結構中的組成部分。其所體現的乃是天地人互動、天與人感應的一種文化理念。

曾有學者說，一行使中國古代的天人感應之神學滲入了科學，因為使用了《周易》「象數」語言而使天文學神秘化了，並影響了天文學數據的精確性，還常常在天文學中以「迷信」代替「科學」，因此是「犯了錯誤」⓫。這是一種有代表性的，帶著特定時代色彩的說法。對這種說法，應當重新認識。

哲學不僅僅是科學史，也不僅僅是心靈史（文德爾班語）。我們固然可以從「現代科學」立場去考察和研究一行的「天文學」，這完全可以肯定，有其自身價值，也很可以由此而做出工作成就。但是，若轉換一下角度，比方說，從「密教——生命科學」，或「《周易》——天人關係理論」角度，去重新認識一行之「天文學」，也同樣會是有意義的一項研究工作。

【註　釋】

❶ 貞觀七年（六三四年），唐太宗命當時名畫家閻立本，在凌煙閣畫作壁畫，描繪長孫無忌、李孝恭、杜如晦、魏徵、房玄齡、高士廉、尉遲敬德、張公瑾等二十四人肖像，表彰這些曾輔助他開創天下的文武開國功勛，「使旌

賢之義，永貽後昆」。

❷ 見蕭漢明：《陰陽大化與人生》，「陰陽學說在哲學上的成就」部分。廣東人民出版社，一九九八年，第三一四～三二〇頁。

❸ 印度古代文化中的「四方」（東南西北）觀念，無論內容還是表達方式，與此都不同。具體請參見《五十奧義書》（中國社會科學出版社，一九八四年版）。

❹ 陳美東：《古曆新探》，瀋陽，遼寧教育出版社一九九五年版。

❺ 陳美東：《古曆新探》，遼寧教育出版社一九九五年版，第四二六頁。

❻ 托勒密（Ptolemy），古希臘天文學家。

❼ 陳美東：《古曆新探》，遼寧教育出版社一九九五年版，第四三二頁。

❽ 陳美東：《古曆新探》，遼寧教育出版社一九九五年版，第四四四～四四五頁。

❾ 本小節關於一行在「天文」學方面成就的評價，主要參考了陳美東著《古曆新探》一書中有關章節，特此申明，並致謝忱。

❿ 呂建福：《中國密教史》，中國社會科學出版社一九九五年版，據該書第六七四頁注，是輯自《大日本全書》，第一〇六冊《真言付法傳》。

⓫ 任繼愈主編：《中國哲學發展史》，北京，人民出版社一九九四年版。

第七章　宗密佛教思想與易學

一、本覺真心，太易五重

(一)宗密及其在中國佛敎史上的地位

1. 宗密生平及其思想特徵

宗密（七八〇—八四一年）的佛教思想理論，是對隋唐宗派佛教的重要總結，在中國佛教向禪宗轉折的歷史關頭，具有開創性。並且，還深刻地揭示了隋唐以來儒、道、釋三教由分流而終於合一的中國文化運行大勢。

宗密，俗姓何，果州西充（今四川省西充縣）人，出身富豪，少年學儒。二十八歲從荷澤宗的道圓出家學禪。後投入華嚴宗的清涼澄觀門下，學華嚴宗。當時宗密被視為荷澤宗傳人，後來又被奉為華嚴宗五祖。

宗密時代離神會活動時期不遠，荷澤宗是禪宗重心，在社會上層極受重視。華嚴宗則自法藏之後，至會昌之前，一直在精緻完整的哲學內核支撐下保持著佛教正統地位。宗密當時在佛教界有重要影響，唐文宗太和二年（八二八年），曾將他「詔入內殿，問諸法要，賜紫袍，敕號『大德』。朝臣士庶，咸皆歸仰」（續法《法界宗五祖略記》）。後住長安草堂寺南圭峰蘭若。世稱圭峰大師（宗密生平事蹟，見贊寧《宋高僧傳》卷六，道原《景德傳燈錄》卷十三，契嵩《傳法正宗紀》卷七，念常《佛祖通載》卷二十一、卷二十二及裴休《圭峰禪師碑銘》）。

宗密佛教思想主要是從繼承法藏華嚴學立場開始，但是，他又明確是以澄觀「正統」的華嚴宗立場作為自己的理論起點。然而實際上，宗密之師澄觀，是吸收神會的有關禪宗思想，以會通《起信論》的「本覺」概念以及天臺宗的「性具」之說，因此，澄觀雖宣稱仍依據法藏「性起」思想立論，實際上澄觀之「性」已非盡淨之性，而是兼具染雜之性了。

也就是說，其哲學立場已經有所轉移，與法藏的「正統」華嚴學已經有所不同。宗密正是在澄觀的這個哲學基礎上建立其獨特的教理思想結構。（圖七－一）

宗密在他的判教中，仍遵循由智顗所確立而為隋唐各宗派所遵循的基本理路，即對於各種佛教思想進行批判總結，予以會通，並以此作為建立自身理論的構架。宗密肯定「經有權實，須依了義」（《禪源諸詮集都序》卷一），「文或敵體相違，義必圓融無礙」（同上），重心放在會通眾經，「即於佛語相違之處，自見無所違也」（同上，卷

圖 7-1　宗密（780—841 年）像

四）。在宗密看來，《華嚴經》等四十餘部經，《大乘起信論》等十餘部論，都無差別地是最高階位的經典依據。從宗密開始，開始改變在判教中判某一種佛經為最高的傳統說法，為徹底會通佛儒道經典開了先河。

這就意味著，從宗密開始，在佛教思想結構中正式肯定《周易》等儒家經典的地位。納易入佛非自宗密始，但是，宗密與前人相比有重大不同。從南北朝時的劉虬到智顗、吉藏、窺基、法藏等佛教大師，都是一則承認「人天教」（儒家）為佛教中內容，即承認儒佛可以調和，但是，又說明這不過是佛教中層位最低者，雖有利於世道人心，但不能得究竟；二則又多以《提謂波利經》或《阿含經》等所謂「初級」的佛經，作為人天教的所謂經典依據。

在第一點上，宗密仍循前人，在《華嚴原人論》中，宗密花大力論證了「孔、老、釋迦皆是至聖」，但是也明確提出，「推究萬法，彰生起本末，雖皆聖意，而有實有權。二教惟權，佛兼權實。策萬行，懲惡勸善，同歸於治，則三教皆可遵行；推萬法，窮理盡性，至於本源，則佛教方為決了」。作為佛教人物，這樣說也是可以理解的。在第二點上，宗密就不再循從前人說法，我想這一點應該引起重視。

宗密依判教規矩對每一層位所依佛經作出確定。在《原人論・斥迷執篇一》分析（儒道）聖人所設教門後說：「然則《詩》判亂政，《書》贊王道，《禮》稱安上，《樂》號移風，豈是奉上天之意，順造化之心乎？」是將儒家經典《詩》、《書》、《禮》、《樂》等確定為「人天教」所依經典。然而，在《原人論》第四章《會通本末》中，他進一步明確指出：「今將本末會通，乃至儒道亦是。」論證所破斥的各階位上的人天（儒道）、小乘、大乘法相、大乘破相等教門，與最高階位的「一乘顯性教」，皆可會通，「洞明粗細本末，方能棄末歸本，返照心源」，即是說在終極價值上是一致的。

宗密在當時代表主流社會的佛教思想傾向。我們可以說，他的思想具有時代意義。若拿李通玄與之相比，宗密在當時社會上和佛教界的影響，是與之大為不同的。李氏學說，主要是在宋代以後才被發揚光大，廣為流佈，但是在中晚唐時期，似未產生明顯的重要影響。宗密的思想學說則在當時就廣有影響。

2. 宗密在中國佛教史上的地位

宗密從佛教的角度，將易佛的「會通」推到了更深層次，反映了當時士大夫階層尋求儒釋合一途徑的一種具有普遍性的傾向。佛教窮理盡性的終極境界，禪宗開曠清涼的自由之風，能給人精神慰藉，使人心理平衡。如當時柳宗元、劉禹錫、白居易等重要儒家代表人物，都有一種會儒歸佛的思想動向，甚至激烈反佛的韓愈、李翺也同樣深受佛教哲學的影響。佛教在更深的層次上與儒道結合的轉折是從這時開始的。宗密的特定內容的「會通」邏輯，提供了這個轉折的通道。

中晚唐以後，佛教發展的基本態勢是禪宗的興起和發展。這是在中國佛教發展的特定階段，對自身的存在方式中與封建政治、經濟的不協調部分，以及在文化形態上與傳統的儒、道思想衝突的部分，進行自我調整的結果。宗密的教理思想結構，即是佛教發展的這一轉折關頭的一種批判和總結。

其重大歷史意義在於，不但對隋唐以來的各佛教宗派向禪宗匯合進行了哲學論證（相對而言，宗密的思想與他的前後人比較，也是較多哲學品味的），對當時紛起的各家禪說進行了匣定整合，而且也由此揭示出隋唐以來儒、道、佛三教由一度分流而在互相砥礪激發的新的基礎上合流的中國文化運行大勢。

宗密之後約過百年，延壽（九〇四－九七五年）的判教，是對所有佛經一無例外都予會通。將儒佛關係視為平等，他在宗密將禪宗歸為「心宗」的旗幟下，發揮天臺、唯識、華嚴諸宗思想，將天臺性惡說、相宗八識說、華嚴性起說證成為一，並推動禪宗心學向理學轉化。對「諸禪相契」，延壽則更進一步在抹煞宗門分歧的基礎上使禪與淨土合併，儘管這樣做招致後人不少譏評，認為他使禪學失去了特色，也失去了純潔性，但從佛教本身的直接效果看，他強調「萬善同歸」，使其更易於為社會廣大階層接受，有特定社會意義。

延壽之後又約百年，契嵩（一〇〇七—一〇七二年）從佛教角度完全洞開「三教合一」大門，甚至從倫理角度肯定儒家標準高於佛教標準，如在《輔教篇·孝論敘》中明確宣稱：「夫孝，諸教皆尊之，而佛教殊尊也。」

這樣，一種主要關注民間宗教、民俗文化而不再是義理探討的教理論證方法，產生了現實影響，一方面使佛教哲學開始失去獨立存在的根據，但另一方面卻為中國文化在封建社會後期的發展揭示出一種新的可能性。但是我們可以看出，契嵩也只是在宗密開闢的道路上更進了一步。

宗密的「心宗」及其教理思想結構，成為確定此後中國佛教發展基本趨勢的理論綱領。無論從佛教方面說，會昌之後禪宗的興旺發展，以及五代、宋之後延壽、契嵩在宗密開闢的方向上對禪教合一、儒佛合一的進一步推動，還是從整個中國文化發展大勢而言，禪宗心學向理學的轉化和理學對禪宗心學的吸收，都可以看出宗密「心宗」說的影響和作用。

由於這種整合性的繼往開來的作用，我們可以說，宗密的佛教理論是中國佛教發展過程中的又一個關節點，意味著中國佛教發展的第二個階段唐代宗派佛教的終結，並成為下一個階段的開創者。

(二)宗密的「心宗」範疇與「太易說」

1. 宗密的「心宗」範疇

宗密教理思想結構中的價值標準，即其獨創的「心宗」說。

這是中國佛教在自身發展的歷史轉折關頭的一種自覺的批判總結，也是佛教深層次上與儒道會通的歷史趨勢的哲學論證，是佛教理論的歷史轉折時期的一個標誌點，也是其全部教理思想的核心，應引起重視。在宗密的「心宗」說中，首先，「心」範疇是宗密立論的哲學基礎。

(1) 宗密的「本覺真心」說

宗密在對包括他的老師澄觀在內的前人思想進行揚棄，並會通性、相二宗的基礎上，轉從價值本體角度，將「性宗」與「空宗」比較，得出新的結論，首先是創立「本覺真心」說。認為在絕對的「性空」之中，還存在著「常住真心」，這才是「真如」（真理）。顯然，這是中國佛教般若學的真如。還值得注意的是，宗密結合中國傳統文化有關思想，對此「常住真心」進行的論證。再由之轉到佛教價值本體立場，他的論證就更顯出特色。他說：

況此真性，非唯是禪門之源，亦是萬法之源，故名法性；亦是眾生迷悟之源，

> 故名如來藏藏識；亦是諸佛萬德之源，故名佛性；亦是菩薩萬行之源，故名心地。
>
> （《禪源諸詮集都序》卷一）

這裡他把「真如」表達為「心」，「心」即真性、法性、如來藏藏識、佛性，就是說心是萬法本源，也是「菩薩萬行之源」，這樣的「心」，他又稱為「真心」或「本覺真心」。他說：

> 一切有情皆有本覺真心，無始以來，常住清淨，昭昭不昧，了了常知，亦名佛性，亦名如來藏。（《華嚴原人論・直顯真源第三》）

這樣，他明確使用「本覺真心」概念，對法藏以來的華嚴宗心性論思想作出卓越的概括和總結。宗密的這個思想，一方面是繼承法藏、澄觀傳統，進一步對法藏發現並闡發的《大乘起信論》本覺思想的光大，另一方面也是對他自己發現並闡發的《圓覺經》中類似說法的推演。

(2) 宗密對「心」範疇的哲學論證

宗密對「本覺真心」之「心」範疇進行了系統嚴密的論證。宗密的「心」既然是從價值本體意義上說的，那麼，他認為這種「心」只可能是一個。不過從第一義諦（真諦）言，它是「不相應心」（或「自性清淨心」），從世諦（俗諦）言，它是煩惱無明的「相應心」而已。宗密在《圓覺經大疏》中說：

> 依一心開二門：一者，心真如門，即是一切法界大總相法門體，所謂心性不生

不滅，一切諸法，唯依妄念而有差別；若離妄念，則無一切境界之相，乃至唯是一心，故名真如。二者，心生滅門，謂依如來藏，故有生滅心，所謂不生不滅，與生滅和合，非一非異，名阿梨（賴）耶識。

注意此處「名阿梨耶識」，是「這才是阿梨耶識」之意。此「阿梨（賴）耶識」非唯識宗之「阿賴耶識」，乃是與真如和合的本覺之識，或即是法藏所說的，非「始教」之心識，乃是「終教」之心識（見法藏：《華嚴五教章》，卷二）。按宗密之說，他的「心」範疇，乃此二門和合之心。

(3)「心宗」範疇的創立

宗密的「心」範疇，不但概括了真如和阿賴耶識，實際上也是對南北朝以來，自地論南北道的分歧至真諦和玄奘的分歧的兩大心識說系統——如來藏系統與阿賴耶識系統的融攝；而且從佛性論角度來說，也是以「心」範疇統一了三因佛性。「心」不但是自性清淨的，而且也是煩惱染惡的，不但是空寂凝然的，而且也是能動靈知的。這樣，本原意義上的「心」，從價值本體意義上，也即「心識」。宗密有時又將其定義為「知」。宗密論述說：

> 設有人問，每聞諸經云：迷之即垢，悟之即淨，縱之即凡，修之即聖，能生世、出世間一切諸法，此是何物？答云：是心。愚者認名，便謂已識，智者應更問：何者是心？

答：知即是心。（宗密原注：指其體也；此言最的，餘字不如。若云非性非相，能語言運動等是心者，何異他所問詞也。）（《禪源諸詮集都序》，卷三）

心即心識，即是「知」，心因「知」而為能動，宗密一再強調說：

知之一字，眾妙之門；恆沙佛法，因此成立。（《圓覺經大疏》卷一上）❶

宗密解釋說，「心之名體」（名：命名之意）猶如「水之名體」，對心體而言，「知之一字」「貫於貪、瞋、慈、忍、善、惡、苦、樂萬用萬義之處」，好比對水體而言，「濕之一字，貫於清濁等萬用萬義之中」，他指出，「今時學禪人多疑云：達摩但說心，荷澤（神會）何以說知？」就是因為不了解知是心之性，猶如濕是水之性，故心即是知。（見《禪源諸詮集都序》卷三）宗密以此能知之心作為最高價值標準，建立完整的佛教思想結構，對中國佛教作出全面批判和總結，概括為三教三宗，並和合為一，得出結論說：

三教三宗是一味法，故須先約三種佛教，證三種禪心，然後禪教雙忘，心佛俱寂。俱寂，即念念皆佛，無一念而非佛心；雙忘，即句句皆禪，無一句而非禪教。（同上書）

儒家文化價值觀，強調「天下同歸而殊途，一致而百慮」（《周易・繫辭下》），《周易》中以深刻的憂患意識說：「夫易，聖人之所以極深而研幾也。唯深也，故能通天下之志；唯幾也，故能成天下之務。」（《周易・繫辭上》）雖然儒家入世為用的價值取向與佛教出世解脫的價值取向不同，但是「同歸殊途，一致百慮」及「極深研幾」的思想方式，深深烙印到佛教中。宗密強調：「緣達摩一宗，是佛法通體。」（同上書）並命名其為「心宗」：

以心傳嗣，唯達摩宗。心是法源，何法不備？所修禪行，似局一門，所傳心宗，實通三學。（同上書，卷四）

「達摩宗」即「禪宗」下之一家，宗密從價值意義上，將其概括為「心宗」。這樣，宗密揚棄傳統佛教有宗、空宗及其師澄觀性宗、相宗之分的觀念，創立了「心宗」範疇。這是一個用以論證其教理思想中的價值本體的哲學範疇。

我認為，抓住「心宗」範疇，才能充分理解宗密教禪合一的思想結構。這也是理解其會通易佛思想的途徑。

2.「心宗」與「太易說」

宗密在論證他的思想結構具體內容時也有明顯特徵，其中之一，是表現在語言（即現代西方學術界很強調的「術語」或「話語系統」）的使用上。如他在論證「今將本末會通，乃至儒道亦是」的命題時，不但是從佛教方面，還常運用易學語言進行論證，如他援用《周易》中《否》、《泰》二卦的卦意而指出，不知真學者「唯執否、泰，由於時運」，以為一切都是由「天命」所定，實際上他認為「天命」之後，還有更深刻的東西存在著：

然所稟之氣，輾轉推本，即混一之元氣也；所起之心，輾轉窮源，即真一之靈心也。究實言之，心外的無別法；元氣亦從心之所變。（《華嚴原人論．會通本末第四》）

那麼，這個「元氣」又是什麼呢？他是這樣論證的：

即彼始自太易，五重運轉，乃至太極，太極生兩儀。彼說自然大道，如此說真性，其實但是一念能變見分。彼云云氣，如此一念初動，其實但是境界之相。……佛說內四大與外四大不同，正是此也。（《華嚴原人論．會通本末第四》）

「太易」運轉之說，在中國傳統文化中由來已久，本來是中國傳統文化中的基本世界觀。宗密之師澄觀也曾用此來表達他的佛教本體觀（見澄觀《華嚴經隨疏演義鈔》卷十四）。宗密進一步以此解釋天地宇宙，實際上也是改變了印度佛教關於世界觀的詮釋，援易道價值論代入中國文化的思想結構。

《乾鑿度》發揮這一思想，說明《乾》、《坤》兩卦乃八卦以及六十四卦之基礎，是這樣說的：

昔者聖人因陰陽，定消息，立乾坤以統天地也。夫有形生於無形，乾坤安從生？故曰：有太易，有太初，有太始，有太素也。太易者，未見氣也；太初者，氣之始也；太始者，形之始也；太素者，質之始也。氣形質具而未離，故曰渾淪。渾淪者，言萬物相渾成而未相離。視之不見，聽之不聞，循之不得，故曰易也。易

> 無形畔，易變而為一，一變而為七，七變而為九，九者氣變之究也。乃復變而為一。一者形變之始，清輕者上為天，濁重者下為地，物有始有壯有究，故三畫而成乾。乾坤相併俱生。物有陰陽，固而重之，故六畫而成卦。

京房曾說：「乾坤者，陰陽之根本」，也是說此意。從太易到太極，是一個演變過程，《乾鑿度》即以此解釋《易・繫辭》中「易有太極，是生兩儀」之說。

鄭玄注此文說：「太易變而為一，謂為太初也。一變而為七，謂變為太始也。七變而為九，謂變為太素也」，又說，一主北方，陽氣初生；七主南方，陽氣壯盛；九為西方，陽氣之終。所以說，「九者氣變之究也」。「究」即「終究」之意。這個說法也是以卦氣說來解釋「一、七、九」之數。

上引文中的「易變為一」之說，是以陰陽之象、奇偶之數以及天地之形作為兩儀。有此兩儀，便有《乾》、《坤》兩卦。以上即太易說的內容。此說在易學史和中國哲學史上都有重要意義。宗密以此作為佛教關於世界的觀念，自然有特定重要性。

佛教以出世為價值，儒家以入世為價值，這是二者的基本區分。如何看待和調和這種區分，在宗密所處時代，正成為處理儒佛道三家關係的重大理論問題。從宗密看來，儒家「天命」，所稟者在「元氣」，「轉轉推本」，即謂「元氣」乃始自「太易」。然而，這又全部只是「真一靈心」（即「真心」、「本覺真心」）之用。也就是說，價值本體意義上的「心」，可以「依一心開二門」，即「心真如門」與「心生滅門」；依

「心真如門」，不生不滅；依「心生滅門」，有此「太易」五重運轉之乾坤陰陽天地萬事萬物，「恆沙佛法，因此成立」。

可知歸總是「知之一字，眾妙之門」，因此，即所謂「不生不滅，與生滅和合，非一非異，名阿梨（賴）耶識」（這裡也可對照一下上文第五章中天臺宗智顗的「一念無明法性心」之說）。這樣就從邏輯上溝通了佛教「心宗」與儒家以易道立論的宇宙天命觀的「太易說」。這在中國佛教思想史上有重要意義。

二、阿賴耶識，圓相圓照

(一) 宗密以易解佛的三個思想層次

宗密的以易解佛，思想結構嚴謹，絕非率意為之。大致上有三個基本層次：

其一，以《周易・乾卦》之「元、亨、利、貞」四德，代入佛教之「常、樂、我、淨」涅槃佛性四德。如宗密在其重要著作《圓覺經大疏抄・序》中，以《乾》卦四德比佛教四德，這也是宗密思想綱領之一。宋代高僧宗杲曾因此稱讚宗密說：「故圭峰（宗密）云：元、亨、利、貞，《乾》之德也；常、樂、我、淨，佛之德也；本乎一心。專一氣而致柔，修一心而成道。此老如此和會，始於儒釋二教，無偏枯，無遺恨。」❷

（這個問題下文還將說到）

其二，以儒家「五常」，代入佛教「五戒」。這是佛教界自古常用手法，上面我們已經多次提到。宗密也不例外。如果要說有所區別，僅在於宗密的做法是更加肯定。（這個問題本書不擬展開）

其三，創立以易學「圓相」解說佛教教理理路。

對於這個問題，前人已有所意識到。如清代毛奇齡在《太極圖說遺議》中提到，周（敦頤）氏之太極圖說，許多用語與宗密《華嚴原人論》中之不少說法相似。近代以來，中外學界也有人提到這個問題，如日本佛教學者常盤大定多次說及宗密《原人論》對周子有影響。又如加拿大華裔學者冉雲華也提到過這個問題，並且還說，周氏之太極圖圖形之繪製是受道家影響，而圖像之解說則是受佛家宗密之影響❸。

但是前人這些說法，尚是揣測的成分為多。下面主要對這個問題作些初步探討，以就正於方家。

二「水火匡廓」與「月體納甲」

宗密創立以易學「圓相」來解說佛教教理理路，後來五代、宋、明時期，在佛教禪宗的一些宗門之中被大大發揚光大，但是，各自的效果卻不一定都符合始作俑者宗密的原意，這個問題下文詳析（詳本書第八章）。考宗密援用易學「圓相」，直接的來源主要是東漢魏伯陽的《周易參同契》。

魏伯陽的《周易參同契》（簡稱《參同契》）一書六千餘言，文字古奧，原書主要是用喻示方法說煉丹過程。其中不少內容迄今尚難具解。從義理角度看，《周易參同契》中主要關注兩個問題：一是以陰陽《坎》、《離》之變易法則解釋丹藥形成，二是將漢易中「卦氣說」發展而為「月體納甲」說，以解釋煉丹火候問題。

1. 陰陽《坎》《離》變易說

《參同契》解釋丹藥形成，把《乾》、《坤》兩卦視為根本，把《坎》、《離》兩卦看成是六十四卦變易依據：「《乾》、《坤》者，易之門戶，眾卦之父母。《坎》、《離》匡郭，運轂正軸。」「匡郭」，即垣廓圍繞合抱之形。「運轂正軸」，即車軸貫轂輪轉之形。此是以《乾》、《坤》、《坎》、《離》四卦為包含了陰陽變易之道的基本卦。這一觀點本出京房《易傳》及《乾鑿度》，即所謂：「《乾》、《坤》者，陰陽之根本，《坎》、《離》者，陰陽之性命」。《參同契》取此四卦以作為解釋丹藥形成的基本理路。

從煉外丹方面而言，乾坤指爐鼎，鼎上釜為乾，下釜為坤，即天上地下之象。「易」指丹藥的生成。「坎」、「離」指藥物，「坎」為鉛，「離」為汞。「坎」、「離」亦指水火，水指藥物熔為液體，火指藥物加熱蒸餾。煉丹必須有爐鼎，所謂「乾坤者易之門戶」，如同乾坤為眾卦之父母。鼎中置以鉛汞，加熱之後，藥物與水火之氣圍繞鼎釜上下輪轉，即所謂「坎離匡郭，運轂正軸」。鉛為陰，汞為陽，水為陰，火為陽，鼎下為陰，鼎上為陽，故說《乾》、《坤》、《坎》、《離》四卦，已包含所有陰陽變易之道，則「易」即煉丹過程。

《參同契》中的六十四卦說所依據的是漢易「卦氣說」。《參同契》最重視《乾》、《坤》、《坎》、《離》四卦，但是，又以《坎》、《離》兩卦為變易根源，提出「易為坎離」說，認為天上地下，乃乾坤之象，各居陰陽之位，而「易行乎其中」，即《坎》、《離》水火相濟而運行於天地之間。

就天象說，是因日月運行，形成節氣變化，所以說「易為坎離」。就筮法而言，《坎》、《離》兩卦，乃《乾》、《坤》兩卦之變化表現，《乾》升於《坤》為《坎》，《坤》降於《乾》為《離》，如荀爽說：「《坎》、《離》者，《乾》、《坤》之家而陰陽之府」，也即此意。

《參同契》中說明鉛汞在爐鼎中經水火調治而成金丹的練丹術，以論證《坎》、《離》為易說：「《火記》不虛作，演「易」以明之。偃月作鼎爐，白虎為熬樞。汞日為流珠，青龍與之俱。舉東以合西，魂魄自相拘。」

《火記》是一種古代煉丹著作，據說有「六百篇」。「偃月作鼎爐」，是說鼎爐之形如半月形。「白虎」，指鉛，鉛經火而熔化，故「為熬樞」。「青龍」，指丹砂。「汞日」，日為火，為赤，「汞日」指硫化汞經火加熱而分解，析出水銀，此即「青龍

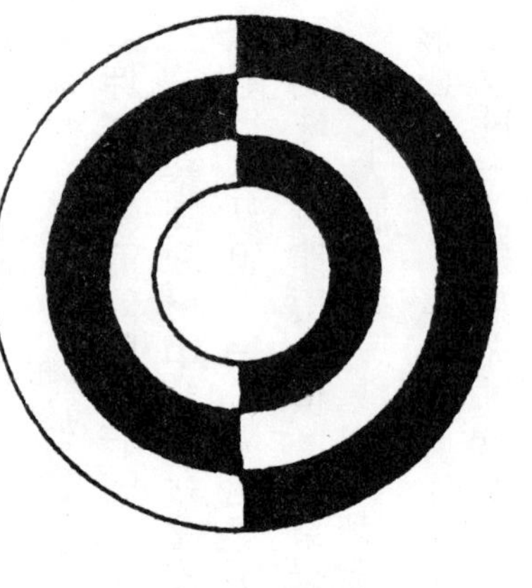

圖7-2　水火匡郭圖

與之俱」。「東」、「西」，指鉛汞所居方位，汞，即青龍，居東方；鉛，即白虎，居西方。東西相合，如魂魄相抱，意謂鉛汞經火加熱而變易成為金丹。鉛汞溶為一體，依煉丹術語言，即稱之為「龍虎相吸」，或「龍虎交媾」。用易學語言說，即「《坎》、《離》匡郭」，或「易為《坎》、《離》」。

據清代毛奇齡考證，彭曉所編《參同契》舊本中有「水火匡郭圖」，見圖七—二。

此圖之左半，為《離》卦之象，右半為《坎》卦之象。白者陽爻，黑者陰爻。就煉外丹說，左《離》為青龍，即丹砂；右《坎》為白虎，即鉛汞。居中的小白圓圈，即指丹藥。此一圖式，後來成為道教煉丹術的基本圖式之一，宋初道士陳摶的無極圖，以及對後世影響極大的道學家周敦頤的太極圖，都基於此。

再從煉內丹方面而言，《參同契》認為，丹藥之煉成，所謂精氣化神，乃是基於人體本來具有的陰陽交合原理，《參同契》中說：「陰陽相飲食，交感道自然」。若孤陰孤陽，不能成就丹藥：

> 物無陰陽，違天背原。牝雞自卵，其雛不全。夫何故乎？配合未運，三五不交，剛柔離分。施化之精，天地自然，猶火動而炎上，水流而潤下，非有師道，使其然者。資始統政，不可復改。

萬物萬類皆有陰陽二性，互相配合，方能生物。孤陰孤陽，「剛柔離分」，則僵滯不能運生，也就是失去生命力。「三五不交」，三五，指將五行分為三類：土、金水、木火；不相交，則不能成物。異性相交，如同火炎上，水潤下，水火相交，皆是出於自然本性。按此說法，鉛汞相合而為丹藥，運先天精氣而化生後天精神，本是出於自然法則，即「覆冒陰陽之道」。

2. 月體納甲說

《參同契》月體納甲說，本意是說明煉丹時的火候問題。按煉丹術說，爐中置炭火燒鼎器，炭火有增減，火候有兩種：一是文火，一是武火。減炭為「文火」，即火勢平和，增炭為「武火」，即火勢加劇。

火候應隨月亮盈虧及四時寒溫而變化。具體而言，在一個月裡，十五以前當用文火，十五以後當用武火。就一年裡而言，冬至後減炭用文火，夏至後增炭用武火。用火須謹慎，使寒溫得當。月終或年終時打開鼎蓋，觀察火候及丹藥的變化，或增減炭火（「節盡更親觀」）。「納甲說」即依據煉丹運火的這種實際上又深刻涉及時空觀念的「技術」問題而提出。

《參同契》之納甲說，本之於京房易學和《易緯・乾鑿度》，共有三種說法，即「六十卦納甲說」、「八卦納甲說」和「十二消息卦納甲說」。其中較為重要的是第二種「八卦納甲說」。

《參同契》的所謂月體納甲，實際上主要是指這一種納甲說。其以《坎》、《離》兩卦代表日月，以八經卦中其它六卦代表月亮在一個月中的盈虧過程，並將八卦各配以干支。《參同契》說：「坎戊月精，離己日光。日月為易，剛柔相當。土王四季，羅絡始終。青赤白黑，各居一方。皆稟中宮，戊己之功。」是以《坎》月納戊，《離》日納己，配五行土，居於中宮。其它六經卦，位於東西南北四方，配之以五行五色之氣，則東方為青氣，南方為赤氣，西方為白氣，北方為黑氣，中宮為土，聯絡四方之氣（「皆稟中宮，戊己之功」）。《參同契》說，以《復》卦為「建始」，並說明其它六經卦納甲順序如下：

天符有進退，屈伸以應時。故易統天心，復卦建始萌。長子繼父體，因母立兆基。消息應鍾律，升降據斗樞。三日出為爽，震庚受西方。八日兌受丁，上弦平如繩，十五乾體就，盛滿甲東方。蟾蜍與兔魄，日月氣雙明。蟾蜍視卦節，兔者吐生光。七八道已訖，屈折低下降。十六轉受統，巽辛見平明。艮值於丙南，下弦二十三。坤乙三十日，東北喪其明；節盡相禪與，繼體復生龍。壬癸配甲乙，乾坤括始終。七八數十五，九六亦相應。四者合三十，易氣索滅藏。八卦佈列曜，運行不失中。

這段話不易讀懂，但是在《參同契》中很重要。引文中的「故易統天心」一句，本於復卦《象傳》文「其見天地之心乎」，即是指天時變化規律。按卦氣說，復為十一月卦，乃陽氣始萌之象。《復》卦（䷗）《坤》上《震》下，下卦《震》、乃《乾》、《坤》父母卦所生之長男（「長子繼父體，因母立兆基」）。「斗樞」即北斗星，其運轉標誌一年中陰陽二氣之升降（「升降據斗樞」）。接下去，以《震》、《兌》、《乾》、《巽》、《艮》、《坤》六卦，配之以月亮盈虧過程，納以干支，配以四方，具體如下：

初三，月光萌生，由西方升起，此時《震》卦用事，天干納庚（「三日出為爽，震庚受西方」）。

初八，月光半滿，是月上弦時，此時《兌》卦用事，天干納丁（「八日兌受丁，上弦平如繩」）。

十五日，月光盛滿，是月望時，居東方，此時《乾》卦用事，天干納甲（「十五乾體就，盛滿甲東方」）。

十六日，月光始虧，居西方，此時《巽》卦用事，天干納辛（「十六轉受統，巽辛見平明」）。

二十三日，月光半虧，是月下弦時，居南方，此時《艮》卦用事，天干納丙（「艮

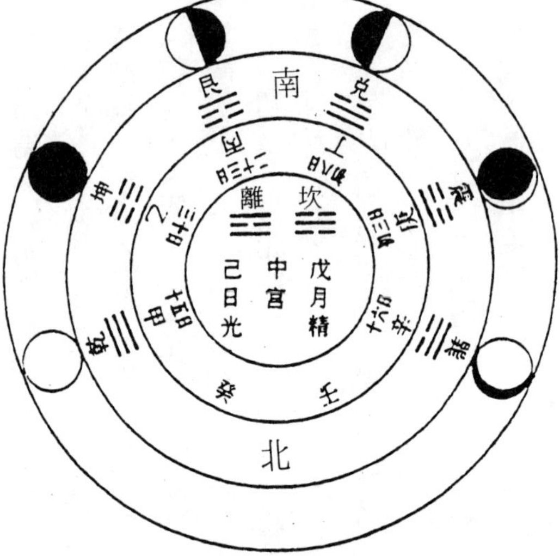

圖 7-3　月體納甲圖

值於丙南，下弦二十三」）。

三十日，月光消失，居東方，此時《坤》卦用事，天干納乙（「坤乙三十日，東北喪其明」）。

此後，從下月初三，週而復始，月光又開始出現，《震》卦復用事（《震》木東方卦，象為龍，即「節盡相禪與，繼體復生龍」）。

《乾》納甲壬，《坤》納乙癸。《乾》當望月，《坤》當晦時。《乾》、《坤》兩卦，意味著陰陽消長之終始（「壬癸配甲乙，乾坤括始終」）。

七八為少陽少陰之數，九六為老陽老陰之數，各為十五，陰陽之數相加，為一月三十日之數。至此陽氣已盡，月光消失（即「易氣索滅藏」，「索」：窮盡）。

以上所說，即「八卦佈列曜，運行不失

中」。可以圖七—三表示。

該圖式中的八卦納甲次序亦本於京房易說。月初位於西方，月望位於東方，亦本於京房說。不贅❹。

唐代思想界各家學說，往往以各種不同方法吸收易學。如道教人物繼承魏伯陽《參同契》的解易傳統，以《周易》講煉丹術，依《周易》的卦象及漢易中元氣說和五行說，描繪其所理解和嚮往的世界圖式，以之作為道教理論基礎。

如《道藏．洞玄部》中的《上方大洞真元妙經圖》，以太極為天地之大本，就是屬於道教解易的系統。佛教各家同樣如此。宗密則是採用魏伯陽《參同契》煉丹術中內涵的哲理思想，以及「水火匡廓」圖和「月體納甲」圖等圖式，來喻示和說明佛教的「修道證真」境界。

(三) 衆生心：宗密的「阿賴耶識圓相圖」

現先據宗密的有關文著，製作其圓相圖結構圖式，然後作些說明。(圖七—四)

宗密以「衆生心」為「圖之頭」，由此「圖」之頭，「分向兩畔」，即「心真如門」和「心生滅門」。宗密釋道：

以生滅即真如，故諸經說：無佛無衆生，本來涅槃，常寂滅相。又以真如即生滅，故經云：法身流轉五道，名曰衆生。既知迷、悟、凡、聖在生滅門，今於此

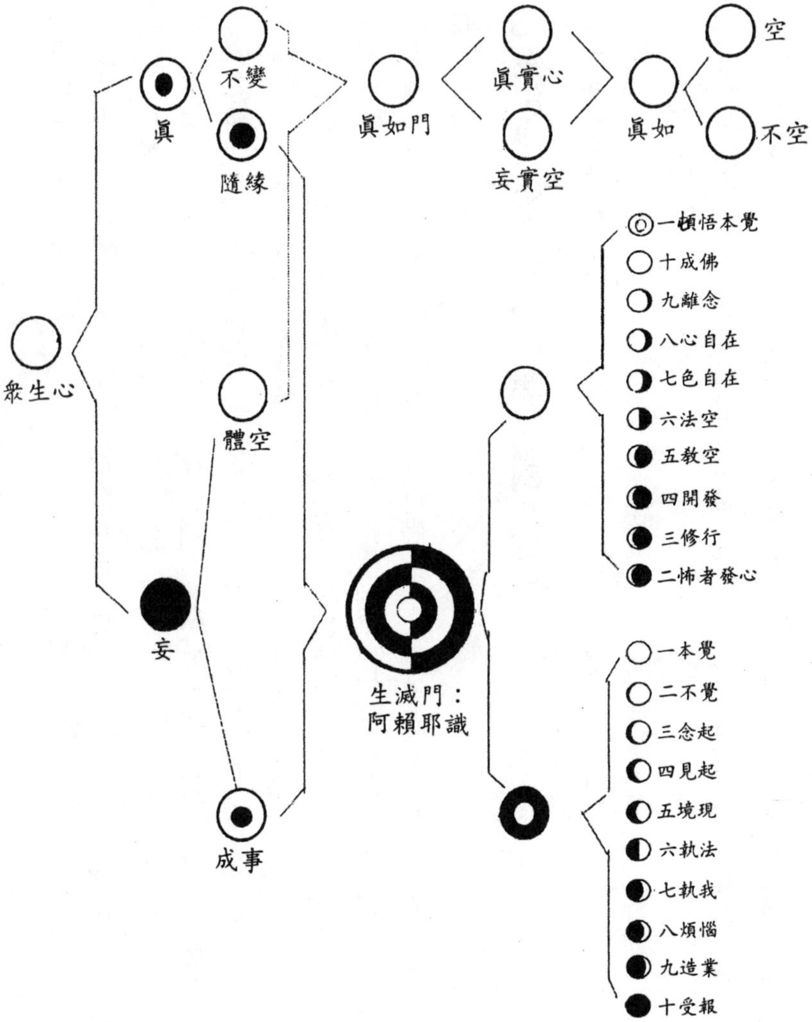

圖 7-4　宗密阿賴耶識圓相結構圖

闡，具彰凡、聖二相，即真妄和合，非一非異，名為阿賴耶識。（《禪源諸詮集都序》卷四）

因此可知，此圓相圖結構，源頭是在「眾生心」，而中心是在「阿賴耶識」，宗密以《坎》、《離》水火匡廓圖表之。

《參同契》中援「卦氣說」，以《坎》、《離》、《震》、《兌》四正卦，統率其它六十卦，四正卦中，又以《坎》、《離》兩卦為變易根源。它說：

> 天地設位，而易行乎其中矣。天地者，乾坤也。設位者，列陰陽配合之位也。易謂坎、離。坎、離者，乾坤二用。二用無爻位，周流行六虛，往來既不定，上下亦無常。幽潛淪匿，升降於中。包囊萬物，為道紀綱。以無制有，器用者空。故推消息，坎離沒亡。

《參同契》中說「《坎》、《離》冠首」，是指鉛汞、水火為丹藥根基，在鼎器之中如日月照耀天下。而其變化幽深難以推測，故「聖人」探索其變化規則，以顯示玄妙根機。

按宗密的「心宗」思想，宗密說：「元氣生天地，天地生萬物」（《華嚴原人論・斥執迷第一》），但歸根結底，皆從心生：

> 心既從細至粗，輾轉妄計，乃至造業，境亦從微至著，輾變起，乃至天地。

（同上）據此，則心識所變之境，乃成二分：一分即與心識和合成人，一分不與心

識和合，即是天地山河國邑。三才者，唯人靈者，由與心神合也。（同上）

很明顯，圓相結構圖的中心是生滅門（阿賴耶識），是從《坎》、《離》水火匡廓圖式化來。宗密即以此為「阿賴耶識」。

在這個「阿賴耶識」（水火匡廓）圖案下，宗密寫道：「此識在凡，本來常有覺、不覺二義：覺是三乘聖賢之本，不覺是六道凡夫之本。」他又說：「今且示凡夫本來，總有十重」，然後仿用月體納甲圖表之。在「月體圓相圖」下，宗密寫道：「次辨悟後修證，還有十重」，也是用月體納甲圖表示之。

但是，這裡的二十個「月體盈虧圓相圖」，雖然圖案形式仍與《參同契》中圓相圖類同，每一圖式在圓相圖整體結構中起的作用也與《參同契》類同，而內涵則大不同了。並且，由於內涵之大不同，則排列組合也就大不同。

從以上宗密圓相結構圖中，可以看出宗密對於佛教的「修道成真」境界的理解和對於這種境界的有力表達。

宗密關於此圓相圖原文中，在每一圖下都還有詳細的說明。因篇幅的關係，此處只討論至此。

但從上示圓相結構圖中，也已經可以較清晰地看出宗密的思想理路。實際上，宗密此圖也可以被看作是其基本教理思想結構的另一種表述形式。

(四) 宗密易佛會通思想評價

1. 宗密易佛會通思想之價值意義

宗密提出的教理思想結構中，佛理與易理之結合會通的邏輯方式與李通玄有所不同。

李氏之易佛互解，基本立場是一種易與佛二元並重的立場。宗氏解佛，則還是堅持佛教立場。但是，他比隋時的智顗則大進了一步，已經表現為一種有意識的也是日益明確的思想傾向。他說：「元、亨、利、貞，乾之德也，始終於一氣。常、樂、我、淨，佛之德也，本乎一心。專一氣而致柔，修一心而成道。」（宗密：《圓覺經略疏·序》）他指出，「終於一氣」，「本乎一心」，這樣理解的「心」，才是佛法所說的「心」——「心也者，沖虛妙粹，炳煥靈明，無去無來，冥通三際，非中非外，洞徹十方。不生不滅……離性離相……大矣哉，萬法資始也。」（宗密：《圓覺經略疏·序》）

這樣，宗密實際上是將佛性與「乾道」作了直接的對應比較。再從其圓相結構圖看，他也是歷史上首次援用易學中的「圓相」來詮說佛教教理。因此，從易佛會通的方法論立場和價值論立場這兩個方面來看，宗密都是開了先河。

從方法論立場看，宗密用《周易》「圓相」詮說佛理，餘波蕩漾，後來在五代、兩宋以迄明、清時期佛教中，尤其是在禪宗（主要是南宗禪下為仰宗、曹洞宗）中繼續得到發揚。不過這方面的結果，最後卻不理想。（詳本書第八章）

從價值論立場看，宗密將佛性與「乾道」比照對應，空谷傳聲，後來在明末清初的佛教中引起巨大回應。這種「回應」，還對那一時期的佛教發展，在特定的歷史轉折的意義上，又發生了決定性影響。（見本書第九章）

宗密曾一再肯定地指出：「然孔、老、釋迦，皆是至聖。隨時應物，設教殊途。內外相資，共利群庶。」（《華嚴原人論・序》）但是，他又認為：「推究萬法，彰生起本末，雖皆聖意，而有實有權。（孔、老）二教惟權，佛兼權、實。策五行，懲惡勸善，同歸於治，則三教皆可遵行。推萬法，窮理盡性，至於本源，則佛教方為決了。」（《華嚴原人論・序》）

從中可以看出，他雖然對儒道評價也高，但畢竟還是有一定保留。這在其圓相結構圖中也可見，多少還有一些智顗當年說過的「以有明玄」之影響。但是，同時，也可以肯定，其「以有明玄」的「有」與「玄」之間，即「孔老」二教與佛教之間的界限，與智顗相比，不但大為縮小，而且已經十分模糊。

當時朝中的大學士，大官僚，並且也是宗密的堅定「護法」的裴休曾指出，宗密教理思想之學理價值，根本上是在於會通和合諸教眾說。比較一下可見，這就與此前一些有代表性的思想不同，如智顗教理思想之根本的價值意義，乃是建立獨立的中國佛教教

唐故圭峯定慧禪師
傳法碑并序
金紫光祿大夫守中
書侍郎兼戶部尚書
同中書門下平章事充

圖7–5　（唐）裴休書：宗密碑銘

理思想結構，由之而形成了中國佛教宗派建立的基礎。裴休特別指出，宗密的根本用意是在於：「振綱領而舉者皆順，據會要而來者同趨」。他還特別注明，此「同趨」之意，即是王弼《周易略例》中所說的：「據會要以觀方來，則六合輻輳，未足多也」。（裴休：《禪源諸詮集都序敘》）

這也是「會通」，但是其內涵中又有了新的時代內容。這個評價中肯客觀，道出了宗密的苦心孤詣。（圖七—五）

2. 宗密與李通玄易佛會通思想之比較

李通玄之易解《華嚴》，曾有人說他是走的義理易學一路。我認為未必。從上文已經分析的李通玄之易解《華嚴》學說內容中，可見其內涵之一是充分展開和使用漢易卦氣圖說等。雖然從現有文獻來看，李通玄未出過圖示，但是，他充分發揮了象數易學思想是無疑的。

因此我認為，李通玄應該說是兼用象數和義理易學匯入佛學。或者更準確地說，他乃是專意於易佛的互相發明，具體方法則是以象數為質而以義理為表。

宗密和李通玄不同，他雖然也大量援用易學思想乃至語言，乃至圖式，而實際上他並不專意於易佛的互相發明。宗密所處時代，與李通玄時代相比，佛教面臨的現實狀況又發生了巨大改變。

李通玄時代是中國佛教發展的黃金時期，尤其是華嚴宗在政治地位上幾乎成為國家的、官方的意識形態，華嚴宗自身的理論存在，更多地是以一種哲學思辯的、邏輯的思想結構形式而較少以一種宗教的、修行的實行方式存在。

故李通玄之易解《華嚴》，實際上是以漢易卦氣圖為經，華藏世界海為緯，錦綴彩繡也似地編織出大唐盛世時人們心目中的那一幅壯闊華美的佛教極樂世界圖景。讀李通玄之文，常能使人覺得空靈透徹，汪洋恣肆，別具一種審美意味。使人不由自主地常常會聯想到龍門盧舍那大佛的那種雍容、自信、寬容、莊嚴的微笑。

在這一方面，我還想特別指出，我們絕不能順著宋以後，尤其是明代以後知識階層（包括佛教界）抱著強烈的「內憂外患」（不僅是對國家的，也往往是對自身境遇）的「憂患意識」，去對李通玄所作的歪曲了的重新解釋，以這樣一種實際上已經變了質的思維路向，去理解李通玄。

宗密所處時代已經和李通玄所處時代不同。宗密所面對的佛教界的現實狀況是，佛教內部發生分裂，在社會上，政治地位急劇下降。形式上看，新的學說派別層出不窮，實質上卻不一定有新的創見。宗密是抱著一種強烈的欲挽大廈之既倒的使命感，去從事他的佛教理論活動的。

比較而言，宗密在易佛互解方面，出以「圓相」之圖，乃是為了更加明白地表示他的焦慮用意。乃是唯恐人們不明白，不得已而為之。

宗密與李通玄只有一點是相同的，即都對易學之義理與象數兼而用之。但是，相對而言，在易佛會通的境界上，如果將宗密的圓相結構圖式，與李通玄的以卦氣說、五行休旺說、《艮》卦等主幹共同編織的華嚴境界比較，宗密的思想結構則顯得嚴峻一些。

宗密用圓相結構圖說禪，然而在結構中卻透出一股森然之氣，憂戚之思，雖有特定深意在，但在「禪意」上，與李通玄相比，反而顯得遜色不少，其表現格局與氣勢不如李通玄。

但是，宗密的圓相結構圖無論在思想方式還是在表現形式上，後來能給於宋明時代的人們以巨大啟發，以致極深地影響了儒、道、佛三家生存和發展的總體格局。此則對於始作俑者的宗密而言，恐怕是始料不及的。

【註釋】

❶ 宗密在其他著作中也反覆強調「知之一字，眾妙之門」的說法，見《禪源諸詮集都序》卷二、卷三。

❷ 轉引自〔日〕荒木見悟譯編：《禪の語錄・17大慧書》，日本，筑摩書房一九七八年版，第九頁。

❸ 冉雲華：《宗密》，臺灣，東大圖書公司一九八八年版，第二五七、二五八、二六〇頁。

❹ 《周易參同契》中與煉丹術有關的哲理方面問題，有興趣的讀者請參見下列書：
朱伯崑：《易學哲學史》，北京，華夏出版社，一九九五年版，第一卷，第二編「漢唐時期」中第三章第三節「魏伯陽的月體納甲說」；
蕭漢明：《陰陽大化與人生》，廣州，廣東人民出版社，一九九八年版，第十章「煉丹術中的陰陽五行觀」。

第八章　易家參禪與禪家「參易」

一、中道之路，明體達用

中晚唐五代之後，中國佛教發展的基本態勢，是在禪教合一之中，禪宗成為匯合各教派的主流形態。吸收易學，逐漸成為佛教界自覺普遍行為。這與佛教界自身教理思想的改變重建有關。

如慧能的南宗禪宗經《壇經》，高唱否定神化崇拜，破除權威迷信，樹立自尊自信，標榜自力解脫，鼓吹生死事大，教人鄙薄名利，蔑視世俗是非，力圖超越現實。真讓人覺得飄逸脫俗，瀟灑不羈。

但是，發展到後來，卻也在祖師崇拜，在所謂止惡揚善等方面，顯示出另一種拘泥；其表現迂腐的程度，有時也不亞於正統儒學家風。這就不免使人覺得，其價值觀，在真俗諦之間，好似鐘擺，在特有的思想結構框架中，跨度很大，根據所需，可以大幅度來回擺動。

(一)因緣生法，說即是空：對吉藏「二諦義」之反思

佛教的真諦與俗諦，以及二諦之間的關係，叫做「二諦義」。「二諦義」是中國佛教發展史上一個重要問題。它曾是中國佛教發展的一道大坎，也曾是一個重要的階梯。我認為，要深刻了解禪宗的思想內容以及理論方法，應該從「二諦義」入手。在「二諦義」問題上，主要是「三論宗」吉藏功不可沒。下面回顧吉藏「二諦義」。

吉藏（五四九—六三二），俗姓安，祖籍安息（今伊朗），後遷移至中國南海（今廣東省廣州）一帶。父輩移居金陵（今江蘇省南京）。家世奉佛，父親亦出家為僧。吉藏三歲時父親帶他見當時名僧，一代大譯經家真諦，真諦給他取名吉藏。孩童時代，父親常帶吉藏去興皇寺，聽當時名僧「三論學」大師法朗講學。七歲時吉藏依法朗出家，從此走上專弘「三論」的佛學道路，終成一代宗師（吉藏生平事蹟，見《續高僧傳・吉藏傳》）。吉藏學說的一個重要組成部份是關於「二諦義」的思想。下面先列其「四重二諦義」圖，次作分析。（圖八—一）

三論宗的宗旨乃是在於「無所得」。吉藏說：「佛雖說一切名教，意在無所得一相一味。」（《中觀論疏》，卷二）他認為，所有佛經都是以「無得正觀」表明一切佛法精義。所以如此，乃是因為心有所得，即有執著；既有執著，即是一切煩惱、痛苦、無明淵源。他指出：「若有所著，便有所縛，不得解脫生老病死、憂悲苦惱。」（《法華

		二諦義	
		世諦	眞諦
四重	第一重	有	空
	第二重	若有若空	非有非空
	第二重	空有為二，非空有為不二	非二，非不二
	第四重	依以上三種二諦為教門	說以上三種二諦令悟不二，無所依得

8-1　吉藏「四重二諦義」圖❶

玄論》，卷十）「故有依有得，為生死之本；無依無著，為經論大宗。」（同上）一般說的所謂「邪見」，邪即不正，「邪見」或曰「偏見」，即執著於某種固定看法，即為「有門」。按照一般人思想方式，破了他原先心中所存的「邪見」之後，隨之必定要「立」，即建立自己所謂的真理觀。吉藏指出，這樣做的結果往往就是又執其所謂的「真理」為實有，於是又成為一種「執著」，又淪為「有得」，又成為新的「邪見」。

吉藏指出，真理本身無所謂邪正，有時要說邪正，乃是為破邪而顯示「邪」，強名為「正」。吉藏說：「俗非真不俗，真非俗不真。非真則不俗，俗不礙真；非俗則不真，真不礙俗，俗以真為義；俗不礙真，真以俗為義。」（《二諦義》，卷上）就真諦（第一義諦，勝義諦，空諦）而言，「正」無可名，就俗諦（世諦，有諦）而言，強名為「正」。二諦乃是相對待而言。吉藏說，其師興皇法朗臨寂時，「登高座，付囑門人：出山以來，以二諦為正道。」（《二諦義》，卷上）吉藏繼承師說，更以「二諦義」為一切佛法根本，他說：

若解二諦，非但四論（指《中論》、《百論》、《十二門論》、《大智度論》）可明，亦眾經皆了。何以知然？故（《中》）論云：諸佛常依二諦說法。既十方諸佛常依二諦說法故，眾經莫出二諦。眾經既不出二諦，二諦若明故，則眾經皆了也。（《二諦義》，卷上）

相對而言，真俗諦確有區別，但這種區別，乃是在實存層面上的區別。在實存的層面上，二諦確不可能相即。所以，「二諦義」的真實道理應該與「境」、「理」本身無關。其區別只建立在言教上，即建立在「方便」上，只是為了隨順眾生，為了實際需要，立方便教，為方便權說，才說「真」說「俗」，並不是真的有什麼真諦、俗諦的區別。如此理解，才能顯二諦相即之義，也才符合《般若經》、《涅槃經》中所說的二諦義。

對照以上「四重二諦義」圖，實際上，在吉藏看來，這「四重二諦」都只是對治凡夫、小乘、大乘諸種偏執而發。即使到第四重「二諦義」，還不是究竟，仍非真理境界，還只是對真理的方便說法而已，因為仍然是「有得」。

吉藏認為，二諦是教，非關境理，故所謂有無、真俗都只是方便權說。目的是為達到超越有無、真俗的最高的真實、終極、絕對——諸法實相，或中道。對中道的觀法，即中觀，即般若四論的思想核心「中道觀」，如龍樹說：「諸因緣生法，我說即是空，

亦為是假名，亦是中道義。」「未曾有一法，不從因緣生，是故一切法，無不是空者。」（《中論‧觀四諦品》）

這首著名的「三是偈」指出，達到中道的觀法關鍵在於「空」；即通過與假有（假名，即概念施設）相對待的空（無自性），達到「中道」境界（我這裡加上「境界」二字，是表明「中道」既言亡慮絕，則非言說可詮，只是一種境界）。龍樹《中論》中另一首著名的「八不偈」描述中道境界：「不生亦不滅，不常亦不斷，不一亦不異，不來亦不去。」「能說是因緣，善滅諸戲論，我稽首禮佛，諸說中第一。」（《中論‧破因緣品》）這是中道觀的思辨方法，也是達到「中道」境界的途徑。吉藏說：「『八不』為眾教之宗歸，群眾之原本。」（《中觀論疏》，卷二）「『八不』者，蓋是諸佛之中心，眾聖之行處也。」（《大乘玄論》）

在吉藏看來，佛性非有非無，非中非邊，非真諦非俗諦——一句話，無所得，無分別。這也就是他的價值準則。吉藏對南北朝時的「二諦義」的概括、討論和總結，達到很高的水準，是前人所肯定的。❷

由此我們可以說，按照這樣的思想方法，又結合中國文化傳統，那麼，一切學說和思想的取捨標準，其高下相較，都只在如何「明體達用」，使「體」、「用」各自顯現，非真非俗、即真即俗又同時發生作用，即二而不二。此一「觀法」在佛教發展過程中越來越明確凸顯。晚唐五代之後禪宗各家學脈無不是沿著這個理路走。也正因為如此，五代、宋之後，禪宗與兩宋易學主旨突然如影隨形，密不可分，佛教與易學親密的程度前所未有。其中道理在此。

(二)明體達用·兩宋易學之旨

宋代圖書之學興起，使宋易學同秦漢經學相比具有鮮明特色。兩宋易學主旨即是「明體達用」。這是在經歷晚唐五代的動亂之後，到兩宋之際，學術思想的一個重要標誌。

宋學所謂「體」，是指「仁義禮樂，歷世所不可變者」。所謂「用」，是指「舉而措之天下，能潤澤斯民，歸於皇極者」。前者之所重在於心性修養方面，也就是關於「內聖」方面的問題。後者之所重在於經世致用方面，也就是關於「外王」方面的問題。如當時重要學者胡瑗曾在蘇湖教學，立「經義」、「治事」兩齋：「經義」齋，是專為治研「六經」，即著重於「明體」；「治事」齋，是專為「治事」，即學習某一種專業，培養某一領域專才，即著重於「達用」。既能明體，又能達用，是為政教之本，也是歷代儒家治學目標，這也就是符合終極意義上的「內聖外王」。兩宋之際，幾乎所有重要學者，在「六經」之中皆特別推崇《周易》，也是因為基於這種認同。

當時重要學者孫復曾說：「盡孔子之心者大易，盡孔子之用者《春秋》。是二大經，聖人之極筆也，治世之大法也」。（《宋元學案·泰山學案》）這個說法，就是以

《周易》為體，以《春秋》為用。

這種看法與漢代司馬遷類同。西漢武帝時期，因董仲舒提倡，《春秋》之學最為社會所重，《春秋公羊》學成為顯學。司馬遷受風氣影響，也推崇《春秋》，他在《史記・太史公自序》中曾說：「《春秋》者，禮義之大宗也」，「故有國者，不可以不知《春秋》」，「為人臣者，不可以不知《春秋》」。

但是，當司馬遷比較《春秋》、《周易》二經，就進一步認為：「《春秋》推見以至隱，易本隱以之顯」（《史記・司馬相如傳》）。也就是說，《春秋》是通過具體的歷史事例，表明其中隱藏的微言大義。《周易》則是從抽象的普遍原理出發，揭示價值原則。

前者是由用以見體，後者是由體以及用。司馬遷的這個看法，也是以《周易》為體，《春秋》為用。司馬遷之後千年，孫復作《易說》與《春秋尊王發微》二書，書中的結論與司馬遷相同。

當時另一位重要學者李覯也曾感慨道：

> 噫！作易者其有憂患乎，讀易者其無憂患乎？敬安而不忘危，存而不忘亡，治而不忘亂，以憂患之心，思憂患之故，通其變，使民不倦，神而化之，使民宜之。則自天佑之，吉無不利矣。

這段話後來很有名。所謂「以憂患之心，思憂患之故」，即是關注社會人事，從痛苦不安、衝突戰亂、混亂失序等現實困境中，力圖由理性探索尋找擺脫困境的對策，撥亂反正，重建理想。

這種濃鬱憂戚的人文關懷，成為一道強勁的歷史聚光燈柱，對佛教界投射下深遠影響。

㈢易學在佛教界的廣泛回應

北宋王朝（九六〇—一一二七年）建立，中國再次統一，有利於社會的有序化生存，也有利於抵禦始終存在的外敵。與此相關，它也同時對意識形態領域產生重大影響，表現之一是對官僚體系以及知識分子政策進行了重要調整。與前代有所不同，宋代仕人群體多是應試出身，曾經經學熏陶，深具學養功力。這是其優長之處。但是，其入仕途徑卻也決定了此一群體在思想上受束縛較多。如毛之附皮，始終只能依附於封建專制政權。

從此之後，國家至上，君主至上，強化君主專制，加強思想統治，成為知識分子對待社會政治生活的主要立場。君主專制主義強化了知識界對國家的依賴性，士人的國家觀念、民族責任感、愛國心和勇於自我犧牲精神都得到加強。與此同時，專制者的專橫、無恥作風，卻也因此得到助長。士人面對這種現實，只能是無可奈何的沮喪和無所作為的失望。這一歷史時期中，知識分子在主體立場上始終顯得蒼白虛弱。

宋王朝積極宣揚儒家倫理觀念，採取三教並舉方針。結果這也為三教融合提供了寬鬆政治環境。但是，由於主體立場的弱化，對佛教而言，再如唐代那樣以「六經注我」提出新說，建立理論個性，已經不再可能。然而，宋代學僧蒐集、整理會昌廢佛之後散失的佛教典籍，爭取繼承前代遺產，詮釋譯籍，力求普及佛學基礎知識，在這種性質的學術活動中兼容並蓄各家學說，包括推進易佛融通，也成為一個時代特徵。這也就是佛教界對三教融合的主流社會所能作出的最積極回應了。

佛教的淨土世界不再是作為對現實的一種超越，而成為與現實對比的存在。這是宋代士大夫普遍樂禪以及淨土觀念興起的重要原因之一。反過來也一樣，佛教中人也同樣內蘊出了一種融易於佛，尤其是融易於禪的濃濃風氣。

與前代儒家不同，此時代中，士大夫對佛教在價值觀方面的一些根本性問題表現出特別的關注。但是，他們的觀念同時又與前代佛教大師有很大出入。如宋代名士王欽臣這樣解說《華嚴經》宗旨：

> 此經所明，該萬法則以門戶為諭，用喜捨則以迴向為先，悅歸往則以嚴侈為容，亙杳莽則以廣大為目，此大方廣之本也。至若聖仙非一，神變迭興，十地同歸，趣成法界，大方廣之道也。（《大宋諸朝賢書大方廣佛華嚴經序》，《圓宗文類》，卷二十二）

按這種說法，華藏世界海所有廣大無邊、富麗堂皇、神變迭興之不思議境，就成為一種外在的、崇拜的對象，而不再是一種價值「本體」。宋明以後，淨土宗盛興，與此種價值觀有關。

《華嚴經》在宋代是社會較重視的一部佛經。如當時考試度僧，規定的考試科目就是《華嚴經》。學界對於《華嚴經》的推崇，朱文長可能是有代表性的一位。這位「名動京師」、「六經皆能辨說」的名士（《宋史》，卷四百四十四，《朱文長傳》），這樣評價《華嚴經》：

至於小乘之戒，以善制惡；三乘之教，談空破有；《淨名》之孥佛剎，《法華》之變龍女，咸所以應機接引，隨根示化爾，非《華嚴》之比爾。

在他看來，《華嚴經》在佛教中的地位和作用，高於《唯摩詰經》（即《淨名經》）、《法華經》等其他重要的佛家經典。

朱文長又說：「夫《華嚴》者，廓諸佛之心境，瑩萬法之本際也。」把《華嚴經》以外所有佛經都視為佛方便權說，只有《華嚴經》一種佛經才能算最高真理。此說比唐代華嚴宗判教的說法更走極端。同華嚴宗實際創始人法藏的說法也不同，法藏的判教中，是視《法華經》與《華嚴經》具有同等的地位和作用的。但是按朱文長的說法，連《法華經》也被貶低了。

為說明《華嚴經》的重要性，朱文長還拿《華嚴經》與《周易》作比較。

在朱文長看來，《華嚴經》在佛教典籍中的地位，就如同《周易》在儒教中的地位是一樣的。他說：「予嘗謂：釋典之有《華嚴》，猶『六經』之有大《易》」，「《華嚴》之於佛教，猶如《易經》之於儒教」。他這樣分析二者的作用：《易經》是「列卦以明時，立爻以通變，設眾以盡意，而兩儀之道，萬物之情具矣。」《華嚴》是「陳世以宅性，名佛以筌德，佈位以表法，而一真之體，萬行果備矣。」

他認為兩經的不同之處在於：《周易》通過明時、通變，講天地之道和萬物之情；《華嚴經》通過宅性（佛性）、筌德（佛果德），講一真之體（一真法界）和萬行之果（佛果）。

儘管兩經有這些區別，它們的作用卻是共同的，兩經的共同點在於：都是以象徵之法表明真「理」。朱文長說：「學儒而不為《易》，學佛而不為《華嚴》，焉足以窮理盡性也！」

朱文長還說，他推崇《華嚴經》的原因是：「以言其性，窮法界之無盡；以言其相，視塵剎之交徹；以言其理，包色空以皆真；以言其事，攝一多而同現。」（上引均見朱文長：《華嚴經贊序》，《圓宗文類》卷二十二）

朱文長實際上是從性相、理事方面立論而講一真法界，所注重的是華嚴一真法界的大小圓融、一多無礙問題。然而，這種思想實際上卻又根本不是《華嚴經》本身的內容，而是從唐代開始的華嚴宗人對《華嚴經》的認識和解釋。因此，朱文長之「《華嚴經》贊」，實際上不如說是華嚴學說「贊」❸。

朱文長所歸納的《華嚴經》的思想和特點，顯然是唐代華嚴宗人在詮解此經過程中提出來的理論。因此，與其說他是把《易經》與《華嚴經》作比較，不如說他是把《易經》與華嚴宗的義理作比較。

再如南北宋際著名政治家李綱，也提出過類似說法。李綱說：「《易》立象以盡意，《華嚴》托事以表法，本無二性。世間出世間，本無二道。」又說：「八卦引而申之而其象至於無窮，此即《華嚴》法界之互相攝入也。」（見《續藏經》第一輯二編乙二十二套五冊，四五〇頁）我們也可以從中看出，這種說法帶有李通玄易解《華嚴》的影響。

以上這些現象，表明社會各界對於易學與佛教的結合已經習以為常。不僅如此，而且還往往從自己所理解的佛教義理立場上，對於易學作出積極廣泛的回應。

這種傾向，隨著時間的推移，表現得日益鮮明。

二、易道佛理，光風霽月

(一)周敦頤《太極圖》與佛教

宋學淵源，於周敦頤氏《太極圖》關係極大。周敦頤，字茂叔，道州營道（今湖南省道縣）人，原名敦實，避英宗帝舊諱而改敦頤。周氏少孤，養於其舅龍圖閣學士鄭向家。宋仁宗景祐三年（一〇三六年），出任拱州分寧縣主簿，又移知郴州桂陽縣。後又曾為合州判官，虔州通判，廣東轉運判官提點刑獄等職。因居廬山蓮華峰下，取濂溪自號，後世乃稱周濂溪。周氏卒於北宋神宗熙寧六年（一〇七三年），年五十七。南宋寧宗嘉定十三年（一二二〇年）使從祀孔子廟。他有多種著作存世，其中《太極圖》、《太極圖說》、《通書》等影響甚大。

周敦頤有《愛蓮說》流傳後世，其中說：「出污泥而不染，濯清漣而不妖。」是為名句。熟悉東晉南北朝佛教史者可以知道，此說與鳩摩羅什所說蓮花出污泥而不染的著名典故有關❹。

周氏《太極圖說》乃說明陳摶所傳之《太極圖》者，其對於宋明理學道學關係皆至大。現先載《周氏太極圖》如圖八—二。

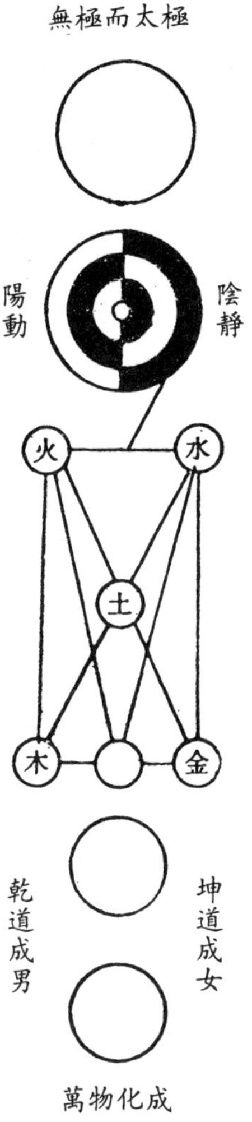

圖 8-2　周氏太極圖

周氏《太極圖說》全文如下：

無極而太極。太極動而生陽，動極而靜，靜而生陰，靜極復動，一動一靜，互為其根。分陰分陽，兩儀立焉。陽變陰合而生水、火、木、金、土，五氣順布，四時行焉。五行一陰陽也，陰陽一太極也，太極本無極也。五行之生也，各一其性，無極之真，二五之精，妙合而凝。乾道成男，坤道成女，二氣交感，化生萬物。萬物生生而變化無窮焉。惟人也，得其秀而最靈，形既生矣，神發知矣，五性感動而善惡分，萬事出矣。聖人定之以中正仁義而主靜（自注云：無欲故靜），立人極焉。故聖人與天地合其德，日月合其明，四時合其序，鬼神合其吉凶。君子修之吉，小人悖之凶。故曰：立天之道，曰陰與陽；立地之道，曰柔與剛；立人之道，曰仁與義。又曰：原始反終，故知死生之說。大哉易也，斯其至矣。

周氏之學，所關注者「道」。故後人稱為道學。周氏道學，受時代風氣影響，與佛教關係很大。

首先，周氏參禪甚勤，文獻記載不少。如：

敦頤嘗嘆曰：「吾此妙心，實啟迪於黃龍，發明於佛印，然《易》理廓達，自非東林開遮拂拭，無繇表裡洞然。」（《居士分燈錄》，卷下）

引文中「啟迪於黃龍」一語中的「黃龍」，是指禪宗五燈之下臨濟宗「黃龍派」創始人「黃龍慧南」（一〇〇二—一〇六九年）。慧南以「黃龍三關」聞名，善以所謂

圖 8-3　黃龍慧南（1002—1069 年）像

「生緣」、人身與佛身、人生與畜牲三大關係啟發學禪者。慧南也於以學理玄言為特色的宋代「文字禪」風有開山之功。（圖八－三）

「發明於佛印」一語中的「佛印」是指「佛印了元」（一〇一九－一〇八六年），佛印出身於儒學世家，天資特長，工書能詩，博通善變，尤因為與蘇東坡、黃山谷等詩文密切往來，聞名於當時及後世。

「自非東林開遮拂拭」一語中的「東林」，是指「東林常聰」（一〇二五－一〇九一年），常聰一名常總，是慧南弟子，主持江州（今江西省九江）廬山東林寺，經營規模巨大，據說，「天下學者從風而靡，叢林之盛，近世未有」（《禪林僧寶傳》，卷二十三）。周敦頤與常聰個人關係十分密切。可見周氏受禪門中這些大師的影響很深。

此外，可能也有必要提一下，這些禪師絕非後人想像中的那樣，是一種僅為木鉢古佛、黃卷青燈的出家人形象。如後來的臨濟宗黃龍系下的石門慧洪（一〇七一—一一二八年）曾這樣描述佛印了元出行時的豪華場面：「予南還海岱，逢佛印禪師元公出山，重荷者百夫，擁輿者十許夫。巷陌來觀，喧吠雞鳴」。（慧洪：《冷齋夜話》）是何等排場和風光。了解這些，我們才好理解，何以這群熱衷於榮祿仕途名利的道學家、理學家們會那樣熱衷於交結禪門中人。（圖八—四）

圖 8-4　佛印了元（1016—1086 年）像

其次，我們來看周氏《太極圖》與佛教的關係。一般都將周氏《太極圖》視為來自道家，實則與佛教關係也很密切。

據南宋朱震《漢上易傳》、清代毛奇齡《太極圖說遺議》、胡渭《易圖明辨》等文獻中說，《太極圖》出於華山隱士陳摶。陳摶，字圖南，亳州真源（今河南省鹿邑縣）人，據說四、五歲戲於渦水之岸，有青衣媼乳之，由是聰悟。及長，讀經史百家之言，一見成誦，又以詩知名。後唐長興（九三〇—九三四年）中，應舉不第，從此不入仕途，以山水自樂，棲武當山，服氣辟谷，歷二十餘年。又移居華山雲臺觀，留少華石室，每寢常百餘日不起。後周世宗好黃白之術，聞陳摶之名，於顯德三年（九五六年）命華州送陳摶至宮，問其術，陳摶對曰：「陛下為四海之主，當以致治為念，奈何留意黃白之術乎？」世宗頗以為然，欲詔陳摶為諫議大夫，陳摶固辭不受。據說，顯德末，陳摶乘白騾將入東都，中道聞宋太祖即位，大笑曰：「天下自此定矣。」

宋太宗太平興國年間（九七六—九八四年），陳摶居華山四十餘年，據說年齡已近百歲，自言：「經承五代離亂，幸天下太平，故來朝覲。」宰相宋琪等問陳摶黃白之術：「先生得玄默修養之道，可以教人乎？」陳摶回答：「摶山野之人，於時無用。知神仙黃白之事，吐納養生之理，非有方術可傳，假令白日沖天，亦何益於世。今聖上龍顏秀異，有天人之表，博達古今，深究治亂，真有道仁聖之主也。正君臣協力同德，興化致治之秋，勤行修煉，無出於此。」宋琪等稱善，以其語奏聞。宋太宗趙匡胤「待陳摶甚厚，謂宋琪等曰：「摶獨善其身，不干勢利，所謂方外之士也。」

宋太宗趙匡胤下詔號陳摶「希夷先生」，賜紫衣，數月放還山。太宗端拱二年（九八九年）秋七月陳摶逝。

朱震《漢上易傳》作於南宋紹興甲寅年間（一一三四年），書中說陳摶受易於「麻衣道者」。南宋釋志磐作《佛祖統紀》是在寶祐六年（一二五八年）至咸淳五年（一二六九年），歷時十年成書。《佛祖統紀》中說：

處士陳摶受易於麻衣道者，得所述《正易心法》四十二章，理極天人，歷詆先儒之失，摶始為之注。及受河圖、洛書之訣，發易道之秘。漢晉諸儒如鄭康成、京房、王弼、韓康伯，皆所未知也。其訣曰：「戴九履一，左三右七，二四為肩，六八為膝；縱橫皆十五，而五居其室。」此圖縱橫倒正，回合交錯，隨意數之，皆得十五。劉牧謂非人智所能偽為。始摶以傳種放，放傳李溉，溉傳許堅，堅傳范諤昌，諤昌傳劉牧，始為鈎隱圖以述之。（《佛祖統紀》，卷四十四）

又《補續高僧傳》一書中也記此事。《補續高僧傳》作者釋明河（一五四〇—一五八八年），明末華嚴學者，以三十年時間撰成此書，逝後弟子道開續作，並有史學家周永年共同參與，於清初（順治年間）完成此書。此書中載：

麻衣和尚者，不知何許人也。當五季之際，方服而衣麻，往來澤潞關陝間，妙達易道，發河圖之秘，以授華山處士陳摶。摶得之，始著訣以傳種放，放傳李溉，溉傳許堅，堅范傳範諤昌，昌傳劉牧，始為鈎隱圖以述之，實本於師也。稱者謂師發易妙於二千年之後，殆天授耳。

錢若水未第時，訪摶於山中，見老僧擁衲附火。若水揖之。僧開目而已。坐久，摶問：「何如？」（僧）曰：「無仙骨。」若水退。摶戒之曰：「三日後復來。」

（若水）如期而往。摶曰：「始，吾見子神觀清粹，謂可以學仙，故請於老僧。老僧言，子無仙骨，但可作賢公卿，急流勇退耳。」（若水）問，向僧何人。摶曰，「吾師麻衣道者也。」（《補續高僧傳》卷二十三，《麻衣和尚傳》）

錢若水故事很有趣。明清道家文獻中不少都載此（如《湘山野錄》、《洞微志》等），都是互抄，而且幾乎一字不差。近年研易學者中，常有人說，「麻衣道者」是土「僧表道裡」，意思就是說，這位「麻衣道者」外表是僧人，內裡卻是道士。這種說法明顯牽強，是望文生義。

前文說過，自南北朝始，社會上就將佛教僧人稱為「道人」，將道教人士稱為「道士」。宋元明清之後，這種稱呼仍沿用下來，如明末「四大高僧」之一的蕅益智旭（見本書第九章）文著，都自署「北天目道人」。又如當代畫家潘天壽作品常自署「懶道人」。「道人」都非「道士」之義，而是「和尚」自況。因此「麻衣道者」未必定是道士，或一定是「以道為裡」。

清代毛奇齡（一六二三—一七一六年）在《太極圖說遺議》一書中說，周敦頤《太極圖》，「實本之二氏之所傳。太極圖一傳之陳摶，一傳之僧壽涯。或云陳摶師麻衣，麻衣即壽涯也，則時稍相去濂溪，或不能從學，然其說則從來有之。乃其所傳者，則又竊取魏伯陽《參同契》中『水火匡廓』與『三五至精』兩圖而合為一圖。」

黃宗炎在《太極圖說辨》中也認為，周敦頤的《太極圖說》同當時的禪師壽涯有關。據《濂溪志》說，「先生（胡宿）嘗至潤州，與濂溪遊。或謂濂溪與先生同師潤州鶴林寺僧壽涯或邵康節之父，邂逅先生於廬山，從隱者浮老遊，遂同受易書。」（見《宋元學案．濂溪學案》）這是說，周敦頤曾同胡宿一起，受學於禪師壽涯。壽涯其人現已難考。黃百家曾說：

> 晁氏（晁景迂）謂元公（周敦頤）師事鶴林寺僧壽涯，而得「有物先天地，無形本寂廖，能為萬象主，不逐四時凋」之偈。《性學指要》謂元公初與東總遊，久之無所入，總教之靜坐，月餘忽有得，以詩呈曰：「書堂兀坐萬機休，日暖嵐和草自幽，誰道二千年遠事，而今只在眼前來。」總肯之，即與結青松社。（見《濂溪學案》）

周敦頤暨東林常總（聰）「結青松社」，是追慕東晉時高僧慧遠結蓮社之雅（見《佛法金湯篇》，卷十二）。又《歸元直指集》中引空谷語說：

> 國一禪師以道學傳於壽涯禪師，涯傳麻衣，衣傳陳摶，摶傳種放，放傳穆修，修傳李挺之，李傳康節邵子也。穆修又以所述太極圖授濂溪周子，已而周子扣東林總禪師太極圖之深旨，東林為之委曲剖論。周子廣東林之語而為太極圖說。周子長於禪學工夫，是以工夫之道過於邵子。邵子長於曆數，是以數理之道過於周子。至於道學則一也。（《歸元直指集》卷下）

以僧壽涯為麻衣之師，就與周敦頤等年代不符。國一禪師即徑山道欽（一名法欽，七一四—七九二），乃牛頭禪大家，歷史上十分有名的人物，傳易事蹟若與道欽有關，史蹟應另有可考，若無考就有疑。

但是，由上所述卻可以推想，周氏《太極圖》與佛教關係既深且巨。無論從人事關係或是從思想淵源上都可以肯定這一點。再則，從本書上文已經討論過的宗密「眾生心」（或「阿賴耶識水火匡廓圖」）、圓相結構圖來看，哪怕是從周氏《太極圖》的結構形式上，也可以看出其受宗密圓相結構圖的影響痕跡。

本人決無意於將《太極圖》發明權爭為佛門之意。只是在閱讀和研究中，常覺學者在討論此一問題時，在學理淵源上，對周敦頤以及二程等思想學說與佛教禪學互相發明的問題，關注的角度有些疑問。此處僅限於提出此一問題。

(二)諸易家之參禪

1. 周敦頤、程頤說《艮》卦與佛教

兩宋明清時期，儒門中人多參禪，而佛門中人多參易，是一個普遍現象。周敦頤嘗謂：「佛氏一部《法華經》，只是儒家《周易》一個《艮》卦可了。噫！易以《艮》為六十四卦之旨，《艮》連山也，為止義。若以經偈止，止不須說而比之，夫是之謂持蠡酌海矣。」（《周濂溪集》）此是以《法華經》比《周易》之《艮》卦，但同時也聯繫

到了《連山易》之《艮》。

程顥也曾說：「看一部《華嚴經》不如看一《艮》卦。」（《佛祖歷代通載》）更是以《華嚴經》作比，贊嘗《艮》卦意境，不過說法上籠而統之了一些。

二子論《法華經》以及《華嚴經》與《艮》卦之說，向為人所感興趣，也常有人舉以為論說其「非佛」或「排佛」云云。依我看來，正好相反，實際上是表明二子對於易與佛或易與禪互相發明之濃郁興味與深刻體驗。

二子之說《艮》卦，將《艮》卦比之於某一種佛經，影響不小。後人常以此為題辯說佛教義理，尤其是借以析說易佛關係問題。如明末「四大高僧」之一的雲棲袾宏，有人問他：「又謂看《金剛經》便明《艮》背四言，又謂本元真實，不剝不蝕，謂之金剛，是耶？非耶？」他回答道：

> 此金剛者，不垢不淨，不增不減，不去不來，不一不異，即是本元真實，即是本來心地。於此悟徹，無一不徹，豈獨《艮》背四言而已？夫《艮》其背，不獲其身，止是無我相；行其庭，不見其人，止是無人相；尚有眾生壽者，則知《金剛》該《艮》背四言，《艮》背得《金剛》半偈。而昔人謂看一部《華嚴經》不如看一《艮》卦，可謂失言矣。夫《華嚴》具無量法門，《金剛般若》雖至精至妙，猶是《華嚴》無量法中一法門耳。《華嚴》猶如天子，《金剛般若》者，文武百職中之一職也。而《艮》卦未盡《般若》，乃欲勝乎《華嚴》，是猶小臣與卿相之列，而

謂超乎天子，其失可勝言哉？（《雲棲法匯》，《答郡伯龔溪餘公》）

袾宏是佛教中人，這個說法是針對程顥之說而發。但是我想，其同樣不能說是「非易」或者「排易」，而只是表明袾宏自己對於《華嚴經》、《金剛經》及《易經》之《艮》卦的理解而已。

2. 二程持易理以參禪

前人評價，二程之學乃是「氾濫於諸家，出入於老、佛者凡十年，反求諸六經而後得之」（《二程行狀》）。這個評價比較中肯。

程顥曾說：「佛說光明變現，初莫測其旨，近看《華嚴論》，恰說得分曉，盡是約喻、應機、破惑，名之為光；心垢解脫，名之為明；只是喻自心光明，便能教化得人，光照無盡世界，只在聖人一心之明；所以諸經之先，皆說《放光》」。（見《雲蓋寺石刻》）可見程顥曾精讀唐代李通玄的《華嚴經論》，而且深得體會。

另有一則關於程顥的故事說，明道先生（即程顥）一日過定林寺，眾人入堂，周旋步武，威儀濟濟，伐鼓考鐘，外內肅靜，一坐一起，皆有儀規。程顥嘆曰：「三代禮樂，盡在是矣。」（《弘益紀聞》）前人說：「先儒惟明道先生看得禪書透，識得禪弊真。」是謂其得禪之三昧。

實際上，說程顥所謂「看得禪書透，識得禪弊真」，無非也就是以之與易道比較而已。

程頤之言行也多有類禪者：

（程頤）貶涪州，渡江中流，船幾覆，舟中人皆號哭，先生獨正襟安坐如常。已而及岸，同舟有父老問曰：「當船危時，君獨無怖色，何也？」曰：「心存誠敬爾。」父老曰：「心存誠敬固善，不若無心。」先生欲與之言，父老徑去不顧。

程頤所謂的「誠敬」，近於禪家的「禪定」。而以「無心」比「誠敬」，則是當時重要的理學家們典型的儒釋並舉或易佛會通之說。如周敦頤也同樣強調此點：

誠無為，幾善惡。（《宋元學案》卷十一，《通書》）

誠者，聖人之本。大哉《乾》元，萬物資始，誠之原也。（同上書）

又據說，程頤凡見人靜坐，便嘆其善學。有人問：「聖人之心若何？」其答曰：「聖人之心，如明鏡止水。」歷代人們又常謂程頤見地往往出人意表，閃現禪意：

鮮于侁問：「顏子在陋巷不改其樂，不知所樂者何事？」先生曰：「尋常道顏子所樂者何？」侁曰：「不過是說，所樂者道。」先生曰：「若有道可樂，不是顏子。」

又謂尹彥明問程頤：「如何是道？」程頤曰：「行處是。」禪宗有這樣一則公案：「僧問：『如何是道？』趙州曰：『牆外底。』又曰：『大道通長安是也。』」上述程頤行狀，類似這樣的禪宗公案。

程頤又常問道於禪師。如《嘉泰普燈錄》中說：「程伊川、徐師川、朱世英、洪駒父，咸問道於靈源禪師。故伊川之作文注書，多取佛祖辭意……或全用其語，如《易傳》序『體用一源，顯微無間』（此二句語出唐清涼澄觀《華嚴經疏》）……周（敦頤）程（伊川）取用佛語，多類此也。」可知當時易學大家都能深體佛理合於易道深義。

二程門人結局，也多歸佛門。如游酢、謝良佐、楊時等皆是程門鼎足，而後皆入於禪（游酢之入禪見《佛法金湯編》卷三十三；謝良佐之入禪見朱熹纂《上蔡先生語錄》；楊時之入禪見《居士分燈錄》卷下及《宋元學案》卷二十五等）❺。

3. 邵雍晚年之禪境

邵雍作有《學佛吟》：「飽食豐衣不易過，日長時節奈愁何。求名少日投宣聖，怕死老年親釋迦。妄欲斷緣緣愈重，徼求去病病還多。長江一片常如練，幸自無風又無波。」（《佛法金湯篇》卷十二）其中有些宋時禪詩意味。邵雍到晚年，愈似禪者，所說往往含禪味，如其以太極為心，也似禪語，如：

心為太極，又曰道為太極。

邵雍關於六十四卦方圓圖之說明，有時也類禪語：

先天學，心法也，圖皆從中起；萬化萬事，生於心也。

先天之學，心也，後天之學，跡也；出入有無，死生者道也。

心一而不分，則能應萬變，此君子所以虛心而不動也。

邵雍以「道」破物我一如、心境不二之「的」，有些說法，我有時覺得略似中國傳統水墨畫之以水破墨法，或淡墨破濃墨法，或濃墨破淡墨法。又如邵雍說：

以我徇物，則我亦物也；以物徇我，則物亦我也。我物皆致意，由是明天地亦萬物也，萬物亦我也，我亦萬物也。何物不我，何我不物。

邵雍這些思想片語，表明這位宋代圖書易學的代表人物悟入禪境之深。由此也可知，其易學成就來之有因，得之於易道與佛理之會通啟悟。

4. 朱熹之體禪

宋時理學家往往抨擊佛教中人「自私」或佛教之理「不見性」，同時，卻親近佛理。這是限於時代因素的理學虛偽情狀之一端。

如朱熹總是不斷分說自己與釋氏有區別。他說：「佛氏之失，出於自私之厭。」（《朱子語類》卷一百二十六）又說：「釋氏只要空，聖人只要實。」（同上書）從今天的目光看來，其「聖人」之說尤見不實，他的「聖人」之「實」理想即封建社會倫理綱常，「治國平天下」，這如同張載的著名「四句」一樣，是將一切價值依附於皇權的嚴重缺乏主體精神的理學知識分子的自謂「崇高」的虛假「理想」的典型表達。而朱子之謂「佛氏自私」，實際上也就是指佛氏出世的價值觀，他認為這種超越現實的理想是一種對於現實社會責任的放棄。

實際上朱熹受禪學思想影響只有比他人更深，如顏元曾評價說：「（朱子）談禪有

殊味……混儒於釋，又援釋入儒也。」（《朱子語類評》）

(三) 諸禪家之參易

1. 北宗禪正統融易

按照禪家看來，《易傳》之「無思也，無為也，寂然不動，感而遂通天下之故」，以及「聖人以此洗心，退藏於密」，正是進入禪定境界寫照。中晚唐及五代、宋之後，當時禪師皆多參易，與此有關。

武則天時代及稍後一段時間，被官方肯定的禪宗正統是道信——弘忍下北宗禪之神秀——普寂禪系。神秀出身儒門。唐代名士張說曾拜在神秀門下。張說對神秀之學是這樣評價的：

（神秀）少為諸生，遊問江表，老莊玄旨，《書》、《易》大義，三乘經論，四分律義，說通訓詁，音參吳、晉。（《大通禪師碑銘》）

從中可見神秀禪學，易學是其學理基礎之一。道信——弘忍系下，至神秀——普寂禪僧集團，當時基本上控制住兩京、嵩洛地區，與最高層關係千絲萬縷，極為密切。如杜朏《傳法寶記》中首先提出的禪宗傳法血脈問題，以法如為弘忍嫡系傳人，法如當時是嵩洛地區禪門領袖，從大體上言，也屬弘忍——神秀——普寂北宗禪系統。《傳法寶記》中說法如禪法中心思想是「以方便取證於心」。

杜朏概括這類禪法思想是這樣的：

此世界是言語世界乎？故聖賢不可不言語，相導於趣夫無言語地也。是故，我本師云：「若言如來有所說法，則為謗佛。」而孔丘亦云：「吾欲無言。」莊周復言：「得意者忘言。」故《易・咸卦》上六曰：「咸其輔頰舌。」《象》曰：「媵口說也。」此言在《咸》之末也。故感而取道，不在乎上六矣。❻

對於人而言，現實世界是一個以言語交織的符號世界。因此，若要度世，「聖賢不可不言語」。但是，可以透過言語而「趣夫無言語地」。因此，言語只是「方便」。既是方便，就不能被其繫縛，不能受名教（概念施設）的役使。所以，大師說法，「隨所發言，略無繫說」，聞法者，「既得之於心，則無所容聲」，不令言語文字在其中發生隔離阻滯的副作用。

據此，法如反覆抨擊那些依經說教之徒，「多依言說，分文析字」，「光步法席，坐搖談柄」，對於存乎其間的「真如至性」、「圓頓法身」，「未有悟人其門，心證其理者」。（皆見杜朏：《傳法寶記》）

這種禪易互融，如鹽與水溶，了無牽強痕跡。這樣的以禪融易的思想方法，我們也可以說，是符合禪門「正統」宗風的。若非如此，不但會使人頓生牽強之感，而且，在實際效果上也會南轅北轍。

2. 保唐宗無住解易

無住，鳳翔（今陝西眉縣）人，俗姓李，唐天寶八年（七四九年）受具足戒，後去五臺山清涼寺、西京安國寺、崇聖寺，天寶十年（七五一年），又北上靈州（寧夏靈武西南），住賀蘭山。至德二年（七五七年），經定遠（今陝西西鄉）、鳳翔入太白山。乾元二年（七五九年）正月，轉梁州（今陝西漢中），到成都府淨泉寺見無相。大曆二年（七六七年），即無相逝世後五年，由杜鴻漸等主持，請無住回成都，住空惠寺，後居保唐寺至終。所建禪系，後人稱為保唐宗（以上見《景德傳燈錄》等）。

無住的淨泉保唐禪系的傳播地區與荷澤神會禪系基本相同，但是更靠近吐蕃與大唐接壤沿線。保唐禪僧在當地駐軍中影響較大。據《歷代法寶記》載，無住在當地的軍人中有很高威望，無住師徒生活似也主要由當地軍人供養。

淨泉保唐禪系主要活動於少數民族雜居的地區。據說無住出山之前，「寇盜競起，諸州不熟，穀米湧貴，百姓惶惶」；及至無住被迎出山，「穀米倍賤，人民安樂，率土豐熟，寇盜盡除，晏然無事」。這樣看來，可能無住在當地曾經起過穩定社會秩序的作用。

無住闡發禪理，往往通過批判儒、道經典。如無住解《易》說：「易，不變不易，是眾生本性」，「果報不求，果報自至；煩惱已盡，習氣亦除，梵釋龍神，咸皆供敬」。

無住還有一句名言：「無念即是轉《法華》，有念即是《法華》轉。」表達了南宗禪人對於經典教條的基本態度。這個說法影響深遠。後來理學家所謂「六經注我」，源出於此。

3.臨濟宗「四照」用易

神會滑臺大會後，由於種種歷史原因，北宗禪漸寂而南宗禪漸興。慧能一系，由南而北，再由北而南，「一花五葉」，發展遍於全國。

臨濟宗是南宗禪「一花五葉」下最大一宗。臨濟宗名義上由黃檗希運（七六五—八五〇年）開創。黃檗希運卒於唐宣宗大中四年（八五〇年）。實際創立此宗的是黃檗希運之徒臨濟義玄（七八七—八六七年），卒於唐懿宗咸通八年（八六七年），距武宗滅佛已過二十年。時值晚唐，現實衰退，正見未出，佛教界末法思想濃厚。現代學者潘雨廷說，臨濟宗在此時提出「四賓主」與「四照用」的方法，實際上只是一種世見混亂的反映[7]。

我認為臨濟「四照」用易，其作用和效果都非如近年有些人的看法那樣，認為可以拔高。稍全面了解臨濟宗風即可知，用易學以圖振興宗風，在臨濟禪中根本是屬於不成功的一個方面。

臨濟宗所謂「四賓主」，就是試圖借用《周易》陰陽兩儀及四象而說禪。以主為陽，以賓為陰；以主為是，以賓為非。如主對主相見，則自然通理；如主對賓相見，則賓能從主，亦能通理；若賓不從主，則反成喧賓奪主，就不能通理。

實際上，世人對臨濟「四賓主」之說，多茫然不知所云。當佛教界用過於具象的易學方法來說佛理時，往往很難奏功，這是一例。

臨濟宗所謂「四照用」，就是用「四照」之法來解說臨濟禪風。意思是說，如上文所謂究賓主之異，其關鍵是在於未悟陰陽。按此「四照用」的說法，所謂以佛法而論陰陽，則可歸結為「我執」與「法執」。如能「我」、「法」雙破，即可由賓而主。然破「我」、「法」二執之際，還須視賓之一方其具體之所執為何。執「我」者，當破「我執」而不破「法執」，是名「先用後照」，即「奪人不奪境」。如「我執」已破，但是猶有「法執」者，還須再破，但是名為「先照後用」，即「奪境不奪人」。或有堅執「我」、「法」二執者，就必須照用同時，所謂「雲散水流去，寂然天地空」，即是所謂的「人境雙奪」。反之，或已經「我」、「法」雙破，則由賓而主，此時即所謂「人境俱不奪」。（見《人天眼目》卷一）

臨濟義玄的所謂「我有時奪人不奪境，有時奪境不奪人，有時人境俱奪，有時人境俱不奪」之說，（《人天眼目》卷一）又被稱為「四料簡」。

「四賓主」、「四照用」與「四料簡」，實際上也就是援用易學陰陽之變來解說禪。四賓主則反身為陰，四照用則對人為陽，是猶內聖（由賓而主）外王（由雙奪而俱不奪）之道。反身則主為陽，賓為陰。照用則不奪為陽，奪為陰。由是配合陰陽，通八

伏羲八卦數序	一	二	三	四	五	六	七	八
八卦	☰乾	☱兌	☲離	☳震	☴巽	☵坎	☶艮	☷坤
	俱不奪	奪境	奪人	俱奪	主對主	主對賓	賓對主	賓對賓
四象	太陽		少陰		少陽		太陰	
	不奪		奪		主		賓	
兩儀	四照用				四賓主			
	陽				陰			
太極								

圖 8-5　臨濟宗「四照用」示意圖

卦之象。此意也可以伏羲八卦圖數序配列，詳見圖八—五。

後世明代時，南方臨濟宗有三峰法藏（一五七三—一六三五年），在上述基礎上，還更發展出以禪理釋《河圖》、《洛書》。法藏將《河圖》、《洛書》貼於居所之壁，對人說：「十河九洛，象教總持，須從無文字道理處，求之直指。」（《三峰和尚年譜》，萬曆二十年）法藏又以禪觀與密教結合說圓相○，謂此圓相○，即是密教月輪觀，以此將參禪與瑜伽兩者相應結合。（見法藏：《施食旨概》）法藏並且還宣稱：雖然「言詮各異，而諸佛之偈旨，不出圓相○也。」（《三峰和尚語錄》卷五）則儼然是以圓相○來代表全體佛教旨歸了。

同時，也有法藏之師密雲圓悟（一五六六—一六四二年），針對法藏的圓相之說進行痛斥。圓悟說：「漢月（即法藏）不識五家宗旨，妄捏一『〇』，為千佛萬佛之祖，則千佛萬佛，正法眼藏，已被漢月抹殺。」圓悟又說：「任汝執三玄四要、四賓主、四料簡，舉揚臨濟，實乃抹殺臨濟。」（圓悟：《辟妄救略說》卷四；按圓悟此書出於法藏逝後）

圓悟與法藏師徒兩家的不同見解，涉及對禪法的不同理解。但是圓悟的批判，看得出是十分嚴厲的。從這種嚴厲態度中，我們能夠體會到當時人們對臨濟宗的「四賓主」和「四照用」之類說法，已經感覺彆扭。

近年有人說，臨濟宗「四賓主」、「四照用」與「四料簡」，即臨濟宗旨❽。這種說法我認為是不能成立的。

比方從宋代的《人天眼目》一書中即可看出，臨濟宗自家說宗風宗旨，雖然有時用「四照」用易之法，但同時卻是更為大量地用禪詩、禪語說宗風宗旨。而在後一種情況下，倒往往使人覺得更加圓通可玩。如翠岩可真禪頌「四料簡」：

奪人不奪境：日月自流遷，山河及大地，片雨過蠻天；
奪境不奪人：問禪何處親，相逢不祇揖，曉夜過關津；
人境兩俱奪：聲鼓墜紅樓，縱橫施巨闕，誰敢立當頭？
人境俱不奪：閻浮轉幾遭，面南看北斗，爭得合伊曹。
（《人天眼目》卷一）

又如佛鑒惠懃歌臨濟「四賓主」、「四照用」、「四料簡」之禪，詩曰：

饔頭酒熱人皆醉，林上煙濃花正紅；
夜半無人香閣靜，秋千垂在月明中。

鶯逢春暖歌聲滑，人遇時平笑臉開；
幾片落花隨水去，一聲長笛出雲來。

堂堂意氣走雷霆，凜凜威風掬霜雪；
將軍令下斬荊蠻，神劍一揮千里血。

聖朝天子坐明堂，四海生靈盡安枕；
風流年少倒金樽，滿院桃花紅似錦。（《人天眼目》卷一）

這種禪詩中體現的禪意，才有活潑靈動的意趣。我們可以想見，若無此種活禪，只怕難以索解，何以臨濟宗會成南宗禪下貫宋、元兩朝的縱橫中國北方南方的宗門最盛者。

4. 溈仰宗作相示易

溈仰宗是唐武宗會昌滅佛之後，隨著唐宣宗的即位以及恢復佛教政策而發展起來的晚唐南宗禪門下大宗。

為仰宗家風與他宗不同，也是在於某些圓相符號的應用。這類圓相的使用是從南陽慧忠開始。

慧忠於圓相中書日字示僧㊐，但並不常用。後從靈祐開始，就對圓相多用了。《靈祐語錄》中說：「師（靈祐）見仰山來，遂以五指搭地畫一畫，仰山以手於項下畫一畫，復拈自己耳，抖擻三五下，師休去。」《慧寂語錄》中也說：「溈山一日見師來，即以兩手相交過，各撥三下，卻豎一指。師亦以兩手相交過，各撥三下，卻向胸前。仰一手覆一手，以目瞻視，溈山休去。」

靈祐說，這樣以符號交流禪法的做法乃是得之於百丈。靈祐似更喜用圓相○符號。《靈祐語錄》中說：

> 師一日呈起如意，復畫此○◎相云：「有人道得，使得此如意。道道。」時有僧云：「此如意，本不是和尚底。」師云：「得而無用。」又有僧云：「設與某甲，亦無處」。（同上書）

《靈祐語錄》中又說：

> 師因僧問，如何是祖師西來意？師豎起拂子。後僧遇王常侍。常侍問：「溈山近日有何言句？」僧舉前話。常侍云：「彼中兄弟，如何商量？」僧云：「借色明心，附物顯理。」常侍云：「不是這個道理，上座快回去好。某甲敢寄一書到和尚。」僧得書遂回持上。師拆開，見畫一圓相，內寫個日字。師云：「誰知千里外

有個知音。」仰山侍次，乃云：「雖然如此，也只是個俗漢。」師云：「子又作麼生？」仰山卻畫一圓相○，於中書日字㊐，以腳抹卻。師乃大笑。

慧忠圓相，據說得之於六代祖師慧能，共有九十七個（實際上慧忠也是承宗密所創圓相圖而來）。慧忠以後，圓相被溈仰宗人多方應用。慧忠侍者真應又傳圓相於慧寂。《慧寂語錄》所出圓相有：○，(佛)，㊐，(卍)，㊌，(人)，(王)，㊏，(牛)，(☰)，㊀，等等。由此可知慧寂溈仰宗家風，如何用○。

但是，溈仰宗人最後未能形成具有完整的結構形態的圓相體系。因此，從總體上看，可以說溈仰宗人對圓相的運用是散亂的，也是不成功的。

宋代的《人天眼目》一書中，舉明州（今浙江省寧波）五峰良和六圓相，名謂「暗機」、「義海」、「字海」、「意語」、「默論」、「圓相」。如暗機之說，是謂畫(牛)相，乃縱意；畫(佛)相，乃奪意；畫(人)相，乃肯意；畫○相，乃許他人相見意；等等（又謂或畫(☰)相，但未出何意，原文似有漏句）。

《人天眼目》書中又說，五冠了悟和尚與仰山立玄問玄答。說：◡，是謂「舉函索蓋」相，亦名「半月待圓」相，若將此相問，則更添半月對之，問者之意是舉函索蓋，答者之意即以蓋覆函，以現圓月之相。◑，則名「抱玉求鑒」相，若將此相來問，則於其中書某一字答之，問者之意是「覓良鑒」，答者識玉，便下手也。又如(厶)，名「鈎入索續」相若將此相問，但於(厶)中「厶」側添「丅」字，成(仏)答之，乃問者「鈎入」，答者「索續」，乃謂「續成寶器」相也。又如㊋，名「已成寶器」相，若將此相來問，但於〇內書一「土」字答之，成㊏，名為「玄印玄旨」相，又謂此㊏相，獨脫超前眾相，等等。（以上皆見《人天眼目》卷四，為仰宗條）

以上是所謂為仰宗作相示易。也有人說此即是為仰宗宗風。前人也曾指出，《人天眼目》薰蕕同室，尚須善擇，實際上也是認為此種作相示易方式形似創意而實則反使禪家說禪帶上很大束縛性（見元賢：《永覺元賢禪師廣錄》，卷三十《續寱書》）。我看與上述臨濟「四賓主」、「四照用」類似，這種做法不但不能說是成功，反而使禪門光風霽月景致漸隱。

三、寶鏡三昧，五位君臣

(一)禪門《參同契》與「寶鏡三昧」

1. 石頭希遷之《參同契》

《祖堂集》載，石頭希遷「略探律部，見得失紛然，乃曰：『自性清靜，謂之戒體；諸佛無作，何有生也。』自爾不拘小節，不尚文字。因讀肇公《涅槃無名論》云：『覽萬象以成己者，其唯聖人乎。』乃曰：聖人無己，靡所不

圖 8-6　石頭希遷（700—790 年）像

己；法身無量，誰云自他？圓境虛鑒於其間，萬象體玄而自現，境智其一，孰為去來？」（這條語錄在後出的《傳燈錄》中未載）一般認為，與同時代的洪州禪相比，石頭思想具有較明顯的哲學思辯色彩。石頭希遷《參同契》後來日益被人重視，並實際上成為後來曹洞宗理論基礎。（圖八—六）

石頭希遷仿東漢魏伯陽《周易參同契》而作禪門《參同契》，此文成為禪宗有大影響的一個文獻。全文不長，共二百二十字，為行文方便，茲錄如下：

竺土大仙心，東西密相付。人根有利鈍，道無南北阻。靈源明皎潔，枝派暗流注。執事元是迷，契理亦非悟。門門一切境，回互不回互。回而更相涉，不爾依位住。色本殊質象，聲無異樂苦。暗合上中言，明明清濁句。四大性自復，如子得其母。火熱風動搖，水濕地堅固。眼色耳音聲，鼻香舌鹹醋。然依一一法，依根葉分布。本末須歸宗，尊卑用其語。當明中有暗，勿以暗相遇。當暗中有明，勿以明相睹。明暗各相對，比如前後步。萬物自有功，當言用及處。事存涵蓋合，理應箭鋒柱。承言須會宗，勿自立規矩。觸目不會道，運足焉知路。進步非近遠，迷隔山河固。謹白參玄人，光陰莫虛度。（《參同契》原文見《景德傳燈錄》，卷三十）

中國化佛教的根本特點之一是用即色即空、即俗即真、即異即一、體用一如的思想方法，把超世的終極追求與入世的現實存在圓融。如僧肇《不真空論》引《般若經》文意道：

> 故經云：甚奇，世尊！不動真際為諸法立處，非離真而立處，立處即真也。然則道遠乎哉？觸事而真。聖遠乎哉？體之即神。

僧肇很清楚地說是「即色即空」非「滅色為空」。只有這樣才能理解「色即是空，空即是色」之意。這個「觸事即真」的思想經僧肇確立後，在中國佛教發展的進程中不斷被發揚光大。如天臺宗一念三千說，乃至三諦圓融說，華嚴宗事事無礙說，乃至理事無礙說，都是從「圓融」角度說「有無一觀」。這種思想方式本是儒家傳統。《論語·述而》說：

> 仁遠乎哉？我欲仁，斯仁至矣。

《中庸》說：

> 道也者，不可須臾離也。可離非道也。

《孟子・離婁上》說：

> 道在邇而求諸遠；事在易而求諸難。

東漢桓譚上光武疏道：「蓋天道性命聖人所難言也，自子貢以下不得而聞，而況後世淺儒能通之乎？」（《後漢書・桓譚傳》）魏晉時荀粲更直截了當地說：「夫子言性與天道不可得而聞。然則六籍雖存，固聖人之秕糠。」（《三國志・魏志・荀粲傳》注）也是明白說，終極之道不可說，但是，還是要說。然則所有六經之類實同秕糠，因為畢竟非道本身。僧肇說：

> 無相之體，同真際，等法性。言所不能及，意所不能思。（僧肇：《注維摩詰經》）

也是這個意思。讓我們再來對照石頭《參同契》。

首先，石頭道：「觸目不會道，運足焉知路。進步非近遠，迷隔山河固。」觸目是具體事相，從事中會道，即「觸事即真」，否則遑論遠近，離目標便如相隔山河之遠。

其次，石頭明說：「靈源明皎潔，枝派暗流注。」是說「真與事」（「靈源」與「枝派」）關係，萬物皆佛性顯示，但非明白顯示，故說是「暗流注」。如龍樹說「空」，亦為是「假名」，非有非無，是中道。石頭說「暗流注」，實為權說。

佛性乃言所不能及，意所不能思者，唐代大文人王維曾說：「至於定無所入，慧無所依，大身過於十方，本覺超於三世，根塵不滅，非色滅空；行願無我，即凡成聖。」

（王維《能禪師碑銘》）又如僧肇說：「觸事成真」。但般若義又在掃相，著相即是執。故「定無所入，慧無所依」，並非有一個「理」在那裡，可以「入」，可以「依」。華嚴宗的「理事無礙」之「理」，也是指「理事圓融」，並非有一個可與事分開之「理」，否則就違反了中道義。

《祖堂集》載石頭語：「吾與師（慧能）同乘聖智，遊於性海久矣。」（這句話在後出的《傳燈錄》中也未錄），也是強調自己與慧能的一致性，這一點我們不能忽視。《壇經》中慧能作「無相偈」中，又有「只見己過，莫見世非」這樣的思想：「常見自己過」，「若真修道人，不見世間過」，「若見世間非，自非卻是左」（見《壇經》，中華書局版）。歐洲理性主義強調理性的無所不至，在慧能看來，則理性是有限度的。這或是理解「即凡成聖」的關鍵，但也是最大的難點❾。

石頭希遷認為，既然是一種執著，那麼無論「執事」，還是「契理」，都是執著，都無法得悟。

那麼怎樣是悟？那就是「體無」。換句話說，也就是要達到藏身於語詞背後的、不可言說的、非實存的（invisible world）那個「絕對」，亦即龍樹的那個「空」。也就是石頭說的「離象體玄」，「境智真一」，即「靈源」。

在石頭希遷《參同契》中另有意思的是用「明暗」來講「理事」。「明暗」是東漢魏伯陽《參同契》中一對重要概念，原是本自《易經》的《坎》卦和《離》卦。石頭希遷《參同契》的取意，亦是仿自魏伯陽的《參同契》。魏伯陽《參同契》中最重視《坎》、《離》二卦的作用，把它看作是《易經》六十四卦變易的根本，這也就是所謂「《坎》、《離》為易」。

魏伯陽《參同契》中之《坎》、《離》，本是日月之謂。日為太陽，月為太陰。月體本黑，因受太陽之光而白。故言陽明陰暗。李通玄在《華嚴經論》中也屢屢說，南方為旺、為正、為《離》，《離》為明、為日；北方為《坎》、為黑。石頭希遷《參同契》的思路，看來也是由此而來。他的「明」就是指「理」，他的「暗」就是指「事」。

同時，石頭希遷也是由此而參照魏伯陽月象變化之說以闡述丹道思想，即以月亮盈虧所顯示的明暗關係來表達曹洞宗坐禪的禪法。

希遷在《參同契》中說：「靈源明皎潔，枝派暗流注。……四大性自復，如子得其母。火熱風動搖，水濕地堅固。眼色耳音聲，鼻香舌鹹醋。然依一一法，依根葉分佈。本末須歸宗，尊卑用其語。當明中有暗，勿以暗相遇。當暗中有明，勿以明相睹。明暗各相對，比如前後步。萬物自有功，當言用及處。事存涵蓋合，理應箭鋒柱。承言須會宗，勿自立規矩。觸目不會道，運足焉知路。進步非近遠，迷隔山河固。謹白參玄人，光陰莫虛度。」

其中很明顯也是在援用魏伯陽的《參同契》中所說的納甲煉丹之類法門，來解說參禪的方法以及坐禪的不同階段和境界。

由此我們也可見石頭希遷《參同契》的不同凡響之處。以一篇文字，既詮說佛理禪義，又描述了禪法修練。也由此我們才可以理解，石頭希遷這樣一位大師，本不會簡簡單單地去模仿前人之作。後人肯定石頭希遷《參同契》為曹洞宗的奠基之作，誠不為虛。

以石頭希遷《參同契》思想為基礎發展出來的曹洞宗，日後大大發揚「以易論宗」的風氣。但是，隨著時間的流逝，「以易論宗」的效果卻愈益走向反面，越到後來，論易越多，給人的感覺卻愈艱澀累贅，離石頭宗風愈遠。

2. 藥山惟儼之「寶鏡三昧」

石頭「回互」學說，不僅只是哲理，而且還是石頭現實禪思。「回互」，也就是「會通」。即是石頭向禪修者們提示的重視不同系統、不同層面的文化相關聯繫、自我規約的歷史方向。

曹洞宗本來是因為能把握這個方向，而得以產生和發展。「回互」者生生不息，「會通」者生機無限。石頭「回互」強調的是多方整合，三分迂迴，向上一路。其生機醇厚綿實，後世「臨濟將軍，曹洞士民」之喻，是謂曹洞基礎廣大，而最初底蘊即植根於此。

石頭希遷開闢「回互」之路，藥山惟儼肩擔起石頭家業，在禪宗內部奮舉整合旗巘，成為石頭之下第二代傳人。

藥山惟儼（七六一—八三四年），俗姓韓，絳州（今山西省新絳）人。十七歲依潮州西山慧照禪師出家，二十三歲受戒於衡岳希操（又作希琛）律師。因為痛感「大丈夫當離法自淨，焉能屑屑事細行於布中耶？」而徑直「叩謁石頭，密領玄旨」。（見《宋高僧傳》、《景德傳燈錄》、《祖堂集》等）也有其他史料說藥山惟儼為馬祖道一弟子（見《佛祖通載》卷二十）。其實當時石頭與馬祖並立於世，天下禪僧，往來二大師之間，本是平常之事。

貞元初（七八五年），藥山離開石頭，遷居檀陽（今湖南津市市）藥山，居此近五十年，一如乃師石頭之恆居衡岳。藥山不但提倡看經，而且在從石頭門下時起就堅持坐禪：

一日，師（指藥山）坐次，石頭睹之，問曰：「汝在這裡作麼？」（藥山答）曰：「一切不為。」石頭曰：「恁麼即閒坐也。」（藥山答）曰：「若閒坐，即為也。」石頭曰：「汝道不為，且不為個什麼？」（藥山答）曰：「千聖亦不識。」（《景德傳燈錄》卷十四）

師（指藥山）坐次，有僧問：「兀不地思量什麼？」師曰：「思量個不思量底。」曰：「不思量底如何思量？」師曰：「非思量。」（《景德傳燈錄》卷十四）

可見藥山的「坐禪」，體現的是禪宗可貴的獨立思考精神和不隨波逐流的主體意識。

當時南宗禪的主流局面——馬祖道一開創的洪州禪風，是宣揚「平常心」，極力否認看經坐禪，高標「行住坐臥皆是禪」，甚至於代之以打、踢、喝、罵、畫等怪誕作風，這種傾向一時成為禪學主流。相形之下，藥山惟儼實屬特行獨立。石頭之注重「回互」、會通的特色，在藥山惟儼這裡開始產生實際效用：

（藥山惟儼）師看經，有僧問：「和尚尋常不許人看經，為什麼都自看？」師云：「我只圖遮眼。」云：「某甲學和尚得也無？」師云：「若是汝，牛皮也須看透。」（《景德傳燈錄》）

（李）翱謝問曰：「何謂道耶？」儼以手指上下，曰：「會麼？」翱曰：「不會。」儼曰：「雲在青天水在瓶。」（《宋高僧傳》卷十六）

「雲在青天水在瓶」的境界，當然只能屬於少數上根大機者，非對「一般人」而言。再看：

師曰：「太守（指李翱——堯注）欲得保任此事，直須向高高山頂，深深海底行……」

李翱再贈詩曰：「選得幽居愜野情，終年無送亦無迎，有時直上孤峰頂，月下披雲笑一聲。」（《宋高僧傳》卷十六）

圖 8-7　雲岩曇晟（752—841 年）像

「有時直上孤峰頂，月下披雲笑一聲」，可謂藥山惟儼孤高心志寫照。

藥山門下又有雲岩曇晟（七五二—八四一年）。曇晟超越儕輩，成為藥山法嗣。曇晟本來在百丈懷海門下為侍者長達二十年，卻認為自己未能契入，在侍奉百丈天年之後，來到湖南藥山「孤峰頂上」，投惟儼門下，頓告言下契會。其能夠成功契入石頭宗系，而得印證，乃是舉出了自己的「寶鏡三昧」法門，得到藥山惟儼心印。（圖八—七）

「寶鏡三昧」直接採用《周易》出象示意方法，透過一派形式上顯得晦澀支離的名相，探說洞上宗旨。如果說，藥山惟儼是以堅持看經坐禪的方式為石頭宗系保存了「回互」會通的學統，那麼，曇晟則是撥亮了這一星星之火——他在「寶鏡三昧」法門中，妙唱嘉聲，道合君臣，明確首倡「偏正回互」說，使洞上宗風廣播天下。

青山隱隱，綠水迢迢，幽暗迷離，山重水復。在一派禪語機鋒的掩蓋下，曹洞宗根本宗旨「偏正回互」既立，宗派成立的時機就成熟了。

(二)「五位君臣」圖及「五位圖說」

1. 曹山本寂之「五位君臣」圖

曹洞宗正式創立者是洞山良價。洞山良價（八〇七—八六九年），會稽諸暨（今浙江省諸暨）人，俗姓俞，先從馬祖道一的弟子五泄靈默披剃，二十一歲時前往嵩山受戒。此後參學於多位著名禪師門下，如南泉普願、溈山靈祐等，最後在雲岩曇晟門下悟入，等到「會昌法難」風暴過去，他正值思想成熟，此後開山授徒。唐宣宗大中末（八五九年），他先居新豐山，後轉豫章高安（今江西省高安市）洞山，聚眾數百，遂為重鎮，傳法弟子有曹山本寂、雲居道膺等二十六人。傳世有《寶鏡三昧歌》、《玄中銘》、《新豐吟》、《五位君臣頌》、《五位顯訣》和《綱要偈》等。

曹山本寂（八四〇—九〇一年），泉州莆田（今福建省莆田市）人，姓黃，家鄉儒學興盛，號小稷下。本寂道性天發，年十九歲，投福州福唐縣（今福建省清縣）靈石山出家，二十五歲受戒。尋參洞山良價，得洞山青眼。學成之後，辭別洞山，放浪江湖，受眾之請，於撫州吉水山開法，改號曹山。後居荷玉山，法席大盛，振洞山玄風。後人所謂「曹洞宗」，即以洞山良價為軸心，或上聯曹溪，或下系曹山，合稱曹洞宗。（圖八—八）

圖 8-8　曹山本寂（840—901 年）像

曹山以發揮前代所創正偏五位，詳說洞上「五位君臣」旨訣，意圖振興曹洞門風。

「五位君臣」概念，源頭主要來自漢代京房易學「五位君臣」說，同時也吸收魏伯陽的「假借君臣，以彰內外」思想。曹山借用君臣概念以表五位，提出「君臣五位」說，是配合洞山，發揮「偏正五位」思想。

京房的「五位君臣」說原是由他自己的「世應」之說發展而來。易卦「世應」的運用，目的在於闡發一卦六爻的主從配合關係。由於《易經》中的卦變直接與變爻相關，變爻進退，在卦中起決定性影響，實際中變爻總是能成為一卦之主。有主必存從，主者為世爻，從者為應爻，這就是「世應」之說。而六爻中的主從關係，既有嚴格的貴賤等級之分，又有相互間的密切配合，京房以此比附人事，定初爻為元士，二爻為大夫，三爻為三公，四爻為諸侯，五爻為天子，六爻為宗廟。這樣，他就把卦爻結構也等同於社會人事結構，此為五位君臣說的大致內容。

曹山據此說，但是將君臣之間五個等級簡化為君、臣兩個等級，同時衍化出君臣間「君視臣、臣向君、君臣合」三種關係，與「偏正五位」相配，而且也繼承了唐代宗密的月體圓相說，綜合演繹出「五位君臣圖」結構。

以下先將五位君臣之圖內容綜合列表，並且加上後來的石門慧洪以及永覺元賢配卦內容（慧洪、元賢配卦的具體內容，請詳下文），具體請見四一九頁圖表。（圖八－九）

曹山「五位君臣圖」又稱「五位功勛圖」。曹山本寂這樣解釋其正偏之說：「正中偏者，背理就事；偏中正者，舍事入理」。又說：「兼帶者，冥應眾緣而不墮諸有，非染非淨，非正非偏，故曰虛玄之大道，無著之真宗。從上先德，推此一位為最妙最玄，當詳審辨明之。已上五位，歸入兼帶之一位。一而五、五而一，正其妙用也。」前人也有謂，洞上修證要諦即是在此。

曹山本寂解釋五位應用說：

> 正位即屬空界，本來無物。偏位即屬色界，有萬形象。偏中正者，舍事入理。正中來者，背事就理。兼帶者，冥應眾緣，不隨諸有，非染非淨，非正非偏。故曰：虛玄大道，無著真宗。（《人天眼目》卷三）

曹山本寂又說：

> 君為正位，臣為偏位，臣向君是偏中正，君視臣是正中偏。君臣道合是兼帶語。（《人天眼目》卷三）

正偏五位，以之應用於人事，則為修身、齊家、治國、平天下之道。此中卻又可一窺曹洞宗用心之一斑。此外曹洞宗還有「五位王子圖」，即「誕生、朝生、末生、化生、內生」，以及又有「內紹、外紹」之類，以比附陰陽五行生剋消息。宋代臨濟宗石霜（九八六—一〇三九年）也曾用之。學者也有認為此亦說明曹洞臨濟二宗宗風之自然可通。

此外，《寶鏡三昧》中有很有名的所謂「十六字偈」：

> 如離六爻，偏正回互，疊而為三，變盡成五。

後慧洪（一〇七一—一一二八年）據此演繹為互體卦象。具體如下：

「疊而為三」之意是：《離》卦（䷝）六爻，由六二、九三、九四爻，互出經卦《巽》（☴）；又由九三、九四、六五爻，互出經卦《兌》（☱）。

「變盡成五」之意是：在得出以上三卦（重卦《離》，經卦《巽》，經卦《兌》）後，再進行「回互」。由《巽》、《兌》二經卦，回互成《大過》（䷛）卦，即下《巽》上《兌》；又回互成《中孚》（䷼）卦，即上《巽》下《兌》。（見慧洪：《智證傳》）

然後，一併以之與「五位君臣圖」相配列。（詳見圖八—九）

圓相	五位	偏正回互	慧洪配卦	元賢配卦	象徵及喻示
◓	君位	正中偏	巽☴	既濟䷾	全正而偏，即體而相，理事相融，喻全水而波，即金而為金器。
◒	臣位	偏中正	兌☱	未濟䷿	全偏而正，即相而體，事理相融，喻全波而水，即金器而為金。
◉	君視臣	正中來	大過䷛	離䷝	正窮而通偏，體正為體時，相自現。究理時事在其中，喻陽之極所，陰兆於此。
○	臣視君	兼中至	中孚䷼	益䷩	偏窮而通正，相正為相時，體自現。究事時理在其中，喻陰之極所，陽兆於此。
●	君臣合	兼中到	離䷝	損䷨䷨	正偏回互而非正非偏，體相回互而作體非相，理事交加而非理非事，水波浪觸而非水非波，喻唯是一大海。

◓正位：空界無物、萬有之本體，真空妙理；暗、水、金；喻陽。

◒偏位：色界萬象、萬有之相，妙有事相；明、波、器；喻陰。

圖 8-9　曹山「五位君臣圖」

慧洪（石門慧洪）此人，據說天縱聰明，為人如天馬行空，極富才幹，時人目為「狂僧」。他有多種文著行世，著名者如《石門文字禪》三十卷、《智證傳》十卷、《易注》三卷等。上述慧洪所解「十六字偈」並配「五位君臣圖」卦象，自謂即是解石頭《參同契》中所說的「回互」之意。這種解法也足謂獨出心裁。當時，慧洪這種說法也有過一定影響。

不過，在今天我們看來，其牽強附會也是顯然可見的。我覺得也不能說有多大實際意義。

治禪史學者也常認為，曹洞「五位君臣圖」之說以及曹洞宗人對《周易》卦象和各種圓相的應用並不成功。反而是將本來明確清晰的洞宗主張搞成了模糊一團⑩。

2. 永覺元賢之「五位圖說」

明末清初時期的元賢（一五七三—一六五七年），作石頭希遷《參同契》注，又作《寶鏡三昧》注等，成為曹洞宗用易說禪家風的回波餘響。（圖八—十）

元賢字永覺，俗姓蔡，建陽（今福建省建陽市）人。先習程朱之學，「年二十五，讀書山寺，聞誦《法華》」，方知「周孔外，乃別有此一大事」，遂從人「受《楞嚴》、《法華》、《圓覺》三經」。（林之蕃：《永覺賢公大和尚行業曲記》）明年，往董岩參謁無明慧經，從此決意學禪。年四十，從慧經出家。慧經死後，又往博山，依止元來，並從元來受具戒。「遂相依三年，每商榷玄奧，生機橫發。」（潘晉臺：《鼓

圖 8-10　永覺元賢（1573—1657 年）像

山永覺老人傳》）他深受元來賞識。曾先後住持福州鼓山湧泉寺、泉州開元寺、杭州真寂院、劍州寶善庵等。元賢唯一的「嗣法」弟子道霈，說元賢「年二十五省發，四十出家，四十六悟道，五十六歲出世，八十歲入滅，二十餘年間，四坐道場，大作佛事，言滿天下，道被域中」（道霈：《〈最後語〉序》）。元賢學風較謹嚴，據說：「師（永覺）以儒而入釋。嘗云，釋迦乃入世底聖人，孔子乃出世底聖人。蓋不出世不能入世。故得道之後，經世說法，力救儒、禪之弊。」可見元賢之視佛儒關係是很密切的（見《永覺賢公大和尚行業曲記》和《鼓山永覺老人傳》）。這一點，與明末清初時整個時代背景也有關係。

元賢也曾作有《五位圖說》，作正偏五位圖，茲引如圖八—十一。

元賢在《五位圖說》中解釋此圖說：最上一相，是黑白未兆之前，所謂向上宗乘中

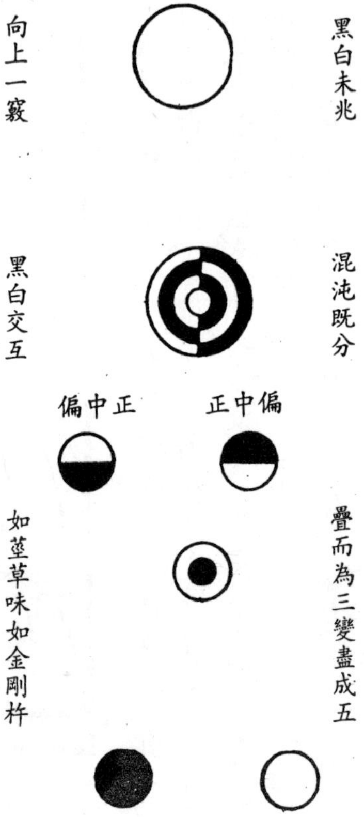

圖 8-11　永覺元賢「五位圖」

事也。次一相，表黑白既分之後，偏正交互之義。右之第一相，黑多白少，正中偏也。左之第一相，白多黑少，偏中正也。中央之一相，中黑外白，正中來也。右之第二相，全白，兼中至也。左之第二相，全黑，兼中到也。（見《續藏經》第一輯第二編第三十套第四冊三五五頁）

元賢也對《寶鏡三昧》中的「十六字偈」進行過自己的解釋。但所說與慧洪又大有不同。

首先，元賢肯定，「十六字偈」中的「捨盡成五」確是指最後變出五卦；

其次，元賢認為，「偏正回互」是指陰陽變易，具體又是指《離》卦的陰陽爻互變。他說，「十六字偈」中的「疊而為三」，具體是指：

①重《離》（䷝）上三爻陰陽互易，即互成上《坎》下《離》，為《既濟》

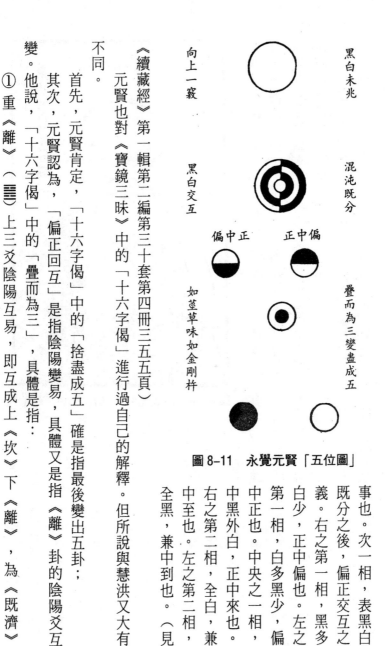

（䷾）卦，卦象為「正中偏」；

②重《離》（䷝）下三爻陰陽互易，即互成下《坎》上《離》，為《未濟》（䷿）卦，卦象為「偏中正」；

③重《離》（䷝）卦以表心象，居中，卦象配列為「正中來」；

④重《離》（䷝）卦九三、九四、六五爻「回互」，互出互體卦：上《巽》下《震》為《益》（䷩）卦，卦象為「兼中至」；

⑤重《離》（䷝）卦六二、九三、九四爻「回互」，互出互體卦：上《艮》下《兌》為《損》（䷨）卦，卦象為「兼中到」。

元賢並解釋說，這樣，就可以水火《既濟》（䷾）之「水」，配為「正位」；以水火《未濟》（䷿）之「火」，配為「偏位」；重《離》（䷝）為心，居中，象徵石頭《參同契》中之首句「竺土大仙心」之「心」，即「佛心」（亦即「佛性」）；再以互卦之風雷《益》（䷩），配為「兼位」，風雷俱動，即喻「兼中至」之發於用；再以互卦之山澤《損》（䷨），配為「兼位」，山澤俱靜，即喻「兼中到」之作為體。

（以上俱見元賢：《參同契注》、《寶鏡三昧注》；上述之元賢配卦，見圖八－九曹山「五位君臣圖」中「元賢配卦」欄）

元賢「回互」、「偏正」之說，同樣可謂別出心裁。在當時也是產生過一定影響的，但其牽強附會之斧鑿痕跡也歷歷在目，並不下於慧洪。我同樣也認為無多大意義。

孔子曾說，君子乃「居其家而玩其占」，慧洪、元賢之以易說曹洞宗風，只能算是「玩易」而已。

元賢之五位圖，顯然也是模仿周敦頤《太極圖》。他本是佛界人士，但有趣的是論說自己見解時，常常不知不覺站到儒家立場上去。他說：「太極之說，老莊指一氣之初名之，則可以言動靜。至宋儒直指道體為太極，則一理渾然而已，豈有動靜哉？或曰：太極無動靜，則不生兩儀乎？曰：不動不靜者，太極之體；有動有靜者，太極之用。用依體發。強名曰生。」（《寱言》）讀元賢之文，常感覺到，說到後來，元賢自己好像忘了之所由來。

元賢或用太極比附真如。實際上卻是用佛教的真如（或禪宗的心性）來解釋太極；所謂「攝用歸體，生即無生」云云，其實都是在用佛教的真如來套太極。下面一段話很清楚：

問：宋儒言，太極分為陰陽，是否？

曰：陰陽分於太極之中，非太極分為陰陽也。凡言可分者，必有形質，而太極無形質也。凡言可分者，必有交易，而太極無交易也。凡言可分者，必有偏全，而太極無偏全也。謂太極分為陰陽，不亦謬乎？昔老莊之流，指一氣之始，名為太極，故有分為陰陽之說。今儒者直指太極為道體，則不宜襲其說而不察也。

或曰：太極不可分，則萬物還具太極否？曰：具。問：全體既不可分，萬物何以各具？曰：此正非思量分別之所能解也。今不（得）已而分別之。太極之體，語大則包衲太虛，語小則全具一塵。雖全具一塵，即包衲乎太虛；雖包衲太虛，即全具於一塵。便其能包衲太虛而不能全具一塵，是局於大也；使其能全具一塵而不能包衲太虛，是局於小也。太極豈有大小之形量哉？故統體一太極，即是各具一太極；各具一太極，即是統體一太極。若各具之太極，由統體而分，則各具者不得其全矣；統體之太極，既分為各具，則統體者已失其全矣，尚得名為太極乎？（元賢：《寱言》）

元賢完全把太極與真如一而二、二而一。一方面，元賢用真如來套太極，表明他是在以佛釋儒；另方面，他大講太極，又表明了他是在援儒入佛。在這點上，元賢與他同時代的智旭也差不多。也就是說，在基本立場上，他與明末「四大高僧」自覺進行了呼應。

(三) 曹洞宗易解評價

近年來，國內學界有熱衷於討論曹洞宗以易入禪而作五位圖者。但是我認為，從曹山本寂至元賢的五位圖說，就曹洞宗學風而言，不能說是一種成功。對之過細研究亦無大意義。

這個問題前輩學者也曾指出過，所謂曹洞宗五位君臣圖云云，對於直了頓悟的南宗禪而言，實在是不理想⓫。當代研究禪宗史的學者也基本上是這樣看。本人也認為，無論從易學傳統看，還是從禪學史上說，曹洞宗「五位君臣圖」云云，價值都不太大。

曹洞宗「五位君臣圖」之說，以及重疊使用的「圓相」之類，雖然與前述溈仰宗等相比，已經形成了一定的圖象結構，後人的解釋也不是說就完全沒有一點思想內容，但是，問題在於，其一開始就是從佶聱滯澀的一路走下來，經歷三代而推至極致。讓人讀到後來，愈感覺小氣艱澀，哪裡還有一點「雲在青山水在瓶」的清高之美，或「月下披雲笑一聲」的空靈禪意。

當然，對曹洞宗「五位君臣圖」之說，一概抹殺倒也不必，但是，也同樣不必誤以為其有過於重要的作用。我們只要知道，這是禪門中曾經有過的一種嘗試，則可矣。

南北朝時後期，楞伽師開始作最早的禪宗判教，不但區分大小乘，而且於大乘中還區分出「有相大乘」和「無相大乘」，將大乘教判為截然不同的二種，這是一種巨大創意，表現的是早期禪宗的不拘一格、自由不羈的創造精神。

楞伽師是以「無相大乘」為自我標榜的，這也是中國禪宗的最早的一種自我肯定⓬。比較一下上述溈仰宗之散亂圓相、臨濟宗之「四照」用易、曹洞宗之「五位」解易，可以想見，禪宗發展到此時，卻以繁瑣造作、有時邏輯結構上亦不通的「圓相」之類，企圖以此振作宗風，豈非南轅而北轍。丟失的不僅僅是光風霽月的胸懷意境。其於解佛無益，於易學本身也無價值。

曾有人說，曹洞宗用象數易學解佛，是一種創造。這種說法，我不能同意。易學主旨在於「明體達用」。曹洞宗「五位君臣圖」這種易解方法，「體」既不明，「用」又何談？所以本身也是違反象數易學基本學理的。

【註釋】

❶ 據吉藏《大乘玄義》，卷一。

❷ 「二諦義」是南北朝佛教思想界及社會上普遍關心的一個思想理論問題。除這裡所提及的文獻之外，唐道宣的《廣弘明集》（卷二十一）中，輯有梁昭明太子蕭統以及學界、思想界、佛教界討論「二諦義」及「法身義」的文章三十餘篇，有興趣者可參看。

❸ 朱文長對《華嚴經》的評價，參見魏道儒：《中國華嚴宗通史》，南京，江蘇古籍出版社一九九八年版，第二一四～二一五頁。

❹ 參見王仲堯《中國奇僧——中國佛教和僧人文化品格研究》，北京，國際文化出版公司一九九二年版；臺灣，大行出版社，一九九五年版。

❺ 參見〔日〕忽滑谷快天：《中國禪宗史》，第二十五章「宋儒之道學」，上海古籍出版社，一九九四年。

❻ 《傳法寶記》原文早佚，本世紀出敦煌本：P．（伯希和）2634，P．3559。此處引文係楊曾文據〔日〕柳田聖山：《初期禪宗史書的研究》中附校勘本為底本之重校本，但略作訂正。見《敦煌新本六祖壇經》附編之一，上海古籍出版社一九九三年版。

❼ 參見潘雨廷：《論臨濟宗的「四賓主」與「四照用」》，《易與佛教、易與老莊》，遼寧教育出版社，一九九八年，第九六～九七頁。我同意潘氏此說，但是需要說明，對於潘先生此書所收諸文對易佛關係的研究方法，我基本上不同意。

❽ 見前揭潘雨廷書。

❾ 參見王仲堯：《佛教的「絕對」觀及一種東方思維特徵》，載臺灣《宗教哲學季刊》，一九九八第四卷第一期。

❿ 參見杜繼文、魏道儒：《中國禪宗史》，江蘇古籍出版社，一九九三年版，詳見該書第五章，第三四一頁。

⓫ 見印順：《中國禪宗史》，第九章，上海書店出版社一九九二年印本。

⓬ 王仲堯，《隋唐佛教判教思想研究》，巴蜀書社，二〇〇〇年九月版。

第九章　智旭的易佛同一論：佛性即乾道

一、涵蓋乾坤，截斷眾流

㈠宋、元、明、清時期佛教思想動向

1. 宋、元至明末清初佛教簡說

這一歷史時期佛教與隋唐時期佛教相比，有較大不同。總的來說，在宋、元、明、清這一歷史時期，是中國佛教發展的另一個不同階段。即中國佛教發展的第三個階段。這個階段從時間上說，下迄十八世紀中葉，約為明末、清初時期。本書認為，「明末四大高僧」之一的智旭的佛教思想理論，意味著對這一個複雜的歷史階段佛教狀態的理論總結，並由於其因特定社會歷史條件決定的全新的文化立場，意味著中國佛教發展的第三個歷史階段的終結，同時實際上也成為下一個歷史階段——中國近代佛教局面的開創者。

本章將先簡述宋、元、明、清（清代截至雍正朝之前，即約十七世紀末、十八世紀初）佛教大勢，再從易佛關係角度論說「明末四大高僧」中的紫柏真可、蕅益智旭的有關思想及其價值意義。

宋代佛教具有前代佛教不同的特徵。宋代佛教是指從宋太祖建隆元年到帝昺祥興二年（九六〇—一二七九年）三百二十年間趙宋一代的佛教。宋政權建立之後，就給佛教以適當保護，目的是以之作為加強政治統治和社會穩定的力量。宋太宗太平興國元年（九七六年）普度天下童行達十七萬人。太平興國五年（九八〇年）國家設立譯經院，恢復了從唐代元和六年（八一一年）以來，久已中斷的佛教譯經事業。宋太宗還仿唐太宗李世民、唐高宗李治，親自作《新譯三藏聖教序》。以後，因為譯經院還附帶有培養翻譯人才等作用，改名為「傳法院」，又為管理流通大藏經版而附設「印經院」。

據宋真宗天禧末年（一〇二一年）統計的數字，天下共有僧尼近四十六萬人，佛教寺院也相應增加，共有近四萬所。此外還有貴族私建的功德坊也不少。這些寺院經濟富裕，往往擁有數量規模不小的田園、山林，還能得到豁免賦稅和傜役的特權。到宋神宗時（一〇六八—一〇八五年），因年荒、河決等災害頻仍，國家需用賑款，開始發度牒徵費❶。

北宋末年，徽宗時（一一〇一—一一二五年）一度命令佛教和道教合流，改寺院為道觀，並使佛號、僧尼名稱都道教化，這給予佛教不小的打擊。宋室南遷之後，政府注意對佛教的限制性管理。高宗時（一一二七—一一六二年）停止額外度僧，使僧數自然減少。但江南地區的佛教原來基礎較厚，國家財政又有賴度牒征費及免徵稅等收入以為補充，故佛教還是保持著一定的規模及發展水準。

宋代佛教特徵，主要有兩方面：

其一，譯經事業。

官方譯經正式開始於宋太宗太平興國初。當時特別設立了譯經院，並制定一些規則，如譯場人員就設立有譯主、證梵義、證梵文、筆受、綴文、參詳、證義、潤文（後更設譯經使）等，組織比較完備。從太平興國七年（九八二年）起，逐年都譯進新經，繼續到天聖五年（一〇二七年）譯出五百餘卷。其後因缺乏新經梵本，譯事時斷時續，維持到政和初（一一一一年）為止。譯經總數達二百八十四部，七百五十八卷。譯典中，密教典籍占多數，論部典籍最少。這與當時印度正是密教發展的高峰期，而佛教哲學的發展相對處於低谷有關。

但是，宋代譯經的質量明顯不高，因此，儘管譯經規模頗大，譯經數量也不少，但對無論當時還是以後的佛教理論的發展，沒有發生大的影響。

其二，印經事業。

宋代佛教有一件應加以特別敘述的事，是大規模刻印《大藏經》。中國雖然在唐代就已經發明印刷術，曾進行過經典印刷，但到宋太祖時（九六〇—九七五年在位）才正式印刷出版《大藏經》，這可以說是世界印刷文化史上罕見的偉大事業。宋太祖開寶四年（九七一年）派遣張從信到益州（今四川省成都）刊刻《大藏經》，並在印經院印成。這就是蜀版《大藏經》，也即北宋敕版《大藏經》。此外還有北宋神宗元豐三年（一〇八〇年）至政和二年（一一一二年）完成的福州東禪寺等覺院版《大藏經》（也即《崇寧萬壽大藏經》），政和二年（一一一二年）至南宋高宗紹興二十一年（一一五一年）由民間私刻成的福州開元寺版《大藏經》（也即《毗盧藏》），南宋高宗紹興三年（一一三三年）前後湖州圓覺禪院開版的湖州圓覺寺版《大藏經》，江蘇平江府磧砂延聖禪寺開版的磧砂版《大藏經》，還有南宋度宗咸淳五年（一二六九年）浙江杭州普寧寺開版，於元代始印成的普寧寺版《大藏經》。其他又有契丹版《大藏經》，西夏文版《大藏經》等。

眾多官版私版的《大藏經》的刊行，對佛教的流傳起了推動作用。此時及其後的一段時期內，一些學僧能在較全面掌握佛教和中國傳統文化思想資源基礎上思考問題，與此有關。這也是中國佛教發展第三個歷史階段的一個特徵，即與前代相比擁有較豐富的文獻資源基礎。

從唐末五代及宋代，在佛教中曾有過的那種大氣磅礴的思想潮流高峰疊起、波瀾壯闊的局面未再出現。比較而言，佛教界稱得上的以義學見長的有些思想的學僧，也只有延壽（九〇四—九七五年）、契嵩（一〇〇七—一〇七二年）以及天臺宗中掀起山家山外之爭的知禮（九六〇—一〇二八年）和號稱「中興」華嚴宗的長水子叡（？—一〇三八年）那麼幾個人。

延壽（九〇四—九七五年）的《宗鏡錄》的思想，繼承宗密，意欲使禪教進一步統一。但《宗鏡錄》撰成後，就被吳越王收藏起來，並未得流通。直到延壽逝世後近百年，即宋仁宗元豐年間（一〇七八—一〇八五年），始有木版式刻本流行。

契嵩（一〇〇七—一〇七二年）在延壽之後鼓吹儒釋合一。他是佛教人物，卻站在儒家立場，宣揚「孝」道高於一切，也高於佛教的所有價值標準。契嵩的說法，思想殊無精彩，理論形態也粗糙，但是，當時不但幾乎未受到任何非議，而且還被充分肯定。這也就是所謂的時代特徵吧。

佛教各宗派中，天臺宗自荊溪湛然之後，就是知禮（九六〇—一〇二八年）等發起了「山家山外」之爭，對天臺宗思想有所發揮。華嚴宗下，就是長水子叡（？—一〇三八年）等人，被稱為所謂「中興華嚴」，但是實際上也不能說有過什麼重要創見。其他就是禪門與淨土，都有一定規模。

由於佛教各宗派教理未有新的開拓，所以自近代至今，一直有人說，五代、宋之後，中國佛教就走上了下坡路，主要也就是基於這一點。

但是，我認為恐怕需要變換一個角度來看問題。

應該說，在這一個歷史時期中，佛教的發展方向與前代隋唐時期相比又出現了很大的不同，具有這一個歷史時期的特色。它不再是以宗派教理思想結構為標誌的「宗派佛教」的形式生存和發展，而是轉化成為一種以平和醇厚的，在更普遍的意義上以民俗利益為標誌的「人本佛教」的形式存在了。佛教不再是外來文化，它成為中國文化的血肉組成。佛教信仰開始與道教等民間信仰形式一樣，與人們的日常生活連貫為一體。在教理上，佛教不再同前代一樣，主要是以重智輕悲，以接引上機為標榜的宗派教理思想為特徵，而開始了一種新的綜合與會通。

也就是說，在已經發展成熟的各宗派教理基礎上，重新界定與傳統文化及現實社會生活的新的融會點。

其引人注目的結果是，它不再是以一種居高臨下的以俯就的態度去悲憫芸芸眾生，而改變為一種認定「般若智」即在運水搬柴、飲水吃飯的日常生活中的平等態度，去親和現實人生。

從這個意義上說，以往對這一時期的佛教的評價，諸如所謂宗派立場模糊不清，各宗派教理思想界限混淆的批評，就都不能成立。

元代佛教的發展也有特殊性。主要是在入主中原的蒙古族統治者的扶持下，以藏傳佛教的發展為主要內容。當然，其間中原地區的禪與淨土等教門，也是得到發展機會的，並且也出現過一些重要的佛教領袖人物。但是，元代佛教的基本狀況及其所關注的著眼點與本書主題不密切，故暫略。

二十世紀以來，中國佛教研究日漸成為世界性顯學。對中國佛教發展的分期問題，學界看法不盡相同。如有西方學者提出中國佛教發展的「四階段」說，即：「士大夫佛教」（Gentry Buddhism）、「王室佛教」（Court Buddhism）、「民眾佛教」（Popular Buddhism）及「後期的民眾佛教」或「民俗佛教」（Folk Buddhism）❷。又有的西方學者持中國佛教經歷過「四個發展時期」說，即「準備期」（the period of preparation）、「同化期」（the period of domestication）、「獨立發展期」（the period of independent growth）、「轉折期」（the period of appropriation）❸。我國學術界傳統的說法，一般以南北朝佛教為中國佛教發展的第一個高潮，以隋唐佛教為中國佛教發展的第二個高潮，並且認為隋唐之後中國佛教就一直在走著下坡路，這也就是「2＋1」模式，即「二個高潮加上一個下坡路」說❹。

本人持「四階段」說。即以南北朝佛教為第一階段，隋唐佛教為第二階段，五代宋元明至清初佛教為第三階段，之後可以稱之為近現代佛教，為第四階段。並且認為，在中國佛教發展的每一個階段上，都有各自的鮮明特徵❺。

從上述宋代佛教的趨勢發展下來，經元代的特殊時期，迄於明代而至清初，情況大致未變。但是，在其內涵之中，價值觀念正在不斷的探索中作出巨大調整。

明末「四大高僧」的出現，即是對上述這種局面的總結和概括，由此實際上形成中國佛教發展的第三個發展階段（高潮）。

(二)明末「四大高僧」之思想共性

1. 明末清初：中國歷史與學統的轉折

明代中葉以後（約十六世紀末十七世紀初），彷彿突然之間商品經濟發達起來，「燕、趙、秦、晉、齊、梁、江、淮之貨，日夜商販而南；蠻海、閩廣、豫章、楚、甌越、新安之貨，日夜商販而北。」（李鼎：《李長卿集》卷十九）「富商大賈數千里輦萬金而來，摩肩連袂。」（康熙《吳江縣志》卷十七》，商海大潮洶湧而起。特別是長江三角洲一帶，由於獨特的地理和政治條件，尤得風氣之先。

長江三角洲的蘇杭二州，從那時起被稱為天堂。杭州「為水陸之要衝，蓋中外之走集，而百貨所輳會」，城內「衢巷綿亙數十里」，「車轂擊，人肩摩」（萬曆《杭州府志》卷三十四）。蘇州「市貨盈衢，紛華滿耳」，「洋貨、皮貨、綢緞、衣飾、金玉、珠寶、參藥、諸鋪、戲園、遊船、酒肆、茶店，如山如林，不知幾千萬人」，城西金閶一帶，更是「商賈雲集」，「比戶貿易」，如孫春陽南貨鋪，有南北貨房、腌臘房、蜜餞房等，經營規模甚大，「天下聞名」（錢泳：《履園叢話・雜記下》）。又如南京，萬曆時（一五七三－一六一九年）方「生齒漸繁，民居日密，稍稍侵官道為廛」（謝肇淛：《五雜俎》卷三），終於發展成為「北跨中原，瓜連數省，五方輻湊，萬國灌輸……南北商賈爭赴」的東南大商城（張瀚：《松窗夢語》卷十四）。一些工商業市鎮也迎頭崛起。如蘇州府吳江縣的盛澤鎮，「明初以村名，居民止五六十家。嘉靖間倍之，以綾綢為業，始稱為市」，至明末，已是「四方大賈，輦金至者無虛日。每日中為市。舟楫塞港，街道摩肩，蓋其繁華喧盛，實為邑中第一」（乾隆《吳江縣志》卷四）。又如杭州府錢塘縣的唐棲鎮，「百貨聚集，徽商大賈，視為利藪，開典以來，貿絲開車者，駢臻輻輳」（光緒《錢塘縣志》卷十八）。

此外，如嘉興府秀水縣的王江涇、濮院鎮，湖州府歸安縣的雙林鎮、菱湖鎮、璉市鎮，烏程縣的南潯鎮等等，當時已經成為全國著名的紡織業市鎮。

封建社會小農經濟簡單再生產的主要特徵是，糧食等基本生活必需品的自給自足。明清之際則出現較大規模的糧食生產專業化、商品化趨向。如江西贛州，為水稻集中產區，每年有大量商品糧輸出，「自豫章、吳會，咸取給焉。兩吳轉轂之舟，日絡繹不絕，即儉歲亦櫓聲相聞」（天啟《贛州縣志》卷三）。

與此相應的是有些原較富饒的地區由於工商業的發展，非農業人口增加，以及經濟作物種植面積擴大，因此，糧食供給幾乎完全依靠商品糧。如嘉定地區，因發展種棉業，使「邑中種稻不能什一」，「須仰食四方」，每年「麥方熟，秋禾即登，商人載禾而來者，舳艫相銜也。中人之家，朝炊夕爨，負米而入者，項背相望也」（顧炎武：《天下郡國利病書》第九冊）。

商品經濟大潮以不可阻擋的氣勢席捲社會各個角落，原有的價值觀念、生存準則和人際規範無一不被蕩滌。人們彷彿突然被拋出了久已習慣了的生活軌道，愕然注視著到來的陌生的一切。這情景，多少有些像二十世紀九〇年代初，中國大地上突然洪波湧起的商品大潮，自動而有力地給整個社會一套新的商業倫理，在大眾心理深處建設起一種共同契約：反對權勢，反對專制，個人奮鬥，講究信用，遵守規則，用頭腦和雙手勤勞致富，鏟除均貧富一類農民起義情結，等等。其倫理觀念和權力社會倫理觀念頗為不同，能使人人為之自覺奮鬥，從中產生人的存在的價值觀與美感。於是，整個社會思想動向，包括時尚風氣、文化思潮、價值取向等都發生劇烈變動。

反映在學術上，即是提倡「經世致用」、「格物究理」、「依人建極」。新興的質測之學，更以「考索物理」為標的，強調「精求其故，積變以考之」，以與「專言治教」的「宰理之學」相分離。

思想家們提出，封建制度趨向「天崩地解」（黃宗羲語），哲學思想正孕育「破塊啟蒙」（王夫之語）。自覺會通當時世界科學發展水準，和中西科學文化的早期交流，使此一時期哲學在方法與內容上都出現與傳統儒家文化截然不同的鮮明特色。思想家們倡重實際、重實踐學風，一反宋明理學「空談心性」的傳統。其與傳統儒家觀念區別在於：一，具有對封建專制主義進行自我批判的性質；二，立足現實，會通中西，不以天國上朝，唯我獨尊，而是倡師四夷之長；三，不再蹈虛談空，如坐雲霧，批判矛頭開始指向封建正統。

無論在泰州學派分化中，還是陽明學派至極而否的自我否定因素中，都擴張了哲學認識的新領域。以一定的歷史自覺，「學成相聚，新故相知而新其故。」（王夫之：《周易外傳》卷五）中國從秦始皇以法為教，漢武帝罷黜百家，立儒為尊，都是借助政治權力，以一元學術而變成意識形態，亦可說是政治權力利用學術營造天下一統。迄今我們無法證明，這種一元或一統是非要不可的。明清之際的學者們對所謂「至大至剛正氣」籠罩下的、以「內聖外王」為理想人格的為封建秩序——王權專制服務的儒家文化，擲出了「匕首和投槍」。望「明日之吾」，一個「大公之理所凝」的新的自我的誕生（王夫之語）。

從宗教學角度看，中國文化的宗教形態與西方相比是相當不同的。也可以說，在中國，宗教在社會中的作用往往是由人文科學作為一種特殊功能來實現的。中國往往由人文科學來維繫的人際關係，遵循的是一種即世的德性倫理，它起著西方超世的宗教意識的作用。人與神的關係是即人即神，如王弼易學中所說，道即太極，即天地，即陰即陽，即一即多的關係。

中國佛教哲學強調的也是「觸事即真」，「體用一如」，如僧肇般若學就反覆強調這一點，與西方哲學中有一元論二元論之類的區別大不相同。

這種人文倫理（姑名之）與西方宗教倫理相比，一方面更富人情味，人間味，如儒學很容易昇華為意識形態，並產生強大的民族凝聚力、民俗滲透力和歷史穿透力；另一方面則更易與封建政治密切結合，因此，在主體立場上相當脆弱，現實中往往成為政治婢女，這又是與西方學術曾經成為神之婢女很不相同。其價值失範局面的形成，往往不是因為歷史指向，而是因為現實政治危機（或政治需要）。因此，具有獨立見解和批判精神的知識分子，在中國向來是少而又少。

西方學術界一般認為現代人文精神誕生，是由笛卡爾、斯賓諾莎、伽利略為代表的十七世紀科學理性的誕生為標誌。在十五、十六世紀文藝復興運動中產生的人道主義和寬容的理性精神，到十七、十八世紀，發展為對絕對性（即普遍真理和規律）的追求。每一個時代的思潮有其共性，其不同階段又各有特點，其中各個思想家及學說也各有其學脈色彩與鮮明個性。

明末「四大高僧」的教理學風中，一方面以曲折的方式體現了這樣的個性，另一方面也深刻地烙印著中國文化的所有痕跡。

2.「四大高僧」之思想共性

明末「四大高僧」是：雲棲袾宏，紫柏真可，憨山德清，蕅益智旭。

其併稱「四大高僧」，原因是因為他們具有多方面的共性。如在籍貫上，他們都是在江南出生；在時間上，他們是在同一個歷史時期活動；在空間上，他們的活動基地主要都是在江南長江三角洲一帶（今江、浙、滬一帶）。

但考察其思想行履，可以發現，他們另有一些更為重要的共同點。比方說，他們之所宗都不在哪一家哪一派。如四大師常被認為是禪宗大師，也都被認為是淨土宗宗師（如袾宏被尊為淨土宗八世祖，智旭被尊為淨土宗九世祖），但同時也被認為是弘揚佛教戒律的律師，也是中興華嚴宗的大師（如真可），也是天臺宗宗師（如智旭）。請注意，這裡面實際上已經包含著與以往不同的觀念，也就是說，實際上他們已經不能用傳統的宗派觀念衡度。

從下文的分析中我們可以看到，「四大高僧」不但對於佛教「各宗派」的有關思想觀念都提出了一些新的見解，同時，也對於當時的「各宗派」都進行嚴厲抨擊。引人注目的是，當他們解說「各宗派」教理時，立場往往與本來意義上的「宗派教理」相去甚遠（這一點是後來常導致對他們的批評的重要原因）。更為重要的是，在他們的這些思想見解中內在地包含著一個重要共性。

(1) 雲棲袾宏

袾宏（一五三五─一六一五年），浙江杭州人，別號蓮池，俗姓沈。少年學儒。二十七歲後，連遭喪父喪母、失兒亡妻之痛，看破紅塵出家。晚年居袾宏寺，所以世稱蓮池大師或袾宏大師。隆慶五年（一五七一年）他從外地參訪回到杭州，見袾宏山水幽寂，就在那裡結茅安居。

袾宏宣揚的宗風是多元的。一般說他是以淨土法門為主。他提倡淨土念佛，風化被於一代。清道光四年（一八二四年），悟開撰《蓮宗九祖傳略》，列袾宏為蓮宗第八祖。後人就稱他為淨土宗大師。

但袾宏也是華嚴宗名僧，如清代守一作《宗教律諸宗演派》，以袾宏為華嚴圭峰（宗密）下第二十二世傳人。此外，袾宏對於禪學的造詣也很深。在律學方面，他著有《沙彌要略》、《具戒便蒙》、《菩薩戒疏發隱》等，建立律制規範。他修訂的《瑜伽焰口》、《水陸儀軌》、《朝暮二時課誦》（即《諸經日誦》）的儀式，一直流傳到今天。

袾宏認為，淨土教絕不與各宗對立。他在《普勸念佛往生淨土》中說：「若人持律，律是佛制，正好念佛；若人看經，經是佛說，正好念佛；若人參禪，禪是佛心，正好念佛」（《袾宏遺稿》卷三）。他也同樣重視經教。他說：「予一生崇尚念佛，然勤勤懇懇勸人看教。何以故，念佛之說何自來乎？非金口所宣，明載簡冊，今日眾生，何由而知十方億刹之外有阿彌陀也？其參禪者借口教外別傳，不知離教而參，是邪因也，離教而悟，是邪解也。」他又說：「是故學佛者必以三藏十二部為模楷」（《竹窗隨筆・經教》）。從中可見其極力統一淨土思想及各宗教義的良苦用心。

在佛教內部，袾宏鼓吹會通性、相，並合心、性。在佛教外部，對於儒佛兩家，袾宏也主張調和。從袾宏所著《竹窗隨筆》中的《儒釋和會》和《竹窗二筆》中的《儒佛交非》、《儒佛配合》等文可見其用意。袾宏對當時傳入中國的天主教的態度也很有意思。他著《天說》四篇，批判天主教。批判立場則往往出於儒家政教「天人感應」之

「天」，如他以「天人感應」之「天」的立場，斥天主教的「天主」：「何以御臣民、施政令、行賞罰乎？」（《竹窗三筆》）這也是袾宏儒佛會通立場的反映。

(2) 紫柏真可

紫柏真可（一五四三－一六〇三年），字達觀，號紫柏，世稱紫柏尊者。俗姓沈，江蘇吳江人。十六歲辭親遠遊，欲立功塞上。行至蘇州，宿於虎丘雲岩寺時，聽寺僧念佛，心生歡喜，次日出家歸佛。

真可出家後不久，至匡廬，深究佛教相宗之學。萬曆元年（一五七三年），真可至北京，從華嚴宗宗師偏融學習華嚴學，又從禪師笑岩、暹理學習禪學。萬曆三年（一五七五年），真可至嵩山少林寺參謁大千常潤。不久南歸至浙江嘉興楞嚴寺。楞嚴寺是宋代被譽為「重興華嚴」的名僧長水子叡著經處，但是當真可到來時，這裡久已荒廢。真可來後，對此寺予以重修光大，受到佛教界讚譽。

真可在萬曆年間，得到陸光祖、馮夢禎等贊助，刻制《大藏經》。先是在山西五臺山紫霞谷妙德庵，後因北方嚴寒，不便工作，南移至浙江餘杭徑山寂照庵繼續工作。這件事後來也是常為人稱道的。

萬曆二十年（一五九二年），真可遊房山雲居寺，禮訪隋代高僧靜琬所刻的石經。後來他又與高僧德清同遊石經山，以明神宗生母李太後所出的布施，贖還靜琬塔院，請德清撰《復琢州石經山琬公塔院記》（碑現存雲居寺）。

萬曆二十八年（一六〇〇年），真可因對南康太守吳寶秀拒不執行朝廷徵收礦稅命令而被逮捕事件，表示同情，慨嘆：「憨山不歸，則我出世一大負；礦稅不止，則我救世一大負；傳燈未續，則我慧命一大負。」因此得罪權貴。不久京城發生「妖書事件」，他被誣陷是「妖書」造作人，被逮捕下獄。（《紫柏尊者別集》附錄，《東廠緝訪妖書底簿》）萬曆三十一年（一六〇三年）十二月十六日圓寂於獄中，世壽六十一歲。

真可一生，沒有專一師承。他對於佛教各宗的思想如唯識、禪、淨土、華嚴、天臺，都一視同仁，明顯是持調和會通態度。他談各宗思想時，也往往不依原意，而是隨意發揮。他所強調的是會通性相，強調三教同源，力倡佛化五常，並套用程朱語言，廣說「萬物皆心」。他所訂《禮佛儀式》（《紫柏尊者別集》卷四）除發願禮拜十方三世一切諸佛外，還教人禮拜西天東土，歷代傳宗判教，並翻傳秘密章句諸祖。這是他調和諸宗思想的具體表現。

(3) 憨山德清

憨山德清（一五四六—一六二三年），俗姓蔡，安徽全椒人。童年即通《易經》、《四書》及古文詩賦等。年二十，德清投南京報恩寺出家。出家後先去攝山棲霞寺學禪，後從無極明信聽講澄觀《華嚴玄談》。並受具足戒。（圖九—一）

隆慶五年（一五七一年），德清北遊參學，先至北京聽講《法華》和唯識，並參偏

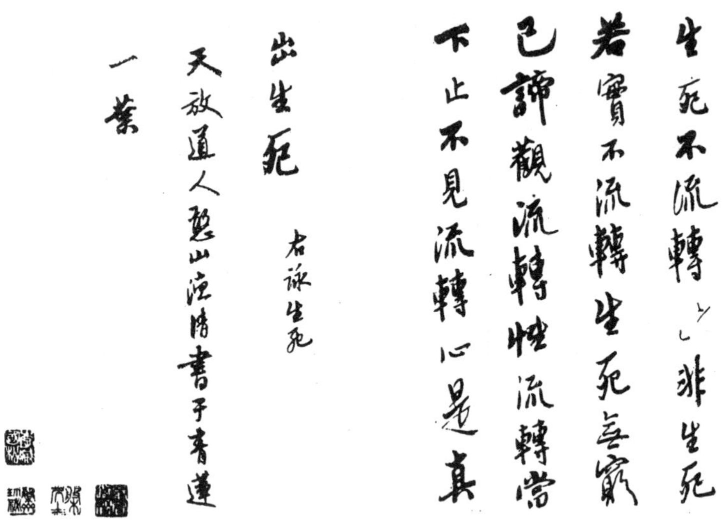
生死不流轉心非生死
若實不流轉生死無窮
已諦觀流轉性流轉當
下止不見流轉心是真
出生死
右詠生死
天放道人憨山清書予青蓮
一葉

圖 9-1　憨山德清書：《六咏詩》墨跡

融真圓、笑岩德寶二禪師，繼遊五臺山，見北臺憨山風景奇秀，取為自號。

萬曆十一年（一五八三年），德清赴東海牢山（今山東省嶗山）那羅延窟結廬安居。皇太后遣使送三千金為他建庵居住，時山東道災荒，他將此費全數施予孤苦。萬曆二十年（一五九二年），德清與紫柏真可同訪房山巡禮石經。

萬曆二十三年（一五九五年），明神宗不滿意皇太后為佛事耗費巨資，結果遷罪德清，捕他下獄，以私創寺院罪名將德清充軍去廣東雷州。德清到達雷州，時值旱荒，饑殍載道，他發動群眾掩埋並建濟度道場。並以囚服登座為眾說法。雷州曹溪是禪宗祖庭，但明末時久已荒廢，經德清銳意經營，使這一禪宗重地有所恢復，這樣，德清後來就被視為中興禪宗的宗師。

萬曆四十五年（一六一七年）正月，德清去杭州雲棲寺，各地僧徒領袖在西湖集會歡迎他，盛況一時。後又被名士錢謙益迎至常熟虞山，說法於三峰清涼寺。天啟二年（一六二二年）十二月他受請再回曹溪，於次年（一六二三年）十月十一日圓寂於南華寺，壽七十七歲。

德清思想學說的顯著特徵，亦是不拘守一宗一派。如吳應賓曾評價：「縱其樂說，無礙之辯，曲示單傳，而熔入一塵法界，似圭峰（宗密）；解說文字般若，而多得世間障難，似覺範（慧洪）；森羅萬行，以宗一心，而無生往生之士，又似永明（延壽）」。（吳應賓：《憨山大師塔銘》，載《夢遊集》卷五十五）

德清大力宣傳儒、道、釋三教調和，說：「為學有三要，所謂不知《春秋》，不能涉世；不精老莊，不能忘世；不參禪，不能出世」（《夢遊集》卷三十九，《學要》）。德清還提出「心者萬法之宗」命題，也是應該被注意的。（在《夢遊集》共五十五卷中，德清有大量關於這個命題的論述）

(4) 蕅益智旭

蕅益智旭（一五九九－一六五五年），字蕅益，俗姓鐘，江蘇吳縣木瀆鎮人。十二歲讀儒書，常辟釋老。十六歲閱袾宏《自知錄》及《竹窗隨筆》，開始入佛。二十三歲聽講《楞嚴經》，決意出家體究。二十四歲三次夢見德清，當時德清住在曹溪，路遠不能往，因從德清的弟子雪嶺剃度，命名智旭。此年夏秋在雲棲寺聽講《成唯識論》，又

圖 9-2　智旭（1599—1655 年）像

往徑山（今杭州西北）坐禪，至次年夏，自覺性相兩宗義理，一齊透徹。臘月，在袾宏塔前受四分戒。二十六歲又在袾宏塔前受菩薩戒。二十六歲起，他遍閱律藏，見當時禪宗流弊，決意弘律。三十二歲開始研究天臺教理。三十三歲秋入靈峰（浙江孝豐縣東南十五里），造西湖寺。後歷遊江浙閩皖諸省，從事閱藏、講述、著作。清順治十二年（一六五五年）正月示寂，壽五十六歲。（圖九—二）

智旭禪學承延壽、梵琦、真可。他自述學禪經過，力戒「墮禪病」，痛斥狂禪暗證，以為「獨自遠行不問路程，必定有誤」（《宗論》四之三）。主張「教內自有真傳」（《宗論》六之二），自稱「但從龍樹通消息，不向黃梅覓破衣」（《宗論》九之二）。智旭於三十二歲時注《梵網經》，又開始研究天臺教義。他修的禪，後來被會歸於天臺教觀。智旭的禪、教、律學都指歸淨土。

一般淨土宗徒，也都以智旭為袾宏的繼承者。但智旭平時推崇袾宏的卻偏重在戒律，而不在淨土，只以淨土攝一切佛教，以《阿彌陀經》為中心教典而重視持名，又主張禪淨合一，只是在這些方面與袾宏一致而已。智旭所認為淨土的要典都收在《淨土十要》內，但並不收袾宏著作。由此也可見，他所重的是禪教合一。但是，智旭最後的淨土思想，是將禪學參究，終歸於天臺教觀，又以天臺教觀應用於念佛法門。

天臺既圓攝一切佛教，念佛也就圓攝一切佛教，持名一法，能統攝一切宗、教、事、理，故智旭晚年的持名是：「以般若為導，以淨土為歸」，「以悟道為先鋒，念佛為後勁」，悟後起修的持名與袾宏所說的「無智稱念」之說實際上不同。

清以後天臺宗講教，大多依據智旭的經論經疏，形成了合教、觀、律歸入淨土的靈峰派，一直延續到今。也因為此，後人奉智旭為淨土宗第九祖。

(5)「四大高僧」之思想共性

綜上所述，可見「四大高僧」有一個共同的鮮明特徵，就是都不能算是屬於任何一個傳統觀念上的「宗派」。同時卻又都具有強烈的調和各「宗派」的傾向。並且，在這種調和的基礎上，再與儒家價值觀念會通。

這種「調和」（實質上即是會通），其強烈的程度有時使人感覺幾乎是在排斥各宗。如智旭自稱：

> 古者有儒、有禪，有律、有教，（本）道人既蹴然不就。今亦有儒、有禪，有

律、有教，（本）道人又弗然不屑。故名「八不道人」。（智旭：《靈峰宗論》卷首，《八不道人傳》）

智旭自己又說：「舉世若儒、若禪、若律、若教」，即傳統意義上的各宗派、教派，無不將他視為「異物」，乃至於「疾若寇仇」的地步（見《靈峰宗論》卷首，《八不道人傳》）

所以如此，是因為智旭提出的一些說法，實已與前人不同。如他曾反覆申言，就「本源佛性」說來，儒老（道）釋原是一家。就形「跡」言，「儒屬人乘」，「老屬大乘」，與佛教深義有所不同；而如就真「實」論，就根「本」說，則「此方（孔、老）聖人」原都「是菩薩化現」，受「如來所使」，前來震旦（中國）行化的。因為是「權智垂跡」，所以「不得不示同凡（夫）、外（道）」。但即使如此，在儒典、道籍裡，「亦未嘗不洩妙機」，只不過「後儒自莫能察，玄門亦所未窺」罷了。

「何謂所洩妙機」？那就是《易經‧繫辭傳》裡所講的「易有太極」的「易」。這個歸根結底能夠派生出天地萬物的「易」，其實就是人人本具的「本源佛性」，也就是「隨緣不變，不變隨緣」的「真如之性」。「真如之性」，「湛然常寂」，派生萬物。（以上引文均見智旭：《靈峰宗論》卷三，《性學開蒙答問》）

智旭把這「本源佛性」，「密說為易」，是一個全新提法。在中國佛教史上是首次。茲事體大。我們來看一下他具體怎樣展開論述。智旭說：

如《易經・繫辭傳》云：「易有太極，是生兩儀，兩儀生四象，四象生八卦。」此語最可參詳。

夫既云「易有太極」，則太極乃易之所有。畢竟易是何物，有此太極？倘以畫、辭為易，應云太極生天地，天地生萬物；然後伏義因之畫卦，文王因之繫辭。何反云：易有太極？

易理，固在太極之先矣。設非吾人本源佛性，更是何物？既本源佛性，尚在太極先，豈得漫雲天之所賦？

然不明言即心即性，但言易者，以凡夫久執四大為自身相，六塵緣影為自心相，斷斷不能理會此事。故悉檀善巧，聊寄微辭。

當知易即真如之性，具有隨緣不變、不變隨緣之義，密說為易。

而此真如，但有性德，未有修德，故不守自性，不量念起，而有無明。此無始住地無明，正是二種生死根本，密說之為太極。因明立所，晦昧為空，相待成搖之風輪，即所謂動而生陽；堅明立礙之金輪，即所謂靜而生陰。風金相摩，火光出現，寶明生潤，水輪下含，即所謂兩儀生四象也。火騰水降，交發立堅，為海為洲，為山見木，即所謂四象生八卦，乃至生萬物也。

名相稍異，大體宛同，順之則生死始，逆之則輪迴息；故又云：易逆數也。亦即微示人以出世要旨矣。……

且《易傳》「寂然不動，感而遂通」一語，即寂照無二之體；而「乾坤其易之門」一語，即流轉還滅逆順二修之關。以性覺妙明，本覺明妙，非干修證，不屬迷悟。而迷則照體成散，寂體成昏；逆涅槃城，順生死路，全由此動靜兩門。是名逆修，亦名修惡。

悟則借動以覺其昏，名之為觀，借靜以攝其散，名之為止。逆生死流，順涅槃海，亦由此動靜兩門，是名順修，亦名修善。……

「天命之為性者」，天非望而蒼蒼之天，亦非仞利、夜摩等天，即《涅槃經》第一義天也。（《靈峰宗論》卷三，《性學開蒙答問》）。

這段引文文字淺白，文中所言大體清晰明白。

智旭指出：「當知易即真如之性，具有隨緣不變，不變隨緣之義，密說為易。」是將佛教的「佛性」（真如之性），直截了當地比為「易」（易道）。這個「佛性」（真如之性），「具有隨緣不變，不變隨緣之義」，因而可以「密說為易」。「密說」即「權說」，「方便說法」，或結合「真諦」、「俗諦」而說。「具有隨緣不變，不變隨緣之義」，則是繼承法相唯識宗與華嚴宗的佛性論而來。

唐代玄奘創立的法相唯識宗，引人注目的特徵之一是提出理佛性行佛性說。這個問題在較早的南北朝地論師中就已經提出，而且還成為長期「是非諍競」的一個根源（參見吉藏：《大乘玄論》卷三）。隋代吉藏曾總結地論師這種討論，指出其所持說，是認為「佛性有二種：一是理性，二是行性。理非物造，故言本有；行借修成，故言始有。」（見吉藏：《大乘玄論》卷三）即是說，持理佛性者，以佛性為抽象的未呈現的道理（類似中國傳統文化中「道」範疇）的形式的存在；持行佛性者，以佛性為具體的呈現出來的事法的形式的存在。

地論師的「諍競」，本是針對於阿黎（賴）耶識的理解而發：作為最高精神實體的阿黎耶識是染？是淨？

綜合各種文獻看，當時地論南道師是主張阿黎耶識純淨說的，由此，就理佛性而言本有，就行佛性而言則是理佛性呈現的過程、手段，因此是佛性本有（現有）論者。地論北道師是主張阿黎耶識染惡說的，由此，則就理佛性而言是「無明」，就行佛性而言則成為決定佛性實現的根本原因，因此是佛性始有（當果）論者。

窺基在《法華經玄贊》、《成唯識論掌中樞要》等法相唯識宗的重要文著中，明確指出佛性分為兩方面，即理佛性和行佛性。《涅槃經》中說一切眾生悉有佛性，一闡提皆可成佛（都有佛性），有時又說一闡提不具佛性，看來自相矛盾，實際上不是。一切眾生悉有佛性，乃是從理佛性方面說；一闡提不具佛性，乃是從行佛性方面說，角度不一樣。

就理佛性說，「理」（梵文yukti）指一般理性基礎、事物中的邏輯合理性等意。理佛性乃成佛解脫的基礎，對一切人平等，故說一切眾生悉有。

就行佛性說，「行」（梵文samskār）指形成、形成力、依此形成之意。行佛性又指阿黎耶識中含藏的無漏種子，這就不是眾生皆有，一分無性眾生，無無漏種子，故無行佛性，故說法相唯識宗「一分無性」。這裡也可看出，法相唯識宗說「一分無性」，也並非簡單地就可說成是開竺道生的倒車。它實是中國思想發展史上對心性論深化地思辨認識的一種表現，一個更高的發展階段。

唯識宗的「一分無性」說論證縝密，富有經院哲學特色，這一點我們從窺基有關著作中可見。因為這種思想與佛教發展傳播的現實要求有抵觸❻，所以窺基十分注重理佛性與行佛性的會通。唯識宗肯定真如之恆常遍在，但是反對《攝大乘論》的所謂「真如所緣緣種子生」的思想。

《攝論》中說，無漏種子乃「從最清淨法界等流，正聞熏習種所生」。這是一種真如緣起論，即將真如作為有為之緣起法。但是按照唯識宗思想，這裡有一個悖論，即平等法如何能生不平等法？所以唯識宗並不直接否定「真如所緣緣種子生」，但是他們說的「真如所緣緣」，乃是無漏種子依真如緣而緣起之意，絕非真如因受熏而生無漏種子，或者以真如為無漏種子之意。慧詔曾論證，區分行性為有漏無漏二種，說所謂一切有情悉有，是悉有有漏種子，無漏種子則於一切有情或有或無。若無無漏種子，則決定不能成佛（見慧詔：《中邊慧日論》）。從慧詔這種說法中也可以看出，其強調的是行佛性方面。

唯識宗反對真如可以受熏以及反對真如為種子，主要是認為真如是清靜無為法。真如不生不滅，則無隨緣義。既是無為法，就不可能成為有為法的緣起法。這樣，明顯的是將佛性二元化，二重化。後來，華嚴宗法藏在判教中對其批判總結時，引《大乘起信論》說：「《起信》云：自性清淨心，因無明風動起染心」（法藏：《華嚴教義章》卷二），則是藉一切有性說與一分無性說的爭論，實際上強調一切有性說的思想，但主張真如既不變又隨緣。《起信論》的基本思想，是將理佛性與行佛性，即證理和依理起信，完全統一於一「心」之中，法藏的華嚴宗強調這種思想，則代表佛教心性論發展的另一階段了。

智旭以傳統的，同時也是被公認為最正統的中國佛教佛性論思想，來深刻地比照對應「易道」，並且以此來論證他的有關思想，其用心之深之苦，足值得後人深思。我特別提出這個問題，也希望學界佛界人士重視和深思。

一種思想結構的建立，最重要的是價值觀的確立。這種價值觀即是思想凝聚力的核心。再請注意上引智旭文中最後一句：「『天命之為性者』，天非望而蒼蒼之天，亦非忉利、夜摩等天，即《涅槃經》第一義天也。」智旭反覆強調的，就是從價值論上糅合易道佛道，「天命之為性者」「即《涅槃經》第一義天也」，這實際上成為佛教新的價值觀照視角。

智旭從論述易佛關係角度完成了佛教價值取向的調整。當然，這是一個時代任務。

實際上，「四大高僧」最主要的思想共性，也即體現於此。智旭只是最後的表述者。

這一點，在真可的《解易》以及智旭的代表作之一的《周易禪解》一書中表現得非常鮮明。以下先簡評真可的《解易》，次詳論智旭的《周易禪解》。

二、易佛不二，常樂我淨

五代宋明以來儒道佛融合的文化大勢下，一直有人在做比當年的李通玄更為直接的溝通易佛的嘗試。

儒家學者方面，有宋代的王宗傳的《童溪易傳》、楊簡的《楊氏易傳》，是以心學入易。明代陸、王心學成為思想界重鎮，佛學亦盛，紫溪蘇睿的《周易冥冥篇》是以心學、佛學相糅解易的代表作。（見《四庫全書提要‧楊氏易傳提要》）

佛教學者方面，最重要的無過於「四大高僧」，其中又以蕅益智旭的《周易禪解》為最重要。但是紫柏真可亦值得一提。下面先論真可，次評智旭。

(一)紫柏眞可之《解易》：「易有理、事、性、情」

紫柏真可強調儒釋相通，批評當世之人在「情」、「道」之間立根不定。他說，唐宋之時，裴休、蘇軾「於宗、教兩途，並皆有所悟入」，「與佛日爭明」，他們「與方外人遊，俱能超情離見，裂破俗網，置得失榮辱於空華之中」。他強調的是超越情見，不涉忌諱，既不要「以情求道」，也不要「去情求道」，即使「不參禪，不看教」，也「敢保他悟道有日」。（均見《紫柏老人集》卷三，《法語》）

真可在《長松茹退》的序言中，系統地表述了立心為本、以理治情之意。其中所引，除《周易》之外，更有《老子》、《莊子》、《論語》、《孟子》、《中庸》、《壇經》、《唯識》、《般若》、《楞嚴》，乃至楊、墨，不一而足。混融各家辯說，洋溢書香墨氣。

按真可的思想，非常強調世界處於變化中的問題。他在《解易》中以宏偉的場面描述他心目中的這一個變動不居、自強精進、生生不息的世界圖景：

如伏羲未畫之先，豈無易哉？然非伏羲畫之，則天下不知也。於讀蘇長公《易解》，乃知六十四卦，三百八十四爻，雖性情有殊，而無常則一也。何者？《乾》若有常，則終為《乾》矣，《離》自何始？《坤》若有常，則終為《坤》矣，《坎》自何生？故《乾》、《坤》皆無常，而《離》、《坎》生焉。至於一卦生八卦，一爻生六十四爻，不本於無常，則其生也窮矣。此就遠取諸物而言也。（《紫柏老人集》卷二十二，《解易》）

真可認為「理、事、性、情」本為一體。這是世界變化的根本。他說：

吾以是知：先天之易，初無有常，則後天之路不窮也；後天之易無常，而先天之途本自通也。苟性若有常，情何從生？情若有常，性何從明？唯性無常，則道可為器也；唯情無常，則器可復為道也。聖人知其然，所以即情而復性，而不廢耳目之用；即性而攝情，而本無物我之累也，所以開物成務；多方變化，使天下沾其化。而情消性復者，效春陽之在萬物，物無不化也，如嚴冬之藏萬物，物無不復也。（《紫柏老人集》卷二十二，《解易》）

在真可看來，這個道理，若能由易學的角度來作說明，是最為恰當，也是最為方便的了，如他說：

然易有理事焉，性情焉，卦爻焉，三者體同而名異，何哉？所在因時之稱謂異也。苟神而明之，理可以為事，事可以為理，則性與情，卦與爻，獨不可以相易乎哉？如易之數，爻情是也，如易之理，卦性是也。數明，則吉凶消長之機在我而不在造物也；理通，則卷萬而藏一，雖覓神之靈，陰陽之妙，亦莫（非）吾陶鑄也。（《紫柏老人集》卷二十二，《解易》）

他似乎還不滿足於這樣的泛泛而談，更舉具體的易卦來作說明，如他舉《噬嗑》卦（䷔）說：

我觀易之《噬嗑》，乃知人之情若水火也。蓋水不至下，則不止也；火不至空，亦不止也。以下與室，水火之極也。……嗚呼！唯君子玩象而得意，得意而知戒。持理而折情，情折而理充，理充而日造乎無我之域。故有犯而能容，容則

大，大則無外，無外則天地萬物皆可以範圍。豈可當《噬嗑》之時，我無術以御之哉！（《紫柏老人集》卷二十二，《解易》）

真可認為：「無常者，情也；六虛者，爻也。」「然合六爻而為卦，則心在而情不存矣；分一卦而為六爻，則情在而心不存矣。」但是所謂的「情」與「心」，實際上，在本質上是一致的，他說：「夫情果有情哉？心果有心哉？但應物而有累，則領之情；應物而無累，則謂之心。故情與心，名焉而已，若其實也，亦存乎其人耳。」（均引自：《紫柏老人集》卷二十二，《解易》）我認為，真可提出並強調這個問題，是十分值得重視的。這即是時代精神的一種反映。

人們常謂明清時期佛教是一種「民俗佛教」或「大眾佛教」，或「民間佛教」之類，但是，如何對其進行有說服力的論證呢？我認為，正是在這個問題上，真可的觀點最值得注意。如真可這樣說：

> 予觀易至《泰》卦，不覺掩卷長嘆者久之。夫《大壯》之與《夬》卦，當是時也，小人愈衰，而君子愈盛矣。然而聖人獨安夫《泰》者，以為世之小人，不可勝盡，必欲迫而逐之，使其窮而無歸，其勢必至於誇爭。爭則勝負之勢未有決焉，不著獨安乎《泰》，使君子常居中而制其命，而小人在外不為無措，然後君子之患，無由而起。
>
> 噫！聖人之見遠矣。後世君子，不體聖人之意，一得其位，必欲盡逐小人，飽

快所懷，殊不知君子小人，邪正不同，固雖天淵，然而共以天地為父母。天地之於（其）子也，賢不肖，豈不自知哉？知而容之，以為既生之矣，以其不肖而逐之，則父母之心，亦有所不忍也。但當使賢者制其命，不肖者聽其令，則君子不失「包荒」之度，而小人亦得以遂其所生。若必欲盡逐小人，而都用君子，雖聖人復生，不能行也。知不能行而強行之，謂之悖天之民。苟使其人得其位，行其志，而國家元氣不至大壞，蒼生不受其荼毒，未之有也。（《紫柏老人集》卷二十二，《解易》）

很明顯，真可以一種強烈的傾向，欲將「出世」的佛道闡述為與「入世」的易道等同之物。

在基本思想立場上，從佛性論角度，真可仍然是把心作為儒、道、釋各家相通的基點，他說：

我得仲尼之心而窺六經，得伯陽之心而達二篇，得佛心而始了自心。雖然佛不得我心不能說法，陰陽不得我心，二篇奚作？仲尼不得我心，則不能集大成也。且道末後一句如何播弄？（曰）：自古群龍無首去，門牆雖異本相同（《紫柏老人集》卷一，《題三教圖》）。

他用《周易》乾卦《用九》中的卦辭「群龍無首」，以說三教不僅以「心」貫而通之，而且「我心」尤可涵泳三教，籠蓋乾坤，從心出發，三教門牆雖異而源頭所繫實在是不能分離的。這種說法，因為結合了易學意境，就立刻給人耳目一新之感。

真可指出，有心無心，全在於如何把握。如此論心，可謂得中國文化心性論之三昧了。然而，真可立說，尚不盡於此。他指出，此心不僅是人身本具之心，而是先於天地「湛然圓滿而獨存」的本體。真可說：

> 夫身心之初，有無身心者，湛然圓滿而獨存焉。伏羲得之而畫卦，仲尼得之而翼易，老氏得之，二篇乃作；吾大覺老人得之，於靈山會上，拈花微笑……於是乎千變萬化……世出世法，交相造化。（《紫柏老人集》卷一二，《釋毗舍浮佛偈》）。

這樣，真可以本體之心，貫通禪與儒、道，在他這裡，自佛祖拈花而始，心心相傳之心顯然不再是清淨的本心，而是先天地而生，湛然獨存的真如之心了。他說：

> 心統性情，即此觀之，心乃獨處於性情之間者也。故心悟，則情可化而為理；心迷，則理變而為情矣。若失心之前者，則謂之性；性能應物，則謂之心；應物而無累，則謂之理；應物而有累者，始謂之情。（《紫柏老人集》卷一，《法語》）。

由上可見，他的「心統性情」、心應物無累為理、情化為理的說法，與宋儒天理、人欲之辨如影隨形，幾乎如出一轍。無論是本體之心還是本有之自心，真可都把它作為本原，在此基礎上，他進一步強調：「佛法者，心學也」，「開明自心者，佛學也」。

（《紫柏老人集》卷一三，《棲霞寺定慧堂飯僧緣起》）這種說法與此前的佛教宗派教理思想截然不同。

這難道不是一種大創造嗎？

(二)蕅益智旭之《周易禪解》：「佛性即乾道」

智旭於明崇禎十四年辛巳（一六四一年）始，越四年，至清順治二年（一六四五年），完成《周易禪解》。智旭解釋此書的性質是：「以禪入儒，務誘儒以知禪」，實際上，通觀此書，可知其目的不在此。他的目標更加高遠。智旭說：

> 或問：子所解者是易耶？余應之曰：然。復有視而問曰：子所解者非易耶？余亦應之曰：然。（《周易禪解・序》）。

說所解者是易，是因為易道本來包容廣泛，此書是依《周易》卦爻象、卦爻辭及《易傳》內容，而為說佛理，亦說易理。

說所解者非，是因為書中所用以解易的思想本非《周易》所有，而是運卦爻象、卦爻辭及《易傳》中的詞句結構而充實以佛禪內容。

本著「佛之說法不外自行、化他二途」的原則，智旭說，《周易》「上經，始於《乾》、《坤》之性德；終於《坎》、《離》之修德，為『自行』，因果具足。下經，始於《咸》、《恆》之機教，終於《既濟》、《未濟》之無窮，為『化他』，能所具足。此二篇之大旨也。」（《周易禪解・咸卦》）他說，《周易》的基本觀念是乾剛、坤柔，與佛理思想一致。

智旭用伏羲先天八卦方位圖式描繪佛境：

> 一念菩提心，能動無過生死大海，《震》之象也。三觀破惑無不遍，《巽》之象也。慧火乾枯，業惑苦水，《離》之象也。法喜辨才，自利利他，《兌》之象也。法性理水，潤澤一切，《坎》之象也。首楞嚴三昧，究竟堅固，《艮》之象也。凡此，皆《乾》、《坤》之妙用也。（《周易禪解・說卦傳》）

這種說法與唐代李通玄的手法有類同之處，是以八卦方位繪聲繪色描述佛法意境。但是有趣的是，李通玄用的是文王後天八卦方位，而到了智旭這裡，因為已經宋代圖書易學發展的階段之後，改而援用先天八卦方位了。

智旭對《周易》中「變易」與「不易」的解釋，是與僧肇之說比照。雖因時代原因，智旭不能高出於僧肇，但也是意境優美：

> 歷盡萬別千差世事，時地俱易。而不易者依然卻故。吾是以知「日月稽天而不歷，江河競注而不流」，肇公非欺我也。得其不易者，以應其至易；觀其至易者，以驗其不易；常與無常，二鳥雙遊。（《周易禪解・跋》）

總的來說，智旭認為：「易理之鋪天匝地，不問精粗，不分貴賤，不論有情無情。禪門所謂：『青青翠竹，總是真如；鬱鬱黃花，無非般若』，正此謂也。」（《周易禪解・說卦傳》）可知易佛不二，正是其基本立場。

在中國佛教思想史上，《周易禪解》一書應有特殊意義。以下進一步分析之。

1. 將佛法視爲易理內涵

智旭之《周易禪解》一書與前人的易佛互解之作的最大不同之點，是將易學與佛學完全等同。在儒佛關係方面，他實際上比延壽和契嵩更大跨前一步：他不再區分儒佛二者。他的注意點，是在於如何使二者在統一的價值觀下會通。他的易佛互解，也既不同於李通玄的以易說佛，亦不同於曹洞宗的以易解禪。表面上他將《周易》經、傳之旨皆歸之佛陀教化，實際上他是將佛法乾脆歸為易理的本來內涵之中。

佛法是為教化引導眾生。智旭認為《周易》主旨本是如此。

智旭將天地之數，配合佛道。《易傳》中說，「天數五，地數五，五五相得而各有合」。漢代易學家分五為生數與成數，二者結合，化生五行。智旭用十數表佛門十道，並將十道中聖凡配合，而成五對，他說：

> 約出世法者，一是地獄之惡，六是天道之善，為善忍一對；二是畜牲之惑，七是聲聞之解，為解惑一對；三是餓鬼之罪苦，八是支佛之福田，為罪福一對；四是修羅之嗔恚，九是菩薩之慈慧，為嗔慈一對；五是人道之雜，十是佛界之純，為純雜一對。（《周易禪解・河圖》）

智旭用《周易》河圖之數及其方位詮釋十波羅蜜，將十波羅蜜組合為五對，與河圖之數所居方位對應。他說：

又約十度修德者：一是佈施，六是般若，此二為福慧之主，如地生成萬物，故居下。二是持戒，七是方便，此二為教化之首，如天普愛萬物，故居上。三是忍辱，八是大願，此能出生一切善法，故居左。四是精進，九是十力，此能成就一切善法，故居右。五是禪定，十是種智，此能統御一切諸法，故居中。實則界界互具，度度互攝，蓋世間之數，以一為始，以十為終。《華嚴》以十表無盡，當知始終不出一心、一塵、一剎那也。（《周易禪解・河圖》）

這樣，智旭實際上將佛教的基本世界觀納入了《周易》為代表的本土文化宇宙天地圖式之中。在此前提下，智旭更引佛法圓融，不應執著之理，對應《易傳》「為道屢遷」、「唯變所適」原則。他說：

雖近在日用之間，而初無此法，故「為道屢遷」，隨吾人一位一事中，具有十法界之變化，故「變動不拘，周流六虛」，界界互具，法法互融，故「上下無常，剛柔相易」；所以法法不容執著，而唯變所適。（《周易禪解・繫辭下》）

智旭以佛教的「心法」觀念解易，認為卦爻和《易傳》思想皆能對應佛門中人。再具體一些，如他以《謙》卦（䷎）爻辭以及象傳喻說佛徒修行，刻畫六種修行境界，是這樣說的：

初六是沙彌小眾，故為「卑以自牧」；六二是守法比丘眾，故為「鳴謙貞吉」；九三是弘法比丘，宰任亥綱，故為「勞謙君子」；六四是外護人中，優婆塞等，故恆謙讓一切出家大小乘眾而為「謙」，乃不違則；六五是護法欲界諸天，故能摧邪以顯正，而「征不服」；上六是色、無色天，雖亦護正摧邪，而禪定中無恚相；不能作大折伏法門，故「志未得」。（《周易禪解・謙・上六》）

又如智旭引《解》卦六爻的比應關係，發揮對應佛教因定慧果位不同，故「對治」關係，以達到「無不利」之果：

> 初以有慧之定，上應九四有定之慧，惑不能累，故「無咎」，九二以中道之慧，上應六五中道之定，而六三以世間小定小慧，乘其未證，竊思亂之，故必獵退狐疑，乃得中直正道。……六五以中道之定，下應九二中道之慧，慧能斷惑，則定乃契理矣。上六以出世正定，對治世禪世智、邪慢邪見，故「無不利」。（《周易禪解・解・上六》）

又如智旭借《噬嗑》卦爻義，巧妙解說佛教之「觀心釋」，他說：

> 觀心釋者：初九境界一發，即以正慧治之，如「滅趾」而令其不行。六二境界未深，即以正定治之，所噬雖不堅硬，未免打失巴鼻。六三，境界漸甚，定慧又不純正，未免為境擾亂，但不至於墮落。（《周易禪解・噬嗑・上九》）

又如《剝》（䷖）卦上艮下坤，其卦象乃一陽居五陰之上，智旭以此卦象喻世道與佛理。指出：以剝之「六爻，約世道，則朝野無非陰柔小人，唯一君子高居塵外；約佛

化，則在家出家，皆以名利相縻，惟一聖賢，遠在蘭若。約觀心，則修善斷盡，惟一性善，從來不斷」。（《周易禪解・剝・象傳》）

《易・繫辭》中說，小人「以小惡為無而弗去也，故惡積而不可掩」，智旭借此告誡發心修道者，當時時自省。他說：「夫戒定之器，必欲其成；障戒障定之惡，必宜急去。勿輕小罪以為無殃，懲之於小則無咎，釀之於終則必凶，修心者所宜時時自省、自改也。」（《周易禪解・繫辭下》）。（圖九－三）

《易・文言傳》中說：「上下無常，非為邪也；進退無恆，非離群也；君子進德修業，欲及時也。」智旭從佛法修行角度深入解釋，表勸導眾生深意：

直觀不思議境，為上；用餘九法助成，為下。心心欲趨薩波若海，為進；深觀六即不起上慢，為退。欲及時者，欲於此生了辦大事也，此身不向今生度，更向何生度此身？（《周易禪解・乾・文言》）

欲證法身，識般若，獲解脫，關鍵在戒定慧。智旭引用「公用射隼於高墉之上」的意境，說明斷惑識慧的緊迫性。他解釋「射隼」：「隼者，禽也，弓矢者，器也，射之者，人也。君子藏器於身，待時而動。」智旭說眾生斷惑趨佛，應如蒼鷹擒兔，迅猛無遲疑，以此解釋修行要務：

禽喻惑，器喻戒定，人喻慧。……如人有慧，故能以戒定斷惑也。宗門云：「一兔橫身當古道，蒼鷹才見便生擒」，亦是此意。（《周易禪解・繫辭下》）

圖 9-3　明清後中國人心目中的佛菩薩(一)：端莊而又可親

這樣，智旭將佛教思想觀念差不多全部貫通、裝卸到易理中去了。其中他大有深意在。

2. 乾剛坤柔，對應佛教止觀、定慧

智旭的這個「深意」，在於進一步提出和論證新的佛性論思想。他從佛教修行的基本觀念著手論證。

止觀、定慧，是佛教修行的基本觀念，也是佛教基本的修行方法論。在《周易》中，乾健坤順，陽剛陰柔，是概括宇宙萬有生成變化的基本範疇，智旭抓住乾坤陰陽的對立特性，解釋修行中的止觀、定慧。他解釋「乾坤其易之蘊」道：

> 蓋「易」，即吾人不思議之心體，乾即用，坤即寂；乾即慧，坤即定；乾即觀，坤即止。若非止觀定慧，不見心體；若不見心體，安有止觀定慧！（《周易禪解·繫辭上》）

智旭以三止、三觀詮釋乾父坤母及六子。他說：

> 方便為父，智度為母。三觀皆能破一切法，為長男；三止皆能息一切法，為長女；三觀皆能統一切法，為中男；三止皆能統一切法，為中女。三觀皆能達一切法，為少男；三止皆能停一切法，為少女。（《周易禪解·說卦》）

三觀，指空觀、假觀、中觀；三止，即體真止、方便隨緣止、息二邊分別止。自唐代宗派佛教以來，皆強調止與觀如車之兩輪，鳥之雙翼，缺一不可。止觀雙運，乃得解

脫。如智旭所說：「惟根本正慧，能達以同而異，故即異而恆同。否則必待定慧相資，止觀雙運，乃能捨異生性入同生性耳。」（《周易禪解・睽卦》）他並以「定慧相資」、「止觀雙運」對應《周易》中《睽》（䷥）卦的「睽，君子以同而異」的解釋（見《周易禪解・睽・象傳》），真可以說是十分精彩，也有相當的深度。智旭更以《易傳》繫辭中所列《履》、《謙》、《復》、《恆》、《損》、《益》、《困》、《井》、《巽》等「九卦」之義，為「作易者」是因「與民同患」之心，而特別所作之「九法」，並以此「九法」，對應解釋佛家修持之法，會通二者：

> 按此九卦，即是以餘九法助成不思議觀之旨，蓋易即不思議境之與觀也。作易者，有與民同患心，更設九法以接二根。《履》，是真正發菩提心，上求下化。《謙》，是善巧安心止觀，止中有山，止中有觀也。《復》，是破法遍，一陽動於五陰之下也。《恆》，是識通塞，能動能入也。《損》，是道品調適，能除惑也。《益》，是對治助開，成事理二善也。《困》，是知次位，如水有流止，不可執性廢修也。《井》，是能安忍，謂不動而潤物也。《巽》，是離法愛，謂深入於正信也。（《周易禪解・繫辭下》）

《易傳》之中，「三陳九卦之義」，是為儒家立修身之道，以濟憂患之世，以成齊家、治國、平天下之旨。這也就是中國文化的最高價值理想了。智旭借九卦之義，闡發佛家修行之要，斷惑而立正見，正是表達了這樣一種高遠用意。

不僅於此，智旭還借「居上位而不驕，在下位而不憂」的思想，開導止觀修行的高尚境界。他說：「知至至之，是妙觀；知終終之，是妙止。止觀雙行，定慧具足，則能上合諸佛慈力而不驕，下合眾生悲仰而不憂矣」。（《周易禪解・乾・九三》）

智旭發揮《易傳》「觀乎天文，以察時變，觀乎人文，以化成天下」的思想，論述修行者成就。他說：

> 文質互資，定慧相濟，性德固然，非屬強設，名為「天文」。體具有定之慧，寂而常用，為文明；體具有慧之定，照而常寂，為止，是謂以修合性，名為「人文」。性德則具造十界，故觀之可察時變；修德則十界全歸一心，故觀之可化成天下。（《周易禪解・賁・彖傳》）

性德固然，是為「天文」，修德合性，是為「人文」。前者「具造十界」，後者「十界全歸一心」。有定之慧同有慧之定，文質互資，二而相濟，修行者於此乃可得大成就。

有一種人，「定慧俱劣」，「善根斷盡」，不可使之修定。「不中不正，則定慧俱劣，而居陽位，又是好弄小聰明者，且在《坎》體之上，若更修禪定，必於禪中發起利使邪見；利使一發，則善根斷盡矣」。（《周易禪解・蒙・六三》）這種人，「故須惡辣鉗錘以鍛鍊之，不可使修定」。（同上）

還有一種人定而「無慧」，「不能斷惑」，「一味修於禪定，而無慧以濟之，雖高居三界之頂，不免窮空轉輪之殃，決不能斷惑，出生死」，故「乘馬班如」；八萬大劫，仍落空亡，故「泣血漣如」。（《周易禪解・屯・上六》）

智旭說，最好的情況自然是「慧與定俱」，頓悟成佛。陽功即變為陰，喻妙慧必與定俱。如《華嚴經》云：「智慧了境同三昧；《大慧》云：一悟之後，穩貼貼地，皆是此意。」（《周易禪解・乾・用九》）

這樣，智旭幾乎將佛教的所有修行論完全與易學觀念對應。並且，其所用以與佛教修行論具體進行對應描述的，主要並不是唐代李通玄的易佛互解之中應用的漢易卦氣說。智旭的易道立場與李通玄大為不同。

在智旭的易佛不二之說中，與佛理對應的乃是較為純粹的宋易立場。在方法上，則大量援用圖書易學的內容，這從上面所引的論說《易傳》九卦等諸文中皆可見。並且，尚不止於此，與此相關的還有，在他的《周易禪解》的字裡行間，顯然可以看出時時閃現著一種幽幽的「憂患意識」之光。

智旭採取這個立場，乃是時代必然。他當時所面臨的歷史任務是要重新詮釋對於佛教來說生死攸關的大問題——佛性論問題，也即佛教的價值觀問題。

3. 智旭的易佛同一論：「佛性即乾道」

涅槃佛性問題，是中國佛教的價值觀問題，是一個根本問題。智旭在此書中，以大量筆墨，以乾元喻為佛性，斷言並論證「佛性即是乾道」。

《周易》以乾為純陽，具有剛健之德，陽剛中正，生生不息，光明正大。智旭以乾道為佛性，論證說明他的全新的中國佛教佛性論。（圖九—四）

《易・文言》曰：「大哉乾元，剛健中正」。智旭在《周易禪解》中斷然宣稱：「佛性常住之理，名為乾元。」認為佛性與乾元二者性質一致。佛性常住之理能成就百界千如之法，其性雄猛，物莫能壞，故名「剛」；依此性而發菩提心，能動無邊生死大海，故名「健」；非有無、真俗之二邊，故名「中」；非斷常、空假之偏法，故名「正」。（《周易禪解・乾・文言》）《周易禪解》借《周易》乾元「大明終始」之意，申論佛性與之一致：

> 知其始亦佛性，終亦佛性，不過因於迷悟時節因緣，假立六位之殊。位雖分六，位位皆九，所謂理即佛，乃至究竟即佛。（《周易禪解・乾卦・彖辭》）

《易・文言》曰：「潛龍勿用，陽氣潛藏；見龍在田，天下文明；終日乾乾，與時偕行；或躍在淵，乾道乃革。」描述龍（乾道）在不同情況下的不同狀態。智旭亦以此喻佛性種種變化，佛性乃世出世間，「試觀世間萬物，何一不從真常佛性建立」：

> 佛性隱在眾生中，故曰「潛藏」；一聞佛性，則知心、佛、眾生三無差別，故「天下文明」，念念與觀慧相應無間，故「與時偕行」，捨凡夫性，入聖人性，故「乾道乃革」。（《周易禪解・乾・文言》）

《乾卦・象傳》中說：「乾道變化，各正性命，保合太和，乃利貞。」智旭說，佛

圖 9–4　明清後中國人心目中的佛菩薩(二)：慈悲而有人性

性變化，即同乾道：

此常住佛性之乾道，雖亙古亙今，不變不壞，而俱足一切變化功用，故能使三草二木，各隨其位，而證佛性。既證佛性，則位位皆是法界。統一切法，無有不盡，而保合太和矣。所以如來成道，首出九界之表；而剎海眾生，皆得安住於佛性之中也。（《周易禪解・乾・彖傳》）

《周易》講乾元必與坤元相對，乾與坤，陽與陰，不可須臾分離。《周易禪解》中也說：「乾坤實無先後，以喻理智如一，寂照不二，性修交徹，福慧互嚴。」（《周易禪解・坤・象傳》）。

然而更重要的一個問題是，智旭完全以易之「元亨利貞」對應以儒家「仁義禮智」，進而對應於佛教的「常樂我淨」涅槃佛性。

「元、亨、利、貞」，《文言》稱之為「四德」。智旭對「四德」作出自己的新解：

所以《乾》、《坤》各明元、亨、利、貞四德也，今以儒理言之，則為仁、義、禮、智。（《周易禪解・乾・文言》）

然後進一步，智旭說，「仁、禮、義、智」即佛性「常、樂、我、淨」。他說：

若一往對釋者，仁是常德，體無遷故；禮是樂德，具莊嚴故；義是我德，裁別自在故；智是淨德，無昏翳故。（《周易禪解・乾・文言》）

智旭的這種說法，可以認為是對唐代宗派佛教的總結者宗密從佛教立場對「元、亨、利、貞」的解釋的一種繼承❼，但是，也明顯要比宗密走得更遠，同時，論證得也遠比宗密要縝密得多。

智旭認為《乾》、《坤》二卦，即明佛性，又明修行，既論因，亦論果，總是宣揚涅槃境界。他說：

> 統論《乾》、《坤》二義，約性，則寂明之體；約修，則明靜之德；約因，則止觀之功；約果，則定慧之嚴也。若性若修、若因、若果，無非常樂我淨。（《周易禪解・乾・文言》）

智旭最後乾脆地說，不僅《乾》、《坤》之義，整個《易傳》宗旨，都是為「深明性修不二之學」。不過，他的這個「性修不二之學」的「性」乃是「佛性」，「修」乃是佛教的「修行」：

> 統論一《傳》宗旨，乃孔子借釋象爻之辭，而深明性修不二之學。以《乾》表雄猛不可沮壞之佛性，表佛性本具常、樂、我、淨之四德。佛性必常，常必備乎四德。豎窮橫遍，當體絕待，故曰：大哉乾元。（《周易禪解・乾・彖傳》）

智旭援《周易》中「自強不息」精神，開導眾生法天行之健「以修合性」，以般若金剛寶劍之力，去獲功德圓滿。智旭說：

> 六十四卦大象傳，皆是約觀心釋。所謂無有一事一物而不會歸於即心自性也。

本由法性不息，所以天行常健。今法天行之健而自強不息，則以修合性矣。（《周易禪解・乾・象傳》）

《周易禪解》第十卷是圖解，基本思想立場相同，不贅。

綜上而言，智旭《周易禪解》全書都是站在「佛性即乾道」基點上立論。涅槃佛性是佛教最高目標，終極價值，他這種佛性論思想就和此前中國傳統佛教不一樣了。我認為，這即是《周易禪解》一書的主要特點，也是其價值所在。

以易佛互解，本非創造，若不出新意，則無重要價值。此書之有價值，即在於對佛性思想的重新界定和詮釋。

千百年來，人們習慣於對儒佛關係以及二者價值意義的評價，都是循最早由東晉名士孫綽所提出的「周孔救極弊，佛教明其本」的方法（見本書第三章第一節）。而由上述可見，到智旭為止，這個觀念發生了根本變化。

(三)評價：與傳統佛教佛性論思想的比較

佛性論是中國佛教哲學中的本體論問題。它也是佛教傳入中國以後，自南北朝至隋唐，從般若學到涅槃學的發展過程中，逐步明確、建立起來的價值觀。智顗建立天臺宗判教思想結構，首創中國佛教系統的教理體系，就是全部圍繞著其獨具特色的價值標準而建立，這個價值標準即一念無明法性心。

這個標準實際上是經南北朝之後，智者大師所總結的中國佛教的全部價值標準，也是隋唐佛教各宗派教理體系的思想核心。

智顗對「一念心」或「一念無明法性心」是這樣說的：

> 夫一心具十法界，一法界又具十法界，百法界。一界具三十種世間，百法界即具三千種世間。此三千在一念心。若無心而已，介爾有心，即具三千。亦不言一心在前，一切法在後，亦不言一切法在前，一心在後……前亦不可，後亦不可。若從一心生一切法看，此則是縱，若心一時含一切法看，此即是橫；縱亦不可，橫亦不可。祇心是一切法，一切法是心故。非縱非橫，非一非異，玄妙深絕，非識所識，非言所言，所以稱為不思議境，意在於此。（《摩訶止觀》卷七）

此即其著名的「一念三千」說，即一念心即一切法。智顗又說，此心乃「不思議境」，既一心具三千法，則三千法即一法性，此心即「法性心」，「一念無明法性心」。智顗說：

> 今觀明白法界皆是一識。識空，十法界空；識假，十法界假；識中，十法界亦中。專以內心破一切法，若外觀十法界，即見內心，當知若色若識，皆是唯識，若色若識，皆是唯色。今雖說色心兩名，其實只一念無明法性十法界，即是不可思議一心具一切因緣所生法。一句名為：一念無明法性心。（《四念處》卷四）

這種思想方式很獨特，唯中國佛教，唯智顗才有，它體現的是一種屬於「人類理性的內部結構」。

智顗的一念心及其止觀哲學企圖全面論證揭示的「一念三千」、「三諦圓融」說，是創立了一個處於不同轉變層次上的主體，並為主體設置了一個無限廣闊的客體；止觀，也就成為聯結主客體的通道，成為統一主客體的過程。學術界有一種說法，認為天臺宗在強調主體有無限的把握客體的能力，極度誇大思維能動性的同時，強調的是在非理性的意識活動中統一主客體，我認為恰好相反，從以上智顗「一念無明法性心」的佛性論結構，以及智顗五時八教的判教結構中都可看出，正因為看到客體的無限性，智顗才試圖同樣擴展主體認識能力的無限性。

他強調的正是試圖擴展主體理性能力，以此統一主客體，作為其哲學基點之一的「性具說」，用意也是在試圖擴張理性能夠把握的領域。

智顗建立的「一念無明法性心」佛性理論，有重大意義。它成為以後隋唐時代佛教各宗派教理體系思想架構的價值核心。由於教理體系乃是一個宗派得以形成的最根本的思想基礎，因此也可以說，這個佛性論思想的建立乃是中國佛教宗派得以產生的理論前提。這也可以說明為何以後隋唐各宗判教，莫不循智顗理路。

再比較智旭《周易禪解》一書的涅槃佛性論思想，將佛性定義為「乾道」，也就是易道，也就完全是本土文化的價值觀了。就可以看出，其與中國佛教傳統的價值立場已經相去甚遠。

將佛教的本來是以出世為標榜的價值立場，轉移到了以易道為代表的中國傳統文化以入世為指歸的立場上，這樣，實際上對於佛教的發展而言，就帶出了一個重大的問題。即原應是以出世為終極價值的佛教，現在與以入世為基本特徵的儒家價值立場合併為一了。既然價值標準作出了重大調整，那麼，佛教的整個思想結構也要作出相應調整，建構一個新的思想結構，這一個歷史性任務，成為題中應有之義。

唐高宗龍朔二年（六六二年）四月，詔「有司議沙門拜君親」，其用意，是因為「欲令僧、尼等致拜君（王）、皇后等」，但是，朝廷又有所顧慮，因為，「或恐爽其恆情」，也就是說，怕這樣的做法，會使人覺得不符合傳統規矩。於是，就將此事「付有司詳議奏聞」。（《全唐文》卷十四，《命有司議沙門等致拜君親敕》）

這道詔令的結果很出人意外。詔令一下，佛教界群情激憤，以當時名僧道宣等人為首，數百人至皇宮，先後上表，堅決反對。一時，佛教與王權、佛教與儒教思想的衝突，所有這些相互關係，一時成為全國關注的中心[8]。這是歷史上發人深思的一個事件。

這種情況，可想而知，在智旭所處的明末清初時期，早已是完全不可想像的了。在所謂的「明末四大高僧」所處的歷史時期，佛教作為一種外來文化，最終被完整地安置於中國傳統文化大一統的價值結構之中，本來也是必然。這不是壞事。這本來也是世界上各種文明發展的必由之路：在互動式的互相影響之中，外來文化最終納入本土文化的價值體系。

對於佛教而言，如果仍然固守原有的價值觀念，或者仍然在原有的思想結構中進行「般若觀智」式的清高思辯，那就必然會被歷史淘汰。

以往學術界常常批評說，「明末四大高僧」如智旭等人，所謂的存在「宗派觀念含糊不清」，或「混淆宗派之間特徵，使佛教哲理不純了」之類，實際上，豈不是要求他們仍然固守以往的那一套不放？南北朝時佛教各學派，眾說如花，燦爛開放，無論般若解空之學，還是涅槃佛性之說，皆達優美意趣。

隋唐時期佛教各宗派，洪波湧起，洶湧輝煌，無論教理思想結構，還是宗派體系建設，都是大氣磅礴，雲蒸霞蔚。然而，歷史永遠在變化發展中，「天行健，君子以自強不息」，在智旭的時代，佛教必須與歷史同步地發展，這才是清醒和現實的態度。而只有清醒和現實的態度，才可能尋找到正確的道路。

中國佛教的發展已經走上不同於以往的道路。智旭等「四大高僧」們作出了他們積極的，也應該說是成功的回應。

「四大高僧」的思想意義，在於進一步地走向與儒家入世的價值觀念「會通」。正是在這個「會通」的過程中，佛教出世的價值觀與本土文化入世的價值觀併軌，作為佛教「救世」、「救命」，以及自救的主要價值觀，以後終於提出了「人間佛教」口號，並進而確定近代佛教的基本方向。

從這個意義上，可以認為蕅益智旭乃是近代「人間佛教」的直接的思想先驅。

【註釋】

❶ 封建中央政府賣度牒徵費始於唐代。宋代則成為一項規模化制度。宋代鬻度僧牒起始年有不同說法，如仁宗嘉佑年間（一〇五六—一〇六四年），英宗治平四年（一〇六八年），神宗熙平元年（一〇六八年）等，此據流行觀點取後說。

❷〔荷蘭〕Zurcher Erik: The Buddhist Conquest of China, the Spread and Adaptation of Buddhism in Early Medieval China, 1959, Leiden: E. J. Brill. 又此書近已經有中譯本：《佛教征服中國》，據荷蘭布里爾公司一九七二年版，李四龍、樂維中譯，江蘇人民出版社，一九九八年。

❸〔美國〕Arthur F.Wright: Buddhism in Chinese History《中國歷史上的佛教》, Version 1991, Stanford, California, Stanford University Press.

❹ 中國佛教發展的「二個高潮」說，是近代以來國內學術界通行的說法，基本上迄今為止，仍是「定論」性的一種觀點。在一九九八年舉行的紀念中國佛教二千年活動中，也有人提出明清時期是又一個發展高潮說，但是未見具體論證。

❺ 對中國佛教發展的不同階段問題的論證，作者另文專論。我以往的著作和文章中，曾循傳統說法。提出「四階段」說，是本人學術思想的一個重要改變。盼方家教正。

❻ 常有人說其還與中國傳統文化有抵觸，我認為這一點值得商榷。儒家文化傳統中既有孟子的「涂之人可以為

禹」一類「人皆可為堯舜」思想，同樣地也有荀子的「盜賊得變，此（類人）不得變也」（《荀子・非相篇》），「此小人之桀雄也，不可不誅也」（同上），即一部分人永不可能為聖而不如誅殺了之的思想，何況荀子所指者還是「士」（知識分子）階層。

❼ 見本書第七章。

❽ 此事件在各種歷史文獻中多有記載：《舊唐書》卷四；《全唐文》卷十四，卷九百〇五，卷九百〇六，卷九百〇八；《廣弘明集》卷二十五；《開元釋教錄》卷八；《宋高僧傳》卷十七《威秀傳》；以及《佛祖統紀》、《佛祖歷代通載》、《佛法金湯篇》等書中有關內容。

簡短的結語

歷史在不斷向前發展，新的歷史任務仍將提出。中國歷史進入近代之後，面對又一輪新的歷史任務，它能否完成呢？對新一輪的歷史性課題，中國佛教將怎樣作出自己的回應？

這一歷史時期中，世界思想潮流在近代大工業文明的影響下的方向性變化，以及西方思想文化對中國社會的衝擊與影響，是史無前例的。在二十一世紀，這種衝擊的結果更是雙重的——以「易為之原」的中國文化價值體系，和以「涅槃佛性」為終極目標的佛教價值體系，同時都受到幾乎生死攸關的挑戰。

對佛教而言，其價值立場發生根本性的大轉變，已經是命運之所繫的大問題。這個問題已經不僅是與易道結合的問題，所以已超出本書範圍，不再細說。

從本土文化與外來文化的關係方面說，佛教東漸之時，中國的本土文化已經以自身強大而獨立的態勢，發展鞏固逾二千餘載，早已是根深蒂固。

佛教要獲得自身的發展，贏得信眾，不得不變化自身，去適應中土文化氛圍。這樣才可能站穩腳跟，圖謀發展。在佛教的進一步發展中，一旦深入其中，也就身不由己，處處受到本土文化的影響。

佛教的原本極為系統的教義，或者說，在上層佛教界，以精緻、系統的理論結構方式形成的教理思想，在民間流傳、接納的過程中，幾乎都無一例外地被肢解、改造，形成與保存在經典中的佛教文本教義有所不同的民俗文化和民間信仰。這種命運，是佛教深入異文化中不可避免的，也只有經過這種改造，它才能真正進入異質文化機體內部，否則只是無根的「浮萍」。自然，一旦融人異質文化中，從而形成的佛教思想信仰，就日益地與原本在理論文本中所保存的佛教表現得「貌合神離」。

實際上這正是佛教順應時代要求，契理契機，改變自身存在形態，從貴族佛教走向平民佛教，從「救國的」佛教走向「救世的」佛教，從「文化」的佛教走向「民俗」的佛教。其生命力，其存在價值，其對於「人」的意義，即在此「人間化」的進程中體現。

後記

我們這一代學者，都曾有過一種使命感。我們似乎一直在為心目中的一個神聖的目標而奮鬥。它是生命和價值理想的凝聚。從城市到鄉村，從鄉村到大學，所有的工作、學習、生活，所有的留在記憶中苦難的陰影，不斷的絕望與挫敗，一句話，都是為了「奮鬥」。這種奮鬥中，我們獲得過多少？我們失落了多少？而支撐著的依然是那種「使命感」。

我後來以哲學為業，與從小就跟著家中長輩讀熟的「採菊東籬下，悠然見南山」的夢境，以及後來自己學會念的「和露摘黃花，帶霜烹紫蟹，煮酒燒紅葉」的嚮往，是日益地遠了。接著也就悟到，「九死而不悔」的悲壯，原來只是可笑而已。使命只能是屬於時代的。作為時代中的一份子，與恆河沙數的眾生一樣，只要能做好正在做的那件事，就已經足夠地完成了「使命」。

好比我是在寫這本書，那麼，我要做的就是把這本書寫好。這就是我的「責任」了。一個清潔工的使命，就是要把地努力掃乾淨一些；一個花工的使命，就要努力把花枝修剪整潔一些；我寫作此書，也是一樣的道理。

幸而寫作尚是一件美妙的工作。我常覺得，在寫作的過程中，人能暫時脫離現實，與造化同在，偕鬼神共遊，當忘我之時，能去到平時根本不可能達到的精神家園，倘佯、飛翔，體驗到超然物外的神秘愉悅。

我有時覺得奇怪，為什麼有些作者的「後記」中，把寫作的過程說得那麼可怕，那麼辛苦。如果寫作的過程真的是那麼痛苦，又何必寫作？

不過我這一本書，如果不是叢書主編張其成兄以及責編趙安民兄的鼓勵催促，也有可能直到現在，仍然還是一堆積在案頭的資料，灰塵日漸增厚、蟑螂日漸多地出沒其中。

這本書中的不少觀點，與「流行的」、「權威的」說法，有較大出入。我覺得，前輩大師的成就，代表了他們的那一個時代。而且，他們還曾歷史地（有時可能是不自覺地，或無奈地）承擔起了慧命相續的時代「使命」。同時，時代的侷限性以及研究方法的粗疏性也是顯而易見的。當一個新的時代到來之際，中國的學術也應該有一個新的面貌，這也是不言而喻的。

當年鳩摩羅什大師贈廬山慧遠大師偈：

既已捨染樂，心得善攝不。
若得不馳散，深入實相不。

畢竟空寂中，其心無所樂。
若悅禪智慧，是法性無照。
虛誑等無實，亦非停心處。
仁者所得法，幸願示其要。

羅什大師對慧遠大師的見解不以為然。從羅什大師的大乘般若學的角度看，由於時代背景以及複雜的歷史原因，他對慧遠一再提出真性為有的說法，顯然並不滿意。但是，羅什大師仍然支持和鼓勵慧遠：「仁者所得法，幸願示其要」，思想有了結果，不妨就說出來，學術需要交流、溝通，有時還需要交鋒，這樣才有前進、發展。

——於是我也就這樣想，我的思想，即使不成熟，也不妨坦率地說出。

但是，限於天資愚魯，見識淺薄，對不少問題的思考遠不夠深入成熟，因此，書中不少提法，一定會有失當之處。有些地方，對古今大師思想的不同見解，雖然思考和論證都不成熟，但也沒有保留地提出了，可能顯得唐突，只是希望對學界同仁的研究，略能起一些拋磚引玉的作用，則幸甚。

易學和佛教互相結合、互動影響的「會通」過程，是如此境界高遠，瑰麗多姿，常吸引住我全部身心，如飲甘露，如入仙境，如宗密大師言，每有心得，如山陰道上，爛漫山花叢中，「騰躍之心，手捧而舞」（宗密：《遙稟清涼國師書》）。

在寫作的過程中也日益體驗到，易佛互動影響的過程，表明中國佛教的發展與易道的不可分離性，捨此即無中國佛教；這種不可分離性，完整鮮明地突顯在中國佛教發展的各個歷史階段上。

除此之外，還想將書寫得優美一些。我一向認為作為學術著作，絕對有必要作這方面的努力。

然而，最重要的東西，往往就是最普通的東西；而最難達到的目標，也往往是看起來最平常容易的目標。寫作中最難達到的境界，就是「雅俗共賞」四字。

我又一次體驗到，要達到這個境界是何其之難。

本書只是作者一家之言，謬誤必多。謹請諸方家大德，惠於賜教。

最後，在寫作此書的過程中，獲得一些朋友的熱情幫助，無法一一列舉，只能銘感在心。其中美國的Mr.Thoams F.Phelan遠隔重洋賜寄《Buddhism in Chinese History》、《A Record of Buddhistic Kingdoms》、《Meeting the Buddha, On Pilgrimage in Buddhist India》三書，以及他自己編寫的《Buddha and the Atman, A Dhamma Problem》；美國的Mr.Wu Wei賜寄下《The I Ching, Guidance from the Book of Changes》一書；泰國的Payutto.htm網站協助下載Venerable Master Ven.P.A.Payutto的著作《Buddhist Solutions, For the Twenty-first Century》、《Buddhist Economics, A Middle Way for the Market Place》、《Toward Sustainable Science, A Buddhist Look at Trends in Scientific Development》等書，謹致特別的謝忱。

同時，也藉此機會，再次對所有愛護我的師長和親人們，合什再謝。我對他（她）們，對這個世界，懷著深深的感恩之情。

王仲堯

謹記於杭州商學院

大展出版社有限公司
品冠文化出版社

圖書目錄

地址：台北市北投區(石牌)
致遠一路二段12巷1號
電話：(02)28236031
28236033
28233123
傳真：(02)28272069
郵撥：01669551＜大展＞
19346241＜品冠＞

・少年偵探・品冠編號66

1. 怪盜二十面相	（精）	江戶川亂步著	特價	189元
2. 少年偵探團	（精）	江戶川亂步著	特價	189元
3. 妖怪博士	（精）	江戶川亂步著	特價	189元
4. 大金塊	（精）	江戶川亂步著	特價	230元
5. 青銅魔人	（精）	江戶川亂步著	特價	230元
6. 地底魔術王	（精）	江戶川亂步著	特價	230元
7. 透明怪人	（精）	江戶川亂步著	特價	230元
8. 怪人四十面相	（精）	江戶川亂步著	特價	230元
9. 宇宙怪人	（精）	江戶川亂步著	特價	230元
10. 恐怖的鐵塔王國	（精）	江戶川亂步著	特價	230元
11. 灰色巨人	（精）	江戶川亂步著	特價	230元
12. 海底魔術師	（精）	江戶川亂步著	特價	230元
13. 黃金豹	（精）	江戶川亂步著	特價	230元
14. 魔法博士	（精）	江戶川亂步著	特價	230元
15. 馬戲怪人	（精）	江戶川亂步著	特價	230元
16. 魔人銅鑼	（精）	江戶川亂步著	特價	230元
17. 魔法人偶	（精）	江戶川亂步著	特價	230元
18. 奇面城的秘密	（精）	江戶川亂步著	特價	230元
19. 夜光人	（精）	江戶川亂步著	特價	230元
20. 塔上的魔術師	（精）	江戶川亂步著	特價	230元
21. 鐵人Q	（精）	江戶川亂步著	特價	230元
22. 假面恐怖王	（精）	江戶川亂步著	特價	230元
23. 電人M	（精）	江戶川亂步著	特價	230元
24. 二十面相的詛咒	（精）	江戶川亂步著	特價	230元
25. 飛天二十面相	（精）	江戶川亂步著	特價	230元
26. 黃金怪獸	（精）	江戶川亂步著	特價	230元

・生活廣場・品冠編號61

1. 366天誕生星	李芳黛譯	280元
2. 366天誕生花與誕生石	李芳黛譯	280元
3. 科學命相	淺野八郎著	220元

4.	已知的他界科學	陳蒼杰譯	220 元
5.	開拓未來的他界科學	陳蒼杰譯	220 元
6.	世紀末變態心理犯罪檔案	沈永嘉譯	240 元
7.	366 天開運年鑑	林廷宇編著	230 元
8.	色彩學與你	野村順一著	230 元
9.	科學手相	淺野八郎著	230 元
10.	你也能成為戀愛高手	柯富陽編著	220 元
11.	血型與十二星座	許淑瑛編著	230 元
12.	動物測驗—人性現形	淺野八郎著	200 元
13.	愛情、幸福完全自測	淺野八郎著	200 元
14.	輕鬆攻佔女性	趙奕世編著	230 元
15.	解讀命運密碼	郭宗德著	200 元
16.	由客家了解亞洲	高木桂藏著	220 元

・女醫師系列・品冠編號 62

1.	子宮內膜症	國府田清子著	200 元
2.	子宮肌瘤	黑島淳子著	200 元
3.	上班女性的壓力症候群	池下育子著	200 元
4.	漏尿、尿失禁	中田真木著	200 元
5.	高齡生產	大鷹美子著	200 元
6.	子宮癌	上坊敏子著	200 元
7.	避孕	早乙女智子著	200 元
8.	不孕症	中村春根著	200 元
9.	生理痛與生理不順	堀口雅子著	200 元
10.	更年期	野末悅子著	200 元

・傳統民俗療法・品冠編號 63

1.	神奇刀療法	潘文雄著	200 元
2.	神奇拍打療法	安在峰著	200 元
3.	神奇拔罐療法	安在峰著	200 元
4.	神奇艾灸療法	安在峰著	200 元
5.	神奇貼敷療法	安在峰著	200 元
6.	神奇薰洗療法	安在峰著	200 元
7.	神奇耳穴療法	安在峰著	200 元
8.	神奇指針療法	安在峰著	200 元
9.	神奇藥酒療法	安在峰著	200 元
10.	神奇藥茶療法	安在峰著	200 元
11.	神奇推拿療法	張貴荷著	200 元
12.	神奇止痛療法	漆 浩 著	200 元

・常見病藥膳調養叢書・品冠編號 631

1.	脂肪肝四季飲食	蕭守貴著	200 元
2.	高血壓四季飲食	秦玖剛著	200 元
3.	慢性腎炎四季飲食	魏從強著	200 元
4.	高脂血症四季飲食	薛輝著	200 元
5.	慢性胃炎四季飲食	馬秉祥著	200 元
6.	糖尿病四季飲食	王耀獻著	200 元
7.	癌症四季飲食	李忠著	200 元

・彩色圖解保健・品冠編號 64

1.	瘦身	主婦之友社	300 元
2.	腰痛	主婦之友社	300 元
3.	肩膀痠痛	主婦之友社	300 元
4.	腰、膝、腳的疼痛	主婦之友社	300 元
5.	壓力、精神疲勞	主婦之友社	300 元
6.	眼睛疲勞、視力減退	主婦之友社	300 元

・心 想 事 成・品冠編號 65

1.	魔法愛情點心	結城莫拉著	120 元
2.	可愛手工飾品	結城莫拉著	120 元
3.	可愛打扮 & 髮型	結城莫拉著	120 元
4.	撲克牌算命	結城莫拉著	120 元

・熱 門 新 知・品冠編號 67

1.	圖解基因與 DNA	（精）	中原英臣 主編	230 元
2.	圖解人體的神奇	（精）	米山公啟 主編	230 元
3.	圖解腦與心的構造	（精）	永田和哉 主編	230 元
4.	圖解科學的神奇	（精）	鳥海光弘 主編	230 元
5.	圖解數學的神奇	（精）	柳 谷 晃 著	250 元
6.	圖解基因操作	（精）	海老原充 主編	230 元
7.	圖解後基因組	（精）	才園哲人 著	

・法律專欄連載・大展編號 58

台大法學院　法律學系／策劃
法律服務社／編著

1.	別讓您的權利睡著了(1)	200 元
2.	別讓您的權利睡著了(2)	200 元

・武 術 特 輯・大展編號 10

1.	陳式太極拳入門	馮志強編著	180 元

2. 武式太極拳	郝少如編著	200 元
3. 練功十八法入門	蕭京凌編著	120 元
4. 教門長拳	蕭京凌編著	150 元
5. 跆拳道	蕭京凌編譯	180 元
6. 正傳合氣道	程曉鈴譯	200 元
7. 圖解雙節棍	陳銘遠著	150 元
8. 格鬥空手道	鄭旭旭編著	200 元
9. 實用跆拳道	陳國榮編著	200 元
10. 武術初學指南	李文英、解守德編著	250 元
11. 泰國拳	陳國榮著	180 元
12. 中國式摔跤	黃　斌編著	180 元
13. 太極劍入門	李德印編著	180 元
14. 太極拳運動	運動司編	250 元
15. 太極拳譜	清・王宗岳等著	280 元
16. 散手初學	冷　峰編著	200 元
17. 南拳	朱瑞琪編著	180 元
18. 吳式太極劍	王培生著	200 元
19. 太極拳健身與技擊	王培生著	250 元
20. 秘傳武當八卦掌	狄兆龍著	250 元
21. 太極拳論譚	沈　壽著	250 元
22. 陳式太極拳技擊法	馬　虹著	250 元
23. 二十四式/三十二式太極拳/劍	闞桂香著	180 元
24. 楊式秘傳 129 式太極長拳	張楚全著	280 元
25. 楊式太極拳架詳解	林炳堯著	280 元
26. 華佗五禽劍	劉時榮著	180 元
27. 太極拳基礎講座：基本功與簡化 24 式	李德印著	250 元
28. 武式太極拳精華	薛乃印著	200 元
29. 陳式太極拳拳理闡微	馬　虹著	350 元
30. 陳式太極拳體用全書	馬　虹著	400 元
31. 張三豐太極拳	陳占奎著	200 元
32. 中國太極推手	張　山主編	300 元
33. 48 式太極拳入門	門惠豐編著	220 元
34. 太極拳奇人奇功	嚴翰秀編著	250 元
35. 心意門秘籍	李新民編著	220 元
36. 三才門乾坤戊己功	王培生編著	220 元
37. 武式太極劍精華 +VCD	薛乃印編著	350 元
38. 楊式太極拳	傅鐘文演述	200 元
39. 陳式太極拳、劍 36 式	闞桂香編著	250 元
40. 正宗武式太極拳	薛乃印著	220 元
41. 杜元化＜太極拳正宗＞考析	王海洲等著	300 元
42. ＜珍貴版＞陳式太極拳	沈家楨著	280 元
43. 24 式太極拳＋VCD	中國國家體育總局著	350 元
44. 太極推手絕技	安在峰編著	250 元
45. 孫祿堂武學錄	孫祿堂著	300 元

46. <珍貴本>陳式太極拳精選　馮志強著　280元
47. 武當趙保太極拳小架　鄭悟清傳授　250元
48. 太極拳習練知識問答　邱丕相主編　220元
49. 八法拳 八法槍　武世俊著　220元

・彩色圖解太極武術・大展編號 102

1. 太極功夫扇　李德印編著　220元
2. 武當太極劍　李德印編著　220元
3. 楊式太極劍　李德印編著　220元
4. 楊式太極刀　王志遠著　220元

・名師出高徒・大展編號 111

1. 武術基本功與基本動作　劉玉萍編著　200元
2. 長拳入門與精進　吳彬 等著　220元
3. 劍術刀術入門與精進　楊柏龍等著　220元
4. 棍術、槍術入門與精進　邱丕相編著　220元
5. 南拳入門與精進　朱瑞琪編著　220元
6. 散手入門與精進　張 山等著　220元
7. 太極拳入門與精進　李德印編著　280元
8. 太極推手入門與精進　田金龍編著　220元

・實用武術技擊・大展編號 112

1. 實用自衛拳法　溫佐惠 著　250元
2. 搏擊術精選　陳清山等著　220元
3. 秘傳防身絕技　程崑彬 著　230元
4. 振藩截拳道入門　陳琦平 著　220元
5. 實用擒拿法　韓建中 著　220元
6. 擒拿反擒拿 88 法　韓建中 著　250元
7. 武當秘門技擊術入門篇　高 翔 著　250元
8. 武當秘門技擊術絕技篇　高 翔 著　250元

・中國武術規定套路・大展編號 113

1. 螳螂拳　中國武術系列　300元
2. 劈掛拳　規定套路編寫組　300元
3. 八極拳　國家體育總局　250元

・中華傳統武術・大展編號 114

1. 中華古今兵械圖考　裴錫榮 主編　280元
2. 武當劍　陳湘陵 編著　200元

3. 梁派八卦掌（老八掌） 李子鳴 遺著 220 元
4. 少林 72 藝與武當 36 功 裴錫榮 主編 230 元
5. 三十六把擒拿 佐藤金兵衛 主編 200 元
6. 武當太極拳與盤手 20 法 裴錫榮 主編 220 元

・少林功夫・大展編號 115

1. 少林打擂秘訣 德虔、素法 編著 300 元
2. 少林三大名拳 炮拳、大洪拳、六合拳 門惠豐 等著 200 元
3. 少林三絕 氣功、點穴、擒拿 德虔 編著 300 元
4. 少林怪兵器秘傳 素法 等著 250 元
5. 少林護身暗器秘傳 素法 等著 220 元
6. 少林金剛硬氣功 楊維 編著 250 元
7. 少林棍法大全 德虔、素法 編著

・原地太極拳系列・大展編號 11

1. 原地綜合太極拳 24 式 胡啟賢創編 220 元
2. 原地活步太極拳 42 式 胡啟賢創編 200 元
3. 原地簡化太極拳 24 式 胡啟賢創編 200 元
4. 原地太極拳 12 式 胡啟賢創編 200 元
5. 原地青少年太極拳 22 式 胡啟賢創編 200 元

・道學文化・大展編號 12

1. 道在養生：道教長壽術 郝勤 等著 250 元
2. 龍虎丹道：道教內丹術 郝勤 著 300 元
3. 天上人間：道教神仙譜系 黃德海著 250 元
4. 步罡踏斗：道教祭禮儀典 張澤洪著 250 元
5. 道醫窺秘：道教醫學康復術 王慶餘等著 250 元
6. 勸善成仙：道教生命倫理 李 剛著 250 元
7. 洞天福地：道教宮觀勝境 沙銘壽著 250 元
8. 青詞碧簫：道教文學藝術 楊光文等著 250 元
9. 沈博絕麗：道教格言精粹 朱耕發等著 250 元

・易學智慧・大展編號 122

1. 易學與管理 余敦康主編 250 元
2. 易學與養生 劉長林等著 300 元
3. 易學與美學 劉綱紀等著 300 元
4. 易學與科技 董光壁著 280 元
5. 易學與建築 韓增祿著 280 元
6. 易學源流 鄭萬耕著 280 元
7. 易學的思維 傅雲龍等著 250 元

國家圖書館出版品預行編目資料

中國佛教與周易／王仲堯著
——初版，——臺北市，大展，2003〔民 92〕
面；21 公分，——（易學智慧；9）
ISBN 957-468-236-6（平裝）
1.易經—研究與考訂 2.佛教—中國
220.16 92010230

北京中國書店授權中文繁體字版
《本書原名：易學與佛教》

中國佛教與周易

ISBN 957-468-236-6

編 著 者／王 仲 堯
責任編輯／澤 宇・張 磊
負 責 人／蔡 森 明
出 版 者／大展出版社有限公司
社 址／台北市北投區（石牌）致遠一路 2 段 12 巷 1 號
電 話／（02）28236031・28236033・28233123
傳 眞／（02）28272069
郵政劃撥／01669551
網 址／ www.dah_jaan.com.tw
E－mail ／ dah_jaan @pchome.com.tw
登 記 證／局版臺業字第 2171 號
承 印 者／高星印刷品行
裝 訂／協億印製廠股份有限公司
排 版 者／弘益電腦排版有限公司
初版 1 刷／2003 年（民 92 年）9月

定 價／350 元

大展好書　好書大展
品嘗好書　冠群可期

大展好書　好書大展
品嘗好書　冠群可期